U0662841

高职高专"十三五"经济管理系列规划教材

运输市场营销 | 第2版

胡 洋 ◎ 主 编

刘丽坤 ◎ 副主编

电子工业出版社

Publishing House of Electronics Industry

北京 · BEIJING

内 容 简 介

"运输市场营销"是道路运输与管理专业的核心课程，也是物流管理专业、报关与国际货运代理专业和港口与航运管理专业的专业课程。课程定位于现代流通、运输企业的市场营销，按照"职业岗位分析—工作任务分析—行动能力归纳—确定行动领域—确定学习领域"的思路合理整合传统市场营销知识体系，贴近现代流通、运输企业的市场营销职能和岗位工作，按照现代流通、运输企业营销管理"运输市场调研与分析—运输市场营销策略制定—运输市场营销管理"的真实工作过程和操作流程进行内容安排，比较系统地介绍了现代流通、运输企业市场营销的基本原理、基本方法、基本策略和运作实务。本课程以能力为导向，注重学生专业素养和专业技能的培养，通过学习可实现职业素养与专业技能的全面提升。

本教材可以作为高职高专经济管理类专业、运输管理类专业的教材，也可作为流通、运输企业员工岗位提升培训教材，还可以作为在流通、运输企业从事市场营销的工作人员的参考书。

未经许可，不得以任何方式复制或抄袭本书的部分或全部内容。

版权所有，侵权必究。

图书在版编目（CIP）数据

运输市场营销 / 胡洋主编. —2 版. —北京：电子工业出版社，2019.8
高职高专"十三五"经济管理系列规划教材
ISBN 978-7-121-37027-4

Ⅰ. ①运… Ⅱ. ①胡… Ⅲ. ①交通运输业—市场营销学—高等职业教育—教材 Ⅳ. ①F506

中国版本图书馆 CIP 数据核字（2019）第 133436 号

策划编辑：姜淑晶
责任编辑：王凌燕
印　　刷：河北虎彩印刷有限公司
装　　订：河北虎彩印刷有限公司
出版发行：电子工业出版社
　　　　　北京市海淀区万寿路 173 信箱　邮编　100036
开　　本：787×1 092　1/16　印张：17　字数：468 千字
版　　次：2013 年 8 月第 1 版
　　　　　2019 年 8 月第 2 版
印　　次：2025 年 7 月第 12 次印刷
定　　价：49.00 元

凡所购买电子工业出版社图书有缺损问题，请向购买书店调换。若书店售缺，请与本社发行部联系，联系及邮购电话：(010) 88254888，88258888。

质量投诉请发邮件至 zlts@phei.com.cn，盗版侵权举报请发邮件至 dbqq@phei.com.cn。

本书咨询联系方式：(010) 88254199，sjb@phei.com.cn。

前　言

党的二十大报告指出："加快发展物联网，建设高效顺畅的流通体系，降低物流成本。"这为推动当下与未来一段时间内我国物流业发展指明了方向，也明确了高校高质量物流人才培养模式的指南。

运输是我国国民经济的基础和现行条件，是社会商品流通活动的重要组成部分。目前，我国流通、运输市场已由传统的卖方市场转变为买方市场，企业间的竞争日趋激烈。企业间的竞争已不仅局限于价格上的竞争，更体现在服务质量和营销手段的竞争。因此，加强流通、运输企业的市场营销管理意义重大。

本教材立足于现代流通、运输企业，以立德树人的教育理念为核心，以培养职业素养为基础，以素质与技能全面提升为本位，以提高学生就业质量为指导思想，合理整合传统市场营销知识体系，贴近现代流通、运输企业的市场营销职能和岗位工作，按照现代流通、运输企业营销管理"运输市场调研与分析—运输市场营销策略—运输市场营销管理"的真实工作过程和操作流程安排教学内容，力求体现时代精神和高职教育特点，比较系统地介绍了现代流通、运输企业市场营销的基本原理、基本方法、基本策略和运作实务，注重学生职业素养和专业能力的全面培养。

本教材按照学习的循序渐进规律及运输市场营销活动过程设计教材结构，共分为15个项目。其中，运输市场营销基础知识和运输市场营销理念2个项目，使学生对什么是运输市场营销、运输市场营销的特点，以及营销理念的演变和发展有一个全面的认识；运输市场调研、运输市场营销环境分析、货主与旅客消费行为分析、运输市场需求与供给分析、运输市场细分与目标市场选择、运输市场定位5个项目，使学生掌握运输市场调研分析的工具，学会从哪些方面开展市场分析等；运输市场产品策略、运输市场定价策略、运输市场分销渠道策略、运输市场促销策略4个项目，使学生在具备市场调研与分析能力的基础上全面掌握运输市场营销策略，具备制定运输企业市场营销策略的能力；运输市场营销计划、运输市场营销组织、运输市场营销控制3个项目，使学生掌握现代流通、运输企业营销组织内部控制与管理的相关内容，为学生未来职业晋升到管理岗位奠定知识基础。教材总体上较好地体现了理论知识学习与实践技能应用的统一，重点突出职业素养与专业技能的全面培养。具体有以下几个特点：

第一，每个项目都有明确的"知识目标"和"能力目标"，使学生在学习本项目前明确自己应具备的知识和能力。

第二，结合每个项目的具体内容，在每个项目中都设置了"经典案例""小贴士"，以帮助学生学习和进行知识拓展。

第三，每个项目后都安排了"技能训练"，并给出了训练建议和评价标准，方便授课教师组织学生进行训练和对结果进行评价。

第四，在每个项目后都安排了复习思考题，可以使学生及时检验自己的学习效果。

第 2 版在第 1 版的基础上增加了"引导案例""想一想""拓展阅读"等内容，结合运输市场的发展和变化更新了部分教学案例和习题，并运用现代信息技术增加了教材与读者的互动性，特色更突出。

第一，更加突出教材的实用性，体现职业性，注重培养学生的创新性，更加符合企业对学生工作能力的要求。

第二，教材内容结合行业的新理论、新观点、新方法，体现行业发展的前沿，内容更加全面、系统。

第三，合理安排理论与实践的比例，体现"够用为度、注重实践"，降低理论难度，深入浅出，体现学生的技能训练与职业能力相适应的特点。

本教材由胡洋（辽宁省交通高等专科学校）担任主编，刘丽坤（辽宁省交通高等专科学校）编写项目 1～8，胡洋编写项目 9～15，由胡洋对本教材进行统稿。

本教材可以作为高职高专经济管理类专业、运输管理类专业的教材，也可作为流通、运输企业员工岗位提升培训教材，还可以作为在流通、运输企业从事市场营销的工作人员的参考书。

本教材经过了 6 年的教学实践，不断修订、完善，终于与大家见面了。在本教材的编写和修订过程中，参考了大量的文献资料及网络资源，引用了多位专家学者的研究成果和企业案例资料，在此，对这些文献的作者表示衷心的感谢和崇高的敬意。衷心感谢电子工业出版社的编辑对本教材编写和修订工作给予的大力支持。由于编者水平有限，错误之处在所难免，恳请广大读者批评指正。

编 者

2019 年 5 月

目　　录

项目 1

运输市场营销基础知识

➡️ 知识目标

- 熟悉市场营销及相关概念
- 理解运输市场的构成
- 明晰运输市场的地位和作用
- 掌握运输市场的结构
- 掌握运输市场营销的特点

➡️ 能力目标

- 能够正确应用市场营销相关概念分析问题

📝 引导案例

2015年春节过后，"马桶盖"突然成了热门词，原因是中国游客跨洋去日本购买马桶盖，还买断了货。不久，网上又多了一则消息——"热销日本马桶盖产自杭州"，被网友们戏称这是一只"马桶盖的日本自由行"。

在日本抢到的马桶盖产自杭州？记者在杭州下沙区车间确认，是真的！

在网上的信息中，王先生称，在春节前夕，他报名旅行团到日本旅游，身负许多亲朋好友的代购，在大阪的电器商场，王先生惊奇地发现，一款松下牌的马桶盖外包装上赫然印着"Made in China"，产地竟是杭州下沙。

为此，王先生还拍下了照片，一款贴有大阪某商场标签的马桶盖，外包装盒上有很多中文字，上面印有"松下电化住宅设备机器（杭州）有限公司""浙江省杭州市杭州经济开发区松乔街2号"。这让王先生很费解，"兜了一大圈，买到的居然还是自家门前生产的东西，那不等于当了回人肉搬运工。"

（资料来源：《钱江日报》）

问题：

结合案例分析，这只"日本自由行的马桶盖"反映了市场营销的哪些方面？

1.1 市场营销及相关概念

1. 市场营销的定义

市场营销是市场营销学中的核心概念，是派生其他概念的源头和基础。美国学者基恩·凯洛斯曾将各种市场营销定义分为三类：一是将市场营销看作一种为消费者服务的理论；二是强调市场营销是对社会现象的一种认识；三是认为市场营销是通过销售渠道把生产企业同市场联系起来的过程[基恩·凯洛斯. 什么是确切的市场营销. 市场营销评论，1975（4）]。

著名营销学家菲利普·科特勒教授对市场营销的定义：市场营销是个人或群体通过创造、提供并同他人交换有价值的产品以满足需要和欲望的一种社会和管理过程（菲利普·科特勒. 市场营销管理. 亚洲版. 北京：中国人民大学出版社，1997）。根据这一定义，可以将市场营销概念具体归纳为下列要点。

（1）市场营销的最终目标是"使个人或群体满足需求和欲望"。

（2）"交换"是市场营销的核心，交换过程是一个主动、积极寻找机会，满足双方需求和欲望的社会过程和管理过程。

（3）交换过程能否顺利进行，取决于营销者创造的产品和价值满足顾客需求的程度和交换过程管理的水平。

美国市场营销协会（American Marketing Association，AMA）2013年7月将市场营销定义为：市场营销是在创造、沟通、传播和交换产品中，为顾客、客户、合作伙伴及整个社会带来价值的一系列活动、过程和体系。

市场营销虽源于企业的销售管理，但不能把市场营销等同于"推销"或"广告"。其实"推销和广告仅仅是市场营销这座'海上冰山'露出水面的部分，尽管它们是重要的，但它们仅仅是市场营销众多功能中的两个功能，而且往往不是最重要的功能"（菲利普·科特勒. 市场营销学原理. 第7版. 1996：5）。管理学家彼得·德鲁克指出，人们以为，推销或多或少总是需要的。但是，市场营销的目的就是要使推销成为多余。市场营销的目的就是要充分地了解顾客，从而使产品和劳务不推自销（彼得·德鲁克. 管理：任务、责任和实践. 1973：64～65）。

综上所述，营销的中心任务在于深刻地认识并了解顾客的需要，它是一项包含销售在内的整体性和综合性的活动过程。

经典案例

发现营销机会

某鞋业公司的老板派一名推销员到某国去了解公司的鞋能否在那里找到销路。一个星期后，这位推销员打电报回来说："这里的人不穿鞋，因而这里没有鞋的市场。"

接着该鞋业公司总经理决定派市场部经理到这个国家对此进行详细调查。一星期后，市场部经理打电报回来说："这里的人不穿鞋，是一个巨大的市场。"

总经理为弄清情况，再派他的市场营销副总经理去进一步考察。两星期后，营销副总来电说："这里的人不穿鞋子，然而他们有脚疾，穿鞋会对脚有好处。但是，我们必须再行设计我们的鞋子，因为他们的脚比较小，而且我们必须在教育懂得穿鞋有益方面花一笔钱，而且在此之前我们必须得到部落首领的合作。这里的人没有什么钱，但他们生产有我未曾尝过的最甜的菠萝。我估计市场发展潜力在 3 年以上，因而我们的一切费用包括推销菠萝给与我们有合作关系的连锁超市的费用都将得到补偿。总体算起来，我们还可赚得垫付款 30% 的利润。我认为，我们应该毫不迟疑地去干。"

于是，该公司迅速行动，果然取得了巨大的成功。

（资料来源：梁智慧. 物流营销实务. 北京：机械工业出版社，2014）

问题：

结合案例，试说说市场营销的含义是什么？

2. 市场营销的相关概念

市场营销的定义是建立在下列核心概念之上的。

1）需要、欲望和需求

需要是人类没有得到某些基本满足的感受状态，是不足之感与求足之愿的统一，两者缺一不可。例如，人类需要的衣、食、住等基本的生存需要；某企业在生产经营过程中，获取利润是其根本的需要，为了满足这一需要，产生了对生产要素的需要，由于产销分离，派生出了运输的需要等。市场营销者可以去满足这些需要，但无法创造需要。

> **小·贴士**　人类有多种需要，马斯洛提出了需要层次理论（Maslow's hierarchy of needs），也称"基本需要层次理论"。该理论将需要分为五种，像阶梯一样从低到高，按层次逐级递升，如图 1-1 所示。

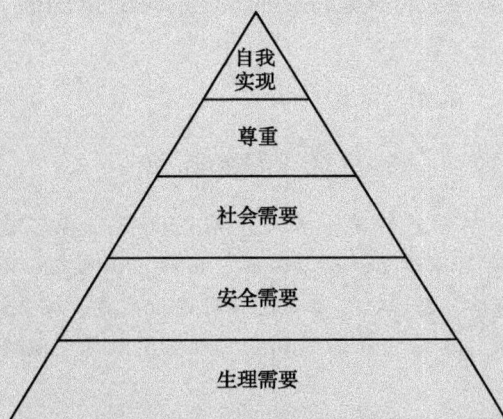

图 1-1　马斯洛需要层次理论

马斯洛认为，需要的产生由低级向高级的发展是波浪式推进的，在低一级需要没有完全满足时，高一级需要就产生了，而当低一级需要的高峰过去了但没有完全消失时，高一级需要就逐步增强，直到占绝对优势。

欲望是指想得到上述基本需要的具体满足品的愿望，是需要的具体形式，是个人受不同文化及社会环境影响表现出来的对基本需要的特定追求。例如，顺丰速运采用空运的形式来满足手机的运输需要，采用陆运的形式来满足电池的运输需要。需要是有限的，但欲望却很多，人类的欲望是可扩展的。市场营销者可以影响欲望，开发及销售特定的产品和服务来满足欲望。

需求是指人们有能力购买并愿意购买某个具体产品的欲望。即

需求=购买欲望+购买能力

运输公司不仅需要预测有多少货主喜欢自己提供的服务，还需要了解有多少货主能够购买这种服务。

> **想一想**　结合引导案例，试分析需要、欲望和需求的区别与联系。

2）产品和服务

产品是能够满足人们的需要和欲望的任何东西，它涵盖了任何能够满足需要和欲望的有形产品、服务产品及其他载体等。有形产品只是提高服务的手段，是服务的载体，其价值不在于拥有它，而在于它给我们带来的对欲望的满足。人们购买小汽车不是为了观赏，而是为了得到它所提供的交通服务。我们建立跟踪系统不是为了让他人赞美，而是为了给客户提供信息服务。运输公司如果关心其所使用的车船甚于车船所提供的服务，那就会犯错误。例如，大班轮公司有很多业务要通过枢纽港来转运，若它的转运效率不高，仅在船队里加几条快船，不一定能提供快捷的服务。

服务是可以满足人们需要的任何无形物品。产品实际上只是获得服务的载体。这种载体可以是物，也可以是"服务"。因此，产品可以是有形的，也可以是无形的。把一些服务和产品组合起来，企业就可以创造并销售一种经历。事实上，随着产品和服务越来越多地紧密结合，提供一种经历逐渐成为各个公司实现产品差异化的下一步策略。市场营销者必须清醒地认识到，其创造的产品不管形态如何，如果不能满足人们的需要和欲望，就必然会失败。

3）效用、边际效用及边际效用递减规律

效用就是顾客对能满足其需要与欲望的某种标的整体能力的评价，它是顾客的自我心理感受，是主观的。

> **经典案例**

交通工具的选择

小A是某公司的员工，家住沈阳某小区，月薪5 500元，上班地点距家的距离为8公里，可供小A出行的交通工具有共享单车、公共汽车、地铁、出租车、网约车、私家车6种方式，根据方便性、经济性、快捷性、舒适性、安全性5种评价因素，综合评价6种交通工具的效用，认为网约车的效用最大。表1-1给出了能够判断哪种交通工具可以给他带来最大的效用的评价标准。

表1-1　效用评价表

评价因素 交通工具	方 便 性	经 济 性	快 捷 性	舒 适 性	安 全 性	综合评价
共 享 单 车	6	6	1	1	1	15
公 共 汽 车	1	5	2	2	5	15
地 　 铁	2	4	4	3	6	19
出 　 租 车	5	1	6	6	4	22
网 约 车	6	2	6	6	3	23
私 家 车	4	1	6	6	2	19

边际效用是指该物品的消费量每增（减）一个单位所引起的总效用的增（减）量。随着消费者消费商品量的增加，得到的总效用是增加的，但增加的速度是递减的，即消费者从连续消费每单位商品中所得到的满足程度是随着这种商品的消费量的增加而减少的，从最大值到零再到负数，这就是边际效用递减规律。

📎 经典案例

面条的边际效用递减

陈佩斯和朱时茂的代表作《吃面条》中，陈佩斯饰演的角色与女朋友约好晚上八点看电影，已经到八点了，他的女朋友来叫他，他吃完了面放下碗就跑出去。一天没吃饭的他，在吃第一碗面条时，导演还没在讲戏时，他就吃起来，吃得最香，最好吃，效用也最大，为 30 个单位；导演让他再盛一碗，吃第二碗面条的时候，他表现出了欣喜，感觉也不错，好吃，效用也不小，为 20 个单位；吃第三碗面条时已经快饱了，有点蹲不下去了，觉得面条也就那么回事，效用只有 10 个单位；吃第四碗面条时，吃不吃都无所谓，效用为 0；到第五碗的时候，已经肚子发胀，开始打嗝，产生负效用，效用为-10 个单位，所以他都不要出名而落荒而逃，显然，第五碗面已经带来了痛苦。表 1-2 反映了其吃面条的效用。

表 1-2　吃面条的效用

效　用 吃面条的数量	边际效用 MU	总效用 TU
0	0	0
1	30-0=30	30+0=30
2	50-30=20	30+20=50
3	60-50=10	30+20+10=60
4	60-60=0	30+20+10+0=60
5	50-60=-10	30+20+10+0-10=50

观察人们的行为和心理，可以发现一个有规律性的现象：当我们越来越多地消费一种物品或享用某一项物流服务项目时，获得的额外（边际）满足程度反而会下降。

🔲 小·贴士　理解"边际效用递减规律"时要注意以下几点：

◆ 边际效用的大小与欲望的强弱成正比；
◆ 边际效用的大小与消费数量成反比；
◆ 边际效用递减具有时间性；
◆ 一般情况下，边际效用总是正值（>0），即消费者不会把消费量增加到带来痛苦的"负效用"地步。

（资料来源：曲建科. 物流市场营销（第 3 版）. 北京：电子工业出版社，2017.）

4）顾客价值和顾客满意

面对诸多能够满足其特定需要的产品和服务，消费者通常按照顾客净得价值（Customer Deliver Value）最大化的原则来做出他们的购买选择。

顾客净得价值是顾客总效用（Total Customer Value）与顾客总费用（Total Customer Cost）的差额。顾客总效用是消费者对产品满足其需要的整体能力的评价。消费者通常根据这种对产品价值的主观评价和需支付的费用来做出购买决定。例如，小A对可能满足上下班出行需要的产品选择组合（如共享单车、公共汽车、地铁、出租车、网约车、私家车等）和他的需要组合（如方便、经济、快捷、舒适和安全等）进行综合评价，决定了网约车能提供最大的总满足。假如他主要对快捷和舒适感兴趣，也许会考虑购买汽车。但是，汽车购买与使用的费用要比自行车高许多，若购买汽车，他必须放弃用其有限收入可购置的许多其他产品（服务）。

经典案例

某货主需要从A和B两家物流公司选择一家作为承运人。选择承运人需要考虑的因素有安全、可靠、快捷、直达等。根据前期市场调研，这两家公司都可以提供安全、可靠、快捷、高质量的门到门运输服务。其中A公司的工作人员经过严格的培训，有较强的专业能力和责任心，而且A公司在物流市场上的企业形象较高，口碑较好。

从总效用上来说，物流公司提供的物流服务的总效用包括产品、工作人员、形象和附加服务的总和，对比B公司来说，A公司的总效用更大。

但是要选择合适的承运人，不仅要考虑总效用，还应该考虑总费用。顾客总费用的计算不仅包括货币成本，还包括购买者所需的时间、经历和心理费用。

在对比了A公司和B公司的顾客总效用和总费用后，可以计算两个物流公司的顾客净得价值。如果A公司的顾客净得价值低于B公司的顾客净得价值，那么该货主就会选择B公司作为承运人进行合作。

顾客净得价值最大化是顾客购买决策的准则。首先，公司应当对主要的竞争对手进行顾客总效用和顾客总费用的评估，以明确自己的处境及应定位于何处。其次，顾客净得价值低的公司，可在提高顾客总效用或降低顾客总费用上做文章。

顾客满意是指消费者对产品满足其需要的整体能力的评价。顾客购买后是否满意取决于其对所购产品的期望与该产品的绩效，是顾客在对产品的绩效（或结果）与他对产品的期望进行比较之后而产生的一种开心或失望的感觉。如果产品的绩效低于期望，顾客就不满意；如果产品的绩效与期望相符，顾客就满意；如果产品的绩效超出期望，顾客就很满意或惊喜不已。让顾客满意是至关重要的，也是顾客再次上门的主要因素。生意是否成功，主要依据顾客是否再上门。

小·贴士　美国《哈佛商业杂志》发表的一项研究报告指出："公司利润的25%～85%来自再次光临的顾客。"据美国汽车业的调查，一位满意的顾客会引发8笔潜在生意，其中至少有一笔成交；而一位不满意的顾客会影响25个人的购买意愿。争取一位新顾客所花的成本是保住一位老顾客所花成本的6倍。

经典案例

顺丰速运"跨省即日到"业务 给顾客快递新体验

顺丰速运成立多年来，给人们的第一印象就是一个"快"字。如今，我国快递行业正在蓬勃发展，不少企业都开始思考如何能够让自己在速度上脱颖而出。而顺丰速运更是当仁不让地凭借其强大的空中运输特别推出了"跨省即日到"业务，给客户带来快递新体验。顺丰速运的新业务推广使得曾经的不可能变为了可能。

快递市场的发展是与时俱进的，顺丰速运摆脱了传统汽车甚至是自行车的运输方式，采用了空运快件的方式，以此给消费者提供更快捷、更优质的服务。在快递整个行业里，我们更加知道时间等同于金钱的道理。因为通常来讲，只有"次日到"及"即日到"这种快件才能够实现较高利润。然而，如果没有快速便捷的交通工具，那么快递公司无法做到"即日到"，即便是"次日到"也是很艰难的，即便可以实现也达不到相关的标准。

空中运输的能力，已经成为如今快递企业发展的必需品。顺丰速运的航空业务增长幅度年均高达 70%，此时，顺丰速运租赁的波音 737 机型已经不能满足日益加大的业务量。通常来说，快递行业包机比用自己的飞机更为省心，甚至单价成本更为低廉。但如果顺丰快递有自己的航空公司，就完全可以在产业链条上占据主动，顺丰快递不仅可以自己选择经济性更佳的机型，还可根据市场变化不断推出新的快递产品。

顺丰速运一直追求自身突破，并且其每一次发展都加速着物流行业前进的步伐，而顺丰速运推出的"跨省即日到"业务，再次给客户带来快递新体验的同时也让客户对物流行业有了新的认识。顺丰速运作为快递行业的领跑者可以说做得相当成功，这也是顺丰速运多年来能够不断取得大发展的重要原因。

（资料来源：http://www.chinawuliu.com.cn/xsyj/201312/19/269335.shtml）

5）交换、交易和关系

交换是指提供某种标的作为回报而与他人换取所需要的标的的行为。只有通过交换，营销活动才能真正发生。交换的发生必须具备五个条件：至少有交换双方；每一方都有对方需要的有价值的东西；每一方都有沟通与运送货品的能力；每一方都可以自由地接收或拒绝对方提供的交换物；每一方都相信与对方打交道是合理的或称心的。具备这些条件，就存在交换的可能。现代市场营销通过创造性的市场营销，使交换双方能够双赢。

交易是交换的基本组成单位，是交换双方之间的价值交换。交换是一个过程，而交易则是交换成功的结果。如果双方在逐步达成协议，则称在进行交换。在这个过程中，如果双方达成了协议，我们就称之为发生了交易。交易通常有两种方式：一是货币交易，如甲支付 500 元给运输公司而得到货物运输服务；二是非货币交易，包括以物易物、以服务易服务的交易等。交易通常要涉及几项实质内容：

（1）至少有两件有价值的物品。

（2）双方同意的交易条件。

（3）协议达成的时间、地点。

（4）有一套法律制度来维护和迫使交易双方执行承诺（如《中华人民共和国合同法》）。

为了促使交换成功，营销者必须分析交换双方各自打算为交易提供什么，期望由交易得到什么。

关系市场营销是市场营销者与顾客、分销商、经销商、供应商等建立、保持并加强合作关系，通过互利交换及共同履行诺言，使各方实现各自目的的营销方式。与各方保持良好的关系要靠长期承诺和提供优质产品、优良服务和公平价格，以及加强经济、技术和社会各方面联系来实现。关系市场营销可节约交易的时间和成本，使市场营销宗旨从追求每一笔交易利润最大化转向追求各方利益关系的最大化。

经典案例

顺丰速运的危机公关

2013 年 3 月，央视《第一时间》曝光快递乱象，顺丰速运等几家快递公司暴力分拣，私自拆看客户包裹，漠视收件人投诉。15 日，顺丰速递在其官方微博发布声明进行回应，全文如下：

对于央视报道的顺丰深圳地区彩田中转场事件，我司高度重视并表态如下：

1. 顺丰将对出现问题的中转场进行全面有效的整改，严格管理分拣人员的操作行为，严厉追究当事人及相关责任人的责任，杜绝此类事件再次发生。相关调查进展将即时予以发布。

2. 顺丰将在整个体系内对中转场的操作状况进行全面自查，确保及时发现问题、解决问题，并借此机会深化管理，加速推进内部全自动分拣在各级中转场的覆盖，从技术支撑、管理机制等方面大力推进标准化作业。

3. 顺丰非常感谢社会各界一直以来对我们的关注和关心，为此给消费者带来的困扰深表歉意。我们将继续秉承诚信经营的原则，积极配合相关部门的检查，并欢迎广大消费者、媒体对我们的监督与建议，帮助我们完善管理，为广大消费者提供值得信赖的快递服务。

问题：试分析顺丰的危机公关的重要性及其成功的原因。

1.2 运输市场与运输市场营销

在现代市场经济条件下，企业必须按照市场需求组织市场，企业市场营销行为依托于市场，只有认识市场、适应市场，才能驾驭市场、开拓市场。

1. 运输市场

运输需求和运输供给构成了运输市场。狭义的运输市场是指运输劳务交换的场所，该场所为旅客、货主、运输业者、运输代理者提供交易的空间。广义的运输市场则包括运输参与各方在交易中所产生的经济活动和经济关系的总和，即运输市场不仅是运输劳务交换的场所，而且包括运输活动的参与者之间、运输部门与其他部门之间的经济关系。

1）运输市场的构成

运输市场是多层次、多要素的集合体，运输市场的构成有以下几个主要部分。

（1）运输需求方。运输需求方是构成运输市场的重要因素，由具有现实或潜在需求的单位、组织和个人组成，是运输市场上的买方。运输需求方的总体数量以及单个运输需求者的需求状况决定运输市场的总体需求规模。

运输市场上的需求方构成比较复杂，包括各类部门、企事业单位和个人。这些需求方在运输需求的质量、数量等方面存在较大差异，客观上形成了不同层次、不同类型的运输需求。

运输需求主体参与运输市场活动目的有两点：一是通过运输劳务获得运输效用；二是在满足运输效用的同时，追求经济性，即用较少的费用获得运输效用的满足。

（2）运输供给方。运输供给方是指提供各种客货运输服务，满足需求者空间位移要求的各类运输者。运输供给方是运输市场上的卖方，向市场提供各类运输产品。每个运输供给者所提供的运输产品数量和质量，决定于他们所拥有的相关运输资源的数量和质量。运输供给方的构成同样比较复杂，它由具有不同经济性质的企业和不同经营者组成。

运输供给有三层含义：一是由于资源的稀缺性，运输供给在一定条件下是有限的；二是运输供给在不同的时空条件下是可以变化的，它具有一定弹性；三是随着生产能力的提高和科技进步的加快，运输供给也表现出不断扩大的趋势。

从运输市场上的供需情况来看，不同的运输供给方所提供的运输产品并不一定都能够满足市场需求，这就出现了有效运输供给问题。有效运输供给是符合运输市场需求的供给，由于市场上总存在一部分不符合市场需求的供给，所以有效运输供给小于总的运输供给。运输市场中的供给者并非都提供一种有效的供给，因此，随着市场的不断变化，运输供给方也在不断调整和变化自己，以使提供的产品更符合运输市场上的需求，提供更多的有效供给。

（3）运输中介方。运输中介方是指为客货运输需求与供给牵线搭桥，提供各种客货运输服务信息及运输代理业务的企业或经纪人。随着经济的不断发展，市场上各种信息也越来越多，对于消费者来说，获取有关信息是进行购买的前提和基础。一般来说，运输需求方总是想获得有关方面信息，达成（购买）服务质量好、价格又合理的运输产品的协议，这是进行运输购买的前提条件。然而，获取信息是要有代价的，完成交易要付出时间、精力和体力，这种代价对于单个运输需求者来说又可能是比较高昂的，因此，市场客观上需要一种专门从事这项服务的"人"，能够开展这方面的业务，以减少市场交易成本。当运输中介者出现后，越来越多的运输需求者开始把服务要求转向运输中介者。由于运输中介者是专门负责从事专业化的中介服务，因此，其工作效率相对更高，运输供给者也乐于通过这个专业化的中介机构来扩大他的市场。

随着运输市场的不断发展，运输中介已经成为市场中的一个不可缺少的阶层或集团。由于专门从事中介活动，运输中介服务成本相对较低，运输中介在扩大市场范围、促进运输交易发展方面也发挥着越来越明显的作用。

（4）政府有关机构。政府有关机构和各级交通运输管理部门，他们代表国家即一般公众利益对运输市场进行监督、管理、调控。

在运输市场交易活动中，需求者、供给者、中介直接从事客货运输交换活动，属于运输市场行为主体。政府以管理、监督、调控者身份出现，不参与市场主体的决策过程，主要通过经济手段、法律手段，制定运输市场运行的一般准则、规范，约束运输市场主体的行为，使运输市场有序运行。

2）运输市场的特点

我国运输市场除具有社会主义市场经济共同的特点外，作为市场体系中的一个专业市场，具有以下特点。

（1）运输商品生产、消费的同步性。运输商品的生产过程、消费过程是融合在一起的，在运输生产过程中，劳动者主要不是作用于运输对象，而是作用于交通工具，货物是和运输工具一起运行的，并且随着交通工具的场所变动而改变所在位置。由于运输所创造的产品在生产过程中同时被消费掉，因此不存在任何可以存储、转移或调拨的运输"产成品"。同时运输产品又具有矢量的特征，不同的到站和发站之间的运输形成不同的运输产品，它们之间不能相互替代。因此运输劳务的供给只能表现在特定时空的运输能力之中，不能靠储存或调拨运输产品方式调节市场供求关系。

（2）运输市场的非固定性。运输市场所提供的运输产品具有运输服务特性，它不像其他工农业产品市场那样有固定的场所和区域来生产、销售商品。运输活动在开始提供时只是一种"承诺"，即以货票、运输合同等作为契约保证，随着运输生产过程的开始进行，通过一定时间和空间的延伸，在运输生产结束时，才将货物位移的实现所形成的运输劳务全部提供给运输需求者。整个市场交换行为，并不局限于一时一地，而是具有较强的广泛性、连续性和区域性。

（3）运输需求的多样性及波动性。运输企业以运输劳务的形式服务于社会，服务于运输需求的各个组织或个人。由于运输需求者的经济条件、需求习惯、需求意向等多方面存在比较大的差异，必然会对运输劳务或运输活动过程提出各种不同的要求，从而使运输需求呈现出多样性的特点。

由于工农业生产有季节性的特点，因此货物运输需求也有季节性的波动。特别是水果、蔬菜等农产品的运输需求季节性十分明显。由于运输产品无法储存，运输市场供需平衡较难实现。

（4）运输市场容易形成垄断。运输市场容易形成垄断的特征表现在两个方面：一方面是运输业的一定发展阶段，某种运输方式往往会在运输市场上形成较强的垄断势力，这主要是因为自然条件和一定生产力水平下某一运输方式具有技术上的明显优势等原因造成的。另一方面是指运输业具有自然垄断的特性，这使得运输市场容易形成垄断。通常把因历史原因、政策原因和需要巨大初期投资原因等使其他竞争者不易进入市场，而容易形成垄断的行业称为具有自然垄断特征的行业。运输市场上出现的市场垄断力量会使运输市场偏离完全竞争市场的要求，因此各国政府都对运输市场加强了监管。

经典案例

"双11"快递公司的困境

自天猫2009年首创11.11购物节以来，每年的这一天已成为名副其实的全民购物盛宴。2014年，快递业从业务量上看，足以为不断攀升的数字感到振奋，但从收入上看，"双11"对于多数快递企业来说，却是一个只赚吆喝不赚钱的买卖。如何能从"双11"的盛宴里得实惠，成为快递业不得不思考的问题。

"感觉今年的快递比往年提速了，服务质量也有所提高。"11月15日，合肥市滨湖医院职工周倩收到了"双11"下单的4个"宝贝"。

截至11月11日晚24时，A、B、C、D四家快递公司的业务量均突破了2000万件，创下各自新高，同比去年"双11"增幅均接近或超过100%。B快递官网显示，"双11"当天每秒就有353个订单进入其快递网络，随后的数天内，公司呼叫中心接线员每天接听300个电话；不少快递员吃午饭所用的时间仅10分钟，还有的快递员干脆放弃午饭，一刻不停地取件、送件。"公司从去年开始准备，设备、场地、系统、人工等方面大量投入，以避免在信息系统和转运力量方面出现'爆仓'，影响快件的送达速度和质量。"B快递合肥分公司负责人介绍，10月底公司临时招聘了180个分拣工，增加了36辆车。"分拣工每小时10元，每天增加的工人工资需20 000元。"

"现实是残酷的，'双11'的投入让不少快递公司需要付出全年的相当一部分利润，规模较小的快递公司甚至很久都喘不过气来。"D快递安徽分公司透露，绝大多数快递公司在应对"双11"前，都需要在场地、人员、设备等方面增加大量支出。

（资料来源：陶小恒，等. 物流营销实务. 武汉：武汉大学出版社，2016.）

结合案例分析运输市场的特点。

3）运输市场的结构

运输市场是具有多侧面、多重规定性的经济范畴，因此运输市场的结构也可以从不同的角度、多方面进行考察。

（1）运输市场的状态结构。运输市场的状态结构是指由运输市场运行的不同状况而形成的市场结构。运输市场交易是由供求双方共同构成的。在交易进行的过程中，由于双方的经济力量对比不同而使市场处于不同的状态。

① 运输买方市场。买卖双方的力量对比中由买方占主导地位的市场。在这种运输市场状态下，运输供给大于需求，买方掌握着市场的主动权，成为市场运行的主导力量；由于运输供给大于运输需求，货主或旅客有很大的回旋余地，有选择多种不同运输服务的自由，而运输企业则不然，都想尽快为自己产品寻找销路，彼此之间进行激烈的竞争，运输供给方竞争的结果是运输需求方得益。

② 运输卖方市场。买卖双方的力量对比中由卖方占主导地位的市场。在这种运输市场状态下，运输供给小于运输需求。卖方掌握着市场的主动权，成为市场运行的主导力量；由于供给不足，卖者的回旋余地很大，可以待价而沽，而买者则处于被动地位，竞争激烈，甚至不惜出高价去购买运输服务；卖方市场对运输供给方有利，但运输业者容易出现不良经济行为，如安于现状、不思进取、缺乏竞争意识、偏重于外延式扩大再生产、忽视技术进步、服务质量低劣、借机利用外部成本谋取利益等，因而这种市场状态结构对运输业的发展和整个国民经济的发展都是不利的。

📎 经典案例

航运市场持续低迷　船舶行业 2017 年将面临生死关

2016 年已经结束，而航运市场持续低迷，似乎依然没有看到复苏的迹象。与此同时，船舶行业运力过剩，贸易增速放缓等威胁仍旧笼罩着整个行业。

数据显示，2016 年前 11 个月仅有 419 艘合计 2609 万载重吨，以载重吨计同比下降 75%，订单量预计将跌至 20 世纪 80 年代以来的最低水平。在行业产能过剩的背景下，2017 年南北船整合有望进一步提速。业内人士表示，2016 年造船企业面临的困难远比数字上表现得严重，支撑散货船订单量的，基本只有在中国船厂订造的 30 艘 Valemax 型矿砂船，这意味着多数船厂仍没有新订单。油轮新签订单仅成交 117 艘，同比下降 76%，尤其是大型原油油轮订单明显减少。

在新签订单量大幅减少和交付量稳定的共同作用下，全球手持订单量加速缩水。2016 年 12 月月初手持订单量为 3713 艘、2.3 亿载重吨，较年初相比缩减 27%。按数量统计，散货船仍占手持订单的 27%，油轮和集装箱船则分别为 23% 和 11%。如果以 2015 年的产能为基准粗略估计，当前的手持订单量仅能平均维持船厂未来 2.4 年的生产。

2016 年的新船交付量与年初的预计交船量相比，除油轮以外，主要船型的未交付率在 2016 年均有不同程度的增加，以载重吨统计，总的未交付率已达到 39% 且预计全年的未交付率可能会创新高。从船厂方面来看，已有越来越多的船厂深陷财务困境，产能面临着进一步的调整，2017 年船舶行业将面临生死关。

前瞻产业研究院发布的《船舶制造行业市场需求预测与投资战略规划分析报告》指出，当前船舶行业正处于加速探底的结构调整期，我国通过此前的淘汰、消化、整合、转移过剩产能，已将 2012 年的 8000 万载重吨的产能削减至 2015 年年底的 6500 万载重吨，目前仍存在 30% 以上的过剩产能。如何更快、更好地去除过剩产能、加快结构升级，已成为摆在我国造船行业面前的难题。

（资料来源：http://www.cnss.com.cn/html/2017/hycj_0206/256140.html）

③ 运输均势市场。运输市场上买卖双方的力量对比旗鼓相当、处于均势状态的市场，这是一

种比较完善的市场状态。在这种市场状态下，运输供给与需求大体平衡，价格也相对平稳，双方均无明显优势和劣势，或有时买方稍有优势，或有时卖方稍有优势。在这种市场状态下，运输业的发展和国民经济的发展均处于平稳状态，因而是理想的市场结构。

（2）运输市场的客体结构。

① 运输基本市场。运输基本市场就是通常所说的运输市场，是以客货运输为主导的市场，其以旅客、货物为运输劳动对象，并直接向旅客、货主提供运输服务。运输基本市场包括客运市场和货运市场。其中货运市场还可以按照货种不同分为普通货物运输市场和特种货物运输市场。客运市场可分为一般客运市场及特种客运市场，后者还可以分为旅游客运以及包机（车、船）市场等。

② 运输相关市场。运输相关市场是指与运输基本市场相互影响、相互作用、相互依存却不能单独存在的市场，分为运输设备租赁市场、运输信息服务市场、运输设备修造市场、运输设备拆卸市场等。

（3）运输市场的空间结构。运输市场空间是指运输主体及所支配的运输市场客体的活动范围。现实的运输市场总是具有一定活动空间的市场，各类市场由于扩散和吸引能力的大小而有所不同。运输市场的空间结构就是指各等级各层次的市场空间在整个市场体系中所占有的地位及相互关系。运输市场的空间结构从大的方面可以分为三个基本层次。

① 区域性的地方运输市场。以区域为活动空间的运输市场，包括城市运输市场、城间运输市场、乡村运输市场、城乡运输市场，以及南方市场、北方市场等。通常以大大小小的经济区为主，在地域分工和生产专业化的基础上逐步形成，并循序渐进地逐步发展和扩大。

② 全国统一的运输市场。以整个国家领土、领空、领海为活动空间的运输市场，它是包括各个地区、各种运输方式在内的统一的运输市场。它以市场经济的充分发展为基础，在区域运输市场充分发展的前提下得以形成的。

全国统一的运输市场由铁路运输市场、公路运输市场、水路运输市场、航空运输市场和管道运输市场组成。

③ 国际运输市场。不仅以本国，而且以其他国家为活动空间的运输市场，它是随着国际间的商品交换及经济社会文化交流的增加而逐步形成的，是国际分工、世界经济的发展和经济生活国际化的必然结果，也是市场经济发展的客观要求和必然趋势。

（4）运输市场的时间结构。运输市场的时间结构是指市场主体支配交换客体这一运行轨迹的时间量度。由于运输市场交易中，市场主体之间对交换对象——运输劳务的权利转移与其价值运动过程，可以有不同的时间轨迹。一般来说，运输市场按时间结构包括两种情况。

① 运输现货交易市场。进行运输现货交易的市场，它由拥有运输劳务（现货）并准备交割的运输供给者和想得到运输劳务的运输需求者组成。运输现货交易是指运输市场上出售运输劳务与货币转移是同时进行的，因而也称即期交易。（广义的现货交易也包括远期交易，供求双方只签订运输合同，约定在一定时期内按合同条款履行义务并进行交割）如果现货交易是通过签订运输合同进行，则运输劳务必须在规定的时间内完成，买卖双方只有在相互同意的情况下才能够修改或取消所签的合同。

② 运输期货交易市场。从事买卖标准化的运输期货交易合同的市场。运输期货交易是在交易所通过签订标准化的运输期货交易合同而成交的。运输期货交易不仅是先签订期货交易合同，然后在某一特定时间交割，而且具有能"买空卖空"、能根据交易人的需要自由买卖（增加、减少）、市场安全等特点。

（5）运输市场的市场结构。运输市场的市场结构是指市场上运输劳务的竞争关系与组合模式。它反映了运输市场竞争的态势和程度。决定运输市场结构的主要因素有两个：一是参与运输市场交易的供给者和需求者的数量；二是成交的运输劳务的差异程度。一般来说，运输市场上供给者和需求者的数量越多市场竞争越激烈；交易者数量越少，竞争越小；参加交易的运输劳务的差异程度越小，竞争程度越大；运输劳务的差异程度越大，则竞争程度越小。

运输市场根据运输劳务的竞争关系与组合模式可以划分为下列结构模式。

① 完全竞争运输市场。完全竞争运输市场又称纯粹竞争市场。其特征是运输市场上存在大量的运输供给者（或代理人）和运输需求者（或代理人），他们各自的交易额相对于整个市场的交易规模只是很小的一部分，因而不能影响市场的运价。个别的运输供给者和运输需求者只能接受市价。所有的运输供给者都独立地进行决策，以相同的方式向运输市场提供同类、同质的运输劳务，即完全可以互相取代。运输供给者只要具备一定的经营条件和运力，即可进入市场，并且退出市场的伸缩性小，决定进、出市场的唯一条件是经济上是否有利可图，这种市场没有政府的干涉。由于没有差异化，市场竞争激烈，运输供给者只能获得正常利润。现实中这种理想模式是不存在的，基本具备这种市场条件的是发达国家的跨州（省）公路货运市场以及海运中的不定期船市场。

② 完全垄断运输市场。完全垄断运输市场又叫独占运输市场。这种市场主要表现为某一国家或地区的运输市场上只存在一家运输供应者。市场上运输劳务的唯一供应商对运价具有相当程度的控制权，不存在或基本不存在竞争。这种垄断的产生可能是由于管制法令、许可证、规模经济或其他原因的结果。处于不受管制的完全垄断地位的运输企业的营销目标往往是通过索要高价、提供最低限度的服务、利用垄断地位最大限度地赚取利润。在存在潜在竞争威胁时，垄断者会更多地投资于服务和技术，设法阻止其他竞争者加入，尽可能维护甚至加强其市场垄断地位，而受到管制的垄断者则主要考虑如何在合理的运价水平上尽可能保质保量地满足市场的运输需求。由于运输市场放开，现实中的完全垄断运输市场已没有。

③ 垄断竞争运输市场。这类运输市场是一种介于完全竞争和完全垄断之间且近于前者的市场结构。与完全竞争运输市场相似，市场上存在大量的运输供给者（或代理人）和运输需求者（或代理人），他们提供具有一定差别的，能从整体上或局部上加以区别的而且可以互为相近替代品的运输劳务。他们各自的交易额相对于整个市场的交易规模只是一小部分，因而任何一个运输供给者和运输需求者都不可能独立地控制运价，也无法控制整个市场。由于运输企业进入市场容易、运输企业多、运输劳务替代性大，因而市场竞争激烈，运输供给者也只能获得正常利润。在垄断竞争运输市场上，竞争不仅表现为价格竞争，也表现为非价格竞争，一些运输供给者集中经营某一细分市场，以优异的方式满足顾客需求并赚取利润。为了提高市场占有率，各运输供给者都十分重视运输质量与运输服务等特色，同时广告宣传等促销工作也成为运输企业市场营销活动的重点。从总体上讲，市场体系中的公路运输市场、国内航运市场与这类市场类似。

④ 寡头垄断的运输市场。这类运输市场是介于完全竞争和完全垄断之间且近于后者的一种市场结构，可以分为完全寡头垄断和差别寡头垄断。完全寡头垄断是由少数几家运输供给者控制市场，向市场提供相同的或差别不大的运输劳务，控制着市场的绝大部分运力，整个市场的运价又被这些运输者垄断。由于运输劳务不具有差异性，因而获取竞争优势的唯一方法是降低成本。差别寡头垄断是由少数几家有部分差别的运输劳务供给者组成。每个供给者运输劳务差别主要表现在运输质量、运输服务等方面，寻求在这些主要特征的某一方面领先，以期引起顾客对这一特性的兴趣。

寡头垄断市场的特性是，由于市场受少数大企业的垄断，新企业加入该行业非常困难，而且投资多、风险大，投资回收期长，极易被市场淘汰。由于只有少数几家实力雄厚的企业控制市场，企业间相互依存、相互制约，其中任意企业在市场经营上的任何举措都会对其他企业产生一定影响，并引起其他各方十分敏感的反应。因此，寡头企业在制定和实施市场营销策略时，往往以竞争对手为主要目标，并关注自己的行动对对手的影响以及对方可能做出的反应。相应地，企业间激烈的市场竞争，主要表现为非价格竞争，尤其注重树立企业与品牌形象。产生寡头垄断运输市场的主要原因是资源的有限性、技术的先进性、资本规模的集聚以及规模经济效益所形成的排他性。目前，我国铁路运输市场、国际航空运输市场和国际航运市场中的定期船市场与这类市场类似。

2. 运输市场营销

1）运输市场营销的含义

运输市场营销属于微观市场营销范畴，是指在运输市场上通过运输劳务的交换，满足运输需求者现实或潜在需要的综合性营销活动过程。它开始于运输生产之前，贯穿于运输生产活动的全过程。在提供运输产品之前，要研究货主与旅客的需要，分析运输市场机会，研究目标市场，从而决定运输产品类型、运输生产组织形式以及运输范围和数量；在组织生产经营过程中，要使运输产品策略、运价策略、客货源组织策略和服务策略有机结合起来，通过良好的公共关系去实现运输生产过程；运输生产结束后，还要做好运输结束后的服务和信息反馈工作，这样周而复始，形成良性循环，不断满足社会运输需求，提高运输企业的经济效益，更好地发挥市场营销的效用。

2）运输市场营销的特点

运输企业市场营销行为依托于运输市场，运输市场属于服务市场，它既有一般服务市场的共性，又有自身特性。

（1）运输业生产经营活动的服务性。运输企业通过运输市场提供的产品是运输劳务，具有服务性，表现在为国民经济其他部门、社会各单位或个人提供运输服务。因此，在经营思想上首先要树立"顾客（货主、旅客）至上，服务第一"的观念，重视货主、旅客的需求，把了解他们的需要、欲望和行为作为营销活动的起点，在服务项目、服务方式、服务态度、服务手段等方面提高水平，全心全意为货主、旅客服务。

（2）运输市场需求是派生需求，具有较强的波动性。运输市场需求是派生需求，表现在随工业生产的周期性波动、随农业生产的季节性波动、随人们社会生活习惯的趋向性波动等。这对运输市场营销提出了更高的要求，要求市场营销者要特别注意市场动态，采取措施减少波动。例如，在淡季推出优惠运价鼓励淡季消费，同时要求加强运输企业内部的严密组织，要在经营方式、运输生产组织、信息资料收集与处理等方面，寻求规律，不断提高运输效率与水平。

（3）运输产品的无形性、异质性。运输产品不具有实物形态，只改变运输对象的地理位置，即运输对象的"位移"，这种位移有不同的质量要求即异质性，如快速、直达、便利、舒适等。因此，运输市场营销者应根据不同客户（货主、旅客）的不同运输需求，提供不同的运输劳务，在运输生产结构、服务范围、内容上形成自己独特的风格，如快速货物运输、特种货物运输、集装箱货物联运等，发挥自己的优势，以吸引客户。

（4）运输需求的开放性。运输生产点多、面广、流动分散的特点决定了运输企业生产经营活动不可能局限在某一地点，一辆车（船、机）就是一个独立的生产单位，一次运输任务就是一个完整的运输生产过程。因此，对运输生产活动的跟踪控制、对运输沿线客货源的组织以及提高单车（船、机）运输和每次运输生产效率等方面的工作，形成与工业企业不同的管理要求。企业应根据这些特点，在车辆承包经营、租赁经营，或统一调度运行等经营方式中，更进一步深化改革，完善制度，优化结构，提高运输效率。

（5）运输企业市场销售活动的超前性。运输服务是运输对象的"位移"，要求运输企业的销售活动在生产之前，先有资源、客源，再组织运输生产，实现其"位移"。因此，运输企业的市场销售活动是运输生产的前提。运输企业应根据客货源分布情况，在货物组织网点、货物组织方式、货物组织手段上采取各种积极的促销策略，保证运输生产活动的顺利进行。

技能训练

技能训练 1-1

顾客净得价值分析

某人需要将一份重要文件迅速从某城市的 A 区送到 B 区，他想找一家快递公司，有 X 和 Y 两家快递公司可以选择。X 公司在本市快递行业中享有较高声誉，快递员均经过严格岗前培训，公司管理制度严格，快递费用为 12 元起价，每增加 500 克，快递费用增加 2 元；Y 公司是一家新成立仅 3 个月的快递公司，快递人员服务热情，但快递网点相对较少，为招揽客户，快递费用为 8 元起，每增加 500 克，快递费用增加 1.5 元；两家企业均承担上门取件服务。请分析如果分别选择两家快递公司，所能获得的顾客总效用和顾客总费用有哪些？如果你是客户，你将如何做出选择，并说明理由。

训练建议

此能力训练主要考查学生对顾客净得价值的理解和掌握情况，建议以个人为单位，在明确顾客净得价值和顾客满意概念的基础上进行分析。训练过程可选择至少两名学生进行提问，请其提出观点并阐述理由。

评价标准（见表1-3）

表 1-3　实践教学考核评价标准

序　号	考 核 内 容	等　级	分　值
1	参与的积极性、主动性（30分）	优良	21～30
		一般	11～20
		差	0～10
2	语言表达的流畅、规范、准确（30分）	优良	21～30
		一般	11～20
		差	0～10
3	理由阐述合理、准确，切合相关理论知识（40分）	优良	26～40
		一般	11～25
		差	0～10
合　　计	100分		

技能训练 1-2

研究营销策略

访问你感兴趣的运输企业的主页，找出其运输产品、定价、分销、传播策略，收集该企业的相关信息研究，回答以下问题：该运输企业的主营业务是什么？组织的整体目标是什么？企业的顾客是谁？网页上哪些因素对企业的影响较大？网站的设计对顾客有无吸引力？你在网络上发现的营销策略与其他营销活动和任务陈述吻合吗？

训练建议

此能力训练主要考查学生对运输市场营销的理解和掌握情况，建议以小组为单位，每组 4~5 人，在掌握运输市场营销特点的基础上进行分析，并与同学们和指导教师进行分享。

评价标准（见表 1-4）

表 1-4　实践教学考核评价标准

序　　号	考 核 内 容	等　　级	分　　值
1	参与的积极性、主动性（30分）	优良	21~30
		一般	11~20
		差	0~10
2	实践教学过程中表现出的计划、组织、领导、控制、协调等管理能力（30分）	优良	21~30
		一般	11~20
		差	0~10
3	成果展示（20分）	优良	16~20
		一般	8~15
		差	0~7
4	语言表达的流畅、规范、准确（20分）	优良	16~20
		一般	8~15
		差	0~7
合　　计	100分		

复习思考题

一、单项选择题

1. 下面关于市场营销概念理解正确的是（　　）。
   A. 市场营销就是"推销"
   B. 市场营销就是通过广告进行"推销"
   C. 推销只是市场营销中的一部分
   D. "推销"和"广告"是市场营销中两个最重要的功能
2. 下列关于顾客净得价值与顾客总效用和顾客总费用关系的描述正确的是（　　）。

A. 顾客净得价值=顾客总效用−顾客总费用

B. 顾客净得价值=顾客总效用+顾客总费用

C. 顾客总效用=顾客总费用

D. 顾客总费用=顾客净得价值+顾客总效用

3. 通常，我们可以用公式"市场=人口+购买力+购买欲望"对市场进行分析。其中，（   ）是决定市场大小的基本前提。

    A. 人口   B. 市场

    C. 购买力   D. 市场容量

4. 下列不属于运输市场参与者的是（   ）。

    A. 运输供给者   B. 运输需求者

    C. 政府   D. 第三方运输担保机构

5. 下列不属于交换的基本条件的是（   ）。

    A. 至少有交换双方

    B. 至少有一方认为交易是合理的

    C. 每一方都有对方需要的有价值的东西

    D. 每一方都可以自由地接受和拒绝

二、填空题

1. 市场营销的最终目标是_____。

2. _____是市场营销的核心概念。

3. 消费者通常按照_____最大化的原则来做出购买选择。

4. 运输市场参与者包括运输需求者、_____、运输中介、_____。

5. 按照运输市场的状态结构可以将其分为_____、运输买方市场和运输均势市场。

三、简答题

1. 简述运输市场营销的特点。

2. 简述运输市场的地位和作用。

3. 简述运输市场的特点。

4. 按照运输市场的市场结构划分，运输市场可以分为哪几个结构模式？

市场营销理论在铁路客货运输中的有效运用   未来我国公路货运市场结构的演变趋势

项目 2

运输市场营销理念

➡ **知识目标**

- 了解市场营销基本理念的演变过程
- 理解顾客满意的意义
- 掌握顾客满意理念的核心概念——顾客净得价值
- 熟悉全面质量营销理念
- 掌握提高服务质量的策略
- 了解市场营销理念的新发展

➡ **能力目标**

- 能够运用蓝图技巧进行运输服务过程分析
- 能够正确应用顾客满意理念有针对性地进行营销工作

✒ **引导案例**

2017 年全国物流行业运行情况调查

2017 年我国物流运行总体向好，社会物流总额增长稳中有升，社会物流总费用与 GDP 的比率有所回落。

一、社会物流总额增长稳中有升

2017 年全国社会物流总额 252.8 万亿元，按可比价格计算，同比增长 6.7%，增速比 2016 年同期提高 0.6 个百分点。分季度看，一季度 56.7 万亿元，增长 7.1%，提高 1.1 个百分点；上半年 118.9 万亿元，增长 7.1%，提高 0.9 个百分点；前三季度 184.8 万亿元，增长 6.9%，提高 0.8 个百分点。全年社会物流总需求呈现稳中有升的发展态势。

从构成看，工业品物流总额 234.5 万亿元，按可比价格计算，同比增长 6.6%，增速比 2016 年同期提高 0.6 个百分点；进口货物物流总额 12.5 万亿元，增长 8.7%，提高 1.3 个百分点；农产品物流总额 3.7 万亿元，增长 3.9%，提高 0.8 个百分点；再生资源物流总额 1.1 万亿元，下降 1.9%；单位与居民物品物流总额 1.0 万亿元，增长 29.9%。

二、社会物流总费用与 GDP 的比率有所回落

2017 年社会物流总费用 12.1 万亿元，同比增长 9.2%，增速低于社会物流总额、GDP 现价增长。其中，运输费用 6.6 万亿元，增长 10.9%，增速比 2016 年同期提高 7.6 个百分点；保管费用 3.9 万亿元，增长 6.7%，提高 5.4 个百分点；管理费用 1.6 万亿元，增长 8.3%，提高 2.7

个百分点。2017 年社会物流总费用与 GDP 的比率为 14.6%，比 2016 年同期下降 0.3 个百分点。

三、物流业总收入较快增长

2017 年物流业总收入 8.8 万亿元，比 2016 年增长 11.5%，增速比 2016 年同期提高 6.9 个百分点。

（资料来源：中国物流与采购联合会）

问题：

1. 结合案例分析，进行市场调研的目的是什么？
2. 完成本报告需要运用哪些调研方法？

市场营销理念，是指企业在一定时期、一定生产经营技术和一定的市场营销环境下进行全部市场营销活动，正确处理企业、顾客和社会三方面利益的指导思想和行为的根本准则，包括营销管理者的立场、观点、信念及思维方式等，是企业开展市场营销活动的根本出发点。运输企业的营销理念及对外部环境的正确判断决定了运输企业策划占领目标市场的行为，制定营销战略的行为，调查、分析运输市场及消费者购买动机的行为。运输企业要适时地更新营销理念，并要围绕中心理念确立不同侧面、不同时期的具体理念。

2.1　市场营销基本理念的演变

随着社会生产力水平的提高，社会、经济与市场环境的变迁以及企业经营经验的积累，市场营销基本理念发生了深刻变化。市场营销基本理念的演变大体上划分为以企业为中心的理念、以消费者为中心的理念、以社会长远利益为中心的理念。变化的基本轨迹是由企业利益导向转变为顾客利益导向，再发展到社会利益导向。

1. 以企业为中心的理念

以企业为中心的市场营销管理理念，又称传统理念，是以企业利益为根本取向和最高目标来处理营销问题的理念。它包括生产观念、产品观念、推销观念。

1）生产观念

生产观念（Producting Concept）是一种以生产为中心的经营指导思想，是一种古老的指导销售者行为的营销观念。生产观念认为，消费者总是喜爱那些可以随处买到而且价格低廉的产品，企业应当集中精力提高生产效率和扩大分销范围，增加产量，降低成本。生产观念明显是一种重生产、轻市场的商业哲学。以生产观念指导营销管理活动的企业，称为生产导向企业，其典型表现是我们生产什么，就卖什么。

生产观念形成的原因主要有两个方面：一是供不应求，消费者更看重或最紧迫的需求是从无到有的满足。二是产品成本居高不下，要想扩大市场，首要的工作是加强内部生产管理，提高劳动生产率，降低生产成本。

📎 经典案例

福特公司的生产观念

福特汽车公司的创始人亨利·福特是持生产观念的典型代表。当时，福特公司生产的"T型车"供不应求，亨利·福特便采用流水生产线，使得产品的产量迅速提高，来满足市场对该车的需求。随着社会生产力的发展，市场得到了快速发展，市场的供求形势发生了很大变化，人们的消费需求由单一化转向多样化。但亨利·福特仍傲慢地宣称："不管顾客需要什么颜色的汽车，我只有一种黑色。"结果"T型车"销量锐减，被通用汽车推出的新式样和多彩的雪佛兰汽车赶超，至今也没有翻过身来。

（资料来源：旷健玲，等. 物流市场营销. 北京：电子工业出版社，2012.）

2）产品观念

产品观念（Product Concept）认为消费者喜欢高质量、多功能和具有某些特色的产品。其观念前提是"物因优为贵，只要产品质量好，就不愁卖不出去"。因此，企业管理的中心是致力于生产优质产品，并不断精益求精。

产品观念过分重视产品而忽视顾客需求，生产观念和产品观念终将导致"营销近视症"。

经典案例

美国铁路的产品观念

美国的铁路公司由于仅看到自己从事的是"铁路运输"，忽视了顾客所需要的是"运输服务"这一实质差异，将自己的经营业务局限于铁路运输这一特定的运输形式上，过分注意争夺在铁路运输上的优势，没有考虑顾客需求的变化。当运输市场发生变化，汽车、卡车、大型货车、飞机、管道等运输形式发展起来后，铁路公司就只有"望其兴叹"了。

（资料来源：旷健玲，等. 物流市场营销. 北京：电子工业出版社，2012.）

3）推销观念

推销观念（Selling Concept），又称销售观念，认为消费者通常有一种购买惰性或抗衡心理，如果顺其自然，消费者一般不会足量购买某一企业的产品，因而企业管理的中心是积极推销和大力促销。其指导思想是我能生产什么，就销售什么，我销售什么，顾客就购买什么，货物出门概不负责。

推销观念是在资本主义经济由卖方市场向买方市场转变过程中产生的，此时，许多企业家认识到，企业不能只集中力量发展生产，即使有物美价廉的产品，也必须保证这些产品能被人购买，企业才能生存和发展。销售观念产生于由"卖方市场"向"买方市场"过渡的阶段，特别适用于供求平衡的"均衡市场"。

从生产观念到推销观念的转变，提高了销售在企业经营中的地位，加强了企业与市场、企业与消费者的联系，是企业市场观念的进步。但从本质上，推销观念仍然没有摆脱以企业为中心的思维方式，因为其从厂商出发，以现有产品为中心，通过大量推销和促销来获取利润，强调的是企业如何把现有的产品销售出去，而不管这些产品是不是真正满足消费者的需要，它所关心的只是企业的利益，而不关心消费者的利益。

2. 以消费者为中心的理念

以消费者为中心的理念，又称市场营销理念（Marketing Concept）。这种理念认为企业的一切计划与策略应以消费者为中心，正确确定目标市场的需要与欲望，比竞争者更有效地提供目标市场所要求的满足。以消费者为中心的理念要求企业的市场营销活动以消费者为中心，树立"顾客第一"的观念，把消费者的需要作为企业营销的出发点和归宿点，千方百计地为满足消费者需要服务，并把消费者是否满意以及满意的程度作为衡量企业营销工作标准。

市场营销观念是适应买方市场条件下市场营销的需要而产生的。此时，消费者有较多的可支配收入和闲暇时间，对生活质量的要求提高，消费需要变得更加多样化，购买选择更为精明，要求也更为苛刻。这就要求企业认真研究消费需求，正确选择为之服务的目标市场，以满足目标顾客的需要及变动，不断调整自己的营销策略，即从以企业为中心转变到以消费者（顾客）为中心。

执行市场营销观念的企业，称为市场营销导向企业。其指导思想是：顾客需要什么，我们就生产、供应什么。市场营销观念要求企业营销管理贯彻"顾客至上"的原则，将管理重心放在善于发现和了解目标顾客的需要，并千方百计去满足它，使顾客满意，从而实现企业目标。因此，企业在决定其生产、经营时，必须进行市场调研，根据市场需求及企业本身的条件，选择目标市场，组织生产经营。其产品设计、生产、定价、分销和促销活动，都要以消费者需求为出发点。产品销售出去之后，还要了解消费者的意见，以改进自己的营销工作，最大限度地提高顾客满意程度。总之，市场营销观念根据"消费者主权论"，相信决定生产什么产品的主动权不在于生产者，也不在于政府，而在于消费者，因而将过去"一切从企业出发"的旧观念，转变为"一切从顾客出发"的新观念，即企业的一切活动都围绕满足消费者需要来进行。

市场营销观念有四个主要支柱：目标市场、整体营销、顾客满意和盈利率。市场营销观念是从选定的市场出发，通过整体营销活动，实现顾客满意，从而提高盈利率。

树立并全面贯彻市场营销观念，建立真正面向市场的企业，是企业在现代市场条件下成功经营的关键。

3. 以社会长远利益为中心的理念

1）社会营销理念

从 20 世纪 70 年代起，随着全球环境破坏、资源短缺、人口爆炸、通货膨胀和忽视社会服务等问题日益严重，消费者保护运动盛行，要求企业顾及消费者整体与长远利益的呼声越来越高。在西方市场营销学界提出了一系列新的观念，如人类观念（The Human Concept）、明智消费观念（The Intelligent Consumption Concept）、生态准则观念（The Ecological Imperative Concept），其共同点是认为企业生产经营不仅要考虑消费者需要，而且要考虑消费者和整个社会的长远利益。这类观念可统称为社会营销理念（Societal Marketing Concept），如图 2-1 所示。

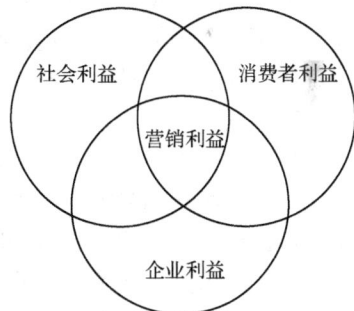

图 2-1   社会营销理念

社会市场营销观念要求市场营销者在进行市场营销决策时要统筹兼顾三方面利益，即同时考虑到消费者的需求与愿望、消费者和社会的长远利益、企业的营销效益。

经典案例

DHL 的社会营销观念

中国第一家国际航空快递公司——中外运敦豪国际航空快件有限公司是由全球快递、物流业的领导者 DHL 与中国对外贸易运输集团总公司各注资 50%于 1986 年成立的，是中国成立最早、经验最丰富的国际航空快递公司。DHL 的知名度不仅仅来源其优质服务，还来自其奉行的社会营销观念。

DHL 利用自己的运输优势开展了丰富的公益活动。

（1）2003年"非典"期间，在上海启动"爱心传递"服务，免费为因启程匆忙而没来得及携带充足生活用品的第二军医大学赴北京小汤山"非典"定点医院医疗队提供快递服务。

（2）2004年秋，义务将70箱体育用品送到新疆、贵州等7个偏远地区。

（3）2008年汶川地震后，积极投身到抢险救灾的工作中。

（4）2008年，开展主题为"小书包，大未来·DHL爱心书包行动"的公益活动，为四川、陕西、甘肃地震灾区的学生募集了10 000份学习用品。

DHL用实际行动阐释了企业承担社会责任是企业发展战略的重要组成部分，通过公益活动提升了公司形象，传播了公司理念，更好地实现了社会、企业和消费者三方利益"多赢"，有利于企业长期发展。

（资料来源：旷健玲，等. 物流市场营销. 北京：电子工业出版社，2012.）

对于市场营销观念的四个重点（目标市场、整体营销、顾客满意和盈利率），社会营销观念都做了修正。一是以消费者为中心，采取积极的措施，增进产品的安全感和减少环境污染，增进并保护消费者的利益。二是整体营销活动，即视企业为一个整体，全部资源统一运用，更有效地满足消费者的需要。三是做到顾客的真正满意，即视利润为顾客满意的一种报酬，视企业的满意利润为顾客满意的副产品，不是把利润摆在首位。社会营销观念同时要求企业改变决策程序。社会市场营销观念要求，决策程序应先考虑消费者与社会的利益，寻求有效地满足与增进消费者利益的方法，然后再考虑利润目标，看看预期的投资报酬率是否值得投资。这种决策程序的改变，并未否定利益目标及价值，只是置消费者利益于利润目标之上。

2）绿色市场营销

在可持续发展理论指导下，针对日益严重的环境问题提出了绿色市场营销观念。所谓绿色市场营销，是指企业在营销活动中，以可持续发展为目标，注重地球生态环境保护，防止环境污染，注重可再生资源的开发利用，减少资源浪费，促进经济与生态协调发展，以实现企业利益、消费者利益、社会利益及生态环境利益的统一。在传统的社会营销观念强调消费者利益、企业利益与社会利益三者有机结合的基础上，进一步强调生态环境利益，将生态环境利益的保证看作前三者利益持久地得以保证的关键所在。

绿色市场营销要求企业在营销全过程中都强调"绿色"因素，努力消除和减少生产经营对生态环境的破坏和影响。具体来讲，企业要注重绿色消费者需求的调查与引导，注重安全、优质、低能耗、少污染的绿色产品的开发和生产。在选择生产技术、生产原料、制造程序时，应符合环境保护标准；在产品设计和包装装潢设计时，应尽量减少产品包装或产品使用的剩余物，以降低对环境的不利影响；在分销和促销过程中，应积极引导消费者在产品消费使用、废弃物处置等方面尽量减少环境污染；在产品售前、售中、售后服务中，应注意节省资源，减少污染。可见，绿色市场营销的实质，就是强调企业在进行市场营销活动时，要努力把经济效益与环境效益结合起来，尽量保持人与环境的和谐，不断改善人类的生存环境。

经典案例

快递包装的"绿色"之路

网购经济的快速增长，拉动了快递、包装等多行业的发展。收到快递，缠绕的胶带、纸箱、气泡垫该如何处理，已成为社会关注的焦点。

近日，中国快递协会与中国包装联合会签约战略合作，双方将共推绿色包装广泛应用，共建快递绿色包装合作平台。

让"绿色"快递走进市民生活，减少资源浪费，已成为大家的共识。

快递包装的"绿色"之路

1. 包装浪费谁之过

"亲，收到快递后请先检查包装是否完好，然后再签收。"专职做海外护肤品代购的张倩开网店已三年多，起初包裹内瓶体破碎的遭遇让她损失不少。现在她经手打包的每一个包裹订单，气泡袋、硬纸盒都成为必不可少的配备。

张倩认为，尽管每次寄出的包裹都会"五花大绑"，包装确实有些浪费，但是，相比护肤品的价值，包装步骤容不得半点"简化"。

2016 年，国家邮政局出台《推进快递业绿色包装工作实施方案》，提出快递包装应朝绿色化、减量化、可循环等方面发展。

可事实上，这一方案的推行结果却收效甚微。作为关键环节，许多快递公司在包装上仍旧秉持"避简就繁"的原则。

"我们一般情况下都会根据包裹内的物品，建议寄件人加固包装。"兰州市安宁区身兼两家快递公司派送员的支建文告诉记者，包装是否完好是区分货品损坏责任的重要依据。

"寄出的东西如果破损，将牵扯到多方利益。除去包裹易损的情况，包装的繁简也直接反映出卖家对待客户的态度。"兰州市城关区畅家巷居民王梓月认为，快递包装生产和使用缺乏标准，环保意识有待提升等间接导致快递包装垃圾"泛滥"。

记者从甘肃省邮政管理局了解到，2016 年，甘肃省包裹业务量达 6115.8 万件，其中兰州市占比 55%，达 3342.93 万件，由此产生的包装废弃物数量可想而知。

据统计，2016 年兰州市快递包裹包装所需编织带 91.35 万条，塑料袋 243.65 万个，胶带 500.52 万米，包装废弃物近 30 万吨，生产以上物资需要消耗十年生大树 28 000 余棵、石油 7 吨多。

甘肃省重点电子商务实验室物流所所长欧阳明慧表示，作为快递包装的主要用品，胶带和塑料袋在自然界难降解，长时间留存会带来污染，进行焚烧更会产生有毒有害气体，加上目前没有健全的垃圾分类与回收利用制度，胶带和塑料袋成为快递包装的主要污染源。

2. 回收难题如何解

有数据显示，我省快递派件量正呈逐年上升趋势，快递包装回收问题也随之凸显。

"有个别快递公司曾推行过回收包装的活动，但是情况并不理想。"兰州市城关区白银路区域的申通快递员边师傅表示，很少有人在快递员上门取、送件时拿出包装纸箱让快递员回收。每天派件量都要过百，回收包装纸箱只会增加工作量，并且实施难度也很大。

"身为卖家，不会把能二次使用的纸箱交给快递员，因为包装纸箱是要花钱买的。"皇冠卖家李翔燕认为，回收包装纸箱对快递行业"绿色"发展推动有限。

"从成本核算角度看，仅靠快递业自身推行'绿色'包装发展难度太大。"甘肃省快递协会一名工作人员告诉记者，快递公司回收包装物不仅增加人力成本，如果包装物回收利用率不高，还会增加快递公司处置成本。让快递公司使用可降解塑料袋或牛皮纸胶带，又会因为包装成本升高而处于竞争劣势。

"成本问题将是制约绿色包装推广的重要因素。"兰州市七里河区某快递公司敦煌路营业点工作人员丁强告诉记者，以牛皮纸胶带和可降解塑料袋为例，宽 4.8cm 的牛皮纸胶带每百米比同规格的塑料胶带贵 6.18 元，规格 42mm×50mm 的可降解塑料包装袋比普通包装袋贵 0.16 元，成本压力很大，任何一家快递公司都不敢轻易尝试。

3. 绿色发展如何做

从《推进快递业绿色包装工作实施方案》的出台，到快递绿色包装产业联盟的构建，种种迹象释放出快递产业走上绿色道路的强烈信号，但这还远远不够。

甘肃法成律师事务所律师何媛表示，前期推广绿色包装的高额成本，是快递公司难以遵守行业自律规章的重要原因。只有将行业自律上升到法规高度，强制执行绿色包装标准，才能推动快递产业的绿色发展。

2014年，我国推出《快递业温室气体排放测量方法》，从碳排放角度评价各快递公司绿色化进程，但因缺少必要的经济措施，评价推动绿色化的效果并不明显。

"将碳排放交易模式引入快递行业绿色发展，或许是个很好的尝试。"欧阳明慧表示，将快递公司年度碳排放量与国家规定指标相挂钩，超出指标的公司要向节余指标的公司购买指标，以此将快递公司的绿色行为货币化、市场化，用市场竞争推动绿色发展。

"如果人们习惯垃圾分类，善于重复利用，快递包装绿色化的到来指日可待。"欧阳明慧认为，快递过度包装带来的资源浪费和环境污染已不容忽视，增强市民的环保意识将是推动快递包装绿色化进程的有力抓手。

（资料来源：http://www.lnlpf.cn/Home/Info/？type=44&newsid=1176）

◢ 2.2 顾客满意理念

1. 顾客满意

顾客满意是一种心理感受状况，是客户对某一产品在满足其需求方面实际感受到的绩效与期望程度的比较与综合评价。顾客满意既是顾客本人再购买的基础，也是影响其他顾客购买的要素。顾客满意的思想和观念，早在20世纪50年代就受到世人的认识和关注。学者们对顾客满意的认识大都围绕着"期望—差异"范式。这一范式的基本内涵是顾客期望形成了一个可以对产品、服务进行比较、判断的参照点。顾客满意作为一种主观的感觉被感知，描述了顾客某一特定购买群的期望得到满足的程度。

奥利弗·琳（Oliver Linda）认为顾客满意是"一种心理状态，顾客根据消费经验所形成的期望与消费经历一致时而产生的一种感情状态"。谢·韦森（Tse Witon）认为顾客满意是顾客在购买行为发生前对产品所形成的期望质量与消费后所感知的质量之间存在差异的评价，威斯布鲁克·赖利（Westbrook Reilly）认为顾客满意是情感反应，这种情感反应是伴随或者是在购买过程中产品以及整体购物环境对消费者的心理影响而产生的。亨利·阿塞尔（Henry Accel）认为，当商品的实际消费效果达到消费者的期望时，就会导致顾客满意，否则会导致顾客不满意。

◢ **小·贴士** 据消费者调研资料显示，44%宣称满意的消费者经常变换其所购买的品牌，而那些十分满意的顾客却很少改变购买。另一项研究则显示，在丰田公司产品的购买者中，有75%表示十分满意，而且这75%的顾客均声称愿意再次购买丰田产品。这些情况说明，高度的满意能培养一种对品牌的感情上的吸引力，而不仅仅是一种理性偏好。

2. 顾客净得价值理论

1）顾客购买的总价值

顾客总价值是指顾客购买某一产品与服务所期望获得的一组利益，它包括产品价值、服务价值、人员价值和形象价值等。

（1）产品价值。产品价值（Product Value）是由产品的质量、功能、规格、式样等因素所产生的价值。产品价值是顾客需求的核心内容之一，产品价值的高低也是顾客选择商品或服务所考虑的首要因素。那么如何才能提高产品价值呢？要提高产品价值，就必须把产品创新放在企业经营工作的首位。企业在进行产品创新、创造产品价值的过程中应注意如下几点。

① 产品创新目的是为了更好地满足市场需求，进而使企业获得更多的利润。因此，检验某些产品价值的唯一标准就是市场，即要求新产品能深受市场顾客的欢迎，能为企业带来满意的经济效益，这才说明该产品的创新是有价值的。

② 产品价值的实现是服从于产品整体概念的，产品的价值也包含三个层次：内在价值，即核心产品的价值；外在价值，即形式产品的价值；附加价值，即附加产品的价值。现代的产品价值观念要求企业在经营中全面考虑产品的三层价值，既要抓好第一层次的价值，同时也不能忽视第二、第三两个层次的价值，做到以核心价值为重点，三层价值一起抓。

（2）服务价值。服务价值（Services Value）是指伴随核心服务产品的出售，企业向顾客提供的各种附加服务，如运输企业代办中转等所产生的价值。服务价值是构成顾客总价值的重要因素之一。在现代市场营销实践中，随着消费者收入水平的提高和消费观念的变化，消费者在选购产品时，不仅注意产品本身价值的高低，而且更加重视产品附加价值的大小。特别是在同类产品的质量与性质大体相同或类似的情况下，企业向顾客提供的附加服务越完备，产品的附加价值越大，顾客从中获得的实际利益就越大，从而购买的总价值越大；反之，则越小。因此，在提供优质产品的同时，向消费者提供完善的服务，已成为现代企业市场竞争的新焦点。

（3）人员价值。人员价值（Personal Value）是指企业员工的经营思想、知识水平、业务能力、工作效率与质量、经营作风、应变能力等所产生的价值。企业员工直接决定着企业为顾客提供的产品与服务的质量，决定着顾客购买总价值的大小。一个综合素质较高又具有顾客导向经营思想的工作人员，会比知识水平低、业务能力差、经营思想不端正的工作人员为顾客创造更高的价值，从而创造更多的满意的顾客，进而为企业创造市场。人员价值对企业、对顾客的影响作用是巨大的，并且这种作用往往是潜移默化、不易度量的。因此，高度重视企业人员综合素质与能力的培养，加强对员工日常工作的激励、监督与管理，使其始终保持较高的工作质量与水平就显得至关重要。

（4）形象价值。形象价值（Image Value）是指企业及产品在社会公众中形成的总体形象所产生的价值。包括企业的产品、技术、质量、包装、商标、工作场所等所构成的有形形象所产生的价值，公司及员工的职业随意行为、经营行为、服务态度、作风等行为形象所产生的价值，以及企业的价值观念、管理哲学等理念形象所产生的价值等。形象价值与产品价值、服务价值、人员价值密切相关，在很大程度上是上述三个方面价值综合作用的反映和结果，形象对于企业来说是宝贵的无形资产，良好的形象会对企业的产品产生巨大的支持作用，赋予产品较高的价值，从而带给顾客精神上和心理上的满足感、信任感，使顾客的需要获得更高层次和更大限度的满足，从而增加顾客购买的总价值。因此，企业应高度重视自身形象塑造，为企业进而为顾客带来更大的价值。

2）顾客购买的总成本

顾客购买的总成本是指顾客为购买某一产品所耗费的时间、精神、体力以及所支付的货币资金等，因此，顾客总成本包括货币成本、时间成本、精力和体力成本等。

（1）货币成本。货币成本是指顾客购买和使用产品所付出的直接成本和间接成本。一般情况下，顾客购买产品时首先要考虑货币成本的大小，因此，货币成本是构成顾客总成本大小的基本因素。在货币成本相同的情况下，顾客在购买时还要考虑所花费的时间、精力等。

（2）时间成本。在顾客总价值与其他成本一定的情况下，时间成本越低，顾客购买的总成本越小，从而"顾客净得价值"越大。以运输企业为例，顾客在购买运输企业所提供的运输服务时，常常需要等候一段时间才能进入正式购买或消费阶段，特别是在高峰期更是如此。在服务质量相同的情况下，顾客等候购买运输服务的时间越长，所花费的时间成本越大，购买的总成本也就越大。同时，等候时间越长，越容易引起顾客对企业的不满意感，从而中途放弃购买的可能性亦会增大。因此，合理组织、努力提高工作效率，在保证产品与服务质量的前提下，尽可能减少顾客的时间支出，降低顾客的购买成本，是增强企业产品市场竞争能力的重要途径。

（3）精力与体力成本。精力与体力成本是指顾客购买产品时，在精力、体力方面的耗费与支出。在顾客总价值与其他成本一定的情况下，精力与体力成本越小，顾客为购买产品所支出的总成本就越低，从而顾客净得价值越大。因为消费者购买产品的过程是一个从产生需求、寻找信息、判断选择、决定购买到实施购买，以及购后感受的全过程。在购买过程的各个阶段，均需付出一定的精力与体力。如当消费者对某种产品产生了购买需求后，就需要收集该种产品的有关信息。消费者为收集信息而付出的精力与体力的多少，因购买情况的复杂程度不同而有所不同。就复杂购买行为而言，消费者一般需要广泛全面地收集产品信息，因此需要付出较多的精力与体力。对于这类产品，如果企业能够采取有效措施，通过多种渠道向潜在顾客提供全面详尽的信息，就可以减少顾客为获取产品情报所花费的精力与体力，从而降低顾客购买的总成本。

3）顾客净得价值的含义

顾客净得价值是指顾客总价值（Total Customer Value）与顾客总成本（Total Customer Cost）之间的差额，如图 2-2 所示。顾客总价值是指顾客购买某一产品与服务所期望获得的一组利益；顾客总成本是指顾客为购买某一产品所耗费的时间、精力与体力及所支付的货币资金等。

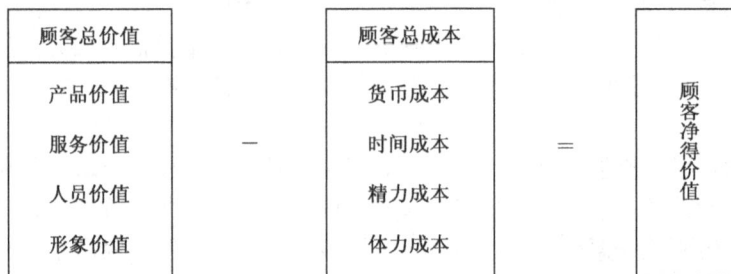

顾客总价值		顾客总成本		顾客净得价值
产品价值		货币成本		
服务价值	−	时间成本	=	
人员价值		精力成本		
形象价值		体力成本		

图 2-2　顾客净得价值理论

不同的顾客群对产品价值的期望与对各项成本的重视程度是不同的。企业应根据不同顾客的需求特点，有针对性地设计和增加顾客总价值，降低顾客总成本，以提高产品的实用价值。例如，对于工作繁忙的消费者而言，时间成本是最为重要的因素，企业应尽量缩短消费者从产生需求到具体实施购买，以及产品投入使用和产品维修的时间，最大限度地满足和适应其求速求便的心理要求。总之，企业应根据不同情况细分市场顾客的不同需要，努力提供实用价值高的产品，这样才能增加其购买的实际利益，减少其购买成本，使顾客的需要获得最大限度的满足。

为了争取顾客，战胜竞争对手，巩固或提高企业产品的市场占有率，现代企业应采取顾客净得价值最大化策略，通过企业的全面变革和全员努力，建立"顾客满意第一"的良性机制，使自己成为真正面向市场的企业。

企业可从两个方面改进自己的工作：一是通过改进产品、服务、人员与形象，提高产品的总价值；二是通过改善服务与促销网络系统，减少顾客购买产品的时间、精力与体力的耗费，从而降低货币与非货币成本。

3. 全面质量营销

1）全面质量营销的含义

全面质量营销是以顾客需求为先导，以提高产品和服务质量为重点，通过全过程的营销努力来提高产品质量，驱动质量绩效，以实现顾客满意目标的一种新型营销理念。

全面质量营销的观点认为，实施全面质量营销，要求营销者要注重：

（1）营销全过程的质量，即要求对产品生产过程进行全面控制。

（2）全企业的管理，即强调质量管理工作不局限于质量管理部门，应该要求企业所属各单位、各部门都要参与质量管理工作，共同对产品质量负责。

（3）全员管理，即把质量控制工作落实到每一位员工，让每一位员工都关心产品质量。

2）服务质量的评价模型

服务产品的质量水平并不完全由企业所决定，而同顾客的感受有很大关系，即使被企业认为是高标准的服务，也可能不为顾客所喜爱和接受。因此，可以认为服务质量是一个主观范畴，它取决于顾客对服务的预期质量同其实际感受的服务水平或体验质量之比，在体验质量既定的情况下，预期质量将影响顾客对整体服务质量的感知。

顾客对服务质量的感知主要是从技术和职能两个层面体验的，因此服务质量也决定于技术质量和职能质量的水平。技术质量是指服务过程的产出，即顾客从服务过程中所得到的东西，对此，顾客容易感知，也便于评价。职能质量则指提供服务的过程，也就是顾客同服务人员打交道的过程，服务人员的行为、态度、仪表等将直接影响到顾客对服务质量的感知。职能质量难以被顾客进行客观的评定，它更多地取决于顾客的主观感受。

服务质量模型（Servqual Model）从以下五个方面对服务质量进行评测。

（1）有形设施。可感知性是指服务产品的"有形部分"，如各种设施、设备以及服务人员的仪表等。其组成项目有：现代化的服务设施；服务设施具有吸引力；员工有整洁的服装和仪表；公司的设施与他们所提供的服务相匹配。由于服务产品的无形性，顾客只能借助这些有形的、可视的部分来把握服务的实质。

（2）可靠性。可靠性是指服务供应者准确无误地完成所承诺的服务。其组成项目有：公司向顾客承诺的事情都能及时完成；顾客遇到困难时，能表现出关心并帮助；公司是可靠的；能准时地提供所承诺的服务；正确记录相关的记录。可靠性要求避免服务过程中的失误，服务差错不仅带来直接意义上的经济损失，而且会失去很多潜在顾客。许多以优质服务著称的企业都是通过强化可靠性来建立自己的声誉的。

（3）响应性。响应性是指帮助顾客并迅速地提高服务水平的意愿。其组成项目有：不能指望他们告诉顾客提供服务的准确时间；期望他们提供及时的服务是不现实的；员工并不总是愿意帮助顾客；员工因为太忙以至于无法立即提供服务，满足顾客的需求。企业应随时准备为顾客提供快捷、有效的服务，包括矫正失误和改正对顾客不便之处的能力。

（4）保障性。保障性是指服务人员的友好态度与胜任能力。其组成项目有：员工是值得信赖的；在从事交易时，顾客会感到放心；员工是有礼貌的；员工可以从公司得到适当的支持，以提供更好的服务。服务人员较高的知识技能和良好的服务态度能增强顾客对服务质量的信心和安全感。

（5）感情投入。感情投入又称移情性，是指企业和服务人员能真诚地关心顾客，设身处地为顾客着想，了解他们的实际需要甚至是私人方面的特殊要求并予以满足，使整个服务过程富有"人情味"。

根据上述五个标准，白瑞（Berry）等建立了服务质量（Service Quality，SERVQUAL）模型来测量企业的服务质量。对于某个问题，顾客从期望的角度和从实际感受的角度所给分数往往不同，二者之间的差异就是在该方面企业服务质量的分数，即

SERVQUAL 分数＝实际感受分数－期望分数

推而广之，评估整个企业服务质量水平实际上就是计算平均 SERVQUAL 分数。如果企业的 SERVQUAL 分数为负，就说明企业在服务质量方面存在的问题。为便于分析服务质量问题，西方营销学者提出了一种服务质量差距分析模式，如图 2-3 所示。

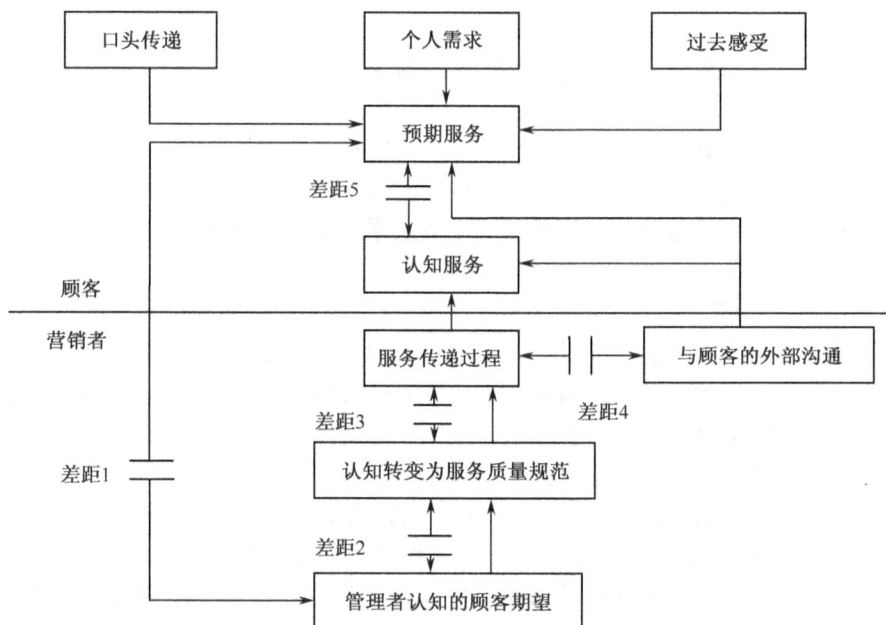

图 2-3　服务质量差距分析模式

模式表明，提供的服务可能存在五个方面的差距。

（1）顾客预期服务与管理者认知的顾客预期服务之间的差距。由于管理者未能正确认知顾客的需求，或不了解顾客如何评价服务，因而存在差距。

（2）管理者的认知与服务质量之间的差距。

（3）服务提供与服务质量规范之间的差距。

（4）服务提供与外部沟通之间的差距。外部沟通提供的材料如超出实际提供服务的水平，可能误导顾客，形成过高的服务预期，进而使体验质量与预期质量之间存在差距。

（5）顾客的认知服务与预期服务之间的差距。由于顾客衡量服务质量的标准存在差异，或是没有真实体验到提供的服务质量，这有可能导致顾客过高或过低评价服务质量。这一差距的后果，对企业形象可能带来积极的影响，也可能带来消极的影响。

3）提高服务质量的策略

提高服务质量的方法与技巧很多，有两种常用的方法，即标准跟进（Benchmarking）和蓝图技巧（Blueprinting Technique）。

（1）标准跟进。标准跟进是指企业将自己的产品、服务和市场营销过程等同市场上的竞争对手，尤其是最强的竞争对手的标准进行对比，在比较和检验的过程中逐步提高自身的水平。

标准跟进最初主要应用于生产性企业，服务企业在运用这一方法时可以从策略、经营和业务管理等方面着手。

① 策略。企业将自身的市场策略同竞争者成功策略进行比较，寻找它们的相关关系。如竞争者主要集中在哪些细分市场，竞争者追求的是低成本策略还是价值附加策略，竞争者的投资水平以及资源是如何分配于产品、设备和市场开发等方面。通过这一系列的比较和分析，企业将会发现过去可能被忽略的成功的策略因素，从而制定出新的、符合市场条件和自身资源水平的策略。

② 经营。企业主要集中于从降低营销成本和提高竞争差异化的角度了解竞争对手的做法，并制定自己的经营策略。

③ 业务管理。企业根据竞争对手的做法，重新评估某些职能部门对企业的作用。如在一些服务企业中，与顾客相脱离的后勤部门，缺乏应有的灵活性而无法同前台的质量管理相适应。学习竞争对手的经验，使两者步调一致无疑会有利于提高企业服务质量。

（2）蓝图技巧。服务企业要想提供较高水平的服务质量和顾客满意度，必须理解影响顾客了解服务产品的各种因素，蓝图技巧（又称服务过程分析）为企业有效地分析和理解这些因素提供了便利。蓝图技巧是指通过分解组织系统和架构，鉴别顾客同服务人员的接触点并从这些接触点出发来改进企业服务质量。

蓝图技巧借助流程图来分析服务传递过程的各个方面，包括从前台服务到后勤服务的全过程，主要步骤如下：

① 将服务的各项内容用流程图的方式画出来，使得服务过程能够清楚、客观地展现出来。

② 找出容易导致服务失误的接触点。

③ 建立体现企业的服务质量水平的执行标准和规范。

④ 找出顾客能够看得见的作为企业与顾客的服务接触点的服务展示。在每一个接触点，服务人员都要向顾客提供不同的技术质量和职能质量，而顾客对服务产品质量的感知将影响到企业形象。

▲ 2.3　市场营销理念的新发展

小·测试　以下有 7 道选择题，请根据自己的理解，选择出你认为是正确的选项（可单选或者多选）：

问题 1　运输企业的营销核心：□买　□卖

问题 2　运输企业的营销目的：□销售　□融资

问题3 运输企业的营销主体：□少数人（业务员） □全员（企业团队，包括企业所有部门和机构）

问题4 运输市场营销客体：□企业外部客户 □企业内部顾客

问题5 运输市场营销的标的：□基本产品 □延伸产品

问题6 运输市场营销的侧重点：□运输企业的产品或服务 □运输企业本身或企业整体

问题7 运输差别化营销较一般产品的营销：□难 □容易

【注】本测试题可以检验学生对运输市场营销本质的理解程度，也是做好市场营销工作不可或缺的基本意识和理念。

【测试解答与分析】

由运输企业的基本特征和运输市场营销的基本特征所决定，运输企业的市场营销观念必须进行彻底的变革，以适应市场形势的变化。

1. 整体营销理念

整体营销理念是企业开拓市场、满足消费者需要的重要保证。它要求企业全面地组织市场营销活动，针对消费者多方面的需要，综合运用各种营销手段，包括合理设计产品和制定产品价格、正确选择分销方式和促销方式、做好产品的市场调研和售后服务等，使企业的市场营销构成一个有机的整体。

1）整体营销概述

菲利普·科特勒认为：企业所有部门为服务于顾客利益而共同工作时，其结果就是整体营销。整体营销发生在两个层次，一是不同的营销功能——销售力量、广告、产品管理、市场研究等必须共同工作；二是营销部门必须和企业的其他部门相协调。

整体营销理念改变了把营销活动作为企业经营管理的一项职能的观点，要求所有活动都整合和协调起来，为顾客的利益服务。同时强调企业与市场之间互动的关系和影响，努力发现潜在市场和创造新市场。以注重企业、顾客、社会三方共同利益为中心的整体营销，具有整体性与动态性的特征，企业把与消费者之间交流、对话、沟通放在特别重要的地位，是营销理念的变革和发展。

2）整体营销中4C的营销观念

传统营销理论强调产品（Product）、定价（Price）、地点或渠道（Place）和促销（Promotion）四要素。4P论认为，企业只要围绕4P进行灵活的营销组合，产品销售就有了保证。随着经济的发展，市场营销环境发生了很大变化，消费个性化、人文化、多样化特征日益突出，传统的4P理论已不适应新形势。为此，美国市场营销专家劳特朋于20世纪90年代提出用新的整合营销4C理论取代传统营销4P理论（见图2-4），强化了以消费者为中心的营销组合。

（1）消费者。在整体营销理念4C论中消费者（Consumer）指消费者的需要和欲望（The needs and wants of consumer）。4C理论认为消费者是企业一切经营活动的核心，企业重视顾客甚于重视产品，强调创造顾客比开发产品更重要，满足消费者需求和欲望比产品功能更重要。

（2）成本。在整体营销理念4C论中成本（Cost）指消费者获得满足的成本（Cost and value to satisfy consumer needs and wants），或是消费者满足自己的需要和欲望所愿意付出的成本价格。4C理论将营销价格因素延伸为生产经营全过程的成本，包括企业的生产成本，即生产适合消费者需要的产品成本；消费者购物成本，它不单是指购物的货币支出，还包括时间耗费、体力和精力耗费以及风险承担。新的定价模式是消费者接受的价格 适当的利润=成本上限。企业要想在消费者支持的价格限度内增加利润，就必须努力降低成本。

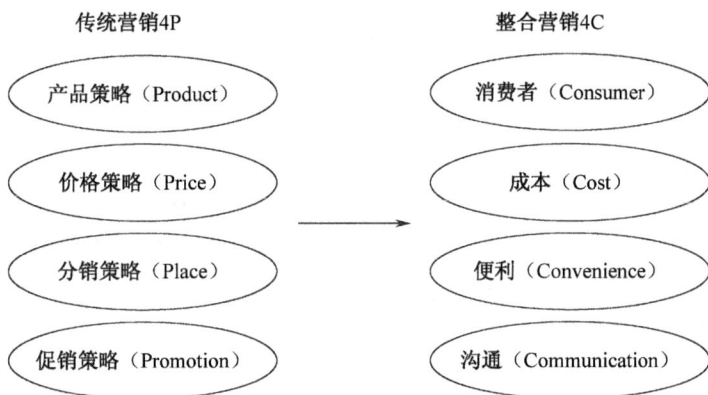

图 2-4　整体营销理念的 4C 论与传统 4P 论

（3）便利。在整体营销理念 4C 论中便利（Convenience）指购买的方便性（Convenience to buy）。4C 理论强调企业提供给消费者的便利比营销渠道更重要。便利就是方便顾客，维护顾客利益，为顾客提供全方位的服务。运输企业要深入了解不同消费者的不同要求，把便利原则贯穿于运输营销的全过程。在售前及时向消费者提供充分的关于运输速度、质量、运价等方面的准确信息，为顾客洽谈运输业务提供咨询服务、方便停车、上门办理等服务；运输过程中，提供上门取货、送货、代办中转和信息等服务，方便顾客；运输产品售出后，应重视信息反馈和跟踪调查，及时答复、处理顾客意见，及时妥当地处理货运事故。为了方便顾客，很多企业开办了热线电话服务。

（4）沟通。在整体营销理念 4C 论中沟通（Communication）指与用户沟通（Communication with consumer）。4C 理论用沟通取代促销，强调企业应重视与顾客的双向沟通，以积极的方式适应顾客的情感，建立基于共同利益之上的新型的企业、顾客关系。

企业可以尝试多种营销策划与营销组合，如果未能收到理想的效果，说明企业与产品尚未完全被消费者接受。这时，不能依靠加强单向劝导顾客，要着眼于加强双向沟通，增进相互的理解，实现真正的适销对路，培养忠诚的顾客，而忠诚的顾客既是企业稳固的消费者，也是企业最理想的推销者。

经典案例

为了赢得顾客的"芳心"，宜家采取了一系列推广措施，如鼓励顾客在选购时"拉开抽屉，打开柜门，在地毯上走走，或者试试床和沙发是否坚固"，亲身体验宜家的产品给他们带来的美好享受。努力让宜家的品牌深入人心。

宜家家居的服务理念是"让购买家居更为快乐"，在入口处，宜家为顾客提供铅笔、卷尺和纸张，以方便他们进行测量和记录。在选购过程中，除非消费者提出需要帮助，否则宜家的店员不会上前打扰。地板的箭头指引着消费者按照最佳的路线逛完整个商场，宜家还精心制作了详细的标签，告知产品的购买指南、保养方法和价格。

宜家在设计产品之初就确立好一个顾客能够接受的成本，然后在此成本内，尽可能地做到精美实用，以"模块"化方法生产产品，加上独特的平板包装，既避免产品在运输中的损害，也降低了储运成本。

（资料来源：张卫东. 市场营销理论与实训. 北京：电子工业出版社，2011.）

2. 创新营销理念

创新是现代市场理念的重点之一，也是市场发展的需要。创新要求企业不仅重视创造近期的顾客满意，而且要积极适应市场、环境的变迁，致力于创造长期、整体顾客满意，实施有效的组织创新。

1）组织创新（市场导向组织创新）

现代市场营销管理理念强调创造顾客和顾客满意，将顾客利益摆在核心地位。许多企业也开始认识到兼顾行业、合作伙伴、社区和国家的利益，对企业成功经营与发展的重要作用。面对现代科技迅速发展、市场环境急剧变迁和竞争日趋激烈的挑战，企业必须对自身组织与管理制度进行革新，以形成能全面有效地创造顾客并为之服务的良好机制。

在总结卓有成效的公司管理模式的基础上，李特尔咨询公司（Arthur D. Little）提出了一个高绩效业务模型。该模型将企业资源与组织配置作为基础，给出了企业组织与体制创新的主要原则。

企业必须满足每一个利益团体的最低期望，致力于为不同的利益方传递高于最低限度的满足水平。同时，也需要根据不同情况传递达到不同的满意水平及条件。一般地说，利益方主要包括顾客、供应商、经销商、企业员工和股东。各方利益关系的协调本质上仍然是以顾客满意为核心。建立一个面向市场的组织管理体制，形成高水平的员工满意度；通过员工积极性、创造性的充分发挥，以高质量的产品和服务建立高度的顾客满意度，带来更多的交易，更高的企业利润，以及供应商、经销商的利益。而各方满意的结果，又会促进新一轮更高质量服务的良性循环。

📎 经典案例

"铁老大变快递哥"是改革务实之举

在中国铁路总公司宣布对铁路货运进行改革一年后，铁路系统自下而上的货改创新已呈现燎原之势。随着多家铁路局陆续推出区域快运班列，中断多年的铁路零散货物运输全面恢复。据媒体报道，全国18个铁路局已全部开行区域内的货物快运列车，共将开行117条线路，在全国设1200个站点收取货源。

与和老百姓出行息息相关的铁路客运相比，铁路货运仿佛一直"藏在深闺人未识"。在运力紧张时期，铁路货运定位于"大宗化"，侧重于抱那些关系国计民生的"西瓜"，是可以理解的。而这些年，随着高铁建设突飞猛进，铁路运输能力大大提升，已具备实现铁路货运"大众化"的条件。因此，重启零散货运，既"抱西瓜"，又"捡芝麻"，不仅是企业发展的实际需要，也是深化改革的应有之义。

如今实施货运改革，将自己定位于交通运输企业，从传统的"坐商"转变为"行商"，不仅把全部的运力资源向社会公开投放，而且真正与市场接轨，根据客户和企业需要不断开办新业务，推出覆盖大宗货物和零散货物、贴近市场适销对路的运输产品，可谓迈出了全面市场化的坚实步伐。

作为"巨无霸"型的运输企业，铁路系统面临巨大的经营压力。一方面，为完善路网结构而实施的铁路建设需要投入大量财力；另一方面，铁路日常运营和维护也需要较大的成本支撑，加上铁路客运长期低价却必须承担物价上涨的压力，导致铁路一直负债经营。如果铁路改革不以企业化经营为目标，还是"新瓶装旧酒"，经营必然难以为继，发展也会成为无源之水。此次铁路投入重兵布局零散货运市场，全面参与现代物流业竞争，体现了铁路企业化的大势。

充分竞争能促进多赢，物流行业也不例外。铁路介入零散货运市场，开行区域快运列车，搭建低成本物流通道，让公路货运多了一个竞争对手，百姓多了一种市场选择，必然会降低社会物流成本，惠及广大人民群众。同时，竞争也有利于促进合作，搭建一个基于铁路的多形式联运物流平台，吸引社会物流企业参与运输，铁路货改目标才算真正"落地"。

铁路零散货物快运，是之前零担运输的"升级版"，其最大亮点在于"全程服务"。通过多种方式，"零距离"服务客户，将铁路营销触角前伸到企业厂家、物流集散地、家庭作坊甚至个人。今后，客户仅仅需要打一个电话、发一条微信，就能实现货物"门到门"，可谓打通了服务货主的"最后一公里"。放低身段，方能凸显改革诚意；真诚服务，方能获得改革成效。这一点，铁路正在躬身实践。

"铁老大"变身"快递哥""店小二"，这不是"戏言"，而是铁路深化改革、拥抱市场的务实之举。我们期待铁路系统拿出更多自我革新的勇气、脱胎换骨的诚意，做好铁路货运改革这篇文章，为城镇化进程、一体化发展搭建低成本物流网络。

（资料来源：http://www.chinawuliu.com.cn/xsyj/201409/24/293897.shtml）

2）营销手段创新（网络营销）

网络营销是 20 世纪末出现的市场营销新领域，是企业营销实践与现代信息通信技术、计算机网络技术相结合的产物，是企业以电子信息技术为基础，以计算机网络为媒介和手段而进行的各种营销活动的总称。

（1）网络营销活动内容。网络营销作为新的营销方式和营销手段，其内容是非常丰富的。网络营销作为在 Internet 上进行的营销活动，它的基本营销目的和营销工具与传统营销是一致的，只是在实施和操作过程中与传统方式有着很大区别。

① 网上市场调查。主要利用 Internet 的交互式的信息沟通渠道来实施调查活动。它包括直接在网上通过问卷进行调查，还可以通过网络来收集市场调查中需要的一些二手资料。利用网上调查工具，可以提高调查效率和调查效果。

② 网上消费者行为分析。Internet 用户作为一个特殊群体，有着与传统市场群体截然不同的特性，因此要开展有效的网络营销活动必须深入了解网上用户群体的需求特征、购买动机和购买行为模式。

③ 网络营销策略的制定。企业在采取网络营销实现企业营销目标时，必须采取与企业相适应的营销策略，同时企业在制定网络营销策略时，还应考虑到产品周期对网络营销策略制定的影响。

④ 网上产品和服务策略。在网上进行产品和服务营销，必须结合网络特点重新考虑产品的设计、开发、包装和品牌的传统产品策略，如传统的优势品牌在网上市场并不一定是优势品牌。

⑤ 网上价格营销策略。网上市场的价格策略大多采取免费或者低价策略；考虑到个性化，有的采用定制生产定价策略等。

⑥ 网上渠道选择与直销。Internet 对企业营销渠道影响最大。戴尔公司借助 Internet 的直接特性建立的网上直销模式，改变了传统渠道中的多层次选择和管理与控制的问题，最大限度地降低了渠道中的营销费用，从而获得了巨大的成功。

⑦ 网上促销与网络广告。Internet 作为一种双向沟通渠道，最大优势是可以突破时空限制直接沟通双方，简单、高效、费用低廉。网络广告作为最重要的促销工具，主要依赖 Internet 的第四类媒体的功能，其具有传统的报纸、杂志、无线电广播和电视等传统媒体广告无法比拟的优势，即网络广告具有交互性和直接性。

⑧ 网络营销管理与控制。网络营销作为在 Internet 上开展的营销活动，必将面临许多传统营销活动无法碰到的新问题。例如，网络产品质量保证问题、消费者隐私保护问题以及信息安全问题等，这些问题都是网络营销必须重视和进行有效控制的问题，否则网络营销效果会适得其反。

📎 **经典案例**

小快科技：物流+互联网创新创业的成功秘籍

经过在物流+互联网领域四年的积累，最近小快科技的"智能调度cTMS""小黑卡""闪垫付"等产品在行业内集中爆发，表现亮眼。在2018财年的战略启动会议上，小快科技CEO赵干做了一次内部分享，详述了"互联网+"传统行业创新创业的方法与思考。

以下为演讲正文：

最近这段时间，同学们明显地感受到了"cTMS""闪垫付""小黑卡"产品都得到了用户的热情反馈，用户数跟收入都上得很快。这是我们三年多砥砺前行打下的基础，现在终于开始有了回报。

借这个机会，我重点想跟大家聊聊这背后的逻辑：为什么之前我们一直很努力，却要忍受漫长的煎熬？而最近半年，却突然有了不一样的感受？

大家都知道创业很难，需要不断探索，而方向不明确的创业更难。对于普通人而言，大多数对社会进步有帮助的成就都是被逼出来的。就是在很难的情况下，竭尽所能，多坚持一段时间，忽然就柳暗花明了。我们潜在的能力远大于当下的能力，而潜能往往能在逆境中被激发。

难是常态，但不是方法。缺乏方法的死守，最后只能是耗完精力和资源，抱憾而终。这四年走来，我们交了近一个亿的学费，让我深刻地感受到不管多么难，作为创业者，都应该坚持。但前提是有足够的资源，让我们做有效的认知迭代。

有了10 000小时的有效试错，自然会修正到对趋势、对方法、对人、对事的最接近客观的认知，拥有"实事求是"的能力。一旦具备了行业顶尖的认知，就容易找到10倍提升效率的方法，建立降维攻击的领先优势。所以核心就是10倍提升效率的方法。这种方法，就是创新。

1. 创意择优：在老板拍板和绝对民主之外的第三条道路

创新，往往又是最难的事情。我们切身的体会是，并非灵光一现就能做出创新的产品或找到创新的方法。实践过程中总有一万种理由扼杀创新。仔细剖析下来，难点其实是专业化分工的公司形式带来的副作用。创业企业要跑出来，在0-1的阶段，往往只能靠创始人一杆到底、身体力行才有机会突出重围。

创新主要有三个重要的环节：商业价值判断、产品设计和技术实现。

我们心理最强大、最皮实的就是产品经理。产品经理一边承受着需求发起者（往往是销售或老板）的抱怨——为什么做出来的东西不是之前想要的，和预期差距这么大，不能契合用户的需求；同时，又要面对技术对产品架构的挑战——需求文档描述不够细致的抱怨，以及产品上线后不给反馈的抗议等。

当然，我们的销售和技术同学也有委屈。经常听到销售同学说："这么简单的需求都实现不了，怎么可能让我们真正做到客户第一？"也会听到技术同学对于"这个功能到底有没有用户在用""到底是不是用户想要的"等质疑。

每一个产品或方法的创新，大多都是通过合作完成的。各位同学常会感受到，跨部门或跨职能沟通的不通畅，会让工作受到掣肘。好的想法跟创意得不到团队的大力支持、有效落地，而常感到怀才不遇。这就是现状，是每一家公司都会面临的障碍。正是这种障碍，在大量消耗我们的精力，扼杀我们的创意。

但突破这种陷阱的方法总是有的。在实践中我们已经一次又一次地用到了这个方法，只是可能我们一直没有感知到。创新方法是可以学习和培养的，今天我提炼出来分享给大家。

这个是大家很熟悉的"cTMS 智能调度"界面。我们只要点一下，就能把需要配送的成千上万个地址随机的订单，自动地匹配给合适的车辆，求出装载率、配送线路上的最优解，实现"十秒千单"的调度结果。

我们在刚要做这个功能的时候，讨论的一致意见是需要两个算法工程师，最好还懂深度学习，并持续改进一年，才可能得到相对较优的结果。

但实际上我们组织了销售、产品、技术的同学开了两次会议，利用了一种成熟的算法模型，加上产品交互上的创新，花了一个月讨论，用了两周左右的时间就做出了整体配载率达到 95% 以上的结果。后面经历了半年的持续改进，就变成了现在这个样子。

同样的例子在 3TMS 小黑卡的精准定位设计、nTMS 的 BI 设计上，都得到了验证。我们一开始以为很难的，业界同行花了很大代价都没能获得较好的产品和方案，最后我们用了不到预期 10% 的成本和时间，快速实现了商业价值。

这个过程中最重要的，是发挥了团队的作用。中间几个关键卡点，都是个别同学不经意间提出的设想，经快速行动验证，最后补足了整个链条的协同，得到了结果。

这种方法，直到我看到《原则》这本书，才意识到原来它有个名字，叫作"创意择优"。

创意择优是老板独裁和绝对民主之外的第三条道路。领会到这个方法之后，在随后的销售模式、引流渠道的创新上，包括金融产品"闪垫付"的推出及其运营方法的创新上，都像开了天眼，困难一个个都被轻松逾越了，好消息比预期的还要多。

当然创意择优的方法也不是一蹴而就，不是单用这个方法我们马上就能拿到有创新力的产品。产品创新本质是个不断让自己变得客观、持续改进认知、持续迭代发布的过程。

所以需求的创造从来都不是一次成形的故事，也不可能因成功的产品发布就告终。真正的需求创造工作，是一个日复一日的过程，在成百上千个你想都想不到的地方，以一种冗长而繁复的方式徐徐展开。

这就是创意择优的力量：

一是需要让创始人和团队的天线保持打开状态，去随时接收用户需求、前线创意、高手认知。

二是持续打深在行业认知上的深度，并从高空中吸收跨公司、跨行业、跨知识领域的高层次认知和信息。

三是能快速决断、快速验证、去伪存真、调整迭代。

2. 把握红利时机，把创新产品做成现象级产品

这样就能做出现象级的产品，创造出巨大的商业价值了吗，当然不够。这里还缺少很重要的一环，就是对时机的把握，就是平常经常被提到的风口。

很多公司都是非常快速地达到了百亿美元级的规模。以打车为例，当时北京中关村和杭州的文三路等写字楼密集区高峰时段都有打不到车的痛点，滴滴、快的等设计出了通过 App 叫车的模式。

用户从需要在街边拦车，到随时随地都可以打到车，这里有 10 倍的体验提升。这种随时随地能打到车的需求其实一直存在，但在出租车规模受控制，供给端技术条件不成熟的时候，没有好的解决方案。

直到移动互联网普及，网络调度成为可能。对某些精明勤快的出租车司机来说，网络调度对比巡游的效率会有极大的提高，空驶率会明显降低。从两端的供给和需求的变化可以看出，需求其实一直存在，只是被压抑着，直到技术应用成熟，有了更好的供给手段，需求才得到释放并满足。

但这样还远远不够，实现指数级增长还需要强大的增长动力。我们后面看到的故事是微信支付和支付宝的拉新之争，背后其实是腾讯和阿里的移动支付入口之争，才有了当时在打车领域大概初始 30 亿元的补贴。现在我们已经能看懂移动支付的商业价值了，在全国大多数地方都可以不带现金，只需要带手机就可以。

但正是因为这个补贴，成为打车模式快速增长的核动力。如果没有这个补贴，很可能打车这个商业模式是不成立的，因为两端的用户进入到新的模式里都需要高昂的转移成本和教育成本。

我们再综合分析打车、现金贷、共享单车、比特币四个产品。从供给端来看，都是新的技术得到了成熟的应用，包括网络调度、大数据风控、智能锁、区块链，这些技术使得新的供给能力成为可能，这种供给能力满足了原来就存在的被抑制的巨大需求，带来 10 倍的体验提升。比特币这个模式解救了无数无法兑换成美元的某些法币。这些公司都获得了降维打击的能力。

同时，它们成功的背后还有明显的增长动力：现金贷找到了小额短期的方式，创造了高利率；共享单车找到了地铁口投放一辆收两辆车押金的模式，能够产生正向现金流；比特币是在经济危机和全球金融监管的大背景下，得到了快速发展的动力。

VC 的钱都是聪明的钱，所谓烧钱的模式，一定程度上都有基础的经济利益在支撑。供给端的成熟、需求端的释放、资本的助推，让公司抓住红利时机，实现了指数级增长。

所以对红利时机的认知是这样的：

一是技术拐点来临，技术应用和基础建设相对成熟的时候找到降维能力，提供 10 倍以上的用户体验。

二是在此基础上，从商业模式本身或外部环境中设计或找出增长动力，进行饱和攻击，创造出现象级产品，引领风口。

3. 营销的关键点：差异化定位与流量风口上的顺势而为

成功的创业有 4 个关卡要过：时机、产品、营销、团队。前面我们分析了如何把握时机，如何用创意择优的方法做出 10 倍提效的产品。接下来我们聊一聊营销的重要性，因为我们处在一个酒香也怕巷子深的时代。

通过这段时间对营销的思考，我的认知是营销的两个关键点在于定位与顺势而为：定位需要从产品特性开始，到营销卖点，传播调性上一脉相承，打造差异化，占领用户心智。

我们的"智能 TMS 快货运"，以智能调度、智能追踪、数据智能等功能定位，实现了品牌差异化；通过 10 秒调度千单、小黑卡、闪垫付这些具体创新产品，实现了与同行的产品差异化。

有了差异化基础后，还需要抓住时下流量红利。精准定位到用户，在流量风口上顺势而为，才能快速引爆。

2004 年的网盟，2011 年的广点通，2014 年的 ASO，2016 年的信息流，都造就了一个个独角兽。烧钱的广告形式往往不是四两拨千斤的方法，饱和攻击的时候自然也是杀敌一千自损八百。

在去年上半年把 cTMS 智能调度做出来后，我们同样也面临了没有流量的困境。去年下半年抓到物流行业信息流广告的风口，用半年时间收割了友商过去 10 年的流量。

流量入口常具有"二八效应"，即一个关键营销策略，效果往往占到全部策略效果的百分之八九十。因为流量争夺和注意力转移的关系，每个流量入口也都会枯竭。所以今年我们马上又面临着新的流量创新，在社群营销的风口上去找到新的机会。

4. 客观与包容，是创新必须要学会的品质

以上我的认知和思考，原点都来自我们党的思想路线：一切从实际出发，理论联系实际，实事求是，在实践中检验和发展真理。

"一切从实际出发"，要求我们不是从自己的想象和理论教条出发，而是以行业、用户和市场的现实作为产品和策略的出发点。

"理论联系实际"，要求我们不是闭门造车、刚愎自用，而是从高手、成功者、失败者那里吸收认知和方法论，高效地解决现实问题。

"实事求是"，要求我们不是完全陷于具体工作事项和浮于现象表面，而是去认知和总结背后那些相对稳定的规律。

"在实践中检验和发展真理"，要求我们永远不能离开对前线的体验，对自己的认知过度自信，而是用实践去验证和修正认知、否定自己，让认知、策略与"真实"更为契合。

这是创新的指导思想，也是规避认知盲点的有效方法。在实事求是的指引下，我们有可能获得客观的能力，而客观是认知世界、找到方法的基础。

大多数的创新都来自打破原有的思维定式，用包容的心态去看待变化的世界，从而演绎出新的可能。伯克希尔·哈撒韦公司合伙人查理·芒格在 80 多岁高龄的时候，仍坚定地认为自己每一年的成长，都要比过去一年有长足的进步，不然这一年就是白活了。

（资料来源：http://www.chinawuliu.com.cn/xsyj/201806/04/331743.shtml）

（2）网络营销与传统营销组合。网络营销的特性符合顾客主导、成本低廉、使用方便、充分沟通的要求。

① 网络为企业市场调研提供了全新的通道，可随时了解全球消费者需求及对产品的看法和要求，有利于把握需求动态，便于开发适合需要的个性化产品。

② 网络通信成本低廉，可以较低成本了解消费者需求和向消费者传递信息，享有低成本优势，有利于提高产品的性能价格比。

③ 消费者利用互联网络，无须四处奔波劳碌，可任意挑选自己所需的产品，如软件、电子书报等，可经由网络渗入用户的计算机。实物产品一般可按用户要求送货上门。

④ 网络提供了全新的沟通渠道，企业与顾客可通过电子邮件彼此交流，网上论坛也为企业提供了了解用户的通道。

网络营销作为新的营销理念和策略，凭借互联网的特性对传统经营方式产生了巨大的冲击。但这并不等于说网络营销将完全取代传统营销，网络营销与传统营销需要一个整合的过程。首先，因为互联网作为新兴的虚拟市场，它覆盖的群体只是整个市场中某一部分群体，许多的群体由于各种原因还不能或者不愿意使用互联网，如老人和落后国家或地区，而传统营销策略和手段则可以覆盖这部分群体。其次，互联网作为一种有效的渠道有着自己的特点和优势，但许多消费者由于个人生活方式的原因不愿意接受或者使用新的沟通方式和营销渠道，如许多消费者不愿意在网上购物，而习惯在商场上休闲地购物。再次，互联网作为一种有效沟通方式，可以方便企业与用户之间直接双向沟通，但消费者有着自己个人偏好和习惯，愿意选择传统方式进行沟通，如报纸有网上电子版本后，并没有冲击原来的纸张印刷出版业务，相反起到相互促进的作用。最后，互联网只是一种工具，营销面对的是有灵性的人，因此传统的以人为主的营销策略所具有的独特亲和力是网络营销无法替代的。当然，随着技术的发展，互联网将逐步克服上述不足，但在很长一段时间内网络营销与传统营销是相互影响和相互促进的，最后实现融洽的内在统一。也许在将来没有必要再谈论网络营销了，因为营销的基础之一就是网络。

网络营销与传统营销是相互促进和补充的，企业在进行营销时应根据企业的经营目标和细分市场，整合网络营销和传统营销策略，以最低成本达到最佳的营销目标。网络营销与传统营销整合，就是利用整合营销策略实现以消费者为中心的传播统一、双向沟通，实现企业的营销目标。

技能训练

技能训练 2-1

蓝图技巧（服务过程分析）

辽宁 HY 快速汽车客运股份有限公司是经辽宁省政府批准的，由辽宁省交通运输服务中心及全省 13 个市的专业客运企业以资产为纽带共同发起设立的股份制企业，国有控股企业，国家道路旅客运输一级企业，交通部重点联系企业。

截至目前，公司全资、控股及参股子公司 18 家，产业包括道路客运、旅游、公交、物流及经济型酒店，已经成为东北地区规模最大、实力最强、品牌知名度最高的道路客运企业。

HY 公司自成立以来，始终把安全运营和服务品质作为企业健康发展的两个中心，创新思路，常抓不懈。认真落实 ISO 9001 质量体系管理思想，不断提升企业管理的成熟度。企业的标准化、规范化管理水平不断提高，HY 品牌的知名度和美誉度逐年提升，HY 品牌已成为辽沈大地道路客运当之无愧的第一品牌。

试登录 HY 公司的官方网站（http://www.huyue.com.cn/），分析 HY 公司的客运业务流程，运用蓝图技巧分析其运输服务过程。

训练建议

此能力训练主要考查学生对蓝图技巧的掌握程度，建议以小组为单位进行任务分析和执行，每个小组一台计算机供小组成员进行资料的搜集和查询。在分析结束后形成 PPT 形式的报告并进行讲解，与同学和指导教师交流。

评价标准（见表2-1）

表 2-1　实践教学考核评价标准

序　号	考 核 内 容	等 级	分 值
1	参与的积极性、主动性，是否有团队合作精神（20分）	优良	16～20
		一般	8～15
		差	0～7
2	实践教学过程中表现出的计划、组织、领导、控制、协调等管理能力（20分）	优良	16～20
		一般	8～15
		差	0～7
3	成果展示（20分）	优良	16～20
		一般	8～15
		差	0～7
4	语言表达的流畅、规范、准确（20分）	优良	16～20
		一般	8～15
		差	0～7

续表

序　号	考 核 内 容	等　级	分　值
5	书面、电子版总结报告设计（20 分）	优良	16～20
		一般	8～15
		差	0～7
合　计	100 分		

技能训练 2-2

中储物流公司的营销理念

中国物资储运总公司（以下简称"中储"）立足发挥储运的硬件优势和网络优势，积极拓展配送业务，以现有分布于全国各大中城市的仓库为据点，形成地域物流配送中心，并逐步建立中储全系统的物流配送网络和完整的配送业务流程以及服务规范，向现代物流产业进军。

20 世纪 80 年代末期，中储只有两个仓库从事配送业务，主要形式是为生产企业提供产前、产中、产后的原材料及产成品的配送服务。到目前为止，已有所属 60 多个仓储介入此项业务，许多传统仓库成了能提供分销、库存、加工等多项服务的配送中心。配送的形式多种多样，服务的深度和广度不断延伸。

为了让客户放心、满意地使用中储的配送服务，中储向客户提出了"配送及时，交接准确，反馈迅速，搬运安全，信誉可靠，网络服务"的承诺。配送及时，即接到配送单后，保证市内当天送达，200 公里以内 24 小时内送达，600 公里以内 36 小时内送达；交接准确，即由专业人员负责交接工作，保证货物和各种票据交接手续简单、准确；反馈迅速，即货物经分拣送达后，保证用最快的通信方式通知顾客确认；搬运安全，即实行绿色服务，不污染、不破坏货物包装，保证外包装破损率在 1‰以下；信誉可靠，即由中储原因发生的货损货差责任事故，中储将按市价全额赔偿，同时客户还可选择是否由中储给货物代上保险；网络服务，即中储在沈阳、大连、天津、石家庄、郑州、西安、咸阳、成都、重庆、武汉、衡阳、南京、连云港、上海实现联网改造，以降低空车率。

中储不仅在服务中认真履行承诺，而且还针对不同的客户提供具体的个性化服务。例如，中储股份南一分公司在为海尔服务的过程中，库房温度和湿度保持在规定的范围之内，做到库房内地面和货物上无尘土，同时保管员"日事日毕"，配送业务原则上当天任务当天完成，每天、每周、每月进行动态盘点并按时报告。又如，无锡中储物资公司与张家港浦项不锈钢有限公司的合作中，无锡中储为保证货物在运输途中的安全，车辆配备足够数量的"井"字形木架底座；卷板装载汽车后，加固并遮盖防雨篷布；装卸时使用软索，落地时上盖下垫；卷板被装火车时，车皮地板上铺满草垫，并按张家港图纸规定方式装车；卷板与车皮间使用 8 号铁丝捆绑牢固，卷板与铁丝的接触部位全部使用橡皮垫加以保护。无锡中储在保证了货物运输安全的同时，真正做到了客户满意。再如，中储为 LG 电子沈阳乐金有限公司的库存商品不仅提供防雨、防盗、防潮、防鼠、防污染等基本保证，还按照要求为该公司的一切业务资料保密，提供 24 小时装卸服务，汽车运输快速、及时、准确地运送到东北地区各指定的代销地点。此外，中储孤家子一库为香港德讯海空运有限公司的西门子产品、基士得办公设备（中国）有限公司辽宁分公司的高档办公设备，中储石家庄东三教仓库为海尔电冰箱销售有限公司的电冰箱，中储股份上海沪南公司为正大集团易初莲花连锁超市的货物进行配送服务等，都切实履行了配送服务承诺，并且根据不同客户的要求提供个性化服务，做到一切为客户着想，一切为客户服务。

（资料来源：曲建科. 物流市场营销. 第3版. 北京：电子工业出版社，2017）

请回答：

1. 该案例包含哪些市场营销的相关理念和策略？
2. 在新形势下，传统的储运业应该如何调整其营销观念？
3. 你认为在进行营销观念转变过程中，企业应该注意哪些问题？

训练建议

此能力训练主要考查学生对运输市场营销观念演变的理解程度，建议以小组为单位，在掌握市场营销观念演变理论知识的基础上，结合所给案例资料进行分析，并与同学和指导教师交流。

评价标准（见表2-2）

表2-2　实践教学考核评价标准

序　号	考 核 内 容	等　级	分　值
1	参与的积极性、主动性，是否有团队合作精神（20分）	优良	16～20
		一般	8～15
		差	0～7
2	实践教学过程中表现出的计划、组织、领导、控制、协调等管理能力（20分）	优良	16～20
		一般	8～15
		差	0～7
3	成果展示（20分）	优良	16～20
		一般	8～15
		差	0～7
4	语言表达的流畅、规范、准确（20分）	优良	16～20
		一般	8～15
		差	0～7
5	书面、电子版总结报告设计（20分）	优良	16～20
		一般	8～15
		差	0～7
合　计	100分		

复习思考题

一、单项选择题

1. 下列属于以社会长远利益为中心的营销理念的是（　　　）。

    A. 推销观念　　　　　　　　　　　　B. 绿色营销观念

C. 大市场营销观念　　　　　　　　　D. 以消费者为中心观念

2. 下列不属于产品总价值的是（　　　　）。

　　A. 产品价值　　　　　　　　　　　B. 附加服务价值

　　C. 形象价值　　　　　　　　　　　D. 社会公众价值

3. 下列不是传统市场营销理念的是（　　　　）。

　　A. 生产观念　　　　　　　　　　　B. 产品观念

　　C. 市场营销观念　　　　　　　　　D. 推销观念

4. 以消费者为中心的市场营销理念产生于（　　　　）。

　　A. 20 世纪 50 年代　　　　　　　　B. 20 世纪 40 年代

　　C. 20 世纪 30 年代　　　　　　　　D. 20 世纪 20—30 年代

5. 下列不属于顾客总价值的是（　　　　）。

　　A. 产品价值　　　　　　　　　　　B. 形象价值

　　C. 成本价值　　　　　　　　　　　D. 人员价值

二、填空题

1. 顾客净得价值由顾客购买总价值和＿＿＿＿＿＿＿＿＿＿组成。

2. 顾客总成本由时间成本和＿＿＿＿＿＿＿＿＿＿构成。

3. 整体营销中 4C 营销理念包括消费者、＿＿＿＿＿＿＿＿＿＿、便利和＿＿＿＿＿＿＿＿＿＿。

4. 提高质量的常用方法有标准跟进和＿＿＿＿＿＿＿＿＿＿。

5. ＿＿＿＿＿＿＿＿＿＿是市场营销理念的修订和完善。

三、简答题

1. 简述使用蓝图技巧借助流程图来分析运输企业服务传递过程的主要步骤,并以某企业为例,画出其服务流程图。

2. 简述市场营销管理理念的演变及背景。

3. 简述企业要从哪些方面做出努力去达到顾客满意。

4. 简述企业组织改革在全面贯彻现代市场营销管理理念中的作用。

5. 简述大市场营销理念的含义及特点。

电子商务条件下市场营销理念的创新要点　　　　　　　　新时期市场营销理念的创新与发展

项目 3

运输市场调研

➡️ **知识目标**

- 了解运输市场调研的概念
- 熟悉运输市场调研的类型和内容
- 熟悉运输市场调研的过程
- 掌握运输市场调研问卷的设计

➡️ **能力目标**

- 能够熟练应用运输营销调研的程序，并能够应用正确的方法进行运输市场营销调研问卷的设计
- 能够根据需要撰写运输市场营销调研报告

✒️ **引导案例**

2017 年全国物流行业运行情况调查

2017 年我国物流运行总体向好，社会物流总额增长稳中有升，社会物流总费用与 GDP 的比率有所回落。

一、社会物流总额增长稳中有升

2017 年全国社会物流总额 252.8 万亿元，按可比价格计算，同比增长 6.7%，增速比上年同期提高 0.6 个百分点。分季度看，一季度 56.7 万亿元，增长 7.1%，提高 1.1 个百分点；上半年 118.9 万亿元，增长 7.1%，提高 0.9 个百分点；前三季度 184.8 万亿元，增长 6.9%，提高 0.8 个百分点。全年社会物流总需求呈现稳中有升的发展态势。

从构成看，工业品物流总额 234.5 万亿元，按可比价格计算，同比增长 6.6%，增速比上年同期提高 0.6 个百分点；进口货物物流总额 12.5 万亿元，增长 8.7%，提高 1.3 个百分点；农产品物流总额 3.7 万亿元，增长 3.9%，提高 0.8 个百分点；再生资源物流总额 1.1 万亿元，下降 1.9%；单位与居民物品物流总额 1.0 万亿元，增长 29.9%。

二、社会物流总费用与 GDP 的比率有所回落

2017 年社会物流总费用 12.1 万亿元，同比增长 9.2%，增速低于社会物流总额、GDP 现价增长。其中，运输费用 6.6 万亿元，增长 10.9%，增速比 2016 年同期提高 7.6 个百分点；保管费用 3.9 万亿元，增长 6.7%，提高 5.4 个百分点；管理费用 1.6 万亿元，增长 8.3%，提高 2.7 个百分点。2017 年社会物流总费用与 GDP 的比率为 14.6%，比 2016 年同期下降 0.3 个百分点。

三、物流业总收入增长较快

2017 年物流业总收入 8.8 万亿元，比 2016 年增长 11.5%，增速比 2016 年同期提高 6.9 个百分点。

（资料来源：中国物流与采购联合会）

问题：
1. 结合案例分析进行市场调研的目的是什么。
2. 完成本报告需要运用哪些调研方法？

3.1　运输市场调研的概念

通常情况下，运输市场调研是指交通运输企业为了实现自身经济利益和社会公益目标，运用科学的方法和手段，系统地、有目的地收集、分析和研究与运输市场营销有关的各种信息，掌握运输市场现状及发展趋势，找出影响运输企业市场营销的主要因素，为运输企业准确地预测和决策，有效地利用市场机会提供正确依据的一种市场营销活动。有时国家为了制定某项运输计划或预测，也要进行市场调研，收集相关的信息，为计划的制订提供依据。

通过运输市场调研，可以了解和掌握运输经济腹地的货源、客流构成及流向、流量等，从而为货源及客流组织工作准备资料，为保证运输计划有节奏、均衡地实施提供客观依据。

3.2　运输市场调研的内容

运输市场调研的内容十分广泛。可以说，凡直接或间接影响运输企业营销活动的资料，都应收集和研究。但由于每次调研目的不同，调研时间有限，其内容也不完全一样，且一次调研活动不可能包罗万象、涵盖所有内容，必须通过多次长期的调研积累，才能全面认识市场。为了全面了解、认识市场活动，就必须了解运输市场调研的具体内容。运输市场调研的内容如图 3-1 所示。

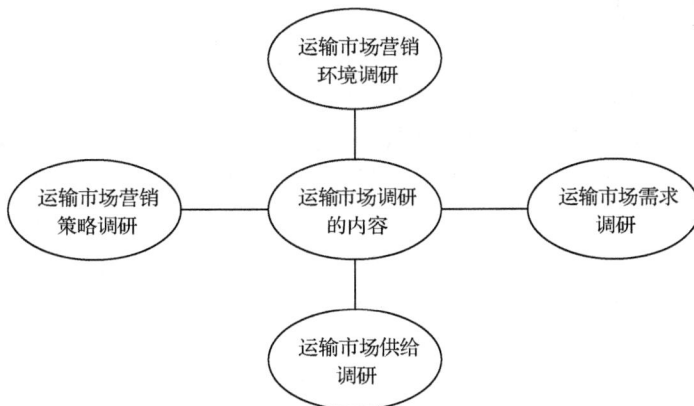

图 3-1　运输市场调研的内容

1. 运输市场营销环境调研

运输市场营销环境是指影响运输企业营销活动的各种外部条件。运输市场营销环境包括政治法律、经济、社会文化、自然和科技等环境。市场营销环境是经常变化的，这种变化既会给运输企业营销带来新的成功机会，也会造成新的威胁。对运输企业而言，运输市场营销环境是不可控因素，运输企业必须认真分析和研究市场环境，并努力谋求企业外部环境与企业内部条件同营销目标之间的动态平衡，使企业不断发展壮大。

1）人口环境调研

人口环境调研主要了解当地人口总量及增长速度；人口的地理分布；人口的年龄分布及知识水平等。

2）经济环境调研

经济环境调研主要包括地区经济特征、经济发展水平、产业结构情况、国民生产总值、国民收入总值、人均收入、居民消费水平和消费结构、基本建设规模和类型、发展规划、交通方式及能源状况等。

3）政法环境调研

政法环境调研是要了解对运输市场起影响和制约作用的国内外政治形势及政府对实施市场管理的有关方针政策、法律、法规等。

4）科技环境调研

科技环境调研的主要调研内容包括当前国内外科学技术发展水平、新技术的开发、应用及普及。新材料、新产品、新能源的开发、研制与推广、当代科学技术的发展速度与发展趋势等。

5）自然环境调研

自然环境调研包括对自然资源、自然地理位置、气候条件、季节因素等的调研。

6）竞争环境调研

竞争环境调研主要包括同行竞争企业的数量及分布地区，竞争者产品的品种、数量、价格、利润等方面水平及变化趋势，竞争企业在生产、销售、服务、技术及质量、性能、价格等方面对于本企业产品的优势和劣势，竞争者产品的市场占有率等。

7）社会文化环境调研

社会文化环境主要有人口受教育程度与文化水平、价值观念、职业构成、民族分布。宗教信仰和风俗习惯、社会流行审美观念与文化禁忌等。

2．运输市场需求调研

运输市场需求决定了运输市场购买力和市场规模大小。整个运输市场需求由消费者市场需求和组织市场需求构成，消费者是运输市场上最活跃、最多变的群体，其需求多种多样，组织市场具有购买者数量少、购买数量大、产品专用性强、技术要求高及受经济改革影响大等特点。因此针对消费者和组织市场所进行的需求调研是运输市场调研中非常重要的内容。

1）消费者市场调研

消费者市场规模及构成调研，包括人口总数、分布及年龄结构；消费者职业、性别、民族、文化程度；消费者收入水平、消费水平、家庭状况。

2）组织市场调研

运输企业所运送的货运产品，极大部分是属于组织市场需求，因此认识和了解组织市场特别是生产者市场供求对运输企业营销工作具有重要意义。包括组织市场供给，即生产资料可供量和生产能力调研、主要原材料和辅助原材料调研、制成品与零配件调研；组织市场需求，即产品消费变化，市场需求潜力，产品性能、重量、规格等技术指标，新产品需求。

3）货主、旅客购买动机和购买行为调研

货主、旅客购买动机和购买行为调研主要了解促使货主、旅客产生购买动机的因素，研究社会、经济、文化、心理因素对购买决策的影响，货主、旅客购买行为特点、购买习惯（时间、地点、数量等）。运输企业通过了解货主、旅客的动机，可以有针对性地诱导和激发购买行为，扩大运输产品销售。

3．运输市场供给调研

运输市场供给是指一定时间内运输企业为市场提供的产品总量。运输市场供给调研的目的在于使运输市场供给与需求相适应，更好地满足不断变化的运输市场需求。调研的内容主要包括各种运输方式的布局、运输能力、设备设施状况、各种运输方式技术经济特点与主要技术经济指标、适用范围，运输企业数量、生产能力、技术水平、产品类型和数量，交通运输总体发展规划、企业发展规划等。

4．运输市场营销策略调研

现代市场营销活动是综合运用产品、价格、分销和促销等策略的组合活动，追求全面满足消费者的需求。因此运输市场营销调研也应围绕这些营销组合来进行。

1）产品调研

产品调研主要调研产品的种类、数量、特色、市场占有率；产品的市场生命周期；货主和旅客对运输安全性、及时性、方便性等的评价，货主和旅客的偏好，期望改进的意见和要求；产品是否存在尚未开发的潜力；是否有新产品出现及新产品的潜在市场接受能力。

2）价格调研

价格调研主要了解货主和旅客对运输产品的价格和质量因素的反应，以确定企业与顾客双方均能接受的价格水平，调研内容包括运输产品定价状况、顾客对产品价格的看法、价格变动趋势及对销售影响等。

3）分销渠道调研

分销渠道调研包括销售渠道的种类、分布、营销业绩；中间商的数量、位置，运输、储存能力，中间商的管理能力；货主和旅客对中间商的评价等。

4）促销调研

对运输产品客货运促销方式的调研，确定促销活动能否有效地激发货主和旅客兴趣，并产生购买行为。调研重点为促销对象、促销方法、促销费用、促销效果等，了解促销对象类型，各种促销方法的有效性，促销方式是否为促销对象所接受，促销投入预算、促销宣传内容是否符合促销范围内的需求水平、风俗习惯，促销后运输企业的销售业绩等。

5）竞争情况调研

竞争情况调研主要调研同行竞争企业的数量及分布地区，竞争者的市场占有率、产品品种、数量、价格、利润等方面水平及变化趋势，竞争者在生产、销售、服务、技术、质量、价格、时间等方面的优势和劣势等。

拓展阅读

2018 年货运市场调查

货运行业市场调查报告是运用科学的方法，有目的地、有系统地收集、记录、整理有关货运行业市场的信息和资料，分析货运行业市场情况，了解货运行业市场的现状及其发展趋势，为货运行业投资决策或营销决策提供客观的、正确的资料。

货运行业市场调查报告包含的内容有：货运行业市场环境调查，包括政策环境、经济环境、社会文化环境的调查；货运行业市场基本状况的调查，主要包括市场规范、总体需求量、市场的动向、同行业的市场分布占有率等；有销售可能性调查，包括现有和潜在用户的人数及需求量、市场需求变化趋势、本企业竞争对手的产品在市场上的占有率、扩大销售的可能性和具体途径等；还包括对货运行业消费者及消费需求、企业产品、产品价格、影响销售的社会和自然因素、销售渠道等开展调查。

货运行业市场调查报告采用直接调查与间接调查两种研究方法。

（1）直接调查法。通过对主要区域的货运行业国内外主要厂商、贸易商、下游需求厂商及相关机构进行直接的电话交流与深度访谈，获取货运行业相关产品市场中的原始数据与资料。

（2）间接调查法。充分利用各种资源及所掌握历史数据与二手资料，及时获取关于中国货运行业的相关信息与动态数据。

货运行业市场调查报告通过一定的科学方法对市场的了解和把握，在调查活动中收集、整理、分析货运行业市场信息，掌握货运行业市场发展变化的规律和趋势，为企业/投资者进行货运行业市场预测和决策提供可靠的数据和资料，从而帮助企业/投资者确立正确的发展战略。

3.3 运输市场调研的过程

运输市场调研是一项既复杂又涉及面很广的工作，只有采用规范的步骤及重视细节才能保证调研工作的效率和调研数据的高质量，同时能够保证调研报告对市场行为有深刻的认识。运输市场调研的过程在逻辑上有五个阶段，如图 3-2 所示。

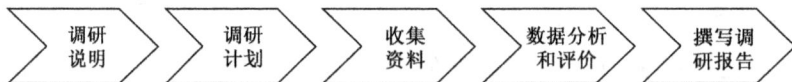

调研说明 ➤ 调研计划 ➤ 收集资料 ➤ 数据分析和评价 ➤ 撰写调研报告

图 3-2 运输市场调研的过程

1. 第一阶段：调研说明

调研说明是一个诊断性的阶段，它涉及委托人和调研者之间的最初讨论，通过对市场的初步分析，对运输市场情况和市场营销问题有一个清楚的表述，从而决定整个调研活动的性质和方向。在这一讨论过程中，包括下面一些典型的问题。

1）企业行业背景和企业产品的性质

企业行业背景和企业产品的性质包括：企业所处行业及提供的产品；谁来购买这些产品；企业和它的竞争对手所占的市场份额；企业的优势；企业市场营销的总目标和战略。

2）运输市场调研将要讨论的问题

运输市场调研将要讨论的问题包括：运输企业市场营销存在什么问题？运输市场调研想要调研什么情况？运输市场调研应集中在哪些特定的产品上？这对企业或市场来说是一些新的产品吗？为什么企业愿意销售这些产品？企业希望把这种产品卖给谁、如何卖？企业希望达到的销售量和市场份额是多少？企业的新产品如何与现有产品的生产和销售协调一致。

3）运输市场调研活动的范围

运输市场调研范围的区分直接影响到调研收集资料的范围，如果范围界限不清，调研中就可能出现资料信息收集不全或信息杂乱、资料庞杂。收集资料范围过大，则造成不必要的浪费。运输市场调研活动的范围包括：调研的是国内运输市场还是国外运输市场；调研的对象是货主还是旅客；调研说明是否包括对媒体的评价和推荐；调研说明是否包括新产品的设计建议；调研说明是否包括定价建议。

该阶段试探性的询问有助于调研者深刻认识该组织及市场，从而明确调研的目的，确定调研主题和范围。

2. 第二阶段：调研计划

调研者在研究了第一阶段调研说明收集的信息后，提出详细的调研计划，提交委托人审批，委托人应对调研者对于调研问题的理解和总体思路进行评价。调研计划是对调研工作的设计和预先安排，对于保证调研有目的、有计划、有组织地进行起到重要作用。通常调研计划包括以下内容，委托人应仔细审查。

1）对所要调研的营销问题性质的清楚表述

调研主题及目的的确定要符合企业的实际，要尽量具体、准确，倾听有关专家及经营管理者的意见，准确界定调研的产品。

2）调研的主要内容

调研的主要内容是与运输营销问题相关的主要因素。如运量、对产品的信心、顾客的态度、动机、生活方式、购买者类型、购买决策过程、购买频率、媒体宣传情况、行业密度、经济动态、技术开发及竞争情况等。

3）调研地点确定

调研地点的确定要根据调研目的考虑地区的分布、调研对象的居住地点。

4）调研抽样总体的准确界定

调研对象的确定要考虑被调研对象应具备的条件，对旅客来讲，应考虑年龄、性别、职业、收入水平、文化程度等方面的要求；对企业而言，应考虑企业规模、产品类别、数量、销售地区、对运输工具的要求等。

5）采用的方法

调研采用的方法一般包括数据类型、抽样方法、调研工具等。方法的确定应从调研的目的和具体条件出发，以有利于收集符合需要的第一手材料为原则。

6）调研者的经验

由于调研对象的多样性与复杂性，市场调研人员的水平对调研结果影响甚大，为了确保调研质量，对参加市场调研的人员应有一定的素质要求，包括一定的经验、文化基础知识、专业知识、认真负责的工作态度、稳重外向的性格等。

7）预算调研成本

市场调研的成本要考虑运输企业的承受能力，应在有限调研费用的条件下，力求取得最好的调研效果。或在已确定的调研目标下，使费用支出最小。费用包括印刷费、资料费、交通费、调研费、上机费、人员开支及杂费等。

8）调研工作进度

为了保证调研工作有序且按期完成，必须做出具体的时间安排。例如，何时做好准备工作，何时开始人员培训，何时开始正式调研，何时完成资料整理，何时完成调研报告等。有了时间要求，还应定期或不定期地对工作进度进行监督检查，这样一方面可以确保调研工作按预期的目标进行，另一方面还可以掌握情况，及时发现问题，加强薄弱环节，从而使调研活动顺利完成。

📎 **经典案例**

苏州市货运市场调查方案

为了深入了解苏州市道路水路货运行业发展情况，摸清大宗货物流量、流向，掌握货物运输成本和运价水平，为交通物流发展和政府管理部门的宏观决策提供科学依据。根据 2011 年度工作的总体安排，上半年我处将组织开展苏州市货运市场状况调查工作。为认真做好此次行业调查，特编制本方案。

一、调查目的与范围

1. 调查目的

本次调查的目的是：通过了解苏州市道路、水路货运行业发展现状及存在问题，进一步摸清货源市场、货物运输、物流业发展状况（包括货源总量、货源结构、市场主体、运力供给、站场布局等内容），收集有关资料和数据，征集企业及相关部门的意见和建议，全面掌握经济社会发展对交通物流业发展的需求和影响，进一步推进道路水路货运行业的转型升级，为政府管理部门宏观决策和交通物流发展规划编制工作提供科学依据。

2. 调查范围

本次调查的范围是：全市货源的种类、流量、流向、运输方式及行业管理现状等，调查对象涉及相关管理部门、道路水路运输（代理）企业、自备运输车辆、物流园区、货运站（场）、港口码头及大宗货源单位和生产制造基地等。

二、调查内容与方式

1. 调查内容

（1）道路水路货运行业基本情况调查

① 货运行业发展政策、规划与引导措施等。

② 物流园区、货运站（场）、港口（码头）的建设、数量、布局、规模、功能和效益等。

③ 运力发展情况：车辆（船舶）总量、车型（船型）结构、吨位结构等。调查了解推广应用厢式货车、集装箱货车和大吨位重型货车、标准化船舶、专业化船舶等节能型、环保型、集约型运输工具的进展情况及存在的困难。

④ 运输、货代企业规模、经济性质、组织形式及经营模式等。

⑤ 从业人员数量、薪资水平、专业技术及受培训情况等。

⑥ 集装箱运输、小件快运、多式联运、城市配送、冷链物流、甩挂运输、农村物流发展及管理情况等。

⑦ 先进科学技术和科学管理的应用及物流信息化建设情况等。

⑧ 行业内已形成的各种管理方法与模式等。

⑨ 对道路水路货运行业发展的建议和思路等。

（2）货源种类及流量、流向调查

① 专业交易市场的交易额、产品的运输流量、流向、主要运输载体及物流成本等。

② 大型生产制造企业原材料及产（半）成品的运输流量、流向、自运及外包比重、物流成本占产品成本比例等。

③ 大型商贸企业消费品运输流量、流向、自送及外包比重、物流成本占经营成本比例等。

④ 建筑企业所需建筑材料的流量、流向、自运及外包比重、物流成本占经营成本比例等。

2. 调查方式

（1）调查方法

① 全面调查：国家"A级"以上物流企业、省市重点物流企业（基地）、省质量信誉企业、交通物流龙头企业、"江苏快货"品牌企业、甩挂运输试点企业、物流园区、货运站场、农村物流示范点、万吨级以上水路运输企业及相关管理部门等。

② 重点调查：专业交易市场、大型生产制造及商贸企业、建筑企业等大宗货源单位。

③ 抽样调查：传统运输、货运代理、港口企业及运输车辆等。

（2）组织方式

此次货运市场调查是一项基础性工作，面广量大，为了保证数据采集的全面、专业和准确，将采取行业管理部门组织人员与委托统计部门专业调查队调查相结合的方式进行，联合成立专门组织机构，加强对调查工作的领导，建立定期联络和协调制度，确保按时完成调查任务。行业管理部门组织人员负责道路水路货运行业基本情况调查及数据分析工作；统计部门专业调查队负责货源种类及流量、流向调查及数据分析工作。待调查任务结束后，以统计部门专业调查队为主，在行业管理部门的配合下，共同完成调查成果的汇编工作。

根据调查对象和行业分类，通过设计一系列的统计报表、调查问卷和调研提纲，由调查人员和调查对象根据填报说明填制完成。本次调查范围广，采集的数据涉及企业的经营信息，调查人员应承诺严格保守被调查对象的商业秘密。

① 由调查人员采用座谈会、走访、实地考察或电话询问的方式，填报各类统计报表和收集相关管理部门掌握的信息资料。

② 通过发放调查问卷的方式，抽样调查运输（代理）企业和重点货源单位。

③ 开发调查网络程序，通过 WEB 终端对调查对象进行网上调查和数据采集。

三、调查时间及期限

1. 调查时间

此次货运市场调查，力争在 2011 年 7 月 31 日前全部完成，分宣传动员、数据采集、分析总结三个阶段进行。

（1）宣传动员阶段。2011 年 4 月 30 日前，研究制定货运市场调查方案，成立调查领导机构，并采取多种形式做好宣传发动及相关调查准备工作。

（2）数据采集阶段。2011 年 6 月 30 日前，根据调查方案和调查工作要求，由行业管理部门组织人员和委托统计部门专业调查队认真开展调查，完成各项数据的采集工作。

（3）分析总结阶段。2011 年 7 月 31 日前，对调查表及采集的数据进行汇总、统计、分析，并形成专题调查报告。

2. 调查期限

此次货运市场调查的时期指标为 2010 年数据，时点指标截止到 2010 年 12 月 31 日。

四、调查表格

1. 道路货运方面
2. 水路货运方面
3. 港口、国际货代方面
4. 货源市场方面

（调查表格略）

五、调查指标解释和填报说明

1. 指标解释

（1）货运量是指运输企业在一定的时期内实际运送的货物数量，其计量单位为吨。不论货物运输距离长短或货物种类如何，凡货物重量达到一吨者，即计算为一个货物吨。货运量是反映运输生产成果的指标，体现着运输业为国民经济服务的数量。

（2）货物周转量是指各种运输工具在一定的时期内实际运送的每批货物重量分别乘其运送距离的累计数，计算单位为吨公里。货物周转量指标不仅包括了运输对象的数量，还包括了运输距离的因素，因而能够全面地反映运输生产成果。

（3）大宗货源单位是指年交易额超过 10 亿元的专业交易市场及年货运量超过 500 吨的生产制造、商贸及建筑企业（货运量以 2010 年度为准，具体认定以当地统计部门提供的年度货运数据为依据）。

2. 填报说明

略。

（资料来源：http://www.docin.com/p-435493940.html，原文经过删减）

3. 第三阶段：收集资料

收集资料又称调研实施阶段，这一阶段主要是按照调研计划，组织调研人员，深入实际，全面系统地收集有关资料、信息数据，大体分为如下四个步骤。

1）选择资料收集方法

资料收集方法是否合理，会直接影响调研结果。因此，合理选用资料收集方法是营销工作的重要环节。市场调研资料分为第一手资料和第二手资料。第一手资料又称原始资料，是调研人员通过现场实地调研所收集的资料，如对货源的调研。第一手资料的获得可通过询问法、观察法和实验法等得到，也可综合使用这三种方法获得。三种调研方法的比较如表 3-1 所示。

表 3-1　三种调研方法的比较

项　　目	询　问　法	观　察　法	实　验　法
优点	调研方法灵活方便 调研问题全面深入	调研方法直接有效 调研结果客观、准确、实用	验证因果关系 发现内在规律
缺点	周期长、组织难度大	重于表象、缺乏深度	时间长、费用大

第二手资料又称现成资料，来源于企业内部资料和外部资料。企业内部资料是企业内部所经常收集和记录的资料，如有关统计报表、企业历年的统计资料、有关年度总结报告和专题报告等；外部资料是从统计机构、行业组织、市场调研机构、科研情报机构、报纸杂志文献等获得的资料。第二手资料可通过直接查阅、购买、交换、索取以及通过信息情报网、国际互联网收集和复制，也可通过参观学习、技术交流、学术交流、新产品鉴定、技术鉴定等间接方式收集（见图 3-3）。

（1）询问调研法。询问调研法又称直接调研法，是调研人员通过某种方式向被调研者询问问题而收集所需要的资料的一种调研方法。通常应事先设计好一套调研表（或称问卷），以便有步骤地提问。

询问调研法在实际应用中，按传递询问内容的方式以及调研者与被调研者接触方式不同，有面谈调研、电话调研、邮寄调研、留置调研等方法。这些方法各自具有自己的特点，应用于不同场合，下面分别介绍。

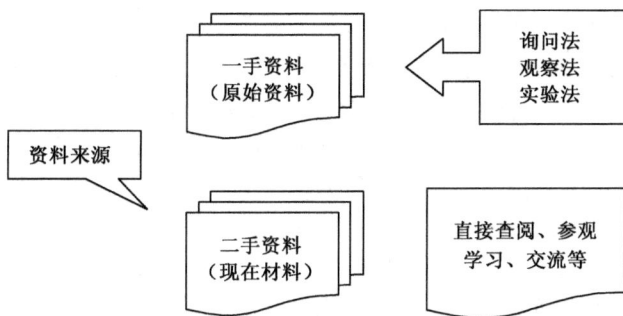

图 3-3 资料收集的方法

① 面谈调研法。面谈调研法是调研人员直接面对被调研对象了解情况，询问有关问题，获得资料的方法，是一种最常用的方法。

采用面谈调研时，调研人员与调研对象面对面的接触，往往可以避免被调研者因忙碌或其他各种理由拒绝回答的情况，因而可以得到较高的回收率。而且所收集到的信息的真实性较强，可靠程度高。但当调研样本多、分布地域广、需要分别面谈时，将花费较高的费用和较长的时间。而且调研时主观因素影响较大，在一定程度上会影响调研结果的真实性，对调研人员的要求也很高。

② 邮寄调研法。邮寄调研法是指将事先设计好的调研问卷（调研表）邮寄给被调研者，由被调研者根据要求填写后寄回的一种调研方法。调研人员根据回答问卷加以整理分析，从而得到市场信息。

采用邮寄调研方式不受调研者所在地的限制，可以扩大调研区域，增加调研对象的数量。由于调研人员不在场，被调研者可以自由填写意见，不受调研人员态度及主观因素诱导的影响，使资料更加客观，同时还可消除调研人员误记录和偏见，调研质量较高。邮寄调研法所需的调研的费用较低。采用邮寄调研法时，由于种种原因会导致问卷回收率较低，回收期长。另外，调研者对调研项目产生误解时无法得到及时纠正，对调研内容的理解容易产生偏差。

③ 电话调研法。电话调研法是指通过电话与被调研者交谈，从而获得调研资料的方法。通过电话调研可以在较短的时间内获得所需的资料，且费用较低。因电话交谈时间不宜过长，只能得到简单回答，不能获取深层次的信息，且一些相关的照片、图表无法利用。电话调研法一般适用于调研简单的带有普遍性的急需问题，对这些问题做出探索性的初步调研，为以后进一步深入调研奠定基础。

④ 留置调研法。留置调研法是调研人员将调研问卷（调研表）当面交给被调研者，并对有关问题做出适当解释说明，留下问卷，由被调研者事后自行填写回答，调研人员约定日期收回问卷，再进行汇总分析的一种市场调研方法。

采用留置调研法，由于调研人员当面向被调研者说明调研的目的和要求，其理解偏差比邮寄调研要少得多，且这种调研法有利于被调研者独立思考问题，避免调研者主观意见对被调研者的影响。由于调研人员需要将问卷（调研表）亲自送给被调研者，在人力、财力、时间上都不可能允许访问地域范围相差甚远的被调研者，因此调研地域范围小，而且调研费用高。

（2）观察调研法。观察调研法是指调研人员在调研现场对调研对象的情况直接观察和记录，从而获得第一手资料的一种调研方法。这种方法的特点是调研人员不直接向调研对象提出问题要求回答，而是利用自身感官（视觉、听觉）或者某些器材（照相机、摄像机、录音机等）对调研对象的活动和现场事实间接地观察、记录以搜集资料。

观察调研法主要有直接观察法、行为记录法和痕迹观察法。

① 直接观察法。直接观察法是掌握市场动态的简便易行的常用方法，指由市场调研人员直接到现场观察市场活动，以获取信息。例如，某客运公司要了解其竞争企业的经营措施与经营状况，便可以亲自到竞争对手的交通工具上坐一坐，亲身感受一下其服务态度，并观察其设施设备情况，以便知己知彼，扬长避短，增强本公司的竞争力。

② 行为记录法。行为记录法是指在调研现场安装某些仪器（如录音机、摄像机等），把调研对象在一定时间内的行为如实记录下来，从中获得定量的市场信息。

行为记录法经常用于交通量的观察中。运输企业可选择一些有代表性的日子，如节假日、平常日，在某地点（车站、道路）安装仪器，记录下不同时期旅客流动量或车辆的数量、种类及行驶方向，然后汇总统计，分析出高峰期以及低谷期的客流量、道路拥挤状况。根据这些信息，对企业的营业时间、车辆开行时间进行合理安排，对劳动力加以适当调整，以改进企业的经营管理水平。

③ 痕迹观察法。痕迹观察法是观察市场上的特定活动留下的痕迹来收集市场信息。例如，铁路部门常在货运营业大厅以及旅客列车上放有留言簿，请货主和旅客提出意见，通过这些顾客在留言簿上的留言，了解顾客的要求，收集市场信息。

（3）实验调研法。实验调研法是指首先在一个较小的范围内，并在一定的实验条件下对某种影响产品销售的因素进行实际实验，分析其结果，以判断这种方法是否有大规模推行的价值，所以这种实验常称为销售实验，或者称为试销。对试销效果的调研，需要限定在一个特定的地区和特定的时间。这种在特定时间里、特定范围内的特定市场称为"实验市场"。

采用实验调研法时，必须讲究科学性，遵循客观规律，应注意做到以下两点。

第一，寻找科学的实验场所。市场调研大部分不能像自然科学一样，在实验室中处理各种现象，而要在社会中寻找实验市场。这个市场的实验条件与实验结果应尽可能符合市场总体的特征。

第二，实验中要正确控制无关因素的影响，减少干扰，使实验接近真实状态。否则，将影响结果的可信度。

实验调研法主要有无控制组的事前事后对比实验调研法和有控制组的事后实验调研法两种。

① 无控制组的事前事后对比实验调研法。无控制组的事前事后对比实验调研法是最简便的一种实验调研方法，它是在不设置控制组（非实验单位或企业）的情况下，考察实验组（实验单位或企业）在引入实验因素前后状况的变化，从而测定实验因素对实验对象（调研对象）影响的实验效果。

采用这一方法，是在同一个市场内，先对正常经营情况进行测量，收集必要的数据，然后进行现场实验，经过实验一段时间后，再测量实验过程中（或事后）的资料数据，最后，进行事先事后测量数据对比，了解实验因数的市场信息。这种实验法的实验效果 E 可表达为：

$$E = X_2 - X_1$$

式中　X_1——实验组事前测定值；

　　　X_2——实验组事后测定值。

上述实验得到的效果 E 是一个绝对量，其值的大小与实验组原有销售规模有关，为了真实地度量实验效果，可用实验效果的相对指标来反映，相对实验效果 RE 可表达为：

$$RE = \frac{X_2 - X_1}{X_1} \times 100\%$$

【例 3-1】 某运输公司，从事将甲地的煤炭送往乙地的业务，由于发送量不大，公司运输此类货物获利较小。为此，该公司准备对运价进行适当调整，以提高发送量。为慎重起见，公司对该运输产品进行了事前事后对比实验调研，以了解产品价格变动对其在运输市场占有率的影响。

运输公司测量了该产品在甲地一个月发送量的市场占有率，然后调整价格，降低运费，再测量一个月产品的市场占有率，实验结果如表 3-2 所示。

表 3-2 实验结果

项 目	实验前市场占有率 X_1	实验后市场占有率 X_2	变化量（X_2-X_1）
煤炭运输	12%	16%	4%

可以看出，调价后市场占有率上升 4%，因此，降价是可行的。

无控制组的事前事后对比实验简便易行，当运输企业采取改变产品质量、品种、调整产品价格以及增减广告公关费用等措施时，都可作为一种决策依据。但应注意，在使用这种方法时，由于事前事后测量相隔一段时间，而各种非实验因素，如季节变化、心理、购买能力等都可能发生变化，这些非实验因素不可避免地会影响实验结果的准确性。

② 有控制组的事后实验。有控制组的事后实验是一种横向比较实验，它同时设定两种调研数据，一组为实验组（实验单位或企业），另一组为控制组（非实验单位或企业）。对实验组，按设定的实验条件进行实验；对控制组，按原来的正常状况进行经营活动，也就是说，在实验前后都不受实验因素影响。最后将两组实验结果进行比较，以测定实验效果。

实验效果 E 可表达为：

$$E = X_2 - X_1$$

相对实验效果 RE 可表达为：

$$RE = \frac{X_2 - X_1}{X_1} \times 100\%$$

式中 X_1——实验组事后测定值；

     X_2——控制组事后测定值。

应用有控制组的事后实验调研法必须满足一个前提条件，即实验组与控制组间的各方面条件应基本相同。

【例 3-2】 某货运企业在开展货运营销活动中，准备派出货运营销人员直接向货主推销运输产品，以组织货源。为观察市场反应，辅助决策，决定采用有控制组的事后实验法，以了解这种人员推销的促销方式对产品销售的影响。于是他们选择了站场规模、管理状况及周围经济环境等方面较为相似的 A、B、C、D 四个货运站作为实验对象。其中站 A 和站 B 定为控制组，不进行促销活动，站 C 和站 D 定为实验组，派出营销人员到企业进行促销。经过一个月的实验，得到如表 3-3 所示的实验结果。

表 3-3 实验结果

控 制 组	装车数（辆）	实 验 组	装车数（辆）	比 较
A	850	C	1050	200
B	800	D	980	180
总计	1 650		2 030	380

可以看出，促销后，装车数有不同程度的增加，营销人员推销在争取货源方面是有显著效果的。

（4）网上调研法。网上调研法的具体方式可分为：E-mail调研法、WWW调研法（站点法）、调研法（视频会议、新闻组、BBS、聊天室）。它是指在互联网上针对特定的问题进行的调研设计、收集资料和分析等活动。与传统调研方法类似，网络调研也有对原始资料的调研和对二手资料的调研两种方式。网络调研是传统调研在新的信息传播媒体上的应用，它是指在互联网上针对特定的问题进行的调研设计、收集资料和分析等活动。互联网作为一种信息沟通渠道，它的特点在于开放性、自由性、平等性、广泛性和直接性等。由于这些特点，网络调研具有传统调研所不可比拟的优势。

小·贴士

互联网成为市场调研的重要平台

在市场营销中，无论是开拓新市场还是研发新产品，市场调查是不可或缺的重要步骤。传统的市场调查费时费钱，网络的出现无疑是为市场调查提供了新的工具。网络市场调查的优点：一是实时、互动。网上调查是开放的，任何网民都可以进行投票和查看结果，而且在投票信息经过统计分析软件初步自动处理后，可以即时查看到阶段性的调查结果。网络的最大好处就是交互性，可减少问卷设计不合理导致调查结论偏差。二是无时空、地域限制。网上市场调查是24小时全天候的调查，这就与受区域限制和时间制约的传统调查方式有很大不同。三是便捷性和低费用。实施网上调查节省了传统调查中耗费的大量人力和物力。四是更为可靠和客观。实施网上调查，被调查者是在完全自愿的原则下参与调查，调查的针对性很强，因此，问卷填写信息可靠，调查结论更为客观。

（资料来源：赵轶. 市场调查与预测. 北京：机械工业出版社，2015.）

2）设计调研问卷

确定调研方法后，接下来的工作就是设计调研问卷。调研问卷是市场调研的基本工具，是沟通调研人员与被调研对象之间信息交流的桥梁。调研问卷中应该含有所有需要调研的内容，且均以问题的形式出现，被调研者对所要回答的问题便一目了然。调研问卷质量的高低，将影响搜集的资料的全面性和准确性，从而影响到调研目标的实现程度。因此，我们必须重视问卷的设计工作。

（1）问卷设计原则。设计问卷应遵循以下原则。

① 主题明确。根据调研主题和调研目标并联系实际拟定题目，做到问题目的明确，重点突出。

② 结构合理，逻辑性强。按一定的逻辑顺序排列问题，先易后难，先简后繁，先具体后抽象。

③ 通俗易懂。考虑到被调研者的知识层次不一，因此要避免使用专业术语，适合应答者的理解能力；对敏感问题使用一定的技巧，使问卷具有合理性和可答性；避免主观性和暗示性，以免造成答案失真。

④ 便于统计。设计问卷时还应考虑到事后的整理、统计、分析工作。

⑤ 长短适宜。调研问卷的长度要适宜，答卷时间应控制在30分钟左右，时间过长，会使答卷者失去耐心，从而影响调研结果。

（2）问卷设计程序。为使问卷具有合理性、科学性、可行性，问卷设计需按一定的程序进行。

① 明确调研主题，确定资料范围。在全面分析调研目的的基础上，确定调研主题，由此明确

调研所需搜集的资料及资料来源、调研范围等。

②　确定调研内容。根据调研主题，拟定所要调研的项目，要全面考虑，把各种与调研主题有关的内容都罗列出来。

③　依据调研项目，拟定并编排问题，完成问卷的初步设计。针对每一个调研项目，设计若干问题，确定问句的类型，形成调研表的主干部分。最后设计调研表的其他组成部分，如被调研者本身情况、说明词、编号等内容，并按照问卷设计原则编排问题的顺序，形成问卷的初稿。

④　对问卷初稿在小范围内进行实验与征求意见。为了达到调研目的，需将初步设计的问卷在少数被调研者中进行试填与征求意见，以便发现问题，对其中不合理的部分加以修正，形成最终的正式问卷。

（3）问卷构成。一份完整的问卷，通常由以下几部分组成。

①　调研说明。一般用在问卷的开头，包括两方面内容：一是向被调研者说明进行此项调研的目的、意义；二是请求被调研者的合作。市场调研是一种协商性调研，只有使被调研人员了解调研的意义，才能引起兴趣，并给予支持与合作，也才可能取得调研的最佳效果。举例说明如下。

尊敬的先生/女士：

您好！我是×××调研公司的访问员，我们公司正在进行一次关于网下物流配送情况的市场调研，希望得到您的协助，您的意见对我们非常重要，谢谢您的合作！

②　被调研者的某些情况。被调研者分个人和单位两大类。对个人，一般包括被调研者的姓名、性别、年龄、文化程度、职业、工作单位、家庭人口及收入、居住地点等；对企、事业单位则应包括行业类别、所有制形式、职工人数、经营范围、营业额等。列入这些项目，是为了对调研资料进行分类和整理。例如，对苏州市绿色物流发展现状的调查问卷如下。

1. 您的年龄段是（　　　　）。[单选题]

A. 20 岁以下　　　　　　B. 20～25 岁　　　　　　C. 25～30 岁

D. 30～35 岁　　　　　　E. 35～40 岁　　　　　　F. 40 岁以上

2. 您的性别是（　　　　）。[单选题]

A. 男　　　　　　　　　　B. 女

3. 您的学历是（　　　　）。[单选题]

A. 本科　　　　　　　　　B. 大专　　　　　　　　C. 中专（或高中）

D. 初中　　　　　　　　　E. 其他

4. 您所在的物流公司是属于（　　　　）。[单选题]

A. 大型企业　　　　　　　B. 中型企业　　　　　　C. 小型企业

5. 您目前从事的职位是（　　　　）。[单选题]

A. 经理　　　　　　　　　B. 主管　　　　　　　　C. 仓管

D. 理货员　　　　　　　　E. 跟单员　　　　　　　F. 司机

G. 其他

③　调研内容。它是问卷最主要的组成部分，是指所需调研的具体项目，直接关系到调研所能获得的资料数量和质量。

④　填表说明。填表说明包括填表要求、调研项目必要的解释说明、填表注意事项、调研人员应注意事项、调研时间等的说明。

例如，对快递企业信用指标体系的研究的调查问卷中，从三个关键因子中提了 22 个反映快递企业信用水平的指标，作为快递企业信用评价指标的要素。

问卷采用 Linkert 七点量表方法：每个指标设立 7 个等级，1 代表指标合适程度最低，7 代表合适程度最高。

其中：

1—非常不合适；2—很不合适；3—比较不合适；4—合适；5—比较合适；6—很合适；7—非常合适。

⑤ 编号。对问卷加以编号，以便分类归档，或者便于计算机处理。

（4）问句类型。理想的问句既能使调研人员获得所需的信息，又能使被调研者乐意并轻松地回答问题。为此，要依据具体的调研内容，设计选择合适的问句进行调研。

① 自由回答式问句，又称开放式问句。其特点是调研者事先不拟定任何具体答案，让被调研者根据提问自由回答问题。例如，您对车站货场工作有何意见和建议？您认为我们的客运服务质量需要做哪些改进？这种询问方法能制造一种活跃、宽松的调研气氛，被调研者思维不受约束，有利于被调研者思考和回答问题，有时能使调研人员搜集到一些忽视的答案和资料。缺点是被调研者的答案各不相同，整理、统计、分析调研结果有一定的难度。

② 二项选择式问句，也称是非式问句。这种问句所提的问题只允许被调研者在两个答案中选择一个，最常见的是在"是"与"否"，"有"与"无"，"好"与"坏"等类词中选答。例如，您认为目前公路运价合理吗？回答"合理"或"不合理"；您现在有驾驶执照吗？回答"有"或"没有"。这种询问方法容易发问，也容易回答，且便于统计、分析调研结果，缺点是被调研者没有说明原因的机会，不能表达出意见程度的差别，只能反映一种趋势和倾向，只适合询问一些简单的事实或意见。

③ 多项选择式问句。这种问句是调研人员对所提的问题预先拟订几种可能答案，从中选出一个或几个最能代表被调研人员的实际情况和意见的答案。例如你单位经常使用的运输方式是哪种？答案：a. 公路运输；b. 铁路运输；c. 航空运输；d. 水路运输；e. 管道运输。你经常出行乘坐飞机是因为飞机的哪些优点？答案：a. 安全；b. 舒适；c. 快速；d. 准时。这种方法保留了二项选择式询问方法回答简单、易于分类与整理的优点，同时能表达被调研者意见的差异程度。要注意的是，选择答案必须包括被调研者所有可能的答案，且要避免重复。

④ 顺位式问句。是在多项选择式问句的基础上，由被调研者根据自己的认识程度，对所询问的问题的各种可能答案定出先后顺序。例如，如果您购买汽车，请对下列各项按您认为的重要程度以 1、2、3、4 为序进行排序：耐用（　　　）；省油（　　　）；便宜（　　　）；舒适（　　　）。这种询问方式回答较为简单，便于被调研者表达其态度和重要程度，也便于调研人员对调研结果的归类统计。用于表示答案的先后次序或轻重缓急的问题，如顾客要求、消费倾向等调研。但需注意避免供选择的答案的片面性。

⑤ 程度评等式问句。是指对所询问的问题列出程度不同的几个答案，并对答案事先按顺序评分，好的分数高，差的分数低。例如，"您认为目前我国多式联运状况怎样？答案：a. 很好，2分；b. 好，1分；c. 一般，0分；d. 较差，　1分；e. 差，　2分。将全部问卷汇总进行总分统计，即可了解被调研者的态度，当总分为正值时，表明大多数被调研者持肯定看法；当总分为负值时，表明大多数被调研者持否定看法；若总分为零，则表明肯定与否定意见持平。

程度评等式问句所列答案是围绕同一对象或同一因素的，调研内容是对某一对象或某一因素评定等级。应注意它与多项选择式及顺位式问句的区别，后者调研内容是针对不同对象或对影响不同对象的不同因素做出选择或排序。

⑥ 倾向偏差式问句。提出几个态度不同的答案，请被调研者按顺序回答。例如，从上海到南

京你选用何种交通工具？答"汽车"。现在开通了上海至南京的旅游列车，你今后是否仍乘汽车？答"是"或"不是"。对答"是"的人进一步问："旅游列车的票价将下调，你还打算乘汽车吗？"采用此种询问方式可以调研具体偏差到何种程度，才能使被调研者改乘火车出行。

上述六种问句类型，各有其特点，在应用时应根据调研的主题、所需资料的种类、问题的性质及调研方法加以选用。一般而言，对于面谈调研、邮寄、留置调研，所有类型的问句均可有效地应用；对于电话采访，较适合的是二项式问句，也可以与自由回答式问句配合使用；但对于自由回答式问句所提出的问题回复率较低。

经典案例

某城际快速列车调研案例

某城际快速列车开行以来，受到了广大旅客的普遍欢迎。

为了更好地了解旅客对某城市间开行的城际列车的有关意见，优化列车开行方案，最大限度地满足顾客的需要，特开展此次调研，谢谢您宝贵的意见和建议。

1. 您的年龄（　　　）。
   A. 15～20 岁　　　　B. 21～30 岁　　　　C. 31～40 岁
   D. 41～50 岁　　　　E. 51～60 岁　　　　F. 61 岁以上
2. 您的职业（　　　）。
   A. 工人　　　　B. 干部　　　　C. 农民
   D. 军人　　　　E. 学生　　　　F. 商业人员
   G. 外企人员　　　　H. 科研人员　　　　I. 文体人员
   J. 新闻人员　　　　K. 个体人员　　　　L. 服务业人员
   M. 离退休人员　　　　N. 待业人员　　　　O. 其他人员
3. 您此次出行的目的（　　　）。
   A. 出差　　　　B. 探亲　　　　C. 旅游
   D. 经商　　　　E. 学习　　　　F. 打工
4. 您知道城际快速列车有哪些特点（多项选择）（　　　）。
   A. 速度快　　　　B. 间隔时间短　　　　C. 票价低
   D. 正点率高　　　　E. 公交化　　　　F. 舒适度强
   G. 候车时间短　　　　H. 购票方便
5. 您对本次列车始发时间的意见（　　　）。
   A. 合适　　　　B. 开点太早　　　　C. 开点太晚
6. 您对本次列车票价的意见（　　　）。
   A. 合适　　　　B. 票价较高　　　　C. 票价较低
7. 您对本次列车设备的意见（　　　）。
   A. 很好　　　　B. 较好　　　　C. 一般
   D. 较差　　　　E. 很差
8. 您在哪里买的火车票（　　　）。
   A. 上车前在车站购买　　　　B. 提前预购　　　　C. 电话订票
   D. 市内代售处　　　　E. 绿色通道　　　　F. 车上补票
9. 您购买火车票的感受（　　　）。

A. 很容易   B. 较容易   C. 一般

D. 较难   E. 很难

10. 您认为购票难的主要原因是（　　）。

A. 人太多   B. 窗口少   C. 售票速度慢

D. 票额少   E. 对车次不了解   F. 绿色通道不明显

G. 售票时间中断太多   H. 售票员态度不好

11. 您认为哪种购票方式便捷（　　）。

A. 提前到售票处预购   B. 市内代售点   C. 上车前在车站购买

D. 电话订票   E. 月票   F. 磁卡购票

G. 铁路部门送票   H. 列车上购票

12. 您对铁路服务中哪个环节不满意（　　）。

A. 车站购票   B. 托运接取行包   C. 车站问事

D. 进出站口检票   E. 候车室等车   F. 车站卫生

G. 列车饮水   H. 列车餐饮   I. 列车盥洗

J. 列车厕所   K. 列车秩序   L. 列车清扫

13. 您对城际列车的开行及其他方面有何建议？

（资料来源：刘作义，赵瑜. 运输市场营销学. 第3版. 北京：中国铁道出版社，2010.）

小·贴士 一份完整的问卷，一般包括标题、指导语、问题、结束语几个部分，其中的问题设计很有讲究，一份问题设计不规范、不科学的调查问卷，往往无法收集到准确而全面的资料，从而影响调查结果。如何设计出一份质量较高的调查问卷，笔者认为应做到"六忌"。

一、忌提不必要的问题

明确调查目的、选准调查对象、确定好调查内容是设计调查问卷的基础。调查问卷的问题应直接为目的服务，问卷问题应紧紧围绕主题提出，层层递进，环环紧扣，与此无关的问题均不应列入。例如，有一份《大学生消费调查问卷》，在指导语中写有"我是XX大学市场营销专业的学生。现针对在校大学生的消费情况做一个调查，希望同学们给予支持"这样一句话，已清楚地表明调查的对象是在校大学生。可是此份问卷的第一个问题如下：

你是大学生吗？

A. 是   B. 不是，若选B，请终止调查

该问卷设计的这个问题就属于不必要的问题，参与调查的人员一看标题和指导语，就知道自己是否属于该份问卷调查的对象，此问的设置并没有起到过滤筛选参与人员的作用，反而有画蛇添足之嫌。

二、忌措辞不得体

问卷的言语要符合被调查人群的表达习惯和思维习惯，应考虑文化程度、年龄、职业、地区等因素，注意使用适合被调查者身份、学识水平的词句或用语，尽量做到通俗易懂，慎用学术语言和书面语。如果受访者只具有小学文化水平，问卷的语言就应多采用生活化、口语化的语句，以便于他们准确理解。若不顾受访者的具体情况，用复杂的、书面化的句子，很可能致使受访者理解困难，无所适从，拒绝答题或无效答题，从而影响调查资料的采集。

三、忌含义笼统

含糊的问题只会得到含糊的答案，每个问题的设计都应具体、明确，避免歧义，使所有受

访者对这个问题都有同样的理解。例如，"你每月消费的伙食费是多少？"在这个题干中有一点儿让人感到无所适从，"每月消费"，每个月的消费数有可能是不一样的，有时需要大笔支出，该月的消费就高，此题干并未排除该类情况，导致受访者无法准确作答，如果改为"每月平均消费"就好得多。

四、忌带诱导性

问题的题性要设置在中立位置，不参与提示或主观臆断，提问应创造自由回答的气氛，避免诱导性。受访者在有外界影响的情况下，往往会选择符合问卷偏好的答案，而不是他自己真正的意思表达。例如，"人们都说A牌洗衣机比B牌洗衣机好，您是不是也这样认为？"

受访者选择时可能会更多地倾向于前者，从而夸大了A牌比B牌好的比例，如果改为"您认为A牌和B牌洗衣机哪个更好？"，这样提问更为客观。又如，"保护环境很重要，你认为有保护环境的必要吗？A. 有　B. 没有　C. 说不清"也犯了类似的错误。

五、忌题支不准确

在题支设计中，涵盖的问题一定要准确、穷尽，要避免题支设计的不准确、不穷尽或处于同一维度的情况。

题支不准确，不恰当地使用含糊的形容词、副词，特别是在描述时间、数量、频率，以及"有时、经常、偶尔、很少、很多、几乎"之类的词时，则可能因为不同的人对同一个可塑性概念的不同理解而失去题支设计的意义。如在题支中出现"偶尔""经常"的选择时，受访者会因为没有一个"偶尔"与"经常"的区分点而被迫猜测究竟什么样的频率是"经常"。这样猜测的结果，受访者就只能根据自己的主观判断猜测一个标准，然后依照这个标准判定这个问题。建立在这样的数据基础上的结论是非常不可靠的，甚至可能让运用调查报告成果的决策者由于数据的误导而做出错误的决策。因此这些词应该用定量表述来代替。下面的例子中，②显然比①精确得多。

"你每个月到超级市场的采购情况如何？"（　　）

① A. 从不　B. 偶尔　C. 经常　D. 定期
② A. 少于1次　B. 1到2次　C. 3到4次　D. 超过4次

题支不穷尽，往往会使受访者无法选择或随便选一个答案，造成调查数据不真实或信息有效性降低。例如，"你家的收入主要用于（　　）。A. 购买生活必需品　B. 购买住房　C. 用于教育"这个问题的题支就没有穷尽，显而易见，此题还有其他的选择。如按照以上方式设置则不可避免地使受访者家庭收入消费方式限制于以上三种，若改为"你家的收入主要用于（　　）。A. 购买生活必需品　B. 购买住房　C. 用于教育　D. 其他"，题支则更为完备一些，给受访者更多的选择，也使调查更符合实际情况。

在题支的设计中，要避免所设问题处于同一纬度，造成选择的混乱。此时应用相关的多个问题来综合测量。如下例：

你是否愿意参加学院或上海教学服务中心开展的各项活动？（　　）

A. 十分愿意　　　　　　　　B. 不愿意，没什么意思
C. 不愿意，没有时间　　　　D. 遇到自己感兴趣的活动就参加

在此例中，答案B和C就处于同一纬度，该题分解为两个问题来设计选项进行测量则要合理一些。例如：

1. 你是否愿意参加学院或上海教学服务中心开展的各项活动？（　　）

A. 十分愿意　　　B. 不愿意　　　C. 遇到自己感兴趣的活动才参加

2. 如果在1中选择B的原因是（　　　）

A. 没什么意思　　　B. 没有时间　　　C. 其他

六、忌题序排列不恰当

问卷设计好后，问题顺序的安排也就有一定的规律可循。正确的排序应前后连贯，先易后难，合乎问题之间的逻辑。否则，受访者可能会因为问题一开始就太难、太散或本末倒置等而终止被访。现在有很多问卷在顺序安排上存在错误，比如问卷开始就要求受访者填写姓名、性别、年龄、婚否等，好像在填申请表，而不是在进行调查，这样容易招致受访者的反感或拒绝。正确的排序应将基本信息安排在前，分类信息居中，鉴别性信息放在最后。问卷问题东拉西扯，组织不严谨，往往也会影响受访者的态度。

3）选择调研方式

进行调研时，应根据调研的目的和要求以及调研对象的特点，选用适当的调研方式。

（1）市场普查是对调研对象全体进行的无一遗漏的逐个调研，是一种全面调研的组织方式。它要花费大量的人力、物力、财力以及较长的时间，一般企业很难承受。所以，市场普查很少用于运输企业的市场调研工作中。

（2）重点调研是在全体调研对象（总体）中选择一部分重点单位进行的一种非全面调研。所谓重点单位是指所要调研的这些单位在总体中占重要地位或在总体某项标志总量中占绝大比重的单位。比如要了解全国钢铁生产的基本情况，只要对少数几个重点钢铁生产企业，首钢、宝钢、鞍钢、武钢、包钢等企业进行调研即可获得所需资料。重点调研可用于运输企业对大宗货源的调研，以及有关流通渠道、经营条件、竞争对手等的调研。这种调研方式能以较少的人力和费用开支，较快地掌握调研对象的基本情况。但重点调研中选取的重点单位不具有普遍的代表性，一般情况下不宜用其综合指标来推断总体的综合指标。

（3）典型调研是在全体调研对象（总体）中有意识地选择一些具有典型意义或有代表性的单位进行非全面的专门调研研究。这种调研方式由于调研单位较少，人力和费用开支较节省，可以有较多的调研内容，因此有利于深入实际对问题进行比较细致的调研分析。如一段时期内，某铁路线上客源有较大幅度的增加，经过对沿途几个大站及旅客的调研，了解到车站合理的始发、到达时间以及方便购票、优质服务等一系列营销措施是吸引旅客的重要原因。因此，可以根据情况将此经验在全路范围内加以推广。用典型调研的综合指标推断总体的综合指标，一般只能做出估计，不可能像随机抽样那样能计算出抽样误差，也不能指明推断结果的精确度。不过，在总体各单位的差异比较小，典型单位具有较大代表性的情况下，以典型调研资料推断总体指标也可以得到较为满意的结果。

（4）抽样调研是一种从全体调研对象（称为总体）中抽取部分对象（称为样本）进行调研研究，用所得样本结果推断总体情况的调研方式。抽样调研可把调研对象集中在少量样本上，并能获得与全面普查相近的结果，有很强的科学性与准确性，同时又省时、省力、省费用，所以在市场调研中广泛采用。

小贴士　通过科学合理的抽样技术，可以准确地估测出总体的状况。抽样技术就是窥一斑而知全貌，它可以极大地节约资金和时间，把握市场机会。

4）实地调研

调研人员按照确定的调研对象、调研方法，进行实地调研，收集第一手资料。对于这一阶段，不同的调研人员可能有不同的调研结果。因此，调研人员必须具备一定的素质、知识水平和调研技巧，才能确保获得正确而又满足要求的第一手资料。

4．第四阶段：数据分析和评价

搜集到的原始的信息资料和回收的问卷都是杂乱无章的，为了更好地发挥信息资料的作用，必须根据调研的目的和要求，对这些资料进行系统的整理、分析和评价。

1）整理

调研所得的资料是大量的、零散的，有的甚至可能是片面和不真实的，必须进行系统的编辑整理，去粗取精，去伪存真。

2）分类汇编

对经过编辑整理的资料，依据调研目的，按一定的标准进行分类，把性质相同的归在一起。分类后的资料还要加以统计汇总，编号归档存储，这样将方便以后的查找和使用。当采取计算机加工处理资料时，资料的分类编号更为重要。

3）分析

为了掌握被调研事物的内在联系，揭示问题的实质和各种市场现象间的因果关系，就必须对调研资料进行综合分析，以找出其内在的规律性和关联性。

4）评价

对经过一系列处理过程的资料，要评价它们的可靠度、真实度以及对调研目的的实现程度等。

📎 经典案例

对案例"某城际快速列车调研"的数据分析

在针对此城市间开行的城际列车的调研中共发放问卷 6 000 份，全部收回。根据旅客对问卷的回答，结合座谈，对列车开行情况进行了分析，结果如下所述。

1．在对城际快车的特点进行调研时，对速度快持肯定意见的占 24.2%。据调研，两城市间乘汽车至少要 3 小时，而乘城际列车只需要 2 小时 42 分。认为购票方便的占 16.4%。据旅客反映，乘坐城际列车购票可以有多种选择，既可以在市内代售点购票，也可以提前到售票处预购，还可以上车前在车站售票厅和绿色通道处购票，来不及购票时到车上买票最方便。

认为舒适度强的占 15.4%。调研中，一些经常出门的旅客深有体会，他们反映：大巴地方狭窄，行动不便，尤其身高体胖的人更不方便；而城际快车空间大，行动自如，比大巴要舒适得多。

认为正点率高的占 14.3%。乘坐汽车在运行中经常会因堵车、雾、雨、风、雪等气候的影响而晚点，而城际列车则受这些因素的影响较小，因而正点率就高得多。

认为间隔时间短的占 9.3%、公交化的占 8.8%、候车时间短的占 6%、票价低的占 5.6%。这说明，铁路在参与市场竞争、开行城际列车时，采取了小编组、高密度、低票价，为旅客买票上车提供了最大方便的措施，具有明显的效果。

2．在征求对列车始发时间的意见时，认为开点合适的占 76%，开点太早的占 9.3%，开点太晚的占 14.7%。反映开点太早及太晚的集中在两趟列车，这也是这两趟列车客流较小的原因之一。

3．在征求对列车票价意见时，认为票价合适的占 65.9%，票价较高的占 26.1%，票价较低的占 8%。反映票价较低的车次客流较大。

4. 在征求对列车设备的意见时，认为很好的占40.3%，认为较好的占40.1%，一般的占12%，较差的占4.2%，很差的占3.5%。这说明旅客对城际快车的设备比较满意，但在使用和利用上需要不断完善。

5. 在与旅客座谈时，很多旅客反映城际列车除具备以上优势外，安全系数要比汽车和飞机大，这也是出门首选火车的原因之一。

这说明城际快速列车以其速度快、设备新、舒适度强、票价低、正点率高、安全系数大赢得了乘客的称赞和社会的承认。它的开行使铁路夺回了失去的部分短途客流，形成了公铁竞争的新格局，这表明铁路在参与市场竞争、开发适销对路的新产品方面迈出了可喜的一步。

6. 购票难的原因分析如表3-4所示。

表3-4 购票难的原因分析

项　　目	人太多	绿色通道不明显	窗口少	对车次不了解	售票速度慢	售票员态度不好	售票中断太多	票额少
比例	18.6%	16.6%	16.32%	14.3%	12.7%	12.1%	4.8%	4.6%
序号	1	2	3	4	5	6	7	8

表3-4说明，除人太多为不可变因素外，其他均为可变因素，尤其是应加强绿色通道设备，增加售票网点和对城际列车的宣传力度尤为重要。

7. 对服务最不满意环节分析如表3-5所示。

表3-5 对服务最不满意环节分析

项目	车站购票	车站卫生	车站问事	列车餐饮	候车室等车	进出站检票	列车厕所	托运行包	列车饮水	列车盥洗	列车秩序	列车清扫
比例	14.9%	14.3%	14.2%	10.6%	10.5%	10.1%	6%	5.6%	5.3%	3.4%	2.8%	2.3%
序号	1	2	3	4	5	6	7	8	9	10	11	12

从表3-5可以看出，旅客最不满意的环节主要在车站购票、车站卫生、车站问事和列车餐饮等方面，这说明，服务质量滞后是影响客运营销的重要因素，而提高服务质量必须着力解决"冷""顶""横"这些旅客最反感的"顽症"。

（资料来源：刘作义，赵瑜. 运输市场营销学. 第3版. 北京：中国铁道出版社，2010.）

5. 第五阶段：撰写调研报告

市场调研工作的最后一个阶段是撰写和提交调研报告，它是将调研分析的情况、得出的结论、提出的措施或建议写成书面报告，提供给管理部门和职能部门的管理人员作为决策时的参考。

市场调研报告的基本内容一般包括：调研的地点、时间、对象、范围、目的，采用的主要调研方法，调研结果的描述分析，调研结论与建议。

调研报告的撰写一般要满足以下几个基本要求。

第一，紧扣调研主题，突出重点。调研报告中切忌罗列一大堆数据和高深的数学公式，而应主要阐述调研中的发现和结论。

第二，对象明确，讲求实用。调研报告是给各级营销决策者看的，内容要实用，结论尽可能量化而明确，符合读者的理解水平。

第三，说明调研结果的局限性和误差范围。

正式提交调研报告书后，工作并未完全结束，应跟踪调研实施程度及效果，以便纠正偏差，取得更佳效果，并可据此总结经验教训，进一步提高今后市场调研水平。

技能训练

技能训练 3-1

运输市场调研

沈阳 YS 集团有限公司于 1998 年通过资产重组转变成现代物流企业集团，注册资本 7 900 万元，集团公司是国家二级资质道路运输企业，辽宁省国际货运代理协会会员单位，2001 年通过了 ISO 9001 国际质量管理体系认证，近几年连续被辽宁省工商局评为"守合同、重信用"企业。

集团公司现有八个专业分公司，经营范围包括货物运输、仓储、包装等商品物流服务、仓储理货、零担快运、城市配送、汽车产前物流、商品车运输、集装箱运输、国际货运代理、公铁水多式联运、出租车业务、物流咨询与管理、信息开发和物流综合服务。

近年来，伴随交通运输行业的发展，在现代物流理念的熏陶下，公司加速企业调整，企业核心竞争能力已经完成了向现代物流业的转变，成为东北地区较大的物流企业集团之一，在全国交通行业也树立了良好形象和社会声誉。

试登录沈阳 YS 集团首页 www.syysjt.com，了解和熟悉企业相关业务。选择感兴趣的一项业务，从企业营销部门的角度自拟调研主题，设计调研过程、以问卷的形式开展调研，对调研结果进行汇报。

训练建议

此能力训练主要考查学生对市场调研工作的熟悉程度，建议以小组为单位，在明确市场调研的程序、问卷设计的原则等理论知识的基础上进行。各小组根据调研的目的设计调研问卷并进行调研，对回收的问卷进行分析，撰写调研报告，并以 PPT 汇报的形式与同学和指导教师交流。

评价标准（见表 3-6）

表 3-6　实践教学考核评价标准

序　号	考核内容	等　级	分　值
1	参与的积极性、主动性，是否有团队合作精神（20 分）	优良	16～20
		一般	8～15
		差	0～7
2	实践教学过程中表现出的计划、组织、领导、控制、协调等管理能力（20 分）	优良	16～20
		一般	8～15
		差	0～7
3	成果展示（20 分）	优良	16～20
		一般	8～15
		差	0～7

续表

序　号	考 核 内 容	等　级	分　值
4	语言表达的流畅、规范、准确（20 分）	优良	16～20
		一般	8～15
		差	0～7
5	书面、电子版总结报告设计（20 分）	优良	16～20
		一般	8～15
		差	0～7
合　计	100 分		

技能训练 3-2

为沈阳邮政企业组织一次针对在校大学生的问卷调研

在校大学生是邮政企业主要客户市场之一，在校大学生每年都有许多信件、包裹等业务，现沈阳邮政企业想了解一下学生的想法，以获得学生这一很大的客户市场。因此，想进行一次针对在校大学生的运输市场调研。

请据此设计一份针对上述内容的调研问卷，分析调研数据，撰写调研报告。

训练建议

此能力训练主要考查学生对市场调研工作的熟悉程度，建议以小组为单位，在明确市场调研的程序、问卷设计的原则等理论知识的基础上进行。各小组在任务完成过程中需体现调研工作的完整性，利用课余时间进行。在课堂将调研成果进行汇报展示。

评价标准（见表 3-7）

表 3-7　实践教学考核评价标准

序　号	考 核 内 容	等　级	分　值
1	参与的积极性、主动性，是否有团队合作精神（20 分）	优良	16～20
		一般	8～15
		差	0～7
2	实践教学过程中表现出的计划、组织、领导、控制、协调等管理能力（20 分）	优良	16～20
		一般	8～15
		差	0～7
3	成果展示（20 分）	优良	16～20
		一般	8～15
		差	0～7
4	语言表达的流畅、规范、准确（20 分）	优良	16～20
		一般	8～15
		差	0～7

续表

序　号	考 核 内 容	等　级	分　值
5	书面、电子版总结报告设计（20 分）	优良	16～20
		一般	8～15
		差	0～7
合　计	100分		

技能训练 3-3

关于对全省冷链物流体系建设情况的调研报告

冷链物流是现代物流体系的重要组成部分，对于保障食品质量安全、降低物流成本、满足群众消费具有十分重要的作用。青海省是"一带一路"重要的战略通道，属全国五大牧业区之一，是我国主要草原畜牧业生产基地，牛羊肉、冬虫夏草、枸杞等动植物资源具有绿色、有机、天然的特性。同时，青海远离农副产全面建成小康社会，积极推进供给侧结构性改革，发展冷链物流，对于青海意义重大。

一、全省相关产业发展概况及物流基础

（一）牛羊肉产业已经成为特色产业。青海省是全国五大牧区之一，也是世界公认的四大无公害超净区之一，拥有天然草地面积 5.47 亿亩，并拥有世界数量最多、品质最好的牦牛资源和国内最优良的藏羊资源，全省共存栏牦牛 590 万头、约占世界牦牛存栏的 34%，共存栏藏羊 1400 万只、约占中国藏羊存栏的 46%，根据《全国牛羊肉生产发展规划（2013—2020 年》，我省正在全力打造"世界牦牛之都、中国藏羊之府"，加快推进生态畜牧业发展步伐。目前，全省通过有机畜产品生产认证的草场达 2192 万亩，认证有机牛羊 196 万头（只），标准化规模养殖场 707 家，规模养殖比率达到 41.5%，青海已经成为全国牛羊肉的主产区之一，在我国中高端牛羊肉餐饮市场占有重要地位，分割肉和冷鲜肉供不应求。2015 年全省羊肉产量居全国前十位，牛肉产量居全国前十五位，牛羊肉合计人均产量 40 千克，是全国平均的 4.5 倍；人均消费量 30.72 千克，是全国平均的 3.5 倍，人均产量和人均消费量均居全国前五位。围绕牛羊的养殖、屠宰、加工、流通、消费等已形成产业。

（二）以牛羊肉为基础的"拉面经济"成果显著。"青海拉面经济"起源于 20 世纪 80 年代初的海东市化隆回族自治县，是以青海的牛羊肉为主要原料，运用青海农村的富余劳动力和传统手工技艺，以独立经营为主要形式，在全国各大城市经营拉面生意的经济模式。据统计，目前全国各大城市有青海清真拉面店 3 万多家，其中省内 5000 家，其余分布在全国 270 多个大中城市，几乎遍布中国东中部和沿海所有的市、县、区，年经营收入 180 亿元。为了促进青海拉面的发展，海东市还出台了《海东市"拉面经济"转型升级方案》。下一步，青海拉面将积极推进"互联网+拉面产业"的融合，依托"中国拉面网"、微信公众号等新媒介，推动青海拉面向品牌化、连锁化、产业化战略发展，努力提升青海拉面的市场形象，引领拉面经济进入"2.0"时代，通过整合全省食材、原材料等资源在"中国拉面网"电商平台进行交易，直接从青海发货，全程冷链物流配送到全国的中高端拉面店和其他清真高档餐馆，切实降低拉面馆经营成本，提高速度和品质，这将成为青海拉面未来转型升级的决胜点。

（三）农副产品交易市场快速发展。截至目前，全省各类农产品交易市场 145 个，交易额超亿元的有 24 个。其中，2013 年运营的青藏高原农副产品集散中心是 "十二五"规划重点建设工程，项目一期占地面积 396 亩，建筑面积 33 万平方米，总投资约 12 亿元。场区分为交易区、冷链区、配货区、小商品区和综合服务区五大功能区，并设有电子结算中心、信息网络中心、农产品检测中心、仓储中心、加工配送中心，具备安全、智能、绿色、服务四大功能优势。集散中心运营以来，共入驻各类商户约 2600 户，从业人员近 1 万人，市场年吞吐量达 200 多万吨，交易额 40 多亿元，交易额相当于全国农副产品交易市场前 50 名规模。其中外地菜进场量占 65%，产地以甘肃、山东、四川居多；本地菜进场量占 25%，每年 7—10 月为本地菜上市高峰期，当季市场占有率可达 50% 以上，产地以西宁、大通、湟中、乐都居多；肉类、鸡蛋进场量占 10%，满足人民群众消费需求，有效保障了全省农副产品的供应，是青藏高原规模最大、功能齐全、设施现代化、服务人性化的农副产品集散基地，是西部地区重要的农副产品现代化大型集散交易中心。即将开工建设的丝绸之路海东海吉星国际农产品交易中心，拟规划用地约 1000 亩，计划投资约 30 亿元，采用"互联网+集配"的创新理念，打造融合生鲜电商 O2O 平台、高端品牌建设与推广、农产品展示体验推广中心于一体的西北地区大型农产品集散中心和农产品商贸中心。除了建设果蔬、肉类、水产、粮油、进口农产品等全品类农产品综合市场区，还将建设以食品安全检验、加工配送、电商配送、仓储物流、环保工程等功能区为核心的市场服务区，以商务办公、农企 CBD 商务中心、电子商务中心、酒店餐饮、金融及智慧服务中心、食尚文化创意体验为主的商务商业区，打造农产品流通的国际化"生态"园区，利用海东市特殊的地理位置和丰富的农业资源，积极融入"一带一路"建设，商务部将项目列为丝绸之路经济带农产品流通骨干网络上的重要节点，青海的特色农产品可以通过海东辐射全国甚至影响到整个中西亚乃至欧洲地区。

（四）物流基础设施正在发展完善。西部大开发以来，我省以公路为重点的交通运输通道建设成绩显著，2015 年全省铁路营运里程 2074 公里，公路通车里程 72 703 公里，民航通航里程 92 536 公里，货物运输量 14 639 万吨。物流园区建设初具规模，青海朝阳物流园区获全国首批国家示范园区，排名第 11，正在建设的青藏高原东部国际物流商贸中心、双寨现代综合物流园、格尔木综合物流园、德令哈物流园等是我省规划的重要物流节点园区；依托电子商务，党报物流、邮政、电信物流等快递业正在兴起。全省物流企业已达 1023 家。西宁国际航空口岸开通，国际航线逐步增多，曹家堡保税物流中心（B 型）已通过国家验收。随着物流需求规模不断扩大，物流量大幅度增加，传统物流企业正在转型升级，产生了一些现代化物流企业雏形，使物流供给能力不断提高。

二、冷链物流建设情况及存在的主要问题

（一）冷链物流基础设施情况。截至 2015 年，全省已建成冷库容量共 31.88 万吨，其中冷藏库 10.17 万吨，冷冻库 21.71 万吨，45% 为市场配套型冷库，40% 为生产企业自用冷库，15% 为公共服务冷库和为运输配套型冷库。绝大部分冷库是 2000 年以后建设的，其中 2 万吨以上冷库均为近几年建设。小型冷库主要采用单层结构，大型冷库为多层楼库。冷链运输主要靠企业自有车辆完成；专业冷藏运输公司 15 家，共有冷藏车辆 244 辆。青海省冷链物流服务能力快速提升，初具规模。

（二）冷链物流供给与需求。供给方面，2015 年全省肉类总产量 34.14 万吨，其中牛羊肉 23.05 万吨、猪肉 10.32 万吨、禽类 0.77 万吨；牛奶 31.5 万吨；禽蛋类 2.26 万吨；水产品 1.06 万吨；果品 5.3 万吨；蔬菜 166.4 万吨；依托黄河上游水电开发形成的水库资源，青海建成中国最大的冷水网箱养殖基地；冷冻冷藏制品 5 万吨，各项指标均完成或超额完成了"十二五"发展目标。省城调出温控食品量约占 40%，猪肉、蔬菜从省外调入量分别为 60%、70%。全年供给共计约 500 万吨。

需求方面，青海冷链物流需求呈快速上升趋势，主要原因：一是人民生活水平呈较快增长；二是政府加大食品质量和安全监管；三是青海与周边省份的经济交流日益频繁；四是增加了一带一路沿线国家的需求。预计需冷链物流服务的温控食品总量占60%～70%，未来两年内年冷链物流需求将达到60万吨以上。

（三）冷链物流问题。由于青海地处内陆边远地区，远离中心市场，冷链物流需求大，但冷链物流体系建设欠账较多，现代物流业发展滞后，全省冷链物流产业发展存在如下问题：一是温控食品冷链流通比例仅5%，温控食品物流过程无法形成"冷链"，冷链基础设施严重不足，冷库缺口20万吨以上，冷藏运输车辆缺口超过200辆；二是缺乏有效的市场监管手段，市场秩序不够规范，执行标准不严格，温控食品品质和安全得不到有效保障；三是冷链设施结构性矛盾显现，冷藏保鲜库占比32%，冷冻库占比68%，与实际需求不协调，蔬果保鲜库供不应求，而低温库冬季闲置；四是第三方冷链物流发展滞后，标准化程度低、信息化管理落后，以致运输效率低，商品损耗大；五是冷链物流人才严重缺乏，技术水平落后，作业效率低。为实现青海农畜产品产销无缝衔接，保证优质农畜产品从草场、田间到餐桌品质如一，有效缓解由于蔬菜、肉类等食品供应不足、价格上涨而导致CPI居高不下的问题，加快发展冷链物流成为当务之急。

三、工作思路和工作目标

工作思路：贯彻落实创新、协调、绿色、开放、共享的新发展理念，立足青海的产业布局与产业结构特点，以西宁、海东两个城市现有冷链物流设施为基础，围绕牛羊肉全程冷链工程、农批市场综合冷链示范工程为重点，组织全省温控食品生产、流通与物流企业，全面推动冷链物流的设施设备建设、标准化建设、信息系统建设与全程监控体系建设，逐步建立健全与全国冷链物流体系衔接的青海省冷链物流体系，提高冷链流通率，保障食品安全与品质，减少食品流通中的损失。

工作目标：总目标是力争用两年时间，建成冷链物流监控平台，完成牛羊肉全程冷链、农批市场综合冷链两项示范工程，基本解决"最先一公里""最后一公里""断链"问题。推动青海冷链流通率从5%提高到10%，提高幅度100%；冷链运输率从10%提高到15%，提高幅度50%；流通环节损耗率从25%下降到20%，下降幅度20%。

细化目标：

1. 形成青海省冷链物流监控体系，示范企业的冷库和冷藏车全部安装应用温度传感器、温度记录仪等冷链监控设备。

2. 青海省冷链物流公共信息服务平台上线与运行，并初步实现与牛羊肉主要外销地和蔬菜主要输入地的系统信息对接。

3. 推广应用冷链相关标准，新建冷库硬件和服务管理符合国家标准要求，获得冷链物流标准化认证的企业30家以上。

4. 新增和改造冷库20万吨，其中产地预冷冷库8万吨，销地冷库12万吨；其中以牛羊肉全程冷链为主的5万吨，以市场配套冷链为主的15万吨。新增冷藏车辆200辆，建成并完善市县两级冷链物流配送体系，基本实现冷链物流供需平衡。

5. 冷链物流相关岗位技术培训覆盖全省2个市和6个州，为冷链物流相关企业培训管理岗位人员数量达总数的95%，培训一线从业人员达总数的80%以上。

四、对策建议

根据上述工作思路和工作目标，在积极争取国家专项资金支持的基础上，加强政策引导，完善体制机制，采取有效措施，积极推进冷链物流发展。

（一）加强信息化体系建设，提高冷链物流设施利用率。搭建冷链物流公共信息服务平台，构建全省冷链物流监控体系。以经认证的无公害、绿色及有机牛羊肉、蔬菜水果和水产、冷链加工食品为重点，以经认可的冷库企业、冷藏运输及配送企业为主体，以统一开发的"全国冷链物流信息公共管理系统"为平台，通过农产品及食品供应链的纵向整合、冷链物流资源的横向整合与行业自律，实现全省各类温控食品的质量检测、全程冷链、全程追溯、全程监控、大数据分析等多功能服务，从而保障食品安全与品质。平台功能包括食品质检、赋码追溯、冷库和车辆实时监控系统、冷链物流供求信息与交易系统、诚信评级、融资存货管理系统、低温仓储管理系统、低温运输配送管理系统等，解决60%以上冷链企业无信息系统问题。

平台建设在现有的西宁和海东的肉菜追溯系统的基础上进行叠加和功能完善，在全省将追溯从交易市场延伸到生产环节和下游的零售环节，示范企业带头并带动其他企业在冷库、冷藏车等冷链设施设备上安装温度传感器、温度记录仪，并与平台实现无缝对接，实时传送信息；增加质量检测、仓储管理和运输管理系统，增加物流过程的监控；创新运用互联网和物联网技术实现云仓储与云运输系统共享，避免企业重复开发，减少企业信息化投入；增加企业诚信评级、冷库和车辆供求等的信息与电子商务交易、仓运配一体化及金融仓储等多种服务。

（二）推动冷链物流标准化建设，促进标准推广应用。目前，全国已颁布实施、涉及冷链物流和流通的国标和行标共108项，经整理，与商贸行业冷链物流相关的标准有19项，还有3项在制定，根据我省产业特点，吸收有关的国标和行标，并立项制定《清真牛羊肉冷链管理技术规范》地方标准，增加部分冷链物流单元化和机械化相关标准，整理形成"不断链"的青海冷链物流标准化体系。成立由全国和省内相关单位与冷链物流企业专家组成的青海省物流标准化技术专业委员会，申报、制定和宣传培训地方标准。通过试点工作开展冷链物流标准宣贯，要求现有冷链物流相关企业建立企业级冷链物流标准体系，按照标准要求进行冷库和冷藏运输车辆等硬件设施设备的新建、购置和标准化改造；实施流通包装相关标准，使用标准化托盘、保温笼车、保温箱、周转筐等单元化物流器具，选用电动叉车和货架等机械设备；提升冷链物流规范化、标准化管理和信息化建设，制定青海省冷链物流标准化示范企业评审办法，鼓励企业参加冷链标准化示范认证，形成你追我赶的冷链物流管理局面，提高流通标准化，降低流通损耗，提高流通效率。

（三）夯实基础设施，强化冷链物流硬件支撑。进行"牛羊肉全程冷链工程"和"农批市场综合冷链示范工程"建设。首先，基于牛羊肉产业链省内生产、省内供应和全国外销的特点，在牦牛和藏羊的主要屠宰和区域集散中心西宁、海东、海北，依托青海福顺德畜产品开发有限公司、西宁中心冷链物流有限公司等屠宰、加工、批发交易市场和物流企业建设清真牛羊肉预冷集配、低温加工与仓储配送中心、购置和使用清真食品冷藏专用运输车，与青海全国中高端餐饮市场牛羊肉供应和"拉面经济"牛肉原料供应冷链物流需求相适应；其次，以西宁市已运营的青藏高原农副产品集散中心和海东市正在建设的"丝绸之路海东海吉星国际农产品交易中心"两个区域农副产品交易市场为中心，联合青海蔬果及肉蛋奶等农副产品主产区的青海百德投资发展有限公司、青海开泰农牧开发有限公司、青海省三江集团商品储备有限责任公司等企业和青海蔬果及肉蛋奶等农副产品消费地区的海东滨河农副产品综合市场有限公司、海西中德食品百货物流服务有限公司等企业，形成上下游供应链联盟，共同进行冷链物流建设，打造青藏高原地区冷链标准化综合示范基地。两个工程建设中，要求冷链仓库和配送中心具有库内外温度隔绝设施、具备完全封闭的月台、通道、冷库专用货架、专用叉车、保温门和具有全程温湿度自动监控系统和控制设备的标准冷藏运输工具，采用绿色、节能、低耗的冷链技术和解决方案，完善产地预冷、销地冷藏和保鲜运输、保鲜加工等设施，实现仓储、装卸与运输作业全程"不断链"。发展冷链共同配送，探索社区"最后一百米"冷链配送服务模式。通过试点示范带动效应，使青海冷链物流建设发生质的飞跃。

（四）强化专业技术技能培训，提高冷链物流从业人员素质。冷链物流企业有大量制冷设备，服务对象又是易腐食品，本身对从业人员的技术能力要求较高，近年来冷链物流与电子商务和物联网的结合，使这一行业的专业人才短缺加剧。建议通过以下几种方式，获得足够的符合要求的高中低各级人员：利用政策，从冷链物流发达地区引进冷链物流高级管理人才，定期组织冷链物流高级培训和外出学习交流，提高企业高管和行业管理人员的综合能力；根据当地实际编写冷链物流培训教材，对物流经理和主管通过面对面授课培训提高技能，培养具有一定组织协调与管理能力的冷链物流管理人才；采用网络远程或播放视频的方式，完成边远区域基层从业人员的技能培训，使之具有冷链物流现场技术操作能力。以上重点培训内容包括冷链物流管理理论知识、制冷技术、低温设备管理、电子商务、物联网技术、农产品食品科学、大数据等。全省 150 多家温控食品生产、流通、冷链物流企业的近 1000 人中，管理岗位完成培训 200 人左右，主管及基层从业人员完成培训 700 人左右。培养本地冷链物流相关理论、技术和行业研究的专门人才。支持重点物流企业开展校企合作，共建实习实训基地，加大冷链物流行业从业人员的专业技术知识和实操技能培训。

（资料来源：青海省商务厅网站）

请回答：

1. 从该调研报告中可以解读出哪些有助于冷链物流企业营销的有效信息？
2. 请根据上述报告和资料为冷链物流企业营销出谋划策。

训练建议

此能力训练主要考查学生对市场调研工作的熟悉程度，建议以小组为单位，在明确市场调研程序的基础上进行。各小组在掌握相关理论知识的基础上，结合所给案例资料进行分析，并与同学和指导教师交流。

评价标准（见表 3-8）

表 3-8　实践教学考核评价标准

序　号	考 核 内 容	等　级	分　值
1	参与的积极性、主动性，是否有团队合作精神（20 分）	优良	16～20
		一般	8～15
		差	0～7
2	实践教学过程中表现出的计划、组织、领导、控制、协调等管理能力（20 分）	优良	16～20
		一般	8～15
		差	0～7
3	成果展示（20 分）	优良	16～20
		一般	8～15
		差	0～7
4	语言表达的流畅、规范、准确（20 分）	优良	16～20
		一般	8～15
		差	0～7

续表

序　号	考核内容	等　级	分　值
5	书面、电子版总结报告设计（20分）	优良	16~20
		一般	8~15
		差	0~7
合　计	100分		

复习思考题

一、单项选择题

1. 下列不属于运输市场调研内容的是（　　　）。
  A. 运输市场营销环境调研　　　　B. 运输市场营销需求调研
  C. 运输市场营销策略调研　　　　D. 运输市场营销企业调研
2. 下列不属于运输市场调研内容的是（　　　）。
  A. 环境调研　　　B. 需求调研　　　C. 供给调研　　　D. 企业调研
3. 下列不属于运输营销策略调研的是（　　　）。
  A. 产品调研　　　B. 价格调研　　　C. 服务调研　　　D. 促销调研
4. 下列不属于询问调研法的是（　　　）。
  A. 面谈调研　　　B. 邮寄调研　　　C. 电话调研　　　D. 问卷调研
5. 自由回答式问句又称（　　　）。
  A. 开放式问句　　B. 封闭式问句　　C. 半开放式问句　D. 半封闭式问句

二、填空题

1. 询问调研法按照传递询问内容的方式及调研者与被调研者接触方式不同，分为面谈调研、_____、邮寄调研和_____。
2. 观察调研法主要有直接观察法、_____和_____。
3. 实验调研法有无控制组的事前事后对比实验和_____。
4. 问卷由标题、_____、主体、_____、结束语组成。
5. 数据分析和评价阶段主要工作有整理、_____、分析、_____。

三、简答题

1. 简述运输市场调研的概念及市场调研的一般过程。
2. 简述运输市场调研的作用。
3. 简述运输企业进行市场调研的内容。
4. 简述调研问卷中顺位式问句和程度平等式问句的区别。
5. 简述运输市场问卷调研的方式。

配送式军事运输服务采购市场潜力调查　　　　铁路运输企业货运营销市场调查方法应用的探讨

项目 4

运输市场营销环境分析

知识目标

- 了解运输市场营销环境的概念及特点
- 明晰运输市场营销环境与运输企业营销的关系
- 了解运输市场营销的宏观环境和微观环境
- 掌握运输市场营销环境的分析方法

能力目标

- 能够对运输市场宏观环境和微观环境进行分析
- 能够运用 SWOT 环境分析法进行市场环境的分析

引导案例

申通快递营销环境分析

一、外部营销环境

经济因素：随着中国改革开放的深入和2001年加入WTO后，在相关法律条文的规定下，中国快递行业准入规则一再放松，国际快递巨头借此机会纷纷以加盟、收购、直营的方式最终也进入了中国这个潜力巨大的市场，跟中国的快递企业进行龙虎相争。

政治法律因素："十二五"期间，我国继续实施区域发展总体战略，并把促进区域协调发展列为未来五年十大任务之一。2011年是实施重点产业调整振兴规划的关键一年，2011年政府在"建立现代物流体系、以物流服务促进其他产业发展"方面的力度进一步增强。依托资本市场加快资源整合、改变物流业"低度集中、高度分散"的市场结构，将成为值得期待的亮点。2011年的物流振兴沿着资源整合、物流外包、专业物流、物流园区和信息化建设这五大清晰的主题演绎市场行情。

技术因素：目前，我国物流企业的技术水平远落后于发达国家物流企业的运用水平。即体现在硬技术方面的建设应用不足，更突出表现为软技术方面的严重滞后，许多物流企业由于资金短缺，在物流设施上投资不够，尤其是一些传统的储运企业面临严重的设施老化、物流作业手段落后问题，致使物流作业效率低下，费时费力，企业经营成本居高不下，许多企业信息化建设严重滞后，导致信息加工和处理手段十分落后，还不能满足商家追求快速反应和为顾客提供最大化的增值服务的要求。据资料显示：我国物流企业信息处理水平相当于世界平均水平的2.1%。当然，我国物流业的技术是分布不均的，少数规模化企业的技术也走在世界前列，而大多数的企业作业手段落后、作业效率低下。

二、内部营销环境

资产设备因素：截至 2010 年年底，公司共有独立加盟网点 814 家；服务网点 3 000 余家。直属中转部 35 个，占地面积近千亩；加盟商代管中转部 20 个，占地 570 余亩。现有 60% 的中转部实现了半自动化快递分拣。公司计划两年内基本实现半自动化分拣。中转部和 90% 以上的网点公司已配备监控设备。在上海、北京、广州等大城市安装了 10 余台安检机。全网络车辆 20 000 余辆，跨省级网络车 354 辆（装配 GPRS），支线网络车 3 000 余辆，市内派送车辆 16 500 余辆。公司加强信息化建设，耗资近亿元开发"申通 E3 快递软件系统平台"，包括快递业务系统、数据采集系统、无线 GPRS 数据采集传输系统、称重计费系统、航空业务管理系统、车辆运营管理系统、客服投诉受理系统、客服呼叫中心系统、电子商务（淘宝业务）接单系统。全网络业务员基本实现人手一支巴枪。

企业业务因素：2010 年，快递日业务量最高峰达到 260 万票。全年快递业务总量达 6 亿余票，年营业额达 75 亿元。

人力资源因素：目前，全网络共有从业人员 9 万余人，申通成为国内快递企业规模最大、网络最完整的民营快递公司，也是国内最主要的电子商务物流供应商。

管理因素：申通本着"客户与申通双赢，网点与总部双赢，公司与员工双赢"的企业宗旨为人民服务。申通的员工工作认真，服务态度良好。每次收快递时都是笑脸相迎，有说有笑，给人留下良好的印象。

（资料来源：https://wenku.baidu.com/view/1d3372aebb68a98270fefa76.html）

问题：

1. 申通快递为什么要进行市场营销环境分析？
2. 申通快递对营销环境的分析需要考虑哪些因素？

4.1 运输市场营销环境概述

1. 运输市场营销环境的含义

什么是市场营销环境？美国著名市场营销学家菲利普·科特勒的定义是：一个企业的市场营销环境由企业营销管理职能外部的行动者与力量组成，这些行为者与力量影响企业营销管理者成功地保持和发展其目标顾客进行交易的能力。市场营销环境的内容既广泛又复杂，主要包括市场营销的宏观环境和微观环境两大类。

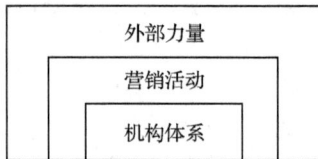

如果将运输企业放入一个社会经济技术系统来考虑，则运输企业是一个子系统，是一个有机的整体。它既包括运输生产过程中的各种物质和技术因素，又包括各种社会因素。根据市场营销学环境的定义，我们可以这样描述：运输企业营销环境是指运输企业在制定相应的营销策略过程中所涉及的各种不可控因素，即与运输企业营销活动存在潜在关系的外部力量与机构体系，如图 4-1 所示。

| 外部力量 |
| 营销活动 |
| 机构体系 |

图 4-1　运输企业营销环境

运输企业营销环境同样也可以分为宏观环境和微观环境。宏观环境主要指影响运输企业营销的各种政治、经济、法律、科技、自然、社会文化等因素的综合。微观环境则是指与运输企业紧密相连的，影响其为顾客服务的能力的各种参与者，包括运输企业、供应商、营销中介、竞争者、顾客和社会公众。

2．运输市场营销环境的特点

运输市场营销环境受多种因素的影响而不断变化，运输企业要在动态的环境中抓住机会，避开风险，取得竞争优势，就必须了解运输市场营销环境的特征，采取有效的营销手段，适应并利用有利的营销环境，避免不利环境的影响。

1）差异性

运输市场营销环境的差异性主要体现在：不同的企业受不同的营销环境影响，如客运市场和货运市场所处的环境就不一样；同一环境因素对不同企业的影响程度也不一样。这就要求不同的运输企业，根据自己所处的营销环境，制定符合实际、独具特色的营销策略。

2）多变性

运输市场营销环境是一个多因素、多层次且不断变化的综合体。多变性指构成运输企业的市场营销环境总是处于动态变化中，从而客观上要求运输企业对环境变化的适应要快，营销策略调整也要及时、迅速。运输企业要了解、适应并利用有利的营销环境，就必须抓住营销环境多变的特性，有针对性地制定、调整市场营销策略，取得竞争优势。

3）相互关联性与相对分离性

相互关联性是指营销环境是由一系列相关因素所组成的综合体共同影响的结果。相对分离性是指环境中某些因素又彼此相对分离，各因素对企业营销活动的影响不一样。如航运运价的变动不仅受供求关系的影响，还受运输的结构方式、货主心理等因素的影响。

4）不可控制性

对运输企业来说，营销环境是客观存在的不可控因素。运输企业不可能控制国家的法令政策，不可能控制经济的增长与变化趋势，也不可能控制竞争对手的生产和经营。虽然运输企业无法控制这些外部因素的变化，却可以改变环境因素变化给企业带来的影响。

3．运输市场营销环境与运输企业营销的关系

运输企业的市场营销活动实际上是根据目标市场的环境要求，有效地利用产品、价格、渠道、促销等手段实现整体营销的过程。因此，运输市场营销环境与运输企业营销的关系是一种相互适应、相互联系、相互作用、相互制约的关系，即企业内部的可控因素要不断地调整，以适应外部环境的变化，如图4-2所示。

研究营销环境与企业市场营销的关系，对于指导运输企业的市场营销活动有重大意义。环境因素虽然并不能决定运输企业的营销，但却影响企业的营销。因此，运输企业必须根据外部环境的变化，主动、积极地调整营销战略，以提高企业的适应能力和应变能力。运输企业在营销活动中，不仅需要加强微观环境的分析，更应重视对宏观环境的研究，保持同外部环境的协调适应关系，在实际市场中，只有那些主动适应外部环境的运输企业，才能在竞争激烈的市场中立于不败之地。

图4-2　运输市场营销环境与运输企业营销的关系

4.2 运输市场宏观环境和微观环境

1. 运输市场宏观环境分析

运输市场宏观环境是指对企业的营销活动影响较为间接的各种因素的总称，如图 4-3 所示。

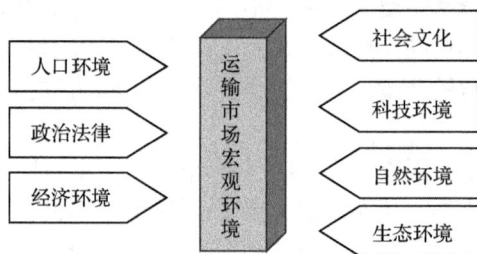

图 4-3　运输市场宏观环境

1）人口环境

市场是由有购买欲望和购买能力的人构成的，运输企业市场营销活动的最终对象是运输产品的消费者。人口环境对运输市场的影响是整体的、深远的，主要体现在对运输消费需求和消费行为的变化上。

（1）人口总量及地理分布。人口总量对运输市场的影响主要在于获取社会生活需要。人口越多，市场对运输产品的需求量也就越大。运输企业开展营销活动，首先就要了解企业运输生产服务区域的人口总量，以便确定企业开展市场营销活动的市场潜力和规模，同时还要考虑人口的增减变化趋势，以预测市场容量。

人口的地理分布是极不均衡的，即使在一个城市之内也有较大差别。人口的地理分布与运输企业的营销决策密切相关。一方面，人口密度的不同，人口流动量的多少，影响着不同地区运输量的需求的大小；另一方面，人们的消费需要、购买习惯和行为，不同地区也会存在差异，其主要反映在需求的构成上。

（2）人口构成。人口构成包括自然构成和社会构成，性别结构、年龄结构等属于自然构成；职业构成、民族构成、教育程度等属于社会构成。人口的构成不同，产生了收入、生活方式、价值观念、风俗习惯、社会活动等方面的差异，从而产生不同层次的运输需求和消费行为。

（3）人口的流动趋势。随着经济的发展，人们的物质文化生活水平越来越高，生活方式也在发生巨大的变革，远距离的旅行、探亲访友变得更容易，因此，人口的流动趋势也越来越大，在一定程度上刺激了对运输的消费。人口在地区间的流动，给不同地区的市场营销环境带来不同的影响，必然为运输企业提供新的营销机会。

📖 小·贴士

2011—2016 年我国流动人口变化趋势

1. 流动人口总量先增后降

我国流动人口总量在 2011—2014 年持续增长，由 2011 年的 2.30 亿人增长至 2014 年的 2.53

亿人。自 2015 年流动人口总量开始下降，6 年来流动人口在总人口中的占比有升有降，但仍保持较大比重。可以预见，在今后较长一段时期，大规模的人口流动迁移仍将是我国人口发展及经济社会发展中的重要现象。

2. 跨省流动人口逐年下降

近 6 年，我国人口流动以跨省为主，但比例开始缓慢下降，省内跨市流动的比例缓慢上升，市内跨县流动则变动较小，这说明人口流动的稳定性增强。

3. 新生代流动人口成为"主力军"

6 年来，我国流动人口平均年龄呈持续上升趋势，从 2011 年的 27.3 岁升至 2016 年的 29.8 岁。近年来，我国新生代流动人口的比重不断上升，2016 年已达 64.7%，成为流动人口中的主力军。16～59 岁的劳动年龄流动人口中，"80 后"流动人口比重由 2011 年的不足 50% 升至 2016 年的 56.5%；"90 后"流动人口的比重由 2013 年的 14.5% 升至 2016 年的 18.7%，呈现稳步增长的趋势。

4. 流动人口家庭收入增长幅度高于人均支出增长幅度

就业流动人口的平均月收入在近 6 年间呈现明显的增长趋势，由 2011 年的 2 535 元增至 2016 年的 4 503 元，增长了 76.3%，尤其在 2014—2016 年，年均增长达 15%。支出方面，就业流动人口家庭在流入地的人均月支出由 2011 年的 1 029 元增至 2016 年的 1 748 元，增加约为 69%。6 年来，我国流动人口家庭恩格尔系数逐年降低，这表明我国流动人口的家庭消费结构正在逐渐趋于合理化。

2）经济环境

经济环境是指与运输企业市场营销有关的社会经济条件及运行状况。经济环境对运输企业营销活动的影响最直接，也是最主要的环境因素。

（1）社会购买水平。社会购买水平是指一定时期内由社会各方面用于购买产品的货币支付能力。从营销角度看，运输市场是由有购买运输产品的欲望并具有购买力的人构成的，而且这种人越多，市场规模就越大。因此，社会购买力是运输企业经营的主要环境力量，运输企业的营销活动必然会受到社会购买力发展变化的影响和制约。

社会购买力的大小取决于国民经济的发展水平及由此决定的国民平均收入水平。经济发展快，人均收入高，社会购买力强，运输企业的营销机会就越大，反之亦然。

社会购买力的实现与国家宏观经济运行状况有着密切的关系。如果国民经济长期处于高速增长期，必然导致各种生产资料需求量的增长，反之则生产资料需求量将减少。社会购买力的实现与国家投资规模等密切相关。运输总需求是由投资总需求和消费总需求构成的，在一定时期内投资的增加或减少，会带来运输需求的相应增强或减弱，从而对运输企业营销产生不同的影响。

（2）消费者的收入与消费结构。

① 收入。市场消费需求指人们有支付能力的需求。在研究收入对消费需求的影响时，常关注以下概念：a. 人均国内生产总值，一般指价值形态的人均 GDP。它是一个国家或地区所有常驻单位在一定时期内，按人口平均所生产的全部货物和服务的价值，超过同期投入的全部非固定资产货物和服务价值的差额。人均 GDP 从整体上影响和决定了消费结构与消费水平。b. 个人收入，指城乡居民从各种来源得到的收入总和。各地区居民收入总额，可用来衡量当地消费市场的容量，人均收入的多少反映了购买力水平的高低。c. 个人可支配收入，指从个人收入中减除缴纳税收和其他经常性转移支出后所余下的实际收入，即能够作为个人消费或储蓄的数额。近几年，我国人均可支配收入如表 4-1 所示。d. 可任意支配收入。在个人支配收入中，有相当一部分要用来维持

个人或家庭的生活及支付必不可少的费用。只有在可支配收入中减去这部分维持生活的必需支出，才是个人可任意支配收入，这是影响消费需求变化的最活跃因素。

表 4-1　我国人均可支配收入　　　　　　　单位：元

年　份	2010	2011	2012	2013	2014	2015	2016
城镇居民	19 109	21 810	24 565	26 467	28 844	31 195	33 616
农村居民	5 919	6 997	7 917	8 896	9 892	11 422	12 363

② 消费结构。消费结构主要指消费者在各种消费支出中的比例及相互关系。收入在很大程度上影响消费者支出模式与消费结构。消费者支出一般包括衣、食、住、行等，各种支出所占比例不同，对运输企业的营销活动有重大影响。

一般来讲，随着家庭收入的增加，用于食物支出的比例呈下降趋势，用于服装、交通、保健、住房、教育、娱乐等方面的支出逐渐增加。恩格尔系数是衡量一个家庭、一个地区乃至一个国家富裕程度的重要指标。恩格尔系数越小，富裕程度就越高。一个国家居民的消费水平也可用恩格尔系数来衡量。近年来，从整体上看，我国的恩格尔系数有所下降，如表 4-2 所示。

表 4-2　近年来我国居民消费的恩格尔系数（%）

年　份	2005	2006	2007	2008	2009	2010	2012	2014	2016
城镇系数	36.7	35.8	36.3	37.9	36.5	35.7	36.2	30.0	29.3
农村系数	45.5	43.0	43.1	43.7	41.0	41.1	39.3	33.5	32.3

注：联合国粮农组织恩格尔系数的划分标准：59%以上为绝对贫困；50%～59%为温饱；40%～49%为小康；30%～39%为富裕；30%以下为最富裕。

③ 消费者的储蓄与信贷。

a. 储蓄。储蓄是指城乡居民将可任意支配收入的一部分储存起来备用。储蓄的形式有多种，可以是银行存款，可以是购买债券，也可以是现金。当收入一定时，储蓄增加，现实购买力和消费支出就少，从而影响企业的销售量；反之，储蓄量减少，现实购买力和消费支出就多。我国人均收入虽然不高，但储蓄率相对来说是很高的（见表 4-3），从银行存款余额的增长趋势来看，国内市场规模潜力很大。

表 4-3　我国居民年终储蓄存款余额

年　份	城乡居民年终储蓄存款余额（亿元）	平均每人储蓄存款余额（元）
2009	260 771.7	19 540.8
2010	303 302.5	22 619.2
2011	343 635.9	25 504.6
2012	399 551.0	29 508.1
2013	447 601.6	32 894.5
2014	485 261.3	35 477.0

（资料来源：中国统计年鉴，2015）

　　b. 信贷。信贷是指金融或商业机构享有一定支付能力的消费者融通资金的行为。其主要形式有信用卡结算、分期付款等。消费信贷的规模与期限在一定程度上影响了某一时期的现实购买力的大小，消费信贷高，时间长，现实购买力就大；反之，现实购买力就小。

　　3）科技环境

　　运输企业的科技环境一般包括基础应用层次和环境体系层次环境。其中基础应用层次有互联网、地理信息系统、全球卫星定位系统、条形码技术等；环境体系层次有电子数据交换、支付和信用标准等。

　　科学技术是第一生产力，也是影响运输企业发展的重要的、长远性的环境因素，它不仅直接影响运输企业的市场营销活动，还将与其他影响因素相互作用，给企业营销活动带来有利和不利的影响。科学技术在运输企业中的应用，既可以提高运输企业的劳动生产率，又能促进运输企业销售手段的现代化，引发营销手段和营销方式的重大变革，提高运输企业的市场营销能力。

　　信息技术的应用使综合物流在运输中得到迅速发展，更好地满足了货主的要求。以 EDI（电子数据交换）为例，航运企业可以用电子报表代替书面单证，在很大程度上减少了数据的重复录入和差错率，实现了运输信息流转过程的自动化和高效化，从而方便快捷地完成国际集装箱运输单证的流转，提高了航运服务质量。

📎 经典案例

洋山深水港四期实施海关"智能监管"集卡检测 15 秒

　　上海港洋山深水港区在 2017 年 12 月 10 日迎来第四期工程开港。在洋山深水港四期现场，无人驾驶的自动导航集卡从海关检测门下穿过，就好像做了一个全身 CT，集装箱里装了什么一目了然。上海洋山海关物流监控四科科长徐波说："集卡车不用停，在这里扫完后直接开入堆场。海关智能监管模式配套智能码头启用，使货物停留港区的时间进一步缩短。"这正是上海海关配合洋山深水港四期全自动码头建立的"智能监管模式"。

　　依照以前传统的码头作业，收到海关查验指令的企业，需要先去港务部门排查验计划，再将集装箱送至查验场地，中间涉及不少环节，需要耗费很多时间。现在启用全自动码头并采用智能监管模式后，前期环节缩短为一个卸船环节，完成卸船的货物由自动导航集卡按照预定路线直接运抵查验场地。

　　据徐波介绍，为了全力支持洋山深水港四期"自动化""全封闭"建设，洋山海关建立了"验放自动化、监控远程化、通关零等待、物流零干扰"的智能监管模式，在支持无人自动码头高效运作的同时，最大幅度提升通关速度。

　　全球最大的单体全自动码头——上海洋山深水港四期自动化码头已于 12 月 10 日正式开港。码头共有 7 个集装箱泊位，集装箱码头岸线总长 2 350 米，陆域总面积约 223 万平方米，设计年通过能力初期为 400 万标准箱，远期为 630 万标准箱。自动化码头的建成有望巩固上海港港口货物吞吐能力世界第一的地位。

（资料来源：http://www.chinanews.com/cj/2017/12-12/8398306.shtml）

　　4）政治法律

　　政治是经济的集中表现。把握政治环境，应注意政治形势及对运输企业的营销活动产生有重大影响的政府方针、政策等。

　　（1）政局和政治形势。政局和政治形势即当前国际国内政治形式的态势与走势。国际国内的政治状况直接影响经济、贸易的发展，从而影响运输市场的经营状态。形势分析得准确，才能制定出与政治形势相对应的营销战略，也才能在战略实施中遇到暂时的、偶发的政治波动时不动摇。

（2）国家政策。为了保证运输市场的有效运行和运输企业的经济效益不断提高，运输企业应该密切关注国家政策的变化，抓住国家政策的变化带来的有利影响，使之为企业的经营活动服务；同时采取对策来避免或减轻政策的变化带来的不利影响。

① 人口政策。我国将长期实行计划生育政策，控制人口的增长，从发展的趋势来看，将对我国客运市场需求产生一定的影响。但人口自由流动政策又给铁路、公路、民航等运输需求带来增长。

② 国家经济政策。国家经济政策是指针对运输领域在某一特定时期的经济状况所采用的政策。它主要有价格政策、货币政策、财政政策、金融政策等。

价格政策主要是指价格水平及主要产品和服务的价格控制与监控政策。国家的价格政策对运输企业的营销活动将产生重要影响。公路、水路运输价格由市场供求关系决定，灵活性较大；对铁路运价国家控制较严，灵活性差；民航价格，实行国家定价和浮动价格。运输价格的变化，对运输需求总量和运输需求结构也将产生重大影响。运价上涨，需求将下降，反之需求则上升。同时，一种运输方式的价格变化，也会影响其他运输方式的运价。

货币政策包括货币供应量政策、存款贷款利息率变动政策等。货币政策发生变化，同时也影响运输需求量和运输需求结构的变化。

财政政策、金融政策等是政府用来实施宏观调控最有效的手段。随着财政、金融体制改革的深化，各项政策措施的相继出台，都会不同程度地影响交通运输企业的市场营销活动。

③ 环保和能源政策。随着人们生活水平的提高，消费观念也在不断发生变化，环保意识得到了很大程度的提高。环境保护是人类进入 21 世纪的必然选择，国家在环境保护方面也出台了很多相关的政策法规，以实现保护环境的目的。交通运输业是能源的重要消费者，因此，国家的能源政策对运输企业产生了重大影响。国家能源总量、结构、地区分布及对某些地区能源消耗的限制，都会影响运输企业的发展。

（3）法律环境。法律环境是指国家或地方颁布的各项对企业的市场营销活动产生重要影响的法规、法令和条例等。法律环境对市场营销需求的形成和实现，具有一定的调节作用。企业研究并熟悉法律环境，既保证自身严格依法管理和经营，也可以运用法律手段保障自身的权益。

5）自然环境

自然环境是指影响社会生产和企业经营的各种自然因素，主要包括自然地理位置、气候、自然资源分布等。这些因素都对运输业及运输企业的发展产生了重要影响，进而影响运输企业的市场营销活动。

自然地理位置包括地形、山川、河流等因素。运输企业所处的地理位置不同，直接影响采用的运输方式、运输工具及运输成本的高低。地理位置优越，经济腹地广阔，将给运输企业带来良好的发展机会。因此，运输企业应全面分析所处位置的各种地理环境因素，为运输决策做准备。

自然气候主要包括温度、降雨、降雪、降雾等情况及变化。这些因素对各种运输方式的正常运行会产生一定的影响。如在雾很浓的天气，飞机不宜飞行，容易造成事故。因此，运输企业应时刻关注自然气候的变化，并采取相应措施，保证企业的正常运营。

6）社会文化

社会文化主要指一个国家、地区的民族特征、价值观念、生活方式、风俗习惯、宗教信仰、伦理道德、教育水平等的总和，它会影响人们的购买欲望和水平。

教育程度不仅影响劳动者的收入水平，而且影响消费者对服务的鉴赏力，影响消费者心理、购买欲望和消费结构，从而影响运输企业营销策略的制定和实施。人们的宗教信仰、风俗习惯、生活方式等的不同，同样也在一定程度上影响消费需求和购买行为，影响运输企业的市场营销行为。如我国春节运输往往是旅游消费最旺的时期，人们探亲访友、学生寒假放假都给客运市场带来运营的高峰期。人们的价值观念、生活方式、文化层次等的不同，选择的交通工具就不同，从而都会在一定程度上影响运输方式结构，进而影响运输企业的市场营销行为。

7）生态环境

随着社会对可持续发展问题的重视，将会给那些能较好地促进可持续发展的运输方式提供良好的发展市场和机会，这就要求运输企业在服务营销过程中特别注意要充分考虑到生态保护问题，并将生态意识贯穿于生产、营销和服务的全过程，在可持续发展方面较之竞争者更能得到顾客和公众的拥护，从而建立自己的竞争优势。

2．运输市场微观环境分析

运输市场的微观环境即运输企业的内部环境，主要包括以下几方面的内容（见图 4-4）：供应商、运输企业、营销中介、旅客和货主构成了运输企业的核心营销系统，而竞争者和社会公众两大群体对运输企业满足目标顾客的需要而获得利润这个目标的实现也有重大影响。

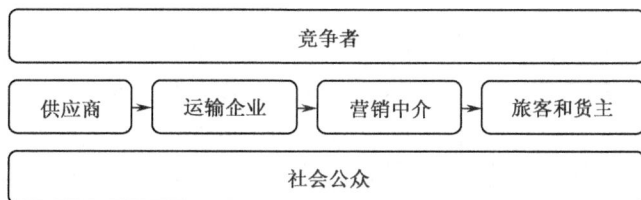

图 4-4 运输市场微观环境

1）运输企业

运输企业自身的条件直接影响企业的营销活动，主要包括运营基础设施和运输企业内部营销环境。

（1）运营基础设施。良好的基础设施是保证运输企业正常运营的重要条件，也直接影响企业市场营销的效率和效益。运输方式不同，对基础设施的要求也不一样。

近年来，我国铁路运输速度不断提高，在一定程度上必然带来安全事故的增多，这就要求基础设施的建设要加强，主要包括铁路路网的布局要严密、营业里程要加长、车站的规模要扩大、牵引方式要先进化、通信信号设备要运用高科技等。

公路基础设施主要包括公路网布局、公路质量、各等级公路的里程及比例，主要附属设施如停车场、维修网、加油站的数量、分布及服务质量等。公路基础设施的改善能为运输公司提供良好的运营环境，从而有利于企业的市场营销。近年来，国家对公路运输的发展极为重视，投入了大量资金进行公路运输的基础设施建设，为我国公路运输打下了良好的基础。

水路运输受到快速发展的其他运输方式（尤其是公路运输的发展）的冲击，发展速度曾一度下降严重，但由于其本身具有不可替代的优势，如占地少、污染小、能耗小、运量大、有利于社会的可持续发展等，从而开始受到重视。目前，各地都在投入资金进行航道的疏通、港口基础设施及装卸设备的改善。水运基础设施的改善，将为水运企业的发展创造良好的条件。

航空运输的基础设施主要包括机场、通信、导航、航线等。航空运输的特点决定了对基础设施的要求很高，它需要非常发达的通信技术来保证每次飞行的安全。目前，我国已经形成了以北京为中心，连接国内主要大中城市和重点旅游区的空中运输网。

（2）运输企业内部营销环境。运输企业的市场营销由营销部门负责，该部门由营销经理、营销研究人员和促销人员等组成。营销部门负责为营销服务制订并实行营销计划。运输企业的营销部门在制订营销计划时，必须考虑与企业其他部门如最高管理层、财务部门、人事部门、会计部门、营业部门、供应部门等的协调，所有这些部门构成了运输企业内部的微观环境（见图4-5）。

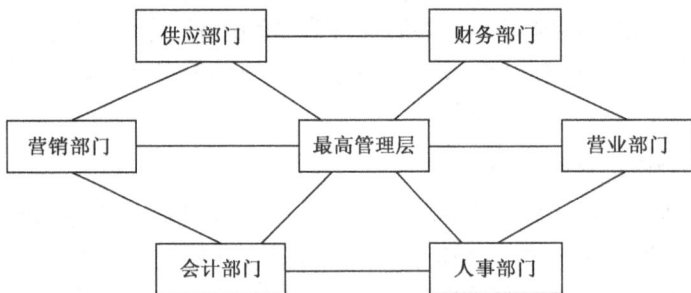

图 4-5 运输企业内部的微观环境

运输企业的最高管理层由总经理、董事会组成，他们负责企业目标、总战略及政策的制定。营销经理只能在最高管理层所规定的范围内进行决策，而且制订的营销计划必须得到最高管理层的同意之后才能在实践中实施。营销部门与企业其他业务部门配合的状况直接影响企业营销活动的顺利进行。营销经理为保证营销活动的协调一致，必须做到：在以顾客需求为导向的营销理念的基础上，协调整个企业的全部营销活动；与主管财务、生产等的经理们协调部门之间的活动及关系。

2）供应商

供应商是指运输企业从事运输活动所需的各种资源和服务的供应者，他包括为运输企业提供设备、工具、能源、土地和房产的各类供应商；提供信贷资金的各类金融机构及在各类人才市场上为企业提供人力资源的中介机构等。另外，为运输企业生产经营过程提供各种劳务和服务的机构，如货物运输、设备修理、员工培训、环卫清洁及保安等服务机构，也都构成了物流企业的供应商。

当供应商的压力足够大时，会导致运输企业因无法使其产品价格跟上成本的增长而失去利润。因此，运输企业必须加强与供应商的互惠互利，建立彼此间的信任关系，做到降低营销成本，实现营销目标。

3）营销中介

营销中介是指协助运输企业促销或分销运输产品给最终消费者的机构或个人，主要包括运输代理公司、营销服务机构等。营销中介能为运输企业提供货源或客源、拓宽销售渠道、分销产品、提供市场调研，以及进行运输产品的广告宣传、塑造企业形象等，从而提高企业的营销水平。

4）旅客和货主

旅客和货主是运输企业服务的对象，他既是企业营销活动的出发点，也是企业营销的最终点。运输企业必须坚持"顾客至上""用户第一"的现代营销观念，识别市场上顾客的特征，以便更好地为顾客提供优质的服务。根据需求不同，旅客和货主可分为不同类型、不同层次的消费群体，而且在任何时候，旅客和货主的需求都是在不断变化的。这就要求运输企业要充分了解这些消费群体的特征，以不同的营销方式为他们提供不同的运输服务。

5）竞争者

竞争是市场经济的产物。任何一个企业都不可能独占市场，都会面对形形色色的竞争对手。企业要在激烈的竞争中取得胜利，就必须能够向顾客提供比其竞争对手更好的产品或更优质的服务，这就要求企业必须重视对竞争对手的分析和研究。

运输市场竞争的形式主要有不同运输方式之间的竞争和同种运输方式内部的竞争两种，这两种形式的竞争又是通过运输价格的竞争、运输速度的竞争及运输服务的竞争来实现的。面对竞争日益激烈的市场环境，运输企业必须调整自己的营销组合策略，了解和掌握不同时期竞争对手的营销目标、策略和手段，分析竞争对手的优势和劣势，做到"知己知彼"、扬长避短，才能在竞争中立于不败之地。

6）社会公众

社会公众是指与企业实现营销目标的能力有实际或潜在利害关系和影响力的社会团体或个人。社会公众的态度会协助或妨碍企业营销活动的正常开展。现代运输企业是一个开放的系统，它在营销活动中必然和各方面公众发生联系，因此必须处理好与各方面公众的关系。运输企业面临的社会公众主要有下面几种。

（1）融资公众。融资公众是指影响运输企业融资能力的金融机构，如银行、投资公司、保险公司、证券公司等。运输企业可以通过公布财务报表、回答关于财务问题的询问，谨慎地运用资金融资等方式在公众中树立良好的信誉，以保证资金的正常供应。

（2）政府公众。政府公众是指与运输企业有直接关系的上级主管部门和对企业的经营行为有监督、指挥、制约功能的一些政府部门，如财政、税收、商检、海关等。企业必须妥善处理好与这些机构的关系，其发展战略和营销计划与这些部门的有关政策保持一致，才能顺利地开展业务活动。

（3）媒介公众。媒介公众是指报社、杂志社、广播电台和电视台等从事信息传递工作的大众传播媒体。运输企业的营销活动关系到社会各方面的切身利益，必须密切注意来自社会公众的批评和意见。

（4）社区公众。社区公众是指企业所在地邻近的居民和社区组织。运输企业的营销活动必然要和这些公众发生联系，甚至有可能与他们发生冲突。企业必须重视保持与社区公众的良好关系，积极支持社区的活动，为社区的发展贡献力量，争取社区公众理解和支持企业的营销活动。

（5）内部公众。内部公众是指企业内部的所有员工，包括高层管理人员和一般职工。运输企业的营销计划，需要全体职工的充分理解、支持和参与。运输企业要加强内部凝聚力教育，充分调动职工的创造性和积极性，不断完善和健全激励机制，使职工树立主人翁的责任感，把企业当自己的家，才能使企业始终充满生机和活力，在竞争中发展壮大。

（6）一般公众。一般公众是指除上述各种关系公众之外的社会公众。一般公众虽未有组织地对企业采取行动，但企业形象会受到他们的惠顾。

◢ 4.3　运输市场营销环境分析方法——SWOT 分析法

1. SWOT 分析法

运输市场营销环境分析方法——SWOT 分析法被认为是运输企业内、外部环境分析的有力武器和有效工具。其中：S—优势（Strength）；W—劣势（Weakness）；O—机会（Opportunity）；T—威胁（Threat）。

1）运输企业优势和劣势的识别

运输企业的优势是指企业在执行策略、完成计划和实现目标时可以加以利用的能力、资源及技能。物流企业的劣势是指企业在能力和资源方面的短缺和不足。他们都与竞争有关，会妨碍企业去执行策略和实现目标。企业的优势也可以用企业的竞争力指数来表示。一般来讲，一个企业的竞争力指数由以下几个指标构成：市场份额、产品或服务的独特性、服务的质量、顾客的忠诚度、企业的知名度、行业的成本和利润水平、企业的制造能力、企业的技术优势、企业的人力资源优势、企业的研究和发展能力、企业的专利、企业的营销能力和网络优势、企业的组织结构和适应性等。

运输企业可以通过多种途径来考察本企业的优势和劣势。

（1）内部观点。利用企业现有的有丰富经验和阅历的管理者和专家，提出有关企业优势和劣势的调研，同时，企业的历史资料及现有的二手资料也可以展示企业优势和劣势的变化。

（2）外部观点。用竞争对手的优势和劣势来比较自己企业的相应资源和能力，同行业的显在竞争者一般要处于企业长期不断的密切监控之下，对手的优势和劣势会一览无余地暴露在企业的视野里，通过发现对手的资源和能力的变化来对照自己，从而了解自己的现状。

（3）专家的意见。从企业外部寻求一些优秀的行业专家，请他们从外部、客观的角度对企业的优势和劣势加以定位。

2）运输企业机会识别

可通过以下各方面来识别一个行业或产业的吸引力。

（1）技术上的变化。当运输行业相关技术有了变化时，有些公司常常表现迟钝，因为他们在老技术方面投入过多，对于运输企业而言，技术上的变化是机会出现的重要因素之一。

（2）运输新设施的出现。运输新设施的出现可能会引起产品的革新并扩大市场机会。

（3）客户对现有服务产品的不满。当企业识别出某类顾客对现有产品的挑剔和不满意时，就是市场机会的出现。

（4）运输市场的发展。当一个市场启动时，那些能先用自己的产品来满足市场需求的企业就有机会。

（5）老产品新用途。当老产品有了新用途时，市场就会发展。

（6）高技术人才的获得。获得了某个行业的高技术人才，实际上就等于重新获得了巨大的市场机会。

（7）新组织模型。如减少公司的组织规模或对组织流程进行重组，可以获得新的市场发展机会。

（8）运输政策和法规的变化。

（9）运输行业的平均收入和利润水平。

（10）进入运输行业的入市壁垒和出市壁垒，即进出该行业的难易程度。

（11）运输行业的繁荣程度。运输行业的繁荣程度越高、越发达而接近于顶峰，市场机会就越小，反之则越高。

3）运输企业威胁识别

运输市场面临的威胁可从以下几个方面判断。

（1）减退的市场。一个正在萎缩的市场，无论是否被预测到，都会付出重大的代价。

（2）政府政策的变化、规则及规章的调整。政府政策的变化和规则及规章的调整可能会影响企业的生存，如企业无论大小都要执行环保机构、安全与卫生机构、税务和工商部门及行业标准等的约束。因为能源供应紧张，中国政府对能源产品的出口政策由原来的出口退税调整为出口征税，这会给运输行业产生深远影响。

（3）变化的趋势。中国国际贸易的增长趋势对运输市场需求造成深远的影响。

（4）替代产品。替代产品的威胁就是常常使企业不知道威胁从哪里来，运输行业中的替代性更为明显。

（5）原材料特别是运输生命线——能源的短缺。

2. SWOT 分析法实施的步骤

（1）把企业已经识别出的优势分成两组，分组的主要依据是看看他们是与外部行业中产生的机会有关还是与威胁有关。

（2）用同样的方法把所有劣势分成两组，一组与机会有关，另一组与威胁有关。

（3）构建一个表格，把企业的优势和劣势与机会或威胁配对，分别放在每个格里，SWOT 图表明了企业内部的优势和劣势与机会和威胁的关系（见图4-6）。

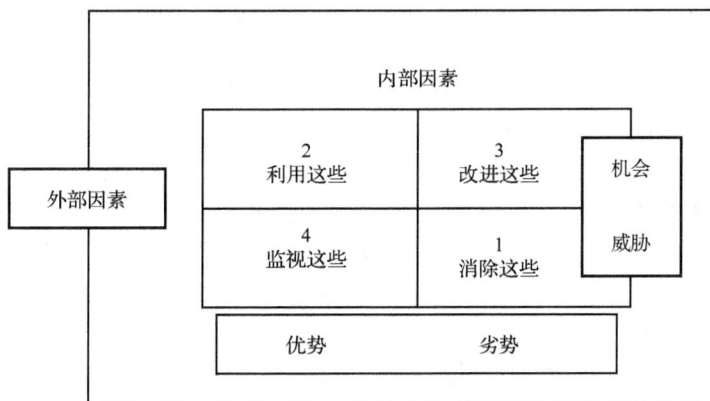

图 4-6　企业内部的优势和劣势与机会和威胁的关系

（4）对内、外部因素进行组合分析。

对区域 1，企业在某些领域里，可能面临来自竞争者的威胁，有一种不利的趋势，而且在这些领域或变化趋势中，企业不仅不具备优势，还有一定的劣势，那么，一定要把这些劣势消除掉。

对区域 2，市场上出现了难得的机会，而机会所在的领域恰巧是公司的优势领域，则应快速反应，马上行动，立即抓住它。

对区域 3，企业在某些领域中可能有潜在的机会，但遗憾的是这不属于企业的优势领域，则应借机把属于这些领域中的企业的劣势改掉。

对区域 4，企业应对目前有优势的领域进行监控，以便在潜在的威胁出现时不感到吃惊或不知所措。

在企业、行业和市场形势的分析中，变化是唯一的常数，因此，利用SWOT分析法，不能要求一次就完成其分析，随着企业发展环境的不断变化，必须努力修改这个表格，以期达到新的平衡。

技能训练

技能训练 4-1

高铁运行市场环境分析

高速铁路是指通过改造原有线路（直线化、轨距标准化），使营运速率达到每小时 200 公里以上，或者专门修建新的"高速新线"，使营运速率达到每小时 250 公里以上的铁路系统。高速铁路除了在列车营运达到一定速度标准外，车辆、路轨、操作都需要配合提升。

1. 建造地区

日本、法国、中国及美国的高速铁路发展都是首先连接人口密集的大城市。

日本的东京至京都；法国的巴黎至里昂；中国的北京至天津、武汉至广州、上海至杭州、南京至上海、郑州至西安、北京至上海；美国的波士顿至纽约、华盛顿。这样可以减少投资，需要时也可以将原有的路轨改良后使用。

2. 服务对象

高速铁路的顾客对象多数以商务旅客为主。旅游旅客是第二主要客户。以法国高速铁路为例，它连接了海岸的度假区，并且在长程路线上减价以与飞机竞争。因为高速铁路的出现，不少离巴黎低于一小时车程的地区开始成为通勤的住宅区，不少本来是偏远的地区也得到较快的发展。西班牙及荷兰的高速铁路也是希望得到这种效果。

3. 历史发展

铁路是人类发明的首项公共交通工具，在 19 世纪初便在英国出现。直至 20 世纪初发明汽车，铁路一向是陆上运输的主力。第二次世界大战以后，汽车技术得到改进，高速公路也大量建成，加上民航的普及，使铁路运输慢慢走向下坡路。特别在美国，政府的投资主要放在公路的建设上，不少城市内的公共交通曾一度被遗弃。

早在 20 世纪初前期，当时火车"最高速率"超过时速 200 公里者寥寥无几。直到 1964 年日本的新干线系统开通，是史上第一个实现"营运速率"高于时速 200 公里的高速铁路系统。

世界上首条出现的高速铁路是日本的新干线，于 1964 年正式营运。日系新干线列车由川崎重工建造，行驶在东京—名古屋—京都—大阪的东海道新干线，营运速度每小时 271 公里，营运最高时速 300 公里。

4. 主要优势

1）载客量高

高速铁路的优点是载客量非常高。倘若旅程非以大城市中心为出发及目的地，使用高速铁路加上转乘的时间可能只与驾驶汽车相仿，但高速铁路无须自行驾车，较为舒适。另外，虽然高速铁路的速度比不上飞机，但在距离稍短的旅程（650 公里以下），高速铁路因为无须到通常较远的机场登机，也不需要值机、行李托运和安检，故仍较省时。由于高速铁路的班次安排可较为频密，其总载客量也远高于民航。

目前，各国高速铁路几乎都能满足最小行车间隔时间 4 分钟及以下（日本可达 3 分钟）的要求，扣除维修时间 4 小时，则每天可开行的旅客列车约为 280 对；如每列列车平均乘坐 800 人，年均单向输送能力将达到 82 000 万人；如果采用双联列车或改用双层客车，载客高达 1.65 亿人。4 车道高速公路客运专线，单向每小时可通过小轿车 1 250 辆，全天工作 20 小时，可通过 25 000 辆。如大轿车占 20%，每车平均乘坐 40 人；小轿车占 80%，每车乘坐 2 人，年均单向输送能力为 8 760 万人。航空运输主要受机场容量限制，如一条专用跑道的年起降能力为 12 万架次，采用大型客机的单向输送能力只能达到 1 500 万～1 800 万人。

2）速度快

速度是高速铁路技术水平的最主要标志，各国都在不断提高列车的运行速度。法国、日本、德国、西班牙和意大利高速列车的最高运行时速分别达到了 300 公里、350 公里、280 公里、270 公里和 250 公里。如果做进一步改善，运行时速可以达到 350～400 公里。除最高运行速度外，旅客更关心的是旅行时间，而旅行时间是由旅行速度决定的。以北京至上海为例，在正常天气情况下，乘飞机的旅行全程时间（含市区至机场、候检等全部时间）为 5 小时左右；如果乘高速铁路的直达列车，全程旅行时间则为 5～6 小时，与飞机相当；如果乘既有铁路列车，则需要 15～16 小时；若与高速公路比较，以上海到南京为例，沪宁高速公路 274 公里，汽车平均时速 83 公里，行车时间为 3.3 小时，加上进出沪、宁两市区一般需 1.7 小时，旅行全程时间为 5 小时，而乘高速列车则仅需 1.15 小时。

3）安全性好

高速铁路由于在全封闭环境中自动化运行，又有一系列完善的安全保障系统，所以其安全程度是任何交通工具都无法比拟的。高速铁路问世 35 年以来，日、德、法三国共运送了 50 亿人次旅客。除德国 1998 年 6 月 3 日的 ICE884 高速列车行驶在改建线上发生事故外，各国高速铁路都未发生过重大行车事故，也没有因事故而引起人员伤亡，这是各种现代交通运输方式所罕见的。几个主要高速铁路国家，一天要发出上千对的高速列车，即使计入德国发生的事故，其事故率及人员伤亡率也远远低于其他现代交通运输方式。因此，高速铁路被认为是最安全的。与此成对比的是，据统计，全世界由于公路交通伤亡事故每年死亡 25 万～30 万人；1994 年全球民用航空交通中有 47 架飞机坠毁，1 385 人丧生，死亡人数比 1993 年增加 25%，比过去 10 年的平均数高出 20%。每 10 亿人公里的平均死亡数高达 140 人。

4）正点率高

高速铁路全部采用自动化控制，可以全天候运营，除非发生地震。据日本新干线风速限制的规范，若装设挡风墙，即使在大风情况下，高速列车也只要减速行驶，比如风速达到每秒 25～30 米，列车限速在 160 公里/小时；风速达到每秒 30～35 米（类似 11～12 级大风），列车限速在 70 公里/小时，而无须停运。机场和高速公路等，在浓雾、暴雨和冰雪等恶劣天气情况下，则必须停运。

正点率高也是高速铁路深受旅客欢迎的原因之一。由于高速铁路系统设备的可靠性和较高的运输组织水平，可以做到旅客列车极高的正点率。西班牙规定高速列车晚点超过 5 分钟就要退还旅客的全额车票费；日本规定到发超过 1 分钟就算晚点，晚点超过 2 小时就要退还旅客的加快费，1997 年东海道新干线列车平均晚点只有 0.3 分钟。高速列车极高的准时性深得旅客信赖。

5）舒适、方便

高速铁路一般每 4 分钟发出一列车，日本在旅客高峰时每 3.5 分钟发出一列客车，旅客基本上可以做到随到随走，不需要候车。为方便旅客乘车，高速列车运行规律化，站台按车次固定化等。这是其他任何一种交通工具所无法比拟的。高速列车车内布置非常豪华，工作、生活设施齐全，座席宽敞舒适，行走性能好，运行非常平稳。减震、隔音，车内很安静。乘坐高速列车旅行几乎无不便之感，无异于愉快的享受。

6）能源消耗低

如果以"人/公里"单位能耗来进行比较的话，高速铁路为 1、小轿车为 5、大客车为 2、飞机为7。

高速列车利用电力牵引，不消耗宝贵的石油等液体燃料，可利用多种形式的能源。

7）环境影响小

当今，发达国家对新一代交通工具选择的着眼点是对环境影响小。高速铁路符合这种要求，明显优于汽车和飞机。

8）经济效益好

高速铁路投入运行以来备受旅客青睐，其经济效益也十分可观。日本东海道新干线开通后仅7年就收回了全部建设资金，自1985年以后，每年纯利润达2 000亿日元。德国ICE城市间高速列车每年纯利润达10.7亿马克。法国TGV年纯利润达19.44亿法郎。

5. 高速铁路与普通铁路的区别

（1）高速铁路非常平顺，以保证行车安全和舒适性。高速铁路都是无缝钢轨，而且时速300公里以上的高速铁路采用的是无砟轨道，就是没有石子的整体式道床来保证平顺性。

（2）高速铁路的弯道少，弯道半径大，道岔都是可动心高速道岔。

（3）大量采用高架桥梁和隧道，来保证平顺性和缩短距离。

（4）高速铁路的接触网，就是火车顶上面的电线的悬挂方式也与普通铁路不同，从而保证高速动车组的接触稳定和耐久性。

（5）高速铁路的信号控制系统比普通铁路高级，因为发车密度大、车速快，安全性一定要高。

6. 目前的高速铁路

2008年3月31日，时速350公里的首列国产化CRH3高速动车组在"唐车"下线，进入测试运行。

之前有外国宣称实验了500公里的高速列车，但目前全世界投入实际运营的最高速度，仍是武广高铁，最高时速394公里。事实上，我国的高铁速度代表了目前世界的高铁速度。作为中国第一条真正意义上的高速铁路，京津高铁从一问世就站在世界前沿，创造了运营速度、运量、节能环保、舒适度四个世界第一。

目前已有的高速铁路为：京津城际、昌九城际、石太客运专线、长吉城际铁路、胶济客运专线、沪宁高铁、武广客运专线、郑西高速铁路、温福线、汉宜线、京沪线、福厦铁路、成灌高铁、沪杭高铁、沪宁城际铁路、广珠城际铁路、海南东环铁路、京沪高速铁路等。到2020年，计划用6万亿元修建5万公里高速铁路。

7. 五纵六横七连线

从2010年起至2040年，用30年的时间，将全国主要省区市连接起来，形成国家网络大框架。考虑现实线路东密西疏；照顾西部，站点东疏西密。所有高铁线路的规划和建设，全部由中央政府集中组织实施，建成后的营运交中国高铁公司集中管理。本方案除京广和京沪线外，所有线路建设应采用磁悬浮技术方案。

2010年中国高速铁路运营里程已达8 358公里。中国已成为世界上高速铁路系统技术最全、集成能力最强、运营里程最长、运行速度最高、在建规模最大的国家。

8. 高铁项目减速

2011年8月10日，铁道部决定降速：设计最高时速350公里的高铁，按时速300公里开行；设计最高时速250公里的高铁，按时速200公里开行；既有线提速到时速200公里的线路按时速160公里开行。

运用运输市场环境分析知识点，上网搜索高铁的更多资料，根据所给资料分析我国目前或未来五年哪些城市适合优先运行高铁，或者选择某一地区如东北、华北等，运用环境分析内容分析是否适合优先运行高铁。

训练建议

此能力训练主要考查学生对运输市场营销环境的理解和掌握情况，建议以小组为单位，在掌握运输市场营销宏观环境、微观环境等理论知识的基础上，搜索相关资料进行分析，并与同学和指导教师交流。

评价标准（见表4-4）

表 4-4　实践教学考核评价标准

序　号	考 核 内 容	等　级	分　值
1	参与的积极性、主动性，是否有团队合作精神（30分）	优良	21～30
		一般	11～20
		差	0～10
2	实践教学过程中表现出的计划、组织、领导、控制、协调等管理能力（30分）	优良	21～30
		一般	11～20
		差	0～10
3	成果展示（20分）	优良	16～20
		一般	8～15
		差	0～7
4	语言表达的流畅、规范、准确（20分）	优良	16～20
		一般	8～15
		差	0～7
合　　计	100分		

技能训练 4-2

中储物流 SWOT 分析

中储经过多年的实践，已建立自己独有的客户群，提出从传统储运企业向现代物流企业转变的发展思路，经过市场调研获得一些环境因素信息。

中储的环境因素信息如下：

（1）仓储面积居全国同类企业之首，规划收益明显。

（2）经营网络优势，中储所属64个仓库分布在全国各大经济圈中心和港口。

（3）技术手段落后，信息网络不健全。

（4）社会上大的企业集团，诸如中远、中海等积极开展现代物流业务。

（5）社会上现代物流理念盛行，要求加快向现代物流企业转变。

（6）客户群大，拥有比较固定的客户网。

（7）物流设施设备陈旧，营运车辆少。

（8）机械化作业程度高，中储库房、货场都有龙门吊和行车覆盖。

（9）各类企业对个性化服务比较重视，要求提高服务档次。

（10）服务意识差，人员素质低。

（11）拥有便利的铁路专用线，全国各物流中心共有铁路专用线 129 条，总长达 144 公里。

（12）服务功能单一，多提供仓储等单一物流服务。

（13）国外大型物流企业涌入国内，加剧本来就已严峻的市场竞争。

请大家通过 SWOT 分析找出企业的优势、劣势、机会及威胁，确定企业的业务类型，为企业制定营销战略提供依据。

训练建议

此能力训练主要考查学生对运输市场营销环境分析方法的掌握情况，建议以小组为单位，在掌握运输市场营销宏观环境、微观环境、运输市场营销环境分析方法等理论知识的基础上，搜索相关资料，结合所给资料进行分析，并与同学和指导教师交流。

评价标准（见表 4-5）

表 4-5　实践教学考核评价标准

序　号	考核内容	等　级	分　值
1	参与的积极性、主动性，是否有团队合作精神（20 分）	优良	16～20
		一般	8～15
		差	0～7
2	实践教学过程中表现出的计划、组织、领导、控制、协调等管理能力（20 分）	优良	16～20
		一般	8～15
		差	0～7
3	成果展示（20 分）	优良	16～20
		一般	8～15
		差	0～7
4	语言表达的流畅、规范、准确（20 分）	优良	16～20
		一般	8～15
		差	0～7
5	书面、电子版总结报告设计（20 分）	优良	16～20
		一般	8～15
		差	0～7
合　计	100 分		

技能训练 4-3

青岛港物流公司 SWOT 分析

青岛港物流公司是青岛港（集团）有限公司（以下简称青岛港集团）的全资子公司，目前拥有员工 512 人，1 万平方米仓库 4 座，占地 92 万亩。公司建立了专业化操作基地：出口拼箱基地、空箱分拨基地、海铁多式联运基地、危险品基地、集装箱维修基地等。公司下设 8 个基层单位，包括场站、铁路港站、集装箱维修中心、仓储中心、捷顺报关有限公司、海关查验平台服务队、神州货运代理有限公司和机械队等。

青岛港物流公司依托青岛港集团，在发展港口物流与提供第三方物流服务方面取得了一些成绩，但是总体上仍存在经营规模小、市场份额少、服务功能少、高素质人才短缺、融资能力弱、货源不稳定、网络缺乏等问题，综合竞争力不强。

一、竞争优势（Strength）

1. 装箱、拼箱、拆箱、出口集装箱场站、集装箱 CFS 服务及冷冻箱维修、箱管等服务

出口集装箱场站每月可操作出口箱量逾 30 000TEU，这是青岛港物流公司的传统业务之一，也是支柱业务之一，对公司收入贡献较大。

公司场站由原集装箱公司的集运干箱场站、集英冻箱场站、汽运场站、加工厂场站组合而成，这些场站开展集装箱 CFS 服务及冷冻箱维修、箱管等服务已有十几年历史，而且都有各自的服务特色和客户群，几家场站一起划归物流公司可以优势互补，客户资源和服务设施共享，为客户提供更好的物流服务。

2. 铁路港站服务

青岛港物流公司拥有前湾港区唯一的铁路港站，可以提供铁路货物发送、接卸、倒箱等服务，港口和铁路部门联合开设了 5 定班列，可达成都、西安、郑州等内陆地区。这些地区及沿线货主出口货物可以用列车运至港站，港站给予办理铁路箱换箱下海或卸棚车装箱下海等服务，方便了货主，减少货主运费支出，拉近港口和内陆地区的距离。而进口货物则可以直接在青岛港通关或转关，然后在港站拆箱，将货物装棚车或装铁路箱运至目的地，这样不仅解除了货主的还箱后患，为货主节约了大量费用，还使货物运输时间大为缩短。

3. 货代、报关报检等服务

青岛港物流公司与海关合作，报关场所占地 6 万亩，拥有查验平台、过机房、汽车衡等设施，提供进出口海关查验、检验检疫服务。该业务属于半垄断性质业务，除青岛港物流公司之外，仅有大亚、捷丰等极少数场站可以开展检验查验服务，月查验箱量维持在 4 000TEU 左右。该业务基本上无风险，随着进出口贸易量和海关监管力度的加大，查验量还会逐月增加，业务收入更会逐步上升。国际货代月操作进出口箱量约 2 000TEU，月代理进出口报关报检约 500 票，月代理公路运输约 500TEU。

二、竞争劣势（Weakness）

1. 发展规划不全

青岛港物流公司在企业管理、业务协调等诸多方面还不够顺畅，发展规划不全，缺乏一个全局企业规划。

2. 物流技术水平偏低

2004 年 1 月 1 日青岛港物流公司成立，青岛港集团并没有注入新的资金，只是将原来的 4 个场站、1 个港站和 1 个报关公司合并，整合原有资源进行运作。其中，集运场站、集英场站、港

站、捷顺报关公司原隶属于青岛港集装箱公司，汽运场站隶属于青岛港汽运公司，加工厂场站隶属于青岛港加工厂。这些场站、港站及报关公司在和原隶属公司剥离后缺乏全面的物流经营经验和资源，因此，物流公司在成立之时并没有初始优势。经过 4 年发展，青岛港物流公司在物流技术、基础设施方面都取得了长足发展，具有一定积累，但是，物流技术水平偏低、物流设施不完善的问题并没有得到根本解决。

3. 人才短缺

当前，在我国物流行业中，专业人才存在着较大的缺口，而青岛港物流公司的情况尤为突出。青岛港物流公司成立之初，由于对其经营状况没有十足把握，很多能够独当一面的业务人员选择了去薪酬更高的合资企业，其他一部分人也设法留在汽运公司或加工厂，而不愿去发展前景不明的物流公司。更有一些业务人员宁可辞职留在青岛市内另找工作，因为青岛港物流公司在前湾港区，远离青岛市区，上下班要奔波 3～4 个小时。因此，公司成立之初人员结构呈现年龄偏大、文化素质偏低、专业人员偏少的状况，这些因素制约了青岛港物流公司的进一步发展。

4. 经营规模小、服务水平低、网络化经营程度不高

青岛港物流公司虽已经营 4 年多，公司发展状况日益见好，经营规模有所扩大，服务水平也有很大提高，但是，和先进的物流公司相比，或和亿吨大港的发展前景相比，经营规模依然偏小，服务水平仍然较低，网络化经营程度不高，有待于进一步发展和提高。

三、机会（Opportunity）

1. 中央政府高度重视物流业发展

物流业的发展已引起中央高度重视，《"十五"规划纲要》明确指出要"积极引进新型业态和技术，推进连锁经营、物流配送、代理制、多式联运，改造提升传统流通业、运输业和邮政服务业"。这为我国物流业的发展勾画了宏伟蓝图，也为发展物流业提供了政策依据。面对千载难逢的发展机会，企业发展条件已经成熟，可以抓住这个机会进行战略转型，寻求更大的发展空间。

2. 大量外资进入扩大了市场容量

由于我国在劳动力成本和原材料供应方面的优势及巨大的市场前景，许多跨国企业在我国开业建厂，我国正在变成世界制造基地，成为全球制造中心。我国在成为制造大国、经济大国的同时也必将成为物流大国，大量外资企业的到来为我国物流市场增加了新的需求。显而易见，青岛港物流公司也将是这个不断扩大的物流市场的受益者。

3. 着力打造万国码头，为物流业发展提供发展机遇

2005 年 9 月，青岛港招商局国际集装箱码头项目主体工程全面开工，项目由招商局国际码头（青岛）有限公司独资建设，总投资 44.96 亿元，占地 265 公顷，其中集装箱综合港区占地 165 公顷。建设 6 个集装箱专用泊位和 2 个 3 万吨级多用途泊位，岸线长 2 272 米，工期 3 年。项目全部建成后，将形成年吞吐量 250 万 TEU 和 60 万吨杂货的通过能力。

此外，青岛港集团集装箱码头项目、青岛港迪拜环球码头项目、青岛港泛亚码头项目都在上报、审批过程中，这些项目的建设工期均为 3 年，全部建成后将形成 8 个 5～10 万吨级泊位、吞吐量 600 万 TEU 的通过能力。青岛港海丰码头项目、董家口港区鲁能通用码头项目、鳌山湾港区等项目也在计划筹建中。

青岛港成为万国码头指日可待，这为青岛港物流公司的大力发展提供了一个广阔的物流平台和一个供应链的整合载体，青岛港物流公司和其他物流企业一样面临着前所未有的发展和机遇。

四、威胁（Threat）

1. 人才竞争加剧

我国加入 WTO 后，外资物流企业可以在华设立独资分公司，我国物流业的大门已经敞开。开放后的我国物流市场竞争将会十分激烈，中外物流企业将上演一场人才争夺大战。外资企业进军我国市场首先要做的就是推行本土化建设，不惜重金利用各种手段从国内物流企业"挖"走高素质物流人才，势必加剧国内物流人才的竞争。青岛港物流公司也面临这个威胁，成立 4 年多来，每年都有一些本科以上学历员工辞职离开。如何为人才成长提供适合的土壤，如何让有专长的人才留得下、干得好，是公司管理层已经意识到并在采取解决措施的一个大问题。

2. 市场竞争加剧，物流业面临重新洗牌

大量跨国物流企业的进入加剧了市场竞争，物流业面临重新洗牌局面，青岛港物流公司也在所难免。

（1）一些大型跨国物流企业凭借强大的资金和技术优势、先进的管理经验及遍布全球的网络优势全面进军国内市场，使得国内一些势单力薄的物流企业面临被淘汰出局的危险。青岛港港口西移战略实施之后，中远集团、中海集团、马士基、伊藤忠、菱光、住友、韩进海运、胜狮货柜、以星航运等世界 500 强企业和国内外著名物流企业纷纷在西海岸建设专业化的物流园区。

（2）国内一些大型企业集团也在开发区致力于物流业的发展，以海尔、海信、澳柯玛、国风、颐中等工业园区为代表的企业迅速发展物流业，有的已经发展成相对独立的第三方物流企业。

（3）一些有眼光的外资物流企业为了避免孤军作战、分散经营的局面而适时调整战略，加强联合，从资源、资金、网络的规模化入手，利用信息技术整合企业内部流程，通过兼并、代理等方式走规模化经营之路，一些业务已上轨道的本土物流企业会不断被不同的外国物流企业收购和整合。

面对来自四面八方的挑战和物流市场格局的转变，发展会越来越艰难。如何在激烈的市场竞争中取得立足之地，更好地在竞争中发展壮大自己，是青岛港物流公司必须面对的重大挑战。

训练建议

此能力训练主要考查学生对市场营销环境分析方法的掌握情况，建议以小组为单位，在掌握市场营销环境分析方法的基础上，结合案例，上网查阅相关资料，运用 SWOT 分析法对青岛港物流公司进行环境分析，并与同学和指导教师交流。

评价标准（见表 4-6）

表 4-6　实践教学考核评价标准

序　号	考 核 内 容	等　级	分　值
1	参与的积极性、主动性（30 分）	优良	21～30
		一般	11～20
		差	0～10
2	成果展示（40 分）	优良	31～40
		一般	16～30
		差	0～15

续表

序　号	考核内容	等　级	分　值
3	语言表达的流畅、规范、准确（30分）	优良	21～30
		一般	11～20
		差	0～10
合　计	100分		

复习思考题

一、单项选择题

1. （　　）不属于运输市场微观环境。
   A. 运输基础设施 　　　　　　B. 消费者收入与支出
   C. 生产资料 　　　　　　　　D. 营销中介
2. 运输市场营销环境具有（　　）的特点。
   A. 差异性 　　B. 稳定性 　　C. 统一性 　　D. 相对独立性
3. （　　）不属于宏观市场环境分析范畴。
   A. 人口统计环境 　　B. 经济环境 　　C. 科技环境 　　D. 竞争企业环境
4. （　　）不属于运输市场微观环境范畴。
   A. 运输企业 　　B. 营销中介 　　C. 旅客和货主 　　D. 地理位置
5. （　　）不属于供应商环境分析。
   A. 人才 　　　　B. 生产资料 　　C. 资金 　　　　D. 信用

二、填空题

1. 运输市场环境特点主要包括差异性、_____、相关性、_____、目的性。
2. SWOT分析法包括优势分析、_____、机会分析和_____。
3. 人口环境包括人口构成、人口的流动趋势、人口总量及_____。
4. 运输企业市场营销宏观环境包括人口环境、_____、科技环境、_____、自然环境、_____及生态环境。
5. 运输企业市场营销微观环境包括_____、运输企业、营销中介、_____、_____、_____。

三、简答题

1. 分析影响运输企业市场营销的宏观、微观环境因素有哪些？
2. 简述营销环境与运输企业市场营销的关系。
3. 简述运输企业进行市场调查的内容。

企业应对市场营销环境变化的策略与手段　　　　　新时期企业应对市场营销环境变化中采取的策略

项目 5

货主与旅客消费行为分析

知识目标

- 了解货主与旅客消费行为模式
- 掌握影响消费者购买行为的因素
- 掌握货主与旅客购买行为的决策过程

能力目标

- 能够正确理解货主与旅客消费行为
- 能够根据货主与旅客购买行为的决策过程特点，有针对性地做好运输市场营销工作

引导案例

买椟还珠

春秋时代，楚国有一个商人，专门从事珠宝生意。有一次他到齐国去出售珠宝，为了使自己的珠宝畅销，卖上好的价钱，他特意请了技艺高超的木匠，用名贵的木料造了许多小盒子。他还把盒子雕刻装饰得非常精致美观，让盒子发出一种香味，然后他把珠宝装在盒子里面。他的珠宝一拿到街上，就吸引了很多人围上来观看、购买。其中有一个郑国人，看见装宝珠的盒子既精致又美观，非常喜欢，就问这个商人："你的盒子卖吗？"商人很奇怪，说："我的珠宝是天下最精美的，装在这个盒子里更是锦上添花。我是卖珠宝的大商人，不是卖盒子的小商贩。"那个郑国人没有理会商人的气愤态度，在很多珠宝中挑了一个，他认为这个盒子最精致，说道："我买这盒珠宝！"商人很高兴地卖给了他。这个郑国人付了钱后，却打开盒子把里面的珠宝拿出来还给珠宝商，兴高采烈地只拿着漂亮的盒子走了。这就是买椟还珠的故事。

（资料来源：陶小恒. 物流市场营销. 武汉：武汉大学出版社，2016.）

问题：

1. 如果站在市场营销的角度，你有什么感想？
2. 通过此案例，你有何启发？

货主与旅客消费行为是货主与旅客实现其需求的必然过程，是从个体角度了解运输需求的发生和变化情况。货主与旅客消费行为分析主要包括货主与旅客消费行为模式分析、影响消费者购买行为的主要因素、货主与旅客购买决策过程及运输消费者的行为规律。

5.1 货主与旅客消费行为模式分析

货主与旅客是运输需求的主体。货主与旅客消费行为表现为以自身的运输需求得到最理想的满足为原则而进行的一个从认识、评价、决策到实施等一系列的活动过程。

1. 消费者行为要研究的问题

消费者行为研究要解决的根本问题是：消费者是如何进行购买决策的。如果我们能够掌握消费者的决策过程及影响因素，便可以设法通过影响和控制这些因素来影响消费者的购买行为，从而达到提高营销效率的目的。

消费者市场是指个人或家庭为了生活消费而购买产品或服务的市场。消费者市场涉及的内容很多，市场营销学家归纳出了以下七个主要问题。

消费者市场由谁构成?（who）	购买者（Occupants）
消费者市场购买什么?（What）	购买对象（Objects）
消费者市场为什么购买?（Why）	购买目的（Objectives）
消费者市场的购买活动由谁参与?（Who）	购买组织（Organizations）
消费者市场怎样购买?（How）	购买方式（Operations）
消费者市场何时购买?（When）	购买时间（Occasions）
消费者市场在何地购买?（Where）	购买地点（Outlets）

由于这些问题的英文的开头字母都是 O，所以称为"7O"研究法。

2. 货主与旅客消费行为模式

研究消费者购买行为的理论中最有代表性的是刺激—反应模式，如图 5-1 所示。

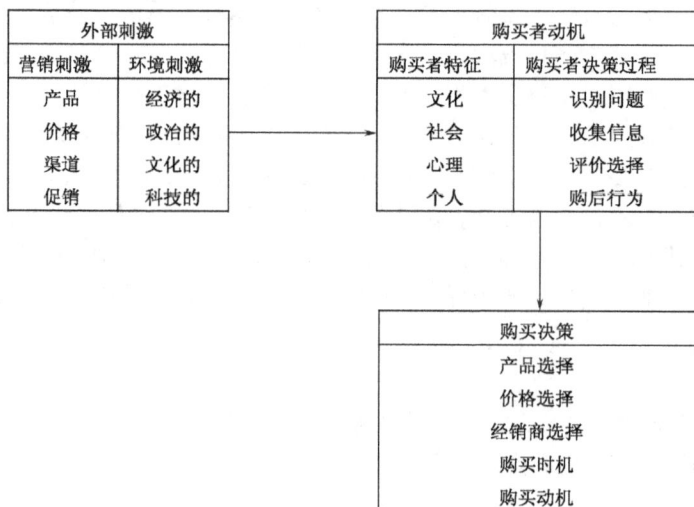

图 5-1 货主与旅客消费行为模式

货主与旅客由于受到各种刺激，产生购买动机，最终发生购买行为。运用这一模式分析运输消费者的购买行为，关键是运输企业要认真调研消费者对本企业策划的营销策略和手段的反应，了解各类运输消费者对不同运输形式的产品、服务、价格、促销方式的真实反应，恰当运用"市场营销刺激"，诱导运输消费者的购买行为，从而使企业在竞争中处于有利地位。

5.2　影响消费者购买行为的主要因素

消费者生活在复杂多变的社会环境中，其购买行为也将受到各种因素的影响和制约。要及时掌握消费者的购买行为并展开有效的市场营销活动，就必须对各种影响消费者购买行为的因素进行分析。

影响消费者购买行为的主要因素有个人因素、心理因素、社会因素和文化因素。从影响的直接性来看，前面因素的直接性比后面因素的强；从识别性来看，前面因素比后面因素易于识别（见图5-2）。

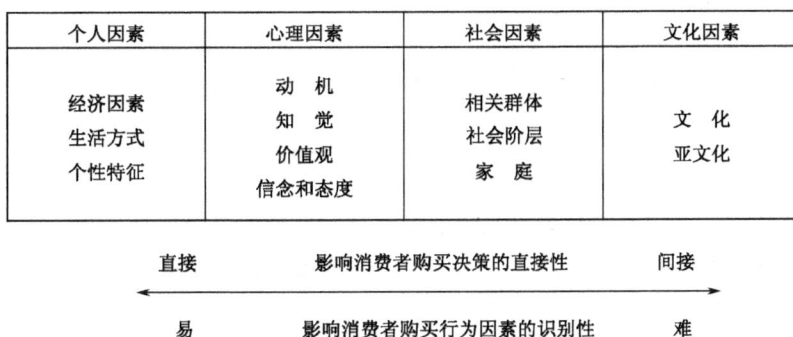

个人因素	心理因素	社会因素	文化因素
经济因素 生活方式 个性特征	动　机 知　觉 价值观 信念和态度	相关群体 社会阶层 家　庭	文　化 亚文化

直接　　　　影响消费者购买决策的直接性　　　　间接

易　　　　影响消费者购买行为因素的识别性　　　　难

图 5-2　影响消费者购买行为的主要因素

1. 个人因素

个人因素是影响购买决策的最直接、最易识别的因素，主要包括消费者的经济因素、生活方式及个性特征等。

1）经济因素

经济因素是指消费者可支配收入、储蓄、资产、债务、借贷的能力及对待消费与储蓄的态度等。经济因素是决定购买行为是否发生及发生规模的首要因素。因此运输企业在开展市场营销活动时，应密切注意居民的收入、支出、储蓄和借贷等方面的变化。

2）生活方式

生活方式是指人们在活动、兴趣和见解上表现出来的生活模式。生活方式不同会造成人们对产品和服务的需求不同。市场营销者应能根据本企业营销的特点和营销的战略进行生活方式的划分，以便有针对性地开展营销活动，提高营销服务水平。

3）个性特征

个性特征是指一个人的心理特征。个性特征导致对自身所处环境相对一致和连续不断的反应。一个人的个性特征影响着消费需求和对市场营销因素的反应。

2. 心理因素

消费者的购买行为受到动机、知觉、价值观、信念和态度等心理因素的影响。

1）动机

任何一种经济活动的发生，都是由人的需求和欲望支配的。消费者的需求多种多样，只有那些未得到满足的需求和欲望才会使人们产生购买动机。动机是发生购买行为的直接和内在原因。消费者受其教育程度、消费水平、收入等的限制，其购买动机也是不一样的。运输企业应根据不同的购买动机，采取相应的营销对策，提高企业的营销水平。运输企业消费者的购买动机主要有求实购买动机（消费者注重的是产品的实际使用价值）、求廉购买动机（注重产品的价格）、求名购买动机（注重产品的品牌）、求新购买动机（追求新的产品）、安全购买动机（追求产品的安全性）、从众购买动机（一种随大流的消费心理）、习惯购买动机（消费者的消费习惯比较固定）、好奇购买动机（追求产品与众不同）。充分了解消费者的购买动机，对运输企业分析、确定运输目标市场，制定营销战略具有深刻的指导意义。

2）知觉

知觉是指个人选择、组织并解释信息的投入，以便创造一个有意义的外界事物图像的过程。不同的人会对同一刺激物产生不同的知觉，是因为知觉要经历三种过程，即选择性注意、选择性扭曲和选择性保留，如图 5-3 所示。

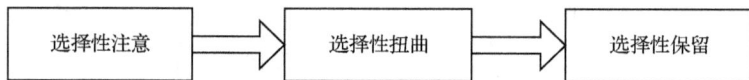

图 5-3　消费者有选择的知觉过程

（1）选择性注意。人们每天都会接触到很多信息，只有那些对自己有意义或与其他信息有明显区别的信息才容易被他们重视并接受。例如，一个决定选择公路运输货物的客户会特别留意有关公路运输方面的信息。

（2）选择性扭曲。人们将得到的信息加以扭曲使之符合自己的认知，然后接受。由于存在选择性扭曲，消费者所接受的信息不一定与信息的本来面貌相一致。例如，一个经常选择铁路方式旅行的人，当别人向他介绍其他运输工具时，他总会设法挑出毛病，以维持自己固有的认知和习惯。

（3）选择性保留。人们容易记住并接受符合自己的态度和信念的信息，而忘记那些与自己态度和信念不一致的信息。

3）价值观

由于个人所处的环境和生活经历不同，会造成人们价值观的差别。价值观对消费者行为有很大影响。具有相同或相似观念的消费者对价格和其他营销刺激因素往往会有相同或相似的反应。价值观与人们的消费模式存在一定的对应关系。例如，环保意识较强的消费者只会购买绿色产品和绿色服务。同时价值观还影响消费者观看电视节目和阅读报纸、杂志的习惯，这些都可能影响企业营销信息的传播。

4）信念和态度

（1）信念是指一个人对某些事物所持有的描述性思想。例如，某顾客可能认为某运输公司信誉卓著，服务热情周到。顾客的信念决定了企业和产品在顾客心目中的形象，决定了顾客的购买行为。营销人员应当高度重视顾客对本企业的信念，如果发现顾客的信念是错误的并阻碍了其购买行为，就应采用有效的促销活动来纠正顾客的错误信念以促进产品或服务的销售。

（2）态度是指人们对某一客观事物所持有的好的或坏的评价与行为倾向。态度具有三个特点：第一，态度具有统合性，它是认知、情感、意向等心理过程的统合；第二，态度具有媒介性，它是心理活动与外部表现的中介，是潜在的行为；第三，态度具有压力性，具有导向某一行动的倾向。

态度是后天学习所得的。当一个产品或服务满足了顾客的需要，对这一产品或服务的积极态度就加强，反之则产生消极态度，这时市场营销者就要设法改变消费者的态度。由于人们的态度呈现为稳定一致的模式，所以改变一种态度是比较困难的。企业最好使自己的产品、服务、营销策略符合消费者的既有态度，而不是试图去改变。只有在改变一种态度能带来的利润大于为此耗费的成本时，才值得尝试。

3．社会因素

影响消费者购买行为的社会因素主要有消费者的相关群体、家庭、社会阶层等。

1）相关群体

消费者的相关群体是指直接或间接影响消费者购买行为的个人或集体。相关群体对消费行为的影响主要表现在三个方面：第一，示范性，即相关群体的消费行为和生活方式为消费者提供了可供选择的模式；第二，仿效性，即相关群体的消费行为引起人们仿效的欲望，影响人们对产品和服务的选择；第三，一致性，即由于相关群体之间的消费行为的仿效，导致消费行为趋于一致。

根据相关群体对消费者的购买行为是否发生直接影响，相关群体可以分为直接相关群体和间接相关群体。直接相关群体是指与消费者经常见面的群体，它又可以分为主要相关群体（Primary Membership Group）和次要相关群体（Secondary Membership Group）。间接相关群体主要包括渴望相关群体和离异相关群体。渴望相关群体是指消费者渴望成为其中的一员的群体，离异相关群体则是指消费者希望避而远之的群体，如图5-4所示。

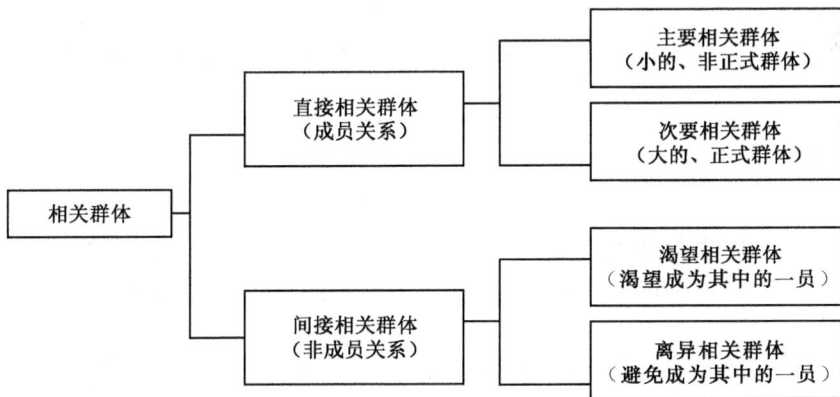

图5-4　相关群体的主要类型

2）家庭

家庭是最主要的相关群体。消费者以个人或家庭为单位购买产品或服务，一个家庭的经济大权由谁掌握，在一定程度上影响着消费者的购买行为。社会学家根据家庭权威中心点不同，将所有家庭分为四种类型：各自做主型（家庭各成员享有独自决定自己的购买决策权，不受其他人的干涉）；妻子支配型（家庭收入由妻子掌管，购买决策权也由妻子掌握）；丈夫支配型（家庭购买决策权由丈夫掌握）；共同支配型（家庭内的大部分购买决策权都是由家庭所有成员经过商议后才做出决定的）。企业营销人员在进行营销策划和营销活动时应该充分考虑这些情况，以确定营销重心。

> **小·贴士**　家庭生命周期阶段，是指人们在一生中所经历的各种家庭生活的阶段划分。西方学者一般把家庭划分为九个时期：①单身期，离开父母单身独居的青年；②新婚期，新婚无子女的年轻夫妻；③满巢Ⅰ期，最小的子女在6岁以下；④满巢Ⅱ期，最小的子女大于6岁；⑤满巢Ⅲ期，结婚很久，但还有尚未独立的子女；⑥空巢Ⅰ期，结婚很久，子女已经独立另过，夫妻仍在工作；⑦空巢Ⅱ期，已退休的老年夫妻；⑧鳏寡就业期，尚有工作能力的独居老人；⑨鳏寡退休期，无工作能力的独居老人。

3）社会阶层

社会阶层是社会学家根据人们的职业、收入来源、价值观、教育水平和居住区域的不同而进行的一种社会分类，是按层次排列的、具有同性质和持久性的社会群体。社会阶层具有以下几个特点。

（1）相同社会阶层的人们具有更为相似的消费行为。

（2）人们以所处的阶层来判断自己的社会地位。

（3）一个人所处的社会阶层是由他的职业、教育程度、收入水平、价值观及居住地来决定的。

（4）一个人的社会阶层归属是可以通过他自己的努力来改变的。改变的幅度随各社会层次森严程度的不同而不同。

正因为社会阶层具有以上特点，因此，市场营销者可以通过对社会阶层的识别来进行市场细分，从中选择目标市场，并进行适当的市场营销策略安排。

小·贴士　中国社会科学院数十位社会学学者深入中国社会，潜心调研，依据科学的分析方法，通过大量翔实的调研数据，对当代中国社会阶层进行了分析，划分出"十大阶层"，分别是：国家与社会管理阶层；经理人员阶层；私营企业主阶层；专业技术人员阶层；办事人员阶层；个体工商户阶层；商业服务人员阶层；产业服务人员阶层；农业劳动者阶层；城市无业、失业和半失业人员阶层。

4．文化因素

1）文化

文化是指人类从生活实践中建立起来的价值观、道德、理想等。文化是决定人类欲望和行为的基本因素，文化背景不同的人，其消费观念和消费行为也有很大的差别。

2）亚文化

每一个国家的文化中又包含若干不同的亚文化群，主要有民族亚文化群、种族亚文化群、宗教亚文化群和地理亚文化群等。人们所处的亚文化群也会影响其对运输的需求及运输方式的选择。

5.3　货主与旅客购买决策过程

通过对货主与旅客的购买决策过程进行分析，运输企业便可以针对各个程序中运输消费者的心理和行为有的放矢地制定营销策略。

西方营销学者对消费者购买决策的一般过程进行了深入研究，提出若干模式，采用较多的是五阶段模式。对运输消费者而言，购买决策的五阶段模式为：确认运输需求、收集信息、评价选择、购买决策和购后行为，如图 5-5 所示。该模式表明，货主与旅客的购买过程早在实际购买之前就已经开始了，并延伸到实际购买以后，这就要求营销人员要注意购买过程的各个阶段而不能只注重营销。在实际操作中，并不是每次购买行为的发生都要经历这五个阶段，对某些产品的购买过程，消费者可以跳过其中的某个阶段或倒置某个阶段。

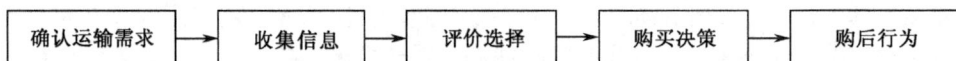

| 确认运输需求 | → | 收集信息 | → | 评价选择 | → | 购买决策 | → | 购后行为 |

图 5-5　货主与旅客购买决策过程五阶段模式

1）确认运输需求

确认运输需求是货主与旅客进行购买决策的起点。在任何一次购买行为发生之前，货主与旅客都必须充分了解自己的运输需求。对货主来说，主要了解要运送的货物的种类、运输的距离、对运输条件的要求、时效性要求、运输费用的多少等。对旅客来说，主要了解自己出行的目的、距离、时间要求、安全性要求、身体的适应能力、对运输的支付能力等。在货主与旅客确认运输需求这一阶段，市场营销者要加强对消费者的刺激，以激起消费者的购买动机和欲望。

2）收集信息

在了解自己的运输需求之后，货主与旅客还要广泛收集市场信息，充分的市场信息可以避免决策的失误，减少购买风险。对货主和旅客来说，需要收集的信息主要有现有的运输方式及各自的优缺点、运费水平、服务质量、班次频率等。总之，只要是有助于他们做出正确的购买决策的信息，都属于应收集的范围。信息来源主要有以下四个方面。

（1）经验来源，通过直接使用产品或享受服务得到的信息。

（2）公共来源，通过社会公众传递的信息。

（3）个人来源，是指家庭成员、朋友、同事、邻居和其他熟人提供的信息。

（4）商业来源，通过企业的营销活动提供的信息。

这一阶段，运输企业营销的关键是要掌握消费者在收集信息时会求助于哪些信息源，并通过这些信息源向消费者施加影响力。

3）评价选择

一般情况下，无论是货运消费者还是客运消费者，都会面临多种选择方案。如运输方式的选择、运输企业的选择。这就要求消费者根据自己的消费需求及自己所掌握的各种有关信息，对各种备选方案做出综合评价，根据评价结果做出最后的选择。

在这个过程中，消费者常常要综合考虑多种因素。因此，企业如果能够了解消费者的评价标准和评价过程中考虑的因素，通过营销手段强化消费者看重的因素，弱化次要因素和消极因素，就可能比竞争对手更能获得消费者的青睐。

4）购买决策

货主与旅客在对备选方案进行评价后，根据自己选定的产品或服务进行购买。但是，有时也会因为受到他人态度和突发事件的影响，而导致购买行为失败（见图 5-6）。

图 5-6　影响购买决策的两个因素

5）购后行为

购后行为是购买决策的最后阶段。货主与旅客通过此次发生的运输活动，可以检验自己购买决策的正确性，确认满意程度，以便为以后类似的购买活动积累经验。

5.4　运输消费者的行为规律

1. 运输消费者需求心理分析

任何经济活动，必然受到人的需求和欲望的支配。对生产资料的需求，来自人们投资和扩大再生产的需求和欲望；对生活资料的需求，来自人们日常生活消费的需求和欲望。没有人的欲望，就没有生产、没有消费，社会再生产过程就失去了动力。

消费者的需求和欲望是多种多样的，但并不是所有的需求和欲望都能得到满足。人们的需要和消费者需求是有区别的。需要是一种心理状态，从心理学的角度分析，它是反映人们在正常生活中某些方面缺乏时的一种心理感受状态；而消费者需求必须是人们具有某种支付能力的欲望和需要。对运输消费者而言，其消费需求表现为旅客与货主对运输产品有支付能力的需要和欲望。

在分析运输消费者需求时，树立消费层次的观念是很有意义的。美国心理学家马斯洛提出了"需要层次理论"，其主要观点如下。

（1）根据人的需要强度的大小，从低级需要到高级需要顺序发展；人的需要分为：生理需要、安全需要、社会需要、尊重需要和自我实现需要五个基本层次。

（2）每个人都有需要和欲望，只有未满足的需要才会形成引起行为的动机。

（3）人的需要是从低级到高级具有不同层次的，只有当低级的需要得到相对满足时，高一级的需要才会起主导作用，成为支配人们的行为动机。

需要层次理论在市场营销中有着明显的作用，它常被用来作为运输市场细分及产品定位的依据。运输消费者对运输产品的消费需求有不同层次。如客运中旅客的最基本的要求便是安全准时到达目的地。同时要求运输企业在车上、车下的服务能满足不同层次需求，如能供应餐饮、有座位、有卧铺、有软卧，以至有电视、有娱乐、有浴室等；在车下能买到票，进而要求能随时随地买到票，以至能得到售票员态度和蔼、友情相助等服务。在货运中，能满足安全准时到达是最低要求，进而要求快速，以至特种货物运输的安全到达等；在车下办理货运手续简明、高效，进而对货物实行门到门运输，也期望运输企业提供多种延伸服务。因此，运输企业为不同层次的消费者提供不同档次的运输，有利于市场营销。

需要虽然从最根本的意义上决定着消费者的购买活动，但具体落实到购买什么产品来满足需要却取决于动机。动机是产生购买行为的直接和内在原因。由于消费者受教育程度、职业、收入等方面的不同，其购买产品的动机也有许多类型，运输企业应根据不同的购买动机，采取相应的营销对策，以提高运输企业营销活动的水平。运输消费者的购买动机主要包括以下类型。

（1）求实购买动机。在这种动机下，消费者非常注重产品的实际使用价值，要求所购运输产品安全、准确、方便，讲求产品的内在质量和地点效用。

（2）求新购买动机。这类消费者对产品价格不十分介意，偏好于新开辟的运输产品。一般来说，年轻人思想活跃，喜欢标新立异，往往有很强的求新心理。

（3）求廉购买动机。以追求廉价产品为主要特征。此类消费者对运输产品价格差异和升降反应敏感，偏好低价产品。浮动运价等营销手段对他们有很大的诱惑力。

（4）求名购买动机。此类消费者注重运输产品品牌及其在社会上的声誉，并以此表现经济实力和社会地位，以满足自豪感和优越感。

（5）好奇购买动机。这是一种以追求产品与众不同的心理动机，也是一种急于了解未知事物的心理特征。此类消费者对于别具一格、奇特的产品特别感兴趣，有强烈的参与愿望，易受新颖产品和促销方式的诱惑，触发冲动性购买行为。

（6）习惯购买动机。此类消费者有稳定的消费习惯和偏好，购买时目标明确，常常重复过去的购买行为。

（7）从众购买动机。这是以追求与周围环境协调为主要目的的购买动机。这类消费者具有随大流的消费心理，坚持同步消费不使自己太显眼，也不要太落后。总的来说，趋于保守，购买运输产品受习惯支配。

（8）安全购买动机。这是一种追求所购买运输产品对消费者本身没有破坏的购买动机。这种动机普遍存在，运输企业要确保运输产品质量，做到在消费过程中对消费者及其财产不产生任何危害作用。

充分理解运输消费者的购买动机，对运输企业分析、确定运输目标市场，制定营销策略，具有深刻的指导意义。

2. 运输消费行为规律

1）旅客消费行为规律

旅客选择运输方式或某种运输方式中的某个运输企业时，要综合考虑多种因素，主要体现在运输的安全性、经济性、便捷性、舒适性、迅速性、准时性等方面。安全性是不同运输方式的前提，旅客旅行最根本的需要是安全。旅客在选择交通工具时，会首先根据以往的旅行经验及来自交通安全方面的信息，作为判断可选交通工具的一个基本条件。便捷性是指旅客旅行过程各环节上的方便程度，包括开行频率、售票、中转换乘、行包托运及提取等方面的便利程度，它是旅客旅行选择交通工具的重要条件。舒适性要以一定的技术手段作保证，交通工具要舒适就得有更多的投入，因此舒适程度要间接反映在运费上。迅速性、准时性等最终都要归结到旅行时间上。旅客旅行选择交通工具的基本原则是，实现相同的空间位移时，能支付较少的运费并花费较少的旅途时间。因为，运费的节约对旅客的意义是不言而喻的，较少的运费支出是一种相对意义上的获得。旅途时间的节约对旅客同样具有重要的意义。客运需求与货运需求一样，属于派生需求，旅客出行的目的是生产、工作、生活需要，因而时间的节约直接或间接地与旅客经济上的得失有关。旅客旅行受旅行环境、车辆振动、噪声等因素影响，并且旅行时间也是旅客心理时间，即旅客一旦进入旅行角色，旅行时间长，旅客将在心理上产生反应，如厌烦、心理疲倦等，影响旅客感觉和心理，造成旅客旅行机体疲劳和心理疲劳。旅客随着旅行时间延长，旅行疲劳程度不断增加即具有边际疲劳递增的现象，对旅行舒适度要求会越来越高。

按照旅途时间和运费的组合，可有以下四种不同的方案供旅客选择：A 方案（票价低，时间占用少）；B 方案（票价低，时间占用多）；C 方案（票价高，时间占用少）；D 方案（票价高，时间占用多）。如果存在这四种方案的话，那么，旅客会毫不犹豫地选择 A 方案，并毫不犹豫地放弃 D 方案。但在实际中大多是 B、C 两种情况。那么，旅客将会如何选择呢？

假设旅客由甲地到乙地有两种方案可供选择，两种运输工具的票价分别为 P_1 和 P_2（$P_2 > P_1$）；所需的旅行时间为 T_1 和 T_2（$T_2 < T_1$），则两种交通运输工具的时间比较价格（票价之差和时间之差的比）$P_C = (P_2 - P_1)/(T_1 - T_2)$，其含义为每节约 1 小时旅途时间需多支付的运费，或多占用 1 小时旅途时间可节约的运费支出。再设旅客的时间评定价格（旅客每小时可获得的收入水平）P_R，则旅客将会做如下选择：若 $P_R > P_C$，说明旅客在旅行中节约的时间可以弥补或超出其在运费上的"多余支出"，因此旅客会选择票价高、时间占用少的交通运输工具。若 $P_R < P_C$，说明其在票价上的多余支出和时间上的节约相比不合算，此时旅客会选择时间占用多，但运费支出少的交通运输工具。选择票价高、时间占用少的交通工具的旅客，用较多的时间换来了运费上的节约。如果不考虑旅客身体、精神方面的因素，则他们都获得了最佳选择。若 $P_R = P_C$，从选择的意义上，两种运输工具是相对等值的，但实际上可以从其他因素的差别中做出选择，如运输企业的信誉、服务水平、旅行便捷性、舒适度及旅客的身体适应性等。

就不同交通运输工具的时间价格比来说，其水平取决于不同交通工具的技术性能、运输组织管理、投资多少等因素。对就业旅客的时间评定价格来说，总体上取决于旅客单位时间内的收入水平；对非就业的旅客来说，取决于为其提供生活费用来源者的收入水平，高收入者的时间评定价格比低收入者的高，经济发达地区旅客的时间评定价格比经济不发达地区旅客的高。同时，不同旅客时间评定价格上的差别，还取决于出行的目的。例如，为了洽谈贸易需尽早赶到目的地，时间评定价格就高；若为旅游、休闲、访友等而出行，时间评定价格就较低。一般来说，尽管不同地区、不同国家的不同旅客在同一时期内的时间评定价格有差别，但随着经济的发展，人们收入水平的提高，所有旅客的时间评定价格将趋于提高。这是运输企业把握旅客消费行为规律时应充分注意的方面。

2）货主消费行为规律

货主与旅客在选择交通运输工具上有明显的差别，主要表现在货主尽管要考虑运送时间的节省，但更重视运费的节约。货物的时间评定价格（货物在途时间节省1小时能给货主带来的直接和间接的收入）取决于货物占用资金的利息、赢得销售时机而增加的收入，以及货物在运输途中损减部分的折价等因素。这些因素都与运费直接相关。若为了节约利息上的支出而强调运送时间的节省，则运费上的多余支出可能抵消利息上的节约，甚至可能会大大超出。鲜活易腐货物不仅有利息的节约问题，而且也有因运送时间的延误而造成货物损失的可能，但为了节省运送时间而支付的高额运费若抵消了利息节约部分和货物损失的价值和所节省时间价值，也就失去了经济上的意义。如果货物延误了销售时间会影响销售时机，同样要比较运费支出和时间节省能带来的收入差额，若高运输费用推动了高销售成本，即使赶上了好价钱，但未必能获得好的收入。从另一方面看，大多货物可以储存，在时间要求上具有一定的灵活性。旅客即使多支付运费换来的时间节省不一定能给其带来经济上的好处，但至少可以减少旅客的疲劳；而货物却没有任何知觉，运输经济效果如何则完全要看经济上是否有利。

因此，货主和旅客在选择交通运输工具时，虽然遵循的基本原则都是以尽可能少的运费支出和送达时间实现同样的运送距离，但是，面对不同的选择方案，货主完全从经济效果上进行评价，即只有在节省时间价值大于为了节省时间多支付的运费时，才可选择运费高、送达时间短的运输工具，否则只能选择运费低、送达时间长的运输工具。

以上只是进行理论上的一般性分析，在具体了解这一行为规律时还需注意：一是随着国家产业结构的变化，加工业及深加工业产品的比重不断提高，货物的时间价值总体上在提高，快速运输是货主不断追求的目标；二是在同一时期，不同货物的时间价值是有差异的，因而不同货主的行为表现也就有所不同。运输企业在提供普通的货运业务时，要重视运送速度的提高，以满足货主对时间的要求，更要努力降低运费水平，充分重视运费在运输消费者选择交通工具方面的重要影响。另外，运输企业应开辟快速运输业务，提供快速货运产品，吸引时间价值高的货运需求。

当然，影响货主选择交通运输工具或运输企业的因素，主要取决于运送时间长短、运费水平高低，也取决于货主对运输企业信誉、形象好坏、运输产品服务质量等方面的认知。

技能训练

技能训练 5-1

结合自身购买经历介绍影响消费者购买行为的因素及购买决策过程

在交通系统中，各种运输方式作为完成运输需求的直接载体与工具，对出行效率有着重要的影响。不同的运输工具，其在运行方式、运行速度、运载能力、运输成本、可达性等指标上差别较大。另外，出行者的心理和行为特点也是决定出行者购买运输服务的重要影响因素。

请结合自身运输服务购买经历介绍影响消费者购买行为的因素及购买决策过程。

训练建议

此能力训练主要考查学生对影响消费者购买行为的因素、消费者购买决策过程的理解和掌握情况，建议以个人为单位，通过讲述自己运输服务购买经历，运用所学知识进行分析，并与同学和指导教师交流。

评价标准（见表 5-1）

表 5-1　实践教学考核评价标准

序　号	考核内容	等　级	分　值
1	参与的积极性、主动性（20分）	优良	16～20
		一般	8～15
		差	0～7
2	实践教学过程中表现出的计划、组织、领导、控制等管理能力（30分）	优良	21～30
		一般	11～20
		差	0～10
3	成果展示（20分）	优良	16～20
		一般	8～15
		差	0～7
4	语言表达流畅、规范、准确（30分）	优良	21～30
		一般	11～20
		差	0～10
合　　计			100分

技能训练 5-2

基于旅客行为的高速铁路旅客满意度分析

高速铁路具有快速、安全、舒适、环保等特点，在运输市场中极具竞争力。服务质量是运输企业的核心竞争力，面对激烈的市场竞争，高速铁路必须充分了解旅客的需求，提供高品质的服务，提高旅客满意度，增加忠诚旅客群体，实现高速铁路的经营效益。

旅客满意（Passenger Satisfaction，PS）是指旅客将铁路客运服务的实际感知效果与其期望效果相比较后，所形成的愉悦或失望的心理状态。旅客满意度是旅客满意水平的量化，是从旅客的角度来衡量服务质量。

从经济角度分析旅客行为，旅客乘坐高速铁路的满意程度取决于他们感知价值的大小。从价值理论可知，价值等于旅客从高速铁路服务中得到的总体利益与旅客购买车票支出的比值。该比值大于或等于 1，旅客就会满意，否则旅客不满意。在高速铁路旅客满意度的影响变量中，体现这一方面的变量是旅客感知价值。旅客的感知价值越高，旅客的满意度越高；反之，旅客的感知价值越低，旅客的满意度越低。

从心理因素角度分析旅客行为，旅客对乘坐高速铁路的满意程度取决于旅客在乘坐高速铁路前对高速铁路服务质量的期望值与实际乘坐高速铁路之后的感受值。对于经常乘坐高速铁路的旅客而言，感受值超过期望值，旅客满意；反之，旅客不满意。对于初次乘坐高速铁路的旅客，实际乘坐的感受值直接决定旅客的满意程度。因此，在高速铁路旅客满意度的影响因素中，体现这一方面的因素是旅客感知质量。除此之外，旅客可以通过媒介从不同角度了解高速铁路，这些基本印象也会对旅客满意程度产生影响，体现这一方面的因素是高速铁路的企业形象，企业形象越好，旅客的满意程度就越高。

从服务效果角度分析旅客行为，如果旅客乘坐高速铁路后对高速铁路的服务很满意，则会再次选择乘坐高速铁路，并会向其他人推荐；否则，将会通过投诉等方式向铁路部门或其他人表达自己的不满。在高速铁路旅客满意度的影响因素中，体现这两方面情况的因素为旅客行为意向。旅客满意度越高，继续乘坐高速铁路并向其他人推荐高速铁路的可能性越大；旅客满意度越低，旅客抱怨和选择其他交通方式的可能性越大。

（资料来源：刘东飞. 基于旅客行为的高速铁路旅客满意度指标体系研究. 铁道运输与经济，2013.）

请回答：

1. 结合案例分析影响高速铁路旅客满意度的因素有哪些？
2. 试分析旅客行为如何影响其乘坐高速铁路的满意度？

训练建议

此能力训练主要考查学生对消费者行为的熟悉程度，建议以小组为单位，在掌握影响消费者购买行为的主要因素的相关理论知识的基础上，结合所给案例资料进行分析，并与同学和指导教师交流。

评价标准（见表5-2）

表5-2　实践教学考核评价标准

序号	考核内容	等级	分值
1	参与的积极性、主动性，是否有团队合作精神（20分）	优良	16～20
		一般	8～15
		差	0～7
2	实践教学过程中表现出的计划、组织、领导、控制、协调等管理能力（20分）	优良	16～20
		一般	8～15
		差	0～7
3	成果展示（20分）	优良	16～20
		一般	8～15
		差	0～7
4	语言表达流畅、规范、准确（20分）	优良	16～20
		一般	8～15
		差	0～7
5	书面、电子版总结报告设计（20分）	优良	16～20
		一般	8～15
		差	0～7
合计			100分

技能训练 5-3

2017 铁路旅游消费报告

2017 年，全国铁路运行图进行了多次调整，提高了大型铁路枢纽运行动力，为旅客出游提供方便。加之郑徐、沪昆、宝兰铁路开通运营，各城市增开多项旅游专列，进一步催热了铁路旅游热潮。

8 月 14 日，途牛旅游网对外发布的《2017 铁路旅游消费报告》显示，愈加完善的铁路服务系统和更加频繁的城际铁路联通，加速了城市经济圈的形成，带动了区域旅游经济的快速发展。

1. 铁路暑运预计发送旅客近 6 亿人次，长三角地区客流火爆

2017 年铁路暑运从 7 月 1 日至 8 月 31 日，历时 62 天。国家铁路局公布的数据显示，暑运期间，全国铁路发送旅客 5.98 亿人次，同比增加 4970 万人次。

为保障旅客按时出行，自 7 月 1 日零时起，全国铁路实施新的列车运行图暨暑期图，除日常开行的旅客列车外，铁路部门安排增开跨铁路局中长途旅客列车 46 对，高铁实行高峰运行图。为保障旅客安全出行，全国各铁路运输站点，严格实行实名制验票和控制列车超员有关规定，加强客流密集场所秩序维护，确保旅客乘车安全有序。

截至 7 月 31 日，长三角铁路暑运累计发送旅客 5770 万人次，较 2016 年同期增加 577 万人次。上海铁路局预计今年暑运期间，长三角地区将发送旅客 1.16 亿人次，较 2016 年同期多发送旅客 982.5 万人。

"长三角地区人口较为密集，区域经济也比较发达，游客出游欲望强烈。再加上旅游景区、风景名胜较多，铁路网络布局较为完善，暑期客流量相对集中。2017 年下半年，长三角地区将开行 76 趟旅游专列，预计将会迎来新的客流高峰。"途牛旅游网相关负责人表示。

2. 铁路旅游圈向二三线城市渗透

与其他交通工具相比，铁路具有较为明显的出游优势。首先，铁路出游受天气等自然因素影响较小，因而准点率较高。其次，从价格上来说，铁路出游价格较为平稳，没有明显的淡旺季之分，是一种更加经济的出游方式，且铁路站点覆盖率相对较高，为游客出行带来更多方便。

从途牛旅游网预订数据来看，截至 7 月，2017 年预订铁路出游的人数同比增幅超过 113%，北京、上海、深圳、武汉、南京、广州、天津、杭州、苏州、郑州等地居民铁路出游热情最为高涨。这与暑运交通情况相契合，同时表明铁路旅游发展与城市经济水平息息相关。此外，全国铁路运行图多次调整以后，铁路旅游圈正在逐渐向二三线城市蔓延，未来铁路旅游必将带动这些城市的经济发展。

从年龄分布上来看，26～45 岁的用户以 40% 的高比例领先于其他年龄层，55 岁以上的"银发族"以 20% 的比例位居第二。此外，在铁路出游人群中，女性客群超过 5 成。

3. 列车服务持续升级，出游频次继续提升

途牛旅游网监测数据显示，过去一年，有 1 次铁路出游行为的游客占 90%，有 2 次和 3 次及以上铁路出游行为的游客各占 5% 左右。2015 年 7 月至 2016 年 7 月期间，有 3 次及以上铁路出游行为的游客占比不到 1%。这表明，国内游客对铁路出游的认可度逐渐提升，这在很大程度上得益于持续提升的列车服务。

2017 年暑运期间，沈阳铁路局在直达景区的观光旅游专列上配备麻将机、卡拉 OK 等多种娱乐设施，细化旅客出游的服务内容。

与此同时，自 7 月 17 日起，铁路部门在上海、天津、广州、南京、杭州、西安、沈阳、长春、武汉、济南、福州、厦门、长沙、成都、重庆、兰州等各省会及计划单列市所在地的 27 个主要高铁客运站，针对旅客多样化、个性化的旅行服务需求，充分发挥"互联网+"优势，引进社会品

牌餐食，推出动车组列车互联网订餐服务。旅客须在发车前两小时，通过铁路订餐系统，输入乘车站、到达站及车次预订餐饮，订餐成功后，铁路站动车服务人员会把餐食送到订餐旅客指定的车厢和席位。

4. 铁路旅游最受欢迎景点榜：名山胜水避暑有道

途牛旅游网监测数据显示，华北地区最受欢迎的铁路旅游景点是故宫、颐和园、天坛、八达岭长城、圆明园、王府井、天安门、毛主席纪念堂、鸟巢、水立方，华东地区游客喜爱西湖、乌镇、中山陵、夫子庙、上海城隍庙、留园、灵山大佛、宋城千古情、周庄、鼋头渚，华南地区银子岩、十里画廊、阳朔西街、月亮山、金鞭溪、凤凰古城、天门山、山水间、袁家界、正阳步行街受宠，西部地区游客青睐布达拉宫、羊卓雍措、大昭寺、八角街、西藏林芝雅鲁藏布大峡谷、纳木错、秦始皇帝陵博物院、华清宫、鲁朗林海、西江千户苗寨。由此可见，山水、历史类景点更加吸引铁路游客的目光。

入伏以来，全国各地持续高温天气，众多铁路游客选择避暑出游，途牛发布的《2017 避暑游报告》显示，知名山区、森林、海滨、大草原等景区最受欢迎。在用户强烈的避暑需求下，途牛"青岛-威海-烟台-蓬莱-泰山-济南双高 6 日游""北戴河-承德避暑山庄-坝上草原-多伦双高 5 日游""南昌-庐山-三叠泉-锦绣谷-三宝树-含鄱口双高 3 日游"等产品，可以让用户享受清凉一夏的畅快淋漓。

5. 周边北京受宠长线旅游专列、境外"飞机+铁路"联运掀热潮

途牛旅游网监测数据显示，最受铁路游客欢迎的十大周边城市为北京、宜昌、广东、上海、常州、杭州、宁波、深圳、湖州、承德。这些城市旅游资源较为丰富，且铁路交通较为方便。以北京为例，作为首都城市，拥有大量历史文化古迹及各类博物馆，此外古北水镇在近年来大受欢迎，为北京吸引了众多国内外游客。同时，北京铁路运力不断提升，中国标准动车组"复兴号"在京沪高铁开展时速 350 公里体验运营顺利，4 个多小时的时间里，"复兴号"在北京到徐州间实现往返。2017 年 9 月中旬，京沪高铁将实施新的列车运行图。将组织"复兴号"按时速 350 公里正式上线运营。此外，官方宣布，到 2020 年，北京与天津、河北之间将再添 9 条城际铁路线，里程将达 1100 公里。

而长线用户则更加偏爱桂林、厦门、三亚、秦皇岛、拉萨、西安、青岛、昆明、白山、兰州。

搭乘"一带一路"倡议便车，西部多地增开旅游专列。7 月 1 日，乌鲁木齐至敦煌开通"相约敦煌"旅游列车，连通了乌鲁木齐、吐鲁番、敦煌旅游圈，也让敦煌从此融入新疆铁路一站直达旅游网络。这也是继环北疆"金三角"旅游专列开行后，新疆铁路开辟的"坐着火车游新疆"又一条经典线路。此外，西安铁路局在 7 月 12 日至 8 月 10 日一个月时间里，每天开行一趟西安至西宁的旅游专列，方便旅客前往青海游玩。

在出境游市场，"飞机+铁路"联运方式日渐普遍，包含双高铁的"轻奢-德法瑞意 12 日游""俄罗斯金环谢镇 8~9 日游"等产品得到用户青睐。

6. 铁路出游将成旅游发展新引擎

当前，全国各地正加速推进铁路交通基础设施互通，持续扩大以铁路为枢纽的城市群范围。以西部地区为例，预计年内开通的西成高铁，将连通中国地理板块上的西北和西南地区，为西北和西南地区的经济核心区创造快速联系的通道，进而促成陕川城市带的形成，推动西三角经济圈构建进程，同时为西部地区旅游产业的发展添砖加瓦。

与此同时，多条国际铁路的部署和开通，进一步加速了中国铁路旅游的发展进程。

7 月 3 日，自西安出发经由霍尔果斯站出境，前往哈萨克斯坦旅游的团队顺利出行，这是中

哈两国开通第二条铁路客运通道后，国内首批赴哈萨克斯坦的旅游团队。此外，中缅、中泰等跨境国际铁路部署、建设工作也已开始进行。未来，将有更多中国游客通过铁路出游的方式，游览世界各地的不同风光。

在世界范围内，中国铁路的快速发展受到了广泛认可，铁路网络不仅改变着人们的出行和生活方式，也体现着强大的国家实力与担当。在国内旅游产业快速发展的当下，铁路出游必将成为新的发展引擎，推动中国旅游经济迈入新的阶段。

（资料来源：http://news.gaotie.cn/lvyou/2017-08-14/414314.html）

请回答：

结合案例分析旅客出游选择高铁的决策过程。

训练建议

此能力训练主要考查学生对货主与旅客消费行为的熟悉程度，建议以小组为单位，在掌握影响消费者购买决策过程的相关理论知识的基础上，结合所给案例资料进行分析，并与同学和指导教师交流。

评价标准（见表 5-3）

表 5-3　实践教学考核评价标准

序　号	考 核 内 容	等　级	分　值
1	参与的积极性、主动性，是否有团队合作精神（20 分）	优良	16～20
		一般	8～15
		差	0～7
2	实践教学过程中表现出的计划、组织、领导、控制、协调等管理能力（20 分）	优良	16～20
		一般	8～15
		差	0～7
3	成果展示（20 分）	优良	16～20
		一般	8～15
		差	0～7
4	语言表达流畅、规范、准确（20 分）	优良	16～20
		一般	8～15
		差	0～7
5	书面、电子版总结报告设计（20 分）	优良	16～20
		一般	8～15
		差	0～7
合　计	100 分		

复习思考题

一、单项选择题

1. 影响消费者购买行为的主要因素不包括（　　）。

　　A. 心理因素　　　　　B. 个人因素　　　　　C. 性格因素　　　　　D. 社会因素

2. 下列不属于影响消费者购买行为的心理因素的是（　　　）。

    A. 动机　　　　　　　　B. 知觉　　　　　　　　C. 价值观　　　　　　　D. 消费理念

3. 下列说法正确的是（　　　）。

    A. 态度具有统和性　　　　　　　　　　B. 态度具有传播性

    C. 信念是一种态度　　　　　　　　　　D. 态度不具有压力

4. 下列对文化的说法正确的是（　　　）。

    A. 文化包含于亚文化中

    B. 文化是人类从生活实践中总结出来的价值观念

    C. 文化包括职业、收入来源等

    D. 文化背景相同的人消费观念相同

5. 一般情况下，货运消费者和客运消费者都面临多重选择方案，并对各种备选方案做出综合评价，这一过程称为（　　　）。

    A. 收集信息　　　　　　B. 确认运输需求　　　　C. 评价选择　　　　　　D. 购买决策

二、填空题

1. 影响消费者购买行为的主要因素包括个人因素、_____、社会因素、_____。

2. 货主与旅客购买决策过程包括确认运输需求、_____、评价选择、_____、购后行为。

3. 相关群体对消费行为的影响主要表现在示范性、_____、_____。

4. 相关群体包括直接相关群体和_____。

5. 货主与旅客消费行为模式包括外部刺激、_____、_____。

三、简答题

1. 简述影响消费者购买行为的主要因素。

2. 试分析消费者购买决策过程。

3. 画出货主与旅客行为模式图。

4. 简述相关群体对消费者购买行为的影响。

5. 列举一个运输产品的购买行为。

高速铁路旅客出行选择行为影响因素分析　　　　　　　民航不同群体旅客消费行为特征分析

项目 6

运输市场需求与供给分析

➡ **知识目标**

- 了解运输需求与供给的特点
- 掌握运输需求与供给的影响因素
- 掌握运输需求与供给的弹性分析
- 掌握运输需求预测的方法

➡ **能力目标**

- 能够应用运输需求与供给理论进行运输市场供求关系情况分析
- 能够运用预测方法进行运输需求的预测

✒ **引导案例**

2017 年"双十一"快递业务量预测

随着"双十一"的临近，各大电商平台已经陆续开启了预售等活动进行预热。作为"双十一"购物节中相当关键的一个环节，快递企业也在积极备战中。随着电商的大力发展，国内快递行业迎来爆发式增长。

据中商产业研究院大数据库数据显示，2017 年 1-9 月全国快递服务企业业务量累计完成 273.9 亿件，同比增长 29.8%。快递量如此大，"双十一"这种大型网购热潮自然只增不减。

10 月份曾有多家快递公司宣布提价以应对日益增加的成本和庞大的工作量。据国家邮政局统计数据显示，2016 年 11 月 11 日，主要电商企业全天共产生快递物流订单 3.5 亿件，同比增长 59%；全天各邮政、快递企业共处理 2.51 亿件，同比增长 52%。那 2017 年又会是怎样的局面呢？

据国家邮政局预计，2017 年"双十一"期间（11 月 11 日至 16 日），全国邮政业处理的邮件、快件业务量将超过 15 亿件，比 2016 年同期增长 35%；最高日处理量可能达到 3.4 亿件，是日常处理量的 3 倍，日均处理量达 2.5 亿件，是日常处理量的 2.2 倍。看来，2017 年的"双十一"快递又是一场"恶战"了。

（资料来源：http://news.cnfol.com/chanyejingji/20171102/25566307.shtml）

问题：

结合以上数据分析"双十一"快递业务量的需求预测对快递企业的重要作用。

运输需求是指在一定时期内，在不同的价格水平下运输消费者愿意并能够购买的运输产品或服务的数量。运输需求是购买运输产品或服务的前提，也是运输市场存在的必要条件。

6.1 运输需求分析

分析运输需求是进行预测的前提和基础。

1．运输需求的特征分析

相比其他商品的需求，运输需求具有以下主要特征。

1）非物质性和无形性

与人们对其他商品的需求相比所不同的是，运输需求中消费者支付货币后，实际消费的并不是有形的物质产品，而是实现无形的非物质性的空间转移。

2）广泛性

运输需求是现代社会、经济、文化等各方面最基本的需求之一，因为现代人类生产和生活都离不开物和人的空间移动，除了少部分的人和企业能自行实现空间的移动外，绝大多数的运输需求都是由运输企业提供的。

3）多样性

运输需求的种类从大体上说有货运需求和客运需求两种。在货运需求中，不同的货物又对应着不同的运输需求，如普通货物运输需求、特殊货物运输需求。同样的特殊货物中，又有大件货物、危险货物、易腐货物的运输需求之分。在客运需求中，由于旅客的出行目的、身份地位、年龄、收入水平的不同也会形成不同的运输需求，如学生运输需求、旅游运输需求、通勤运输需求、民工运输需求等。不同的运输工具也对应着不同的运输需求，如铁路、公路、水运、航空、管道运输需求。

4）同一性

运输需求的同一性是指无论是哪种运输方式或运输目的，所有的需求都是运输对象的位移。

5）派生性

需求从产生的角度来分析，可分为本源性需求和派生性需求两大类。对于运输需求，无论是货运还是客运，购买运输产品或乘坐运输工具都只是一个中间环节，而不是最终目的。因此运输需求的产生始终是被动的，如果没有与运输需求相关的本源性需求产生，就不会产生运输需求。运输需求的变化也是被动的，当与运输需求相关的本源性需求因各种因素发生变化时，运输需求也随之变化。因此运输需求属于派生需求的范畴。

当然运输需求的派生性也是相对的，如果人们单纯是为了领略一下坐火车、汽车、飞机、轮船的感受而去乘坐这些交通工具，那么这些运输需求在一定意义上可以看作本源性需求。但在现实生活中，这些情况都是极少出现的。

6）可替代性

由于运输需求的产生本身就是为了实现货物或旅客的空间位移，这就决定了不同运输需求在一定范围内是可以相互替代的。这种可替代性不仅表现为不同运输方式之间的替代，还表现为同种运输方式之间不同运输企业的替代。运输需求的可替代性决定了运输市场必然存在激烈的竞争，这种竞争主要体现在各种运输方式和运输企业之间的竞争。因此，运输企业必须不断提高运输服务质量，改进运输产品形式，进行有效的市场营销，形成新的运输产品差别，刺激新的运输需求，提高企业的市场占有率。

经典案例

西成高铁运营 航班票价跳水 公路客运将下滑 50%

2017 年 12 月 6 日，西成高铁正式开通。高铁开通，对公路客运、民航会产生什么影响？

华西都市报-封面新闻记者查询发现，民航方面，从 12 月 16 日起，成都直飞西安航班将从每天 12 班锐减到 3～4 班，并将持续到明年冬春换季。不只是班次减少，票价也大幅跳水，直飞航班最低价为 340 元，比西成高铁一等座 379 元都便宜。

公路客运方面，成都昭觉寺车站负责人透露，西成高铁开通将对成都至广元一线客运产生较大冲击，"初步预计，高铁开通后到明年春运期间，营运额会下降 50%。"

影响①

直飞航班减少 未来两月票价大跳水

3 日下午 6 点，西成高铁正式开始售票，截至 4 日中午 1 点，西成高铁首发当日（6 日），前两趟动车车票基本售罄。

据第三方售票网站显示，在经历前期西成高铁尚未开通，成都至西安直飞航班大幅减少，导致旅客出行不便的小插曲后，经过民航管理部门协调，目前成都至西安每天有 12 个直飞航班。

不过，西成高铁 12 月 6 日开通后，航班班次大幅度减少，从每天 12 班，锐减到 3～4 班。将持续到明年 3 月 26 日，也就是民航冬春统一换季时，直飞航班数量才会有所回升。

高铁开通后的 12 月和明年的 1 月，直飞航班最低票价为 340 元，甚至比西成高铁一等座 379 元票价还便宜。

并且未来两个月，成都直飞西安票价基本在 340～630 元间，较之前票价不断下滑。

影响②

成都至广元一线客运大巴预计下降 50%

记者了解到，目前成都至西安客运大巴班次很少，因此西成高铁开通主要影响成都至广元、青川、剑门关一线客运大巴。该线路客运大巴，主要由成都昭觉寺车站发出。据昭觉寺车站副总刘世祥介绍，目前昭觉寺车站每天有 18 趟大巴发往广元，按照车型不同，价格在 90～115 元不等，全程用时大概 3 个半小时，"这是昭觉寺车站的一条精品线路，高峰时每天乘客有 680 人。"

如果乘客乘坐西成高铁，从成都至广元，一等座票价 190 元、二等座票价为 134 元，每天有 7 个班次，全程用时 1 小时 50 分钟。

按照这个数据对比，可以预见，高铁开通后，成都至广元公路客运将受到很大冲击。

成都市民杜先生经常乘坐大巴回老家广元，"绵广高速经常堵车，感觉我每次都会遇到。"他说，高铁开通后，他肯定优先选择高铁。

刘世祥表示，按照业内初步预计，在西成高铁开通后至明年春运，客运大巴营运额将下降 50%。

支个招

业内人士：正视国家战略 公路客运需革新

成都公路客运行业一位资深人士表示，民航和高铁的旅客需求、群体差异较大，高铁开通对于公路客运的冲击，远甚于民航。

他说，成渝高铁开通，对于成渝线大巴的冲击显而易见，成渝大巴票价一降再降，高铁 150 元、大巴只要 90 元，仍然无法挽回市场。

公路客运如何应对高铁冲击？他提出了 3 点建议。

首先，随着高铁不断开通，公路客运市场份额势必下降，在公路客运业内，普遍持一种看法：正视国家发展高铁的战略，这也是传统运输行业结构势在必行的一次调整。

其次，公路客运也具有一定优势，和高铁相比，大巴发车班次密集、点位覆盖更多更广，对于乘客还是有很大吸引力。

最后，他认为公路客运不能通过"降价"和高铁竞争，降价策略在成渝一线已经失败，现在公路客运行业需要革新，根据市场形势来更新，才能发挥出公路客运灵活、覆盖面广的特点。

（资料来源：华西都市报）

7）不平衡性

运输需求的不平衡性主要体现在一定时期内运输需求的时间分布和空间分布是不均衡的。运输需求的不平衡性归根结底是由货主或旅客最终需求的季节性引起的。宏观经济的周期性波动也会使运输需求呈现相应的不平衡，因此，正确认识运输需求的不平衡性，对分析和预测运输需求的变化有十分重要的意义。

📎 经典案例

高铁快运新发展

面对 2017 年"双十一"电商黄金周，南昌局继续发挥高铁优势，与电商、快递、物流企业合作，推出"双十一"电商黄金周运输服务，预计发送高铁快运货物 385 吨，同比增长 22.2%。

中铁快运股份有限公司南昌分公司负责人告诉记者，"2017 年'双十一'，铁路部门充分依托高铁网络优势，优化运输方案，在福州去往合肥、南昌方向，厦门去往深圳、合肥、杭州、宁波方向，南昌去往厦门方向的 7 列高铁列车预留车厢上办理高铁快运业务。"

为确保高铁快运货物运输安全、快捷，"双十一"电商黄金周运输期间，该局对高铁快运、行包进站实行 100%过机安检，规范装卸组织安排，与物流企业对接货物取送、安全规范、沟通渠道、流程及时间节点等具体细节。同时，该局还在南昌（西）、福州、厦门北站配备足够作业人员，组建青年志愿者抢运队，共同做好站台作业，维护站台秩序，确保旅客乘降与高铁快件运输平稳有序。

"由于煌上煌产品对运输时限要求高，往年我们都是走公路运输，经过中铁快运营销人员上门推荐，我们发现高铁快运比公路运输更加快捷、高效。"江西煌上煌集团食品有限公司执行副总经理范旭明介绍道。

2017 年"双十一"电商黄金周期间，该局还将"站到站"运输扩展到为电商、快递企业提供"库到库"全程服务。同时，他们在扩大有效运力供给的基础上，积极推进与电商、快递企业常态化合作。

（资料来源：http://www.china-railway.com.cn/cpyfw/ysdt/201711/t20171119_68392.html）

2. 运输需求影响因素分析

根据运输企业服务对象的不同，运输需求可以分为货运需求和客运需求。无论是货运需求还是客运需求，在其产生和变化的过程中，都要受到各种因素的影响。充分了解这些影响因素，对于把握运输需求的变化意义重大。

1）货运需求的影响因素分析

（1）经济发展水平和国家的宏观经济政策。货运需求的大小取决于国家经济发展水平及国家的宏观经济政策。

当经济高速增长时，物质生产部门的产品数量也相应呈现增长的趋势，商品流通范围扩大，就会对货运产生强烈的需求，货运市场则出现发展、繁荣的景象。反之，经济发展缓慢，商品流通范围缩小，货运市场出现萧条和不景气。

同时，国家的宏观经济政策对短期内的货运需求也有明显影响。如果国家的经济政策有利于经济的快速发展，则投资规模迅速扩大，能源、原材料需求增加，商品流通活跃，市场繁荣，对货运的需求就会急剧增加；相反，如果国家的经济政策不利于甚至阻碍经济的发展，则货运需求将明显减少。

（2）生产力布局对货运需求的影响主要表现在货物的流向、流距和流量上。生产力布局对货运需求的影响在较长时间内才能反映出来。如旧矿区的衰竭，新矿区的开发，新的生产加工、流通中心的建立，物流中心、物流园区的形成等都会使货运需求发生变化。

（3）产业结构及变化。产业结构是指不同产业（如农业、工业等）在整个国民经济中的比例关系。不同的产业结构会引起不同的产品结构，也即不同的货物结构。货物结构的变化，会引起各种货物对运输需求的变化，从而产生货运需求的变化。

（4）货物的运价水平。货物运价的变化是引起货运需求变化的最直接原因。一般情况下，运价上升，货主支付运费的能力就小，货运需求就少；运价下跌，货主支付运费的能力就大，货运需求也就相应增加。

（5）运输方式之间的替代因素。通常情况下，运输方式之间的可替代性并不会引起整个社会货运需求总量的变化，而只是使不同运输方式之间的货运需求发生转移。这就要求运输企业在分析市场需求时，要考虑自身的市场竞争能力和其他运输企业的分担能力，才能提高自身的竞争力。

（6）交通运输业的发展状况。交通运输业的发展对运输需求的影响表现在刺激需求和抑制需求两方面。如果交通运输业发展迅速，则使许多潜在的货运需求成为现实需求，如果交通运输业发展滞后，则对货运需求将产生抑制作用。

2）客运需求的影响因素分析

（1）经济发展水平。旅客运输需求中的很大一部分是属于生产性客运需求，如参加会议、洽谈业务、出外学习等产生的出行要求。一般经济发展水平高的国家或地区，其客运需求水平也高，而且，经济发展快的时期，客运需求也增加较快。经济发展水平还通过影响人们的收入水平和消费观念来影响客运需求。

（2）人口数量及结构。人口数量和结构的变化必然会引起客运需求的变化。人口密集的国家和地区，客运需求就高，相反，人口稀少的国家和地区，其客运需求也相应较少。人口的结构及变化对客运需求也会产生重要的影响。

（3）客运运价水平。客运运价水平对客运需求的影响和货物运价水平对货运需求的影响基本相似。客运运价水平的高低直接影响旅客支付能力的大小，从而引起客运需求量的降低或增加。而且每个运输企业的定价也会影响其市场占有份额。一旦某个企业的运价提高，其市场占有额就可能向未提价的企业转移。

（4）人们的收入水平。生活性客运需求在整个客运需求中占很大比重，如探亲、访友、旅游等产生的客运需求。人们的收入水平增加，则探亲、访友、旅游等成为现实的可能性就会增加，因而对运输的需求就会增加。

（5）旅游业的发展。随着人们生活水平的提高，越来越多的人开始重视旅游。旅游运输需求比普通运输需求更具潜力。因此，在分析客运需求的发展变化时，要特别重视发展旅游业，以提高旅游客运需求的份额。

（6）运输方式的替代性。与货运需求一样，客运需求也存在运输方式、运输企业之间的替代性。因此一种运输方式或某个运输企业在分析运输需求时，不能只从本身出发来分析，还要考虑其他运输方式、运输企业对自己的需求的替代程度的大小。

无论是货运需求还是客运需求，其影响因素都十分复杂，而且各种因素的影响程度、影响时间的长短都不尽相同。因此，在实际分析过程中，必须结合一个地区在一定时期内的实际情况，分析各种可能的影响因素，尽可能准确地分析出本地区的运输需求。

3. 运输需求弹性分析

1）运输需求弹性的概念

运输需求弹性是指在影响运输需求的因素发生一定范围的变化后，运输需求对其反应的灵敏程度。这种灵敏程度用运输需求弹性系数大小来衡量。运输需求弹性分为运输需求的价格弹性、收入弹性和对经济发展水平的弹性等，由于运价是影响运输需求的最主要因素，因此下面将专门对需求的价格弹性做出分析。其他需求弹性的计算和分析方法与价格需求弹性基本相同。

需求的价格弹性是用来衡量价格变动的比率所引起的需求量变动的比率，即需求量变动对价格变动的反应程度。需求量变动的比率与价格变动的比率的比值就是需求弹性的弹性系数，可用公式表示为

$$E_d = \frac{\Delta q / q}{\Delta p / p} = \frac{\Delta q}{\Delta p} \times \frac{p}{q}$$

式中　E_d——需求弹性系数；

　　　q——运输需求量；

　　　Δq——运输需求量的变化值；

　　　p——运价；

　　　Δp——运价的变化值。

运输价格与运输需求量呈反方向变动，所以运输需求价格弹性的弹性系数为负值。实际运用中，一般用绝对值表示。

弹性系数的大小可能出现以下五种情况。

（1）$E_d = 0$，完全无弹性，需求曲线是一条与纵坐标轴（价格）平行的直线。

（2）$E_d = 1$，单元弹性，运输需求量与价格同幅度增长，总收入保持不变。

（3）$E_d = \infty$，完全有弹性，需求曲线是一条与横坐标轴（需求量）平行的曲线。

（4）$1 > E_d > 0$，需求缺乏弹性，运输需求量增长比例较小，意味着运价一定幅度的上升或下降，引起运输需求以较小的幅度下降或上升，如图 6-1（a）所示。

（5）$E_d > 1$，需求富有弹性，运输需求量增长比例较大，意味着运价一定幅度的上升或下降，引起运输需求以更大的幅度下降或上升，如图 6-1（b）所示。

由图 6-1 可以看出，运输需求的价格弹性系数大于 1 的数值越多，说明运价对运输需求的影响程度越大；反之，运输需求的价格弹性系数小于 1 的数值越多，说明运价对运输需求的影响程度越小。

严格地说，前面三种情况都是一种理论上的假定，在现实生活中，运输需求的弹性都是属于后面两种情况。

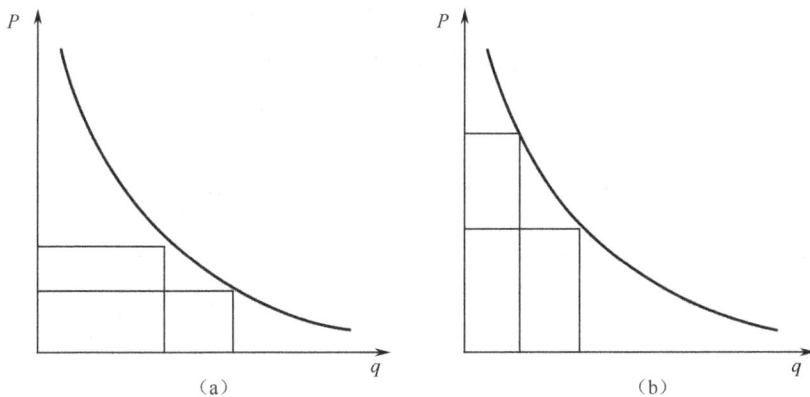

图 6-1　需求弹性对比

2）运输需求价格弹性与运输收入之间的关系

在价格弹性与销售收入之间存在一种简单而又有用的关系。这种关系可以表述如下：如果需求是弹性的（$E_d>1$），那么提高运价会使销售收入下降；如果需求是单元弹性（$E_d=1$），那么变动运价并不影响销售收入；如果需求是非弹性的（$E_d<1$），那么提高运价会使销售收入增加。

我们知道，销售收入等于产品销售价格乘以销售数量，即 PQ。其中，价格和销售量是按相反方向变动的，即如果 P 提高，Q 就会减少，所以提高价格并不一定总能增加 PQ 的值，这要视价格弹性的大小而定。如果 P 提高 10%，Q 减少 10%，（在单元弹性需求情况下），那么两者抵消，PQ 就保持不变；如果 P 提高 10%，Q 减少 20%（在富有弹性的情况下），那么 PQ 的值就会下降；如果 P 提高 10%，Q 减少 5%（在缺乏弹性的情况下），那么 PQ 的值就会增加。

价格弹性与销售收入之间的这种关系可以更直观地用图表示。在图 6-2（a）中需求曲线的上半部分属于弹性需求，当价格为 P_1 时，销售收入（PQ）可以用长方形 P_1bco 的面积（$oP_1 \cdot oc$）来表示，价格如从 P_1 提高到 P_2，销售收入就是长方形 P_2ado 的面积，面积显然减小了；需求曲线的下半部分属于非弹性需求，如价格从 P'_1 提高到 P'_2，销售收入从长方形 P'_1gho 的面积变为长方形 P'_2fio 的面积，面积显然增大了。在图 6-2（b）中，是一条单元弹性需求曲线，P_1bco 和 P_2ado 的面积是相等的。

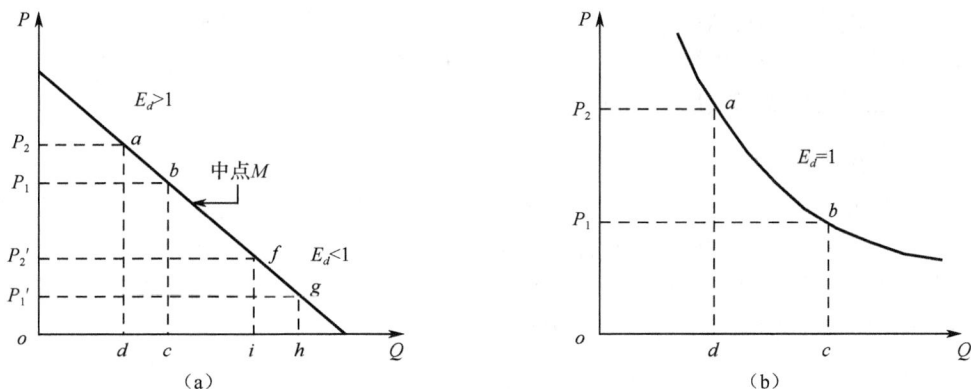

图 6-2　运输需求价格弹性与收入关系图

归纳起来，价格弹性与销售收入之间的关系如表 6-1 所示。

表 6-1 价格弹性与销售收入之间的关系

	富有弹性 $E_d>1$	单位弹性 $E_d=1$	缺乏弹性 $E_d<1$
价格上升	销售收入减少	销售收入不变	销售收入增加
价格下降	销售收入增加	销售收入不变	销售收入减少

由表 6-1 可知：通常人们认为要增加销售收入就只有提高价格的想法是不正确的，在一定条件下，降低价格，即采取薄利多运，也能增加销售收入。这里的"一定条件"是指当价格弹性值大于 1 的时候。

4．运输需求变动的一般规律

运输需求受多种因素的影响而不断变化，从总体上来说，运输需求的变动呈现一定的规律。

1）运输需求的波动呈上升趋势

随着社会经济的发展，作为社会经济发展派生的运输需求也必然不断提高。运输需求的上升并不是直线进行的，而是呈现波动性。其具体表现为一年之内的不同季节、不同月份，一月之内的不同周、日，甚至不同年份之间等，运输需求量的分布是不均衡的。

2）运输需求的波动增长呈现差别

由于不同的运输需求具有不同的需求弹性，因此各种运输需求波动的程度是不一样的。一般来说，客运需求比货运需求稳定。

了解运输需求的这些特点，可以根据一定时期内不同运输需求采取相应的策略和手段，以赢得更多的市场份额。

◢ 6.2 运输市场需求预测

科学的营销决策，不仅要以市场营销调研为出发点，而且要以市场需求预测为依据。运输市场需求预测，就是在市场调研的基础上，运用科学的理论和方法对运输市场需求及影响市场需求变化的因素进行分析研究，对未来的发展趋势做出估计和推测，并调节市场营销策略和方式，为运输企业制定正确的市场营销策略提供依据，以实现企业既定的经营目标。

由于运输需求是一种派生需求，因此，在对其进行预测时，必须充分考虑国民经济各部门的发展情况，才能对运输需求做出科学的、合理的、准确的预测。

1．运输市场预测的内容

运输市场预测的内容非常广泛。运输市场需求量、运输市场供给能力、运输价格和成本变化趋势、运输市场占有率、运输市场营销发展趋势、运输企业经济效益和社会效益、同行业的竞争能力和竞争战略策略的改变等，都可以是运输市场预测的内容。但对运输企业来说，最基本和最重要的是运输市场需求预测，简称运输需求预测。

应该指出，"运输需求"和"运输量"是两个不同的概念。运输需求是指社会经济生活在人与货物空间位移方面所提出的有支付能力的需要；而运输量则是指在一定运输供给条件下所能实现的人与货物的空间位移量。在社会经济活动中，人与货物的空间位移量是通过运输量的形式反映出来的。运输量的大小当然与运输需求水平密切相关，但运输量本身并不能完全代表社会运输需求。运输需求的实现还要取决于运输供给的状况，在运输能力完全满足运输需求的情况下，运输量基本上可以反映运输需求，但在运输供给严重不足的情况下，运输业完成的运输量仅是社会经济运输需求的一部分，如果增加运输设备、提高运输能力，被不正常抑制的运输需求就会迅速变成实际的运输量。

理解运输需求与运输量的不同，对预测运输需求是非常重要的。过去在很多预测工作中没有分清运输需求与运输量的区别，在预测过程中往往采用以过去的历史运输量数据预测未来运输需求的方法，以"运量预测"简单代替运输需求的预测，这种概念上的混淆必然影响预测的准确度。显然，在运输供给完全满足运输需求的情况下，运量预测尚可代表对运输需求的预测；但在运输能力严重不足的情况下，不考虑运输能力限制的运量预测结果，就难以反映经济发展对运输的真正需求。

运输需求预测可以分为运输需求总量预测和客货流预测两大部分。其中，运输需求总量预测是比较抽象意义上的预测，它只负责从总量上把握全国、某部门或某地区的客货运输需求量，包括发到量、周转量等，其特点是只考虑总量，基本上不涉及具体的发到地和具体线路上的客货流量。而客货流预测则负责把已预测出的客货运输需求总量，在分析地区间交流的基础上，分配到具体运输方式和运输线路上。可见，客货流预测更接近实际的客货位移。

2. 运输市场需求预测的分类

1）按预测的对象分类

根据预测的对象不同，运输市场需求预测可以分为货运市场需求预测和客运市场需求预测两种。货运市场需求预测又可以根据运输货物的运输批量、运输距离、运输条件等进行市场细分。如根据货物的运输批量，货运市场需求预测可分为大宗货物和其他货物运输市场需求预测；根据运输货物的运输距离，货运市场需求预测可分为长途、中途、短途货运市场需求预测；根据货物的运输条件，货运市场需求预测可分为普通货物、特殊货物运输市场需求预测。同样，客运市场需求预测也可根据细分的客运市场分类，如根据旅客出行的目的，客运市场需求预测可分为旅游、出差、探亲等客运市场需求预测；根据旅客出行距离的长短，客运市场需求预测可分为长途、中途、短途客运市场需求预测。

2）按预测期分类

根据预测时间的不同，运输市场需求预测可以分为长期预测、中期预测、近期预测和短期预测。预测期的划分主要是根据预测的内容来定的，一般来说，运输需求预测期在1年以内为短期预测，1～5年为近期预测，5～10年为中期预测，10年以上为长期预测。

3）按预测的范围分类

根据预测的范围不同，运输市场需求预测可分为国内运输市场需求预测和国际运输市场需求预测两种。

4）按预测的主体分类

根据预测的主体不同，运输市场需求预测可分为宏观运输市场需求预测和微观运输市场需求预测。宏观运输市场需求预测是指国家或地方政府为制定国家或地区交通运输发展规划而对运输市场所做的预测。微观市场需求预测是指运输企业为了制订企业的运输计划、发展战略、竞争策略而对运输市场所做的预测。

5）按预测的性质分类

根据运输市场需求预测的性质不同，运输市场需求预测可分为定性预测、定量预测和定时预测。定性预测只要求对预测对象有一个概括性的了解，主要依靠人的直观判断能力进行。定量预测要求对预测对象有一个数量的描述。定时预测要求确定对象未来的到达时间。

3. 运输市场需求预测的基本步骤

运输市场需求预测工作一般包括以下几个步骤，如图6-3所示。

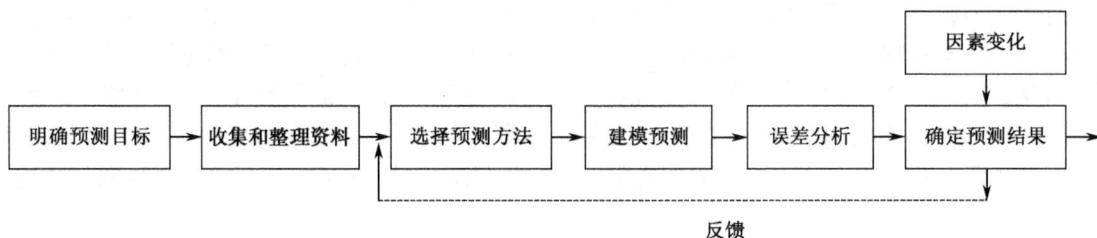

图6-3　运输市场需求预测的步骤

1）明确预测目标

明确预测目标，是任何一项运输市场需求预测工作得以进行的前提条件。明确预测目标就是要明确预测的目的、对象和要求。预测的目的是指通过此次预测要了解什么问题或解决什么问题。预测对象则是整个预测系统的总体。预测要求是对预测结果的要求及对预测的附加条件，如预测的性质、预测的时间跨度等。这些预测目标直接影响预测的整个过程，如预测的内容和规模、对预测人员的组织、预测信息的收集、方法的选择、费用的支出等。总之，只有明确预测目标，才能避免预测工作的盲目性，从而取得较满意的预测结果。

明确预测目标后，为了保证预测工作的顺利进行，还必须制订详细的预测计划。预测计划不是一成不变的，有时需要根据预测工作进行的情况进行适当的调整和修改。一份完整的预测计划应包含的主要内容有：预测工作前的准备工作、资料收集和整理的步骤及方法、预测工作开始的时间、主要的负责人、预测方法的选择、预测结果精度的要求、预测工作的期限和费用等。

2）收集和整理资料

资料是预测的基础，收集的资料是否准确、全面将直接影响预测结果的精度。要根据预测对象的目的和要求，收集所有可能影响预测对象未来发展的资料，资料的来源主要有统计资料、业务资料、会计资料、计划资料、考核资料、方针政策法规及其他社会调研资料等。在收集资料时，还要特别注意资料不断补充和更新的可能性。

3）选择预测方法

预测方法选得恰当可以大大提高预测质量。因此，在进行预测时，必须根据预测对象的特点、预测的目标、预测结果的要求等选择适当的预测方法，以保证用最少的费用，得到比较满意的预测结果。

4）建模预测

根据选定的预测方法和收集的大量资料，进行具体的计算、建模、研究和分析工作，推断出预测对象未来的发展方向和发展趋势。

5）误差分析

由于预测结果是根据历史资料，利用简化了的模型分析得到的，有些影响预测结果的因素不可避免会被遗漏，因此误差的产生是不可避免的。预测误差的大小，反映了预测结果的准确程度。因此，必须将预测误差控制在被允许的范围内，而且越小越好。对产生误差的原因要进行认真分析，如果预测误差较大，则要对预测结果进行修正。

6）参照新情况，确定预测值，进行评审

经过以上步骤得到的预测值，只能作为初步的预测结果。要得到最终的预测结果，还要根据预测过程中已经出现的各种可能情况，利用正在或将要形成的各种趋势，进行综合对比和判断分析，确定最终的预测值。另外，还要将确定的预测值请各方面的专家进行评审，使预测效果更好。

7）经常反馈，及时调整预测方法和预测值，发布正式的预测报告

运输市场需求预测的目的是为运输决策人员提供决策依据。预测人员应及时根据预测值与实际值之间的差异和预测工作中的实践经验，以及专家评审意见，调整预测方法和预测值，并提交真实的预测报告和说明。

4．运输市场需求预测的方法

从总体上说，运输市场需求预测的方法有定性预测方法和定量预测方法两种。

1）定性预测方法

定性预测方法是依靠熟悉业务知识，具有丰富经验和综合分析能力的人员或专家，根据已经掌握的历史资料和直观材料，运用人们的知识、经验和分析判断能力，对事物的未来发展趋势做出性质和程度上的判断。然后，再通过一定的形式综合各方面的判断，得出统一的预测结论。

定性预测方法比较常用的有专家意见法、情景分析法和调研法。

（1）专家意见法。专家意见法是根据专家的经验和判断求得预测值。

① 专家会议法。专家会议法是指预测者邀请专家以开讨论会的形式，向专家获取有关预测对象的信息，经归纳、分析、判断，预测事物未来变化趋势的预测方法。这种方法有利于集中各方面专家的专业知识和各种意见，有利于克服片面性和局限性，使微观的智能结构形成宏观的智能结构，并通过专家信息交流而引起共鸣。

② 单独预测集中法。单独预测集中法是由每位专家单独提出预测意见，再将他们的预测结果通过加权平均，得出结论。例如，某港区现有泊位不敷使用，计划扩建。为对该项目进行可行性研究，需对未来的运量进行预测。

采用单独预测集中法进行预测的具体过程如下：

a. 明确问题。要求预测该港今后第五年的日均货船吞吐量。

b. 组织专家预测。现有三位专家甲、乙、丙，每位专家对今后第五年的最高、最可能、最低日均货船吞吐量预测，并对各种情况出现的概率进行估计，如表 6-2 所示。

表 6-2　某港区日均货船吞吐量专家预测结果

专　　家	预测值类别	预测值（艘/日）	估计该情况出现的概率	专家意见平均值（艘/日）
甲	最高货船吞吐量	200	0.3	
	最可能货船吞吐量	140	0.5	146
	最低货船吞吐量	80	0.2	
乙	最高货船吞吐量	240	0.2	
	最可能货船吞吐量	180	0.6	180
	最低货船吞吐量	120	0.2	
丙	最高货船吞吐量	180	0.2	
	最可能货船吞吐量	120	0.5	114
	最低货船吞吐量	60	0.3	

　　c. 计算最终预测结果，分别给三位专家的预测值一个权重，设为 0.4、0.3、0.3，则最终预测结果为 146×0.4+180×0.3+114×0.3=146.6（艘/日）。

　　③ 德尔菲法。德尔菲法是由美国著名的咨询机构——兰德公司创立的，它是一种较特殊的专家意见法。其基本特点是由企业有选择地聘请一批专家，通常是 7～20 人，由预测主持人与他们建立联系。德尔菲法是定性预测方法中最重要、最有效的一种方法，可以用于短期、中期、长期预测。

　　例如，某公路部门准备将原有的一段普通公路改造为高速公路，为进行该工程的经济评价，需要对该公路今后若干年的车流量进行预测。

　　采用德尔菲法进行预测的步骤如下：

　　a. 提出问题。用德尔菲法预测该公路今后第五年的日均车流量。

　　b. 邀请专家。邀请 4 位经济学家、3 位研究人员、4 位领导人员、6 位业务管理人员、3 位用户代表，发放意见征询表，要求每人分别进行预测。

　　c. 意见汇总、整理、计算、分析，经过三轮意见反馈，得到该公路车流量的预测统计表，如表 6-3 所示。

表 6-3　某公路日均车流量专家预测结果　　　　　　　　　　单位：百辆

专　　家	第一轮意见	第二轮意见	第三轮意见	专　　家	第一轮意见	第二轮意见	第三轮意见
经济学家 A	240	280	300	领导人员 D	88	100	148
经济学家 B	200	200	200	业务管理人员 A	140	140	180
经济学家 C	240	200	280	业务管理人员 B	140	140	200
经济学家 D	48	88	164	业务管理人员 C	130	140	140
研究人员 A	220	200	200	业务管理人员 D	140	130	130
研究人员 B	220	180	140	业务管理人员 E	160	160	160
研究人员 C	100	140	140	业务管理人员 F	150	140	150
领导人员 A	180	176	180	用户代表 A	70	100	110
领导人员 B	88	112	112	用户代表 B	250	220	220
领导人员 C	120	136	136	用户代表 C	140	150	150
合　　计							3 440

　　d. 根据统计表，采用适当的计算方法得出预测结果。

　　方法一：算数平均法计算。

预测结果=3 440÷20=172（百辆）=17 200（辆）

　　方法二：中位数计算。

　　20 位专家的第三轮预测意见从小到大依次排序：110、112、130、136、140、140、140、148、150、150、160、164、180、180、200、200、200、220、280、300，则中位数为：（150+160）÷2=155（百辆），即公路车流量预测结果为 15 500 辆。

　　德尔菲法突出的特点为：第一，反馈性。多次双向反馈，每个专家在多轮讨论中，可以多次提出和修正自己的意见，又可以多次听取其他专家的意见；第二，匿名性。专家讨论问题时采取背对背方式，这样可以消除主观和心理上的影响，使讨论比较快速和客观；第三，趋同性。德尔菲法注意对每一轮的专家意见做出定量的统计归纳，使专家们能借助反馈意见，最后使预测意见趋于一致。

（2）情景分析法。情景分析法是由美国 SHELL 公司的科技人员 Pierr Wark 于 1972 年提出来的，这种方法是根据事物发展趋势的多样性，通过对预测对象内外相关问题的系统分析，设计出多种可能的未来情景，然后，用像撰写电影剧本一样的手法，对事物的发展态势做出自始至终的情景和画面描述。其分析结果主要包括三部分：事物未来可能发生态势的确定、各态势特征及发生的可能性描述、各态势发展路径分析。

情景分析法的突出特点为：第一，情景分析法认为事物发展的未来具有多样性。由于预测是根据事物过去和现在的发展特点来对未来的发展做出推断，这种超前性的特点决定了在预测过程中不可避免地会遇到一些不确定因素，对不确定因素的不同处理将导致预测的结果有很大差别，因此其预测结果是多样的。第二，情景分析法是一种系统的预测方法。进行预测时，要考虑影响预测对象的各方面的因素，如政治、经济、文化等。情景分析法能够做到在系统环境变化条件下对事物的发展进行深层次分析。第三，情景分析法是一种认同并发挥人的主观能动性的方法。情景分析法是在已经掌握的客观资料的基础上，融合专家的逻辑思维和形象思维能力，对事物发展前景进行分析。第四，情景分析法是一种定性与定量相结合的预测方法。在运用情景分析法对事物进行预测时，有时要用到趋势外推等定量预测方法，定性分析法主要是获取专家的经验和智慧。情景分析法是一种定性分析与定量分析相互嵌入，以定性分析为主的综合预测方法。

（3）调研法。调研法是进行运输市场预测的一种比较重要也是最常采用的方法。最近常采用的调研方法有询问调研法、观察调研法、实验调研法等，由于在本书的项目三中已经对这些方法进行了详细阐述，在此就不赘述了。

2）定量预测方法

定量预测方法是利用已经掌握的比较完备的历史统计数据，凭借一定的数理统计方法和数学模型，寻求有关变量之间的规律性联系，用来预测和推测市场未来发展变化趋势的一种预测方法。常用的定量预测方法有时间序列预测法、马尔柯夫预测法、灰色模型预测法、回归分析预测法等。

（1）时间序列预测法。时间序列预测法是根据历史统计资料的时间序列，预测事物发展趋势的方法。采用时间序列预测法来预测市场的发展趋势，既考虑了事物发展的延续性，又充分考虑到事物的发展受偶然因素的作用而产生随机变化。时间序列预测的方法有很多，常用的主要有简单平均法、加权平均法、移动平均法、指数平滑法等。

① 简单平均法。将过去几个时期的实际观察数据相加而求其平均值作为预测值。其计算公式为

$$y_{n+1} = \frac{y_1 + y_2 + \cdots + y_n}{n} = \frac{\sum\limits_{i=1}^{n} y_i}{n}$$

式中　y_{n+1}——下一期的预测值；

　　　y_i——第 i 期的实际值；

　　　n——期数。

例如，某运输企业 2010 年 1—5 月的实际销售额如表 6-4 所示。

表 6-4　某运输企业 2010 年 1—5 月的实际销售额　　　　　　　　　　单位：万元

月　　份	1	2	3	4	5
销　售　额	100	110	90	120	130

则 6 月销售额的预测值：

$$y_6 = \frac{100 + 110 + 90 + 120 + 130}{5} = 110 \text{（万元）}$$

② 加权平均法。根据每个时期观察值的重要程度，分别给予不同的权重，求出加权平均值作为预测值。其计算公式为

$$y_{n+1} = \frac{y_1 w_1 + y_2 w_2 + \cdots + y_n w_n}{w_1 + w_2 + \cdots + w_n} = \frac{\sum\limits_{i=1}^{n} y_i w_i}{\sum\limits_{i=1}^{n} w_i}$$

式中　y_{n+1}——下一期的预测值；

　　　y_i——第 i 期的实际值；

　　　w_i——第 i 期的权重；

　　　n——期数。

例如，以上例的资料为例，1—5 月分别赋权重为 1、2、3、4、5，则用加权平均法求得 6 月销售额的预测值：

$$y_6 = \frac{100 \times 1 + 110 \times 2 + 90 \times 3 + 120 \times 4 + 130 \times 5}{1 + 2 + 3 + 4 + 5} = 114.67（万元）$$

③ 移动平均法。实际数据点的自然分布，能正式反映时间序列的发展过程，但其掺杂了多种变动因素。移动平均法是取预测对象最近一组实际值的平均值作为预测值的方法。其基本思想是：每次取一定数量周期的数据平均，按时间次序逐次推进；每推进一个周期时，舍去前一个周期的数据，增加一个新周期的数据，再进行平均。

a. 一次移动平均法。

如果时间序列数据具有明显的水平变化趋势，则可以使用一次移动平均法进行预测。

一次移动平均法的计算公式为

$$M_t^1 = \frac{X_t + X_{t-1} + \cdots X_{t-n+1}}{n} = \frac{\sum\limits_{i=1}^{n} X_{t-i+1}}{n}$$

式中　M_t^1——第 t 期的一次移动平均值，该值可作为下一期的预测值；

　　　X_{t-i+1}——第 t 期的实际值；

　　　t——周期序号；

　　　n——移动平均值的跨越周期数。

在上例中，若跨越周期数 $n=3$，则 $y_6 = \frac{90 + 120 + 130}{3} = 113.33$（万元）。

可以看出，一次移动平均值比实际值要滞后。因此，直接用一次移动平均值作为预测结果存在一定的误差，只能用于近似预测。

b. 二次移动平均法。

如果时间序列数据具有明显的线性变化趋势，则不宜用一次移动平均法预测，因为一次移动平均法预测结果的滞后偏差将使预测结果偏低。二次移动平均是在一次移动平均的基础上进行进一步计算。其计算公式为

$$M_t^2 = \frac{M_t^1 + M_t^2 + \cdots M_t^n}{n} = \frac{\sum\limits_{i=1}^{n} M_{t-i+1}^1}{n}$$

式中　M_t^1——第 t 期的一次移动平均值；

　　　M_t^2——第 t 期的二次移动平均值。

二次移动平均值与一次移动平均值一样也存在滞后现象，因此，一般都通过建立二次移动平均预测模型进行预测。

二次移动平均预测模型为

$$Y_{t+T} = a_t + b_t T$$

式中　Y_{t+T}——第 $t+T$ 期的预测值；

　　　t——本期；

　　　T——本期到预测期的间隔数；

　　　a_t, b_t——模型参数。

其计算公式为

$$a_t = 2M_t^1 - M_t^2$$

$$b_t = \frac{2}{n-1}(M_t^1 - M_t^2)$$

仍以上述资料为例，计算一次移动平均值和二次移动平均值，如表 6-5 所示。

表 6-5　某企业 2010 年 1—5 月销售额移动平均值 单位：万元

月　份	销　售　额	一次移动平均值 （$n=3$）	二次移动平均值 （$n=3$）
1	100		
2	110		
3	90	100.00	
4	120	106.67	
5	130	113.33	106.67

可求得：

$$a_t = 2 \times 113.33 - 106.67 = 120$$

$$b_t = \frac{2}{(3-1)} \times (113.33 - 106.67) = 6.6$$

因此，6 月销售额的预测值 $Y_6 = 120 + 6.6 \times 1 = 126.6$（万元）。

使用二次移动平均预测模型时，应注意以下问题：第一，历史数据的发展呈直线趋势；第二，计算一次移动平均值和二次移动平均值时，移动平均的项数应取同一值。

④ 指数平滑法。指数平滑法是在移动平均法的基础上发展起来的，也是移动平均法的改进。指数平滑法实质上是一种加权移动平均法，它给近期观察值以较大的权数，给远期观察值以较小的权数。这种方法能巧妙利用历史信息，并能提供良好的短期预测精度。

a．一次指数平滑法。

设预测对象第 t 期的观察值为 Y_t，第 t 期的一次指数平滑值为 S_t^1，则一次指数平滑值的递推计算公式为

$$S_t^1 = \alpha Y_t + (1-\alpha)S_{t-1}^1$$

式中　α——平滑系数，$0 \leqslant \alpha \leqslant 1$。

平滑系数 α 大，下期预测值偏向于本期实际值，预测的变化较大；平滑系数 α 小，下期预测值偏向于本期预测值，预测的变化较小，也较平缓。一次指数平滑的结果可直接作为下一期的预

测值，但也存在滞后现象。

b. 二次指数平滑法。

如果时间序列数据具有明显的线性变化趋势，则不宜使用一次指数平滑法预测，因为滞后偏差将使结果偏低。二次指数平滑法是根据本期一次指数平滑值和上期二次指数平滑值，计算加权平均数作为本期趋势值的方法。其计算公式为

$$S_t^2 = \alpha S_t^1 + (1-\alpha)S_{t-1}^2$$

式中　S_t^1 ——第 t 期的一次指数平滑值；

　　　S_t^2 ——第 t 期的二次指数平滑值；

　　　α ——平滑系数，$0 \leq \alpha \leq 1$。

二次指数平滑值与一次指数平滑值一样也存在滞后现象，因此，一般不直接将二次指数平滑值作为下一期的预测值，而是通过建立二次指数平滑预测模型进行预测。二次指数平滑预测模型为

$$Y_{t+T} = a_t + b_t T$$

式中　Y_{t+T} ——t 期之后第 T 期的预测值；

　　　t ——原始时间序列的最后一期；

　　　a_t, b_t ——模型参数。

计算公式为

$$a_t = 2S_t^1 - S_t^2$$

$$b_t = \frac{\alpha}{1-\alpha}(S_t^1 - S_t^2)$$

（2）回归分析预测法。回归分析预测法是从各种因素之间的相互关系出发，通过对与预测对象有联系的现象变动趋势的分析，推算预测对象未来状态数量表现的一种预测方法。回归分析预测法可分为一元线性回归预测法、多元线性回归预测法和非线性回归预测法。

① 一元线性回归预测法是指两个具有线性关系的变量，配合线性回归模型，根据自变量的变动来预测因变量平均发展趋势的方法。

设 x 为自变量，y 为因变量，y 与 x 之间存在某种线性关系，即一元线性回归模型为

$$y_i = a + bx_i + \varepsilon_i$$

式中　y_i ——y 的历史数据；

　　　x_i ——x 的历史数据；

　　　a、b ——待定参数，斜率 b 又称回归系数；

　　　ε_i ——随机误差，可以认为 ε_i 服从正态分布 $\varepsilon_i \sim N(0, \sigma^2)$。

随机误差 ε_i 的存在，使得预测对象 y 与自变量 x 之间的计算关系不能确定。因此，设

$$\hat{y}_i = \hat{a} + \hat{b}x_i$$

式中　$\hat{y}_i$ ——预测对象 y_i 的估计值，它可以集中反映 y_i 与 x_i 之间的关系。

参数 $\hat{a}$ 与 $\hat{b}$ 可以通过历史数据 y_i 与 x_i 来估算，采用最小二乘法求得：

$$\hat{a} = \overline{y} - \hat{b}\overline{x}$$

$$\hat{b} = \frac{\sum(x_i - \overline{x})(y_i - \overline{y})}{\sum(x_i - \overline{x})^2}$$

式中　$\overline{x}, \overline{y}$ ——分别为自变量 x 和因变量 y 历史数据的平均值，其计算公式为

$$\overline{x} = \frac{1}{n}\sum x_i$$

$$\overline{y} = \frac{1}{n}\sum y_i$$

式中　n——自变量 x 和因变量 y 的历史数据的个数。

建立了回归模型后，$\hat{y}_i$ 就可以代表预测对象 y，但这种代表有一个程度问题，即回归效果是否显著的问题。其显著性可以通过方差分析加以检验。

② 多元线性回归预测法。在大多数实际问题中，影响预测变量的因素往往不止一个，而是多个，对这类问题就要通过多元线性回归分析来实现。

假定预测变量 y 与一组变量 $x_1, x_2, \cdots, x_m$ 之间存在线性相关关系，即

$$y = a + b_1 x_1 + b_2 x_2 + \cdots + b_m x_m + e$$

式中　e——随即误差；

　　　a, b_i——未知参数，$i=1, 2, \cdots, m$；

　　　m——自变量的个数。

③ 非线性回归预测法。在现实经济生活中，因变量和自变量之间不一定存在线性关系，可能存在某种非线性关系，这时就必须建立非线性回归模型。我们可以将非线性回归问题转化为线性回归问题，然后进行预测。

6.3 运输市场供给分析

供给和需求，同是经济学和市场学的精髓。需求是供给的原因，而供给则是需求的物质基础。没有运输供给就没有运输需求。

1. 运输供给的概念及特征

供给是指在一定时期内、一定价格水平下，生产者能够而且愿意出卖的商品和劳务的总量。

运输供给是在运输市场上，运输服务供给者在各种运价条件下，能够而且愿意提供的运输产品或服务的数量。

运输供给的主要特征有运输产品的非储存性、运输供给的不平衡性和供给的服务性。

1）运输产品的非储存性

运输企业的生产活动只是通过运输工具使运输对象发生空间位置的变化，并不生产新的物质产品。因此，运输产品的生产和消费是同时进行的。也就是运输产品不能脱离生产过程而独立存在。

2）运输供给的不平衡性

运输供给的不平衡性主要体现在两个方面。第一，运输供给在不同国家和地区之间的不平衡。由于国家和地区之间经济发展的不平衡性，导致不同国家和地区的运输供给量有区别。一般来说，经济发达的国家和地区运输供给量大，而发展中国家和相对落后的地区运输供给量不足。第二，由于运输需求的季节性不平衡导致运输供给的季节性不平衡。

3）供给的服务性

运输供给不同于有形的工业产品或普通消费品的供给，它提供给购买者的只是一种位移，即货物或旅客在一定的时间内的空间地理位置的移动。因而运输供给是一种无形商品，或者说是一种服务。运输服务的特点有以下几个方面：第一，它需要更昂贵的有形物品（运输工具）

来支持，每一次运输服务所得的收入只占运输工具价值中的很少一部分；第二，它需要很高的投资，而且投资回收期较长；第三，它与一个国家或地区的经济发展息息相关。

2. 运输供给的影响因素分析

与运输需求一样，运输供给同样也要受到多种因素的影响。

1）经济发展水平和国家的宏观经济政策

国家经济的发展水平及国家的宏观经济政策都将刺激运输供给的变化。

当经济快速增长时，运输市场出现繁荣的景象。运输需求增加，为了适应快速增长的运输需求的要求，运输供给也会随之增加。反之，经济发展缓慢，运输需求减少，运输供给也被迫减少。

同时，国家的宏观经济政策对短期内的运输供给也有明显的影响。如果国家的经济政策有利于经济的快速发展，则运输需求增加，运输供给也增加。相反，如果国家的经济政策不利于甚至阻碍经济的发展，则运输供给减少。

2）有关运输政策法规

国家关于运输方面的政策法规是影响运输供给的重要因素，因此一个国家制定交通运输政策法规需要从经济、政治、军事等多个方面来考虑。如果国家和地区的政策能够给运输业的发展提供经济补助或其他优惠条件，则运输业就会有良好的发展机会，而且有了有关政策的支持，各种先进的运输工具和技术都能为运输服务提供有力的保证，使得运输供给能力大大加强。

3）技术因素

科学技术是推动社会经济发展的第一生产力，也是推动运输业发展的第一生产力。在人类历史的进程中，科学技术的三次革命都加快了交通工具的改造和革新速度，使得各种先进的交通运输工具相继诞生，各种信息技术、网络技术在运输业中的应用，使得运输速度和运输效率有了很大的提高。

每一次科学技术成果在运输业中的应用都大大提高了运输的供给能力，推动运输市场的最终形成。

3. 运输供给弹性分析

1）运输供给弹性的概念

通常情况下，运输供给弹性指的是运输供给的价格弹性，是指在影响运输供给的价格因素发生一定范围的变化后，运输供给对其反应的灵敏程度。这种灵敏程度可用运输供给弹性系数的大小来衡量。

运输供给的价格弹性是用来衡量价格变动的比率所引起的供应量变动的比率，即供给量变动对价格变动的反应程度，供给量变动的比率与价格变动的比率的比值就是运输供给弹性。可用公式表示为

$$E_s = \frac{\Delta Q / Q}{\Delta P / P} = \frac{\Delta Q / \Delta P}{Q / P} = \frac{\Delta Q}{\Delta P} \times \frac{P}{Q}$$

式中　E_s——供给弹性系数；

　　　Q——运输供给量；

　　　ΔQ——运输供给量的变化值；

　　　P——运价；

　　　ΔP——运价的变化值。

由于运价和供给量的变化方向一致，所以供给弹性值为正值。这样，供给对运价变化的反应

就可以用供给的价格弹性系数来衡量。

与运输需求的弹性系数一样，运输供给的弹性系数的大小也可能有五种情况，即 $E_s=0$，完全无弹性；$E_s=1$，单位需求弹性；$E_s=\infty$，完全有弹性；$0<E_s<1$，需求缺乏弹性；$E_s>1$，需求富有弹性。通常情况下，运输市场呈现为供给富有弹性和缺乏弹性两种情况。

2）需求的波动对运输供给弹性的影响

运输供给是在运输需求的指导下活动的，运价则是运输市场的晴雨表，运输供给量既取决于运价又取决于需求。

当需求量较大时，运输供给具有较小的弹性，因为此时运力处于紧张状态，无多余的运力来投入市场，而投建的运输工具需要一定周期才能投入市场，因此，运输供给不会很快增加，所以，供给弹性较小。

反之，当需求量较小时，市场上的过剩运力急于寻找出路，因此，提高运价能够刺激供给的迅速反应，运输供给的弹性较大。

3）运价波动时的供给弹性变化

运价是每个运输企业最关注的市场信息，往往运价的波动会引起运输企业的强烈反应。当运价上涨时，运输企业将采取一切措施增加运力，因此，供给具有较大的弹性；当运价下跌时，运输企业将转移其业务重心，供给弹性变小。

4）供给在短期与长期的不同弹性

由于市场的状态变化，在短期内需求与供给之间存在一段时间上的差异，而运输企业的成立，运输工具投入运输活动中需要有一段时间，所以短期内运输的供给弹性较小。但是，从长期来看，市场的状态变化在运价的作用下，供给与需求会逐渐趋于相互适应，因此，在长期内运输供给具有足够的弹性。

技能训练

技能训练 6-1

2016 年中国铁路运输市场现状分析及行业发展趋势

一、中国铁路运输行业现状

2015 年前三个季度，中国铁路总公司实现营业收入 6578 亿元，其中货运收入 2093 亿元，客运收入 1930 亿元。营业收入总额同比下降 10.26%，下降的主要原因是货运收入的下降，降幅 11%，客运收入同比增加 21%。这已经是中国铁路总公司自 2013 年以来连续第三年营业收入下降。

（1）从铁路货运量来看，2015 年全国铁路货运量为 33.6 亿吨，同比下降 11.9%，相当于 2009 年货运量水平。铁路货运量自 2013 年达到 39.67 亿吨后，年货运量就呈现下降趋势。综合近 20 年铁路货运量波动来看，铁路货运量增速与 GDP 增速保持相同趋势。2015 年 GDP 增速再次下降，达到 6.9%。受累于全国宏观经济疲软，铁路货运量也出现大幅下降。

铁路货运结构中运量最大的为煤炭，占比 57%，其次为冶金类，占比 22%。本期我国大宗商品需求量大幅下降，直接影响煤炭、冶金类物品的运输需求。本期煤炭铁路运量同比下降 12.6%，约占铁路货运量降幅的 70% 以上。铁路货运中大宗商品运量占比巨大，大宗商品的需求减弱，严重影响铁路货运量及货运收入。

（2）铁路客运方面，受益于高铁的广泛应用，铁路运力释放，促成客运需求上升。全国客运量近 10 年来复合增长率维持在 8% 左右，2015 年突破 25 亿人次。

（3）铁路业绩表现下滑，使原本就负债累累的中国铁路总公司雪上加霜。截至 2015 年 6 月中国铁路总公司总负债规模达到 3.86 万亿元，资产负债率高至 66%。近 5 年，中国铁路总公司总负债及资产负债率一直在不断攀升，主要原因是铁路基建投资规模在高铁不断扩展覆盖全国的情况下一直保持小幅稳定上涨，2014 年增长 6%，2015 年截至第三季度，基建投资为 4108 亿元。另外，国家补助建设基金在资金来源比例逐步下降，使得中国铁路总公司不得不转向融资成本更高的贷款，进一步促使债务规模的扩大。

同时，在现在铁路运营模式下，盈利能力十分微弱，2010—2014 年年均税后利润仅为 2.27 亿元，相比每年所需归还的利息就为 448 亿元，高额的财务费用也决定中国铁路总公司难以实现盈利。2015 年更是因为货运业务收入大幅下降，使截至 2015 年第三季度，中国铁路总公司已亏损 94.35 亿元。

二、中国铁路运输行业发展趋势

（1）现阶段我国即将进入铁路改革新纪元，随着铁路财务状况不断恶化，现在进入体制化改革不但是提高铁路效率的最优选择，也是在强大的财务压力下不得不做的动作。2011 年以来，政府不断提出铁路改革的总体方案，确立铁路的市场地位，使改革进入突破性阶段。

（2）我国铁路供需关系已经不再是供不应求的状态。从 2000 年开始铁路在与其他交通方式相比，其竞争力在不断下降，在货运方面体现尤为明显。从 2000 年开始，铁路货运量占全国总货运量比例呈现下降趋势，从 13% 降至 2014 年的 9%。同时，对比铁路需求与供给关系可以发现，近两年铁路不论客运及货运需求增速均变缓，且同比增速低于铁路供给增速，可见现在铁路需求正在逐渐转向效率更高、服务更好、更便捷的其他运输方式。所以铁路应将注意力转向如何吸引客户，而非原有的被动接受客户需求。

（3）目前，政府实施的铁路政府定价或政府指导价，主要是以货运补贴客运为主。铁路客运是社会低收入人群的主要出行工具，其客运价格应该以公益性、政策性补贴为主，全球惯例把政府税收用于客运补贴。但是从现在铁路货运下滑趋势来看，货运运力已经不是以前供不应求时期，在公路及航空的双重压力下，铁路货运近两年显示竞争力不足。而且政府为了保证铁路盈利，从 2011 年起频繁提高货运价格，涨价在一定程度上降低了铁路货运的竞争力，抑制了货运量上升。所以以货补客的格局也很难再长期维持。

请回答：

结合案例试分析影响我国铁路运输市场需求的主要因素有哪些？

训练建议

此能力训练主要考查学生对运输市场需求的理解和掌握情况，建议以小组为单位，在掌握运输市场需求的影响因素、运输市场需求弹性分析理论知识的基础上，结合所给案例资料进行分析，并与同学和指导教师交流。

评价标准（见表 6-6）

表 6-6　实践教学考核评价标准

序　号	考 核 内 容	等　级	分　值
1	参与的积极性、主动性，是否有团队合作精神（20分）	优良	16～20
		一般	8～15
		差	0～7

续表

序　号	考核内容	等　级	分　值
2	实践教学过程中表现出的计划、组织、领导、控制、协调等管理能力（20分）	优良	16～20
		一般	8～15
		差	0～7
3	成果展示（20分）	优良	16～20
		一般	8～15
		差	0～7
4	语言表达流畅、规范、准确（20分）	优良	16～20
		一般	8～15
		差	0～7
5	书面、电子版总结报告设计（20分）	优良	16～20
		一般	8～15
		差	0～7
合　计			100分

技能训练 6-2

交通运输供给侧结构性改革多点突破 2017年降低物流成本880多亿元

2017年，交通运输部坚持以深化交通运输行业供给侧结构性改革为主线，不断满足人民日益增长的美好生活需要，圆满完成了各项年度目标任务。

行业供给侧结构性改革实现多点突破。政府还贷二级公路收费基本取消，实施公路绿色通道、差异化收费等多项举措，实现降低物流成本880多亿元。西北地区全面融入全国高铁网，国家高速公路待贯通路段和内河高等级航道建设进一步加快，"沪兰空中大通道"贯通，基础设施短板进一步补齐。铁路客货运量大幅增长。181个城市交通"一卡通"实现互联互通。邮政包裹寄递到户加快推进。多式联运、旅客联程运输加快发展。

交通运输促投资、促消费、稳增长效用明显。公路水路预计完成投资2.27万亿元，新改建农村公路28.5万公里，政府工作报告明确的目标任务圆满完成。铁路营业里程达到12.5万公里，其中高铁近2.4万公里。公路通车总里程达到477万公里，其中高速公路达到13.6万公里。内河航道里程达到12.7万公里。1—11月全社会客货运量分别达到170.9亿人和429.8亿吨。全年邮政业务量、业务收入分别达到9765亿件、6616亿元。快递业务量、业务收入分别达到400亿件、4950亿元。

交通脱贫攻坚先行引领作用日益凸显。贫困地区建成旅游路、资源路和产业路1.3万公里。新增通硬化路建制村1.1万个、通客车建制村8473个。实施普通公路安全生命防护工程13万公里，改造危桥3300座。农村交通运输服务水平持续提升。交通运输更贴近民生11件实事全部完成，"交通运输+"生态旅游、特色产业等迅速发展，人民群众获得感显著增强。

行业安全生产形势总体平稳。1—11月交通运输各领域事故起数和死亡、失踪人数分别下降9.4%、5.8%。圆满完成重大会议、重大活动和重要时段交通运输安全保障、应急值守与网络安全保障工作。1—11月组织协调海上搜救行动1877次，成功搜救遇险船舶1338艘，成功救起遇险人员13236人。

请回答：

结合案例试分析影响运输市场供给的主要因素有哪些？

训练建议

此能力训练主要考查学生对运输市场供需理论的理解和掌握情况，建议以小组为单位，在掌握运输市场供给的影响因素、运输市场供需弹性分析理论知识的基础上，结合所给案例资料进行分析，并与同学和指导教师交流。

评价标准（见表6-7）

表6-7　实践教学考核评价标准

序　号	考核内容	等　级	分　值
1	参与的积极性、主动性，是否有团队合作精神（20分）	优良	16～20
		一般	8～15
		差	0～7
2	实践教学过程中表现出的计划、组织、领导、控制、协调等管理能力（20分）	优良	16～20
		一般	8～15
		差	0～7
3	成果展示（20分）	优良	16～20
		一般	8～15
		差	0～7
4	语言表达流畅、规范、准确（20分）	优良	16～20
		一般	8～15
		差	0～7
5	书面、电子版总结报告设计（20分）	优良	16～20
		一般	8～15
		差	0～7
合　计	100分		

复习思考题

一、单项选择题

1. 运输市场需求的特征不包括（　　）。
   A. 广泛性　　　　　　　　　B. 多样性
   C. 同一性　　　　　　　　　D. 不可替代性
2. 下列不属于货运需求影响因素的是（　　）。
   A. 经济发展水平　　　　　　B. 生产力布局
   C. 运输产品结构　　　　　　D. 运价水平
3. 下列不属于客运需求影响因素的是（　　）。
   A. 人口数量及结构　　　　　B. 运输方式的替代性
   C. 经济发展水平　　　　　　D. 消费水平
4. 下列不属于运输供给特征的是（　　）。
   A. 运输产品的非储存性　　　B. 运输供给的不平衡性

  C. 供给的服务性   D. 季节性

 5. 下列不属于运输供给影响因素的是（ ）。

  A. 经济发展水平   B. 消费水平

  C. 技术因素   D. 政策法规

二、填空题

 1. 运输供给不同于有形的工业产品供给，它提供的是某种位移，这是其＿＿＿＿＿＿特征。

 2. 运输需求的特征有非物质性和无形性、广泛性、多样性、同一性、＿＿＿＿＿＿、不平衡性和＿＿＿＿＿＿。

 3. 影响货运需求价格弹性的因素有：运输需求的可替代性、＿＿＿＿＿＿、运输费用在产品总成本中所占的比重。

 4. 定性预测法主要有专家意见法、＿＿＿＿＿＿、＿＿＿＿＿＿。

 5. 定量预测法主要是指＿＿＿＿＿＿。

三、简答题

 1. 简述运输需求的特征。

 2. 简述影响运输需求的因素。

 3. 试分析运输需求变动的一般规律。

 4. 1992—2001 年某省的国内生产总值和货运量如表 6-8 所示，并知 2010 年、2020 年该省国内生产总值的规划值分别为 180 000 亿元和 38 900 亿元。要求：根据题目中提供的资料，运用移动平均预测法、指数平滑预测法、一元线性回归预测法对 2010 年和 2020 年该省的货运量进行预测。

表 6-8　1992—2001 年某省的国内生产总值和货运量

年　　份	1992	1993	1994	1995	1996	1997	1998	1999	2000	2001
国内生产总值（亿元）	1 570	1 840	2 137	2 353	2 640	2 957	3 120	3 351	3 500	3 900
货运量（亿吨）	29 460	29 910	30 400	31 200	32 528	34 256	34 968	35 623	36 695	35 012

 5. 简述运输供给的概念、特征及影响因素。

 6. 简述需求的波动对运输供给的影响。

国际集装箱航运市场供需状况   中国沿海散货运输市场需求分析

项目 7

运输市场细分与目标市场选择

知识目标

- 了解运输市场细分的概念及运输市场细分产生的客观基础
- 明晰运输市场细分的目的
- 理解运输市场细分的方法和标准
- 掌握运输市场细分的步骤
- 掌握运输目标市场的选择

能力目标

- 能够正确进行运输市场细分和目标市场选择

引导案例

中远物流的利润源泉

国内物流行业的平均利润率约为 7%，但央企中国远洋（601919.SH,1919.HK）全资子公司中国远洋物流有限公司（下称"中远物流"）的利润率却数倍于此。该公司 2007—2009 年的营业利润率均超过 40%，自 2002 年 1 月成立以来年均利润增长达到 20%。在竞争激烈、微利生存的物流业，这样的业绩让同行眼红。

目前，国内物流市场的常见景象是，大量的仓储、运输、快递企业聚集在中低端市场，产品同质化，缺乏定价权，频打价格战，在大型客户和外资物流企业的供应链中扮演被整合、被挤压的角色。由于利润微薄，企业没有足够的资金支撑研发和升级，陷入低成本、低质量、低效益的恶性循环。

某种程度上，这也是"中国制造"的一个缩影，数量众多的生产加工型企业被国外巨头锁定在价值链的中低端，成本是近乎唯一的优势，消耗大量的资源、能源却只能获得"骨头上剔肉"般的微利。

而中远物流正在尝试走出一条与众不同的道路。中国远洋副总经理、中远物流董事总经理叶伟龙 3 月 21 在与包括本网在内的媒体交流时说，"理论上每个行业都有物流需求，物流公司可以做三百六十行，但如果中远物流也这么做，我们就没有发展前途，最终会被拖垮。"

中远物流 2002 年成立之初，在咨询公司的帮助下制定企业发展战略时，选择了差异化和中高端的市场定位。其中，最值得业内外企业借鉴的是该公司筛选细分市场的"方法论"，以及对"有所为，有所不为"这一原则的坚持。

在筛选目标市场时，中远物流选择了四个评价要素，分别是行业发展趋势、物流需求水平、物流外包程度和市场竞争程度，每个评价要素都涵盖了多个数据指标和需要回答的问题。例如，在考察行业发展趋势时，需要通过评估市场容量、增长速度、行业利润率等指标，判断这一行业是否具有良好的成长前景。如果某个行业自身经济总量增长水平低于同期的 GDP 增幅，或者低于过去五年行业的平均 GDP 增长，则这个行业基本可被认定为没有太好的成长性，中远物流就不会进入。

使用前述四个评价要素对国内的主要行业进行筛选后，那些物流支出高、行业增速快、外包接受程度高、竞争不激烈且中远物流具备相应技术能力的行业，成为其重点开拓的细分市场，这些行业包括汽车、家电和电子、化工、航空、电力、会展和供应链等。而图书发行、食品饮料、零售、玩具等行业，由于四个评价要素中的某些要素不理想，尽管同样容量巨大，中远物流也选择了放弃。

应当看到，中远物流选定的化工、电力、航空等行业的物流市场，具有专业性强、技术含量高、附加值高等特点，而且行业龙头都是相对垄断的中央企业或外资企业，进入门槛较高，大部分物流企业很难进入，但进入之后能获得明显高于低门槛行业的利润。

中国远洋过去几年的年报显示，中远物流 2007—2009 年的营业利润率分别为 41.7%、44.6%、44.0%，在中国远洋的各项业务中数一数二，也明显高于物流行业的平均利润率。即便是在 2008 年金融危机中，该公司的众多大型客户受益于中国的经济刺激措施，反而带动中远物流实现了稳定增长。

尽管中远物流高起点进入高利润行业的路径不容易复制，而且其漂亮业绩不仅仅是因为选对了行业，但该公司值得国内企业参考的经验至少有两点：一是做好战略定位，选好细分市场；二是对选择的行业动态调整，但坚持既定战略不动摇。

例如，中远物流曾经重点投入的汽车物流市场，最近两年竞争日趋激烈，利润开始下滑，而且主流汽车企业都把物流业务交给自己持有股份的物流公司，中远物流通过扩大业务规模增加利润的空间有限，因此选择了果断退出，转而进入航空制造业物流、精密仪器物流、高端白酒物流等利润更高的细分市场。

又如，曾有很多地方政府找到中远物流，希望其到地方投资物流业务，但中远物流的原则是，如果不在公司锁定的细分市场，即便条件很优惠，也不会去做。

（资料来源：http://www.eeo.com.cn/observer/Opinions/jdgs/2011/03/22/197022.shtml）

问题：

结合案例，分析为什么中远物流能保持较高的利润增长？

7.1 运输市场细分

1. 运输市场细分及产生的客观基础

市场细分（Segmenting 或 Market Segmentation）是把整体市场分割成为有意义的、具有较强相似性的、可以识别的较小客户群的过程。每一个客户群称为一个细分市场。

运输市场细分是指运输企业通过市场调研，根据客户对运输服务的不同欲望和需求，以及不同的购买行为和购买习惯，按照一个或几个细分变量将运输产品的整体市场划分为若干旅客群或货主群的市场分类过程。在每一个细分市场上，旅客或货主的运输需求、欲望和购买行为具有相似性。因此，运输市场细分不是对运输产品的分类，而是对具有不同运输需求的客户的分类。

在运输市场细分中，运输需求的异质性和运输企业资源的有限性是细分产生的客观基础。

首先，运输市场细分的假定前提是：需求在不同的细分市场是异质的，而在同一细分市场内部是同质的。运输市场是由多个实在的或潜在的运输服务购买者组成的，而不同购买者之间总是存在差别的，他们有不同的欲望和需求。严格来讲，每一个不同的购买者构成一个单独的市场。近年来，随着计算机辅助系统和网络的不断普及，使得彻底进行运输市场细分，即实行"一对一"营销，在实践上成为可能。但是，对于多数运输营销者来说，细分规模为一个单位是无利可图的，因此对于营销者而言，行之有效的方法是进行较宽的市场细分，即发现不同的具有相似或相近需求的运输服务购买者群体。例如，根据"旅客出行目的"这个细分变量可以将旅客运输市场细分为差旅市场、通勤市场、探亲市场、旅游市场等。

其次，在运输市场竞争中，企业的资源是有限的。在运输市场中存在众多的竞争对手。这些竞争对手为了谋求竞争优势，往往只能专注于一个或某些领域，因为他们的经营活动除了受市场特征的影响外，还直接受限于自身的资源条件。任何一个运输企业，不论规模多大，都不可能为所有客户提供某一种或几种运输服务，同时也不可能为某一个或某一群客户提供他们所需的所有运输服务。因为满足这些需求，需要庞大的资源，如资金、技术、人力、信息、土地等，这些资源本身是稀缺的，对于一家运输企业而言，其可获得程度要受到很大限制，更何况企业所面对的市场需求的增长，又是相对无限的。

经典案例

中海物流的市场细分

中海物流是中海集团下属专业第三方物流公司，在国家发改委等政府部门的关心与大力支持下，公司自 2000 年成立以来，大力开拓市场、完善网络、加强管理、斥巨资开发物流信息系统（SUNNY），公司积极探索从传统货代向现代物流转型，各方面工作迈上了一个新台阶。

我司自成立以来，认真研究物流市场，结合我司实际情况，进行了公司定位，对市场进行了细分，明确了公司目标市场。公司发挥航运主业优势，业务定位为：服务航运主业、依托航运主业，做强做大物流。在多个专业物流领域的项目运作经验如下。

中海物流积极引入现代物流管理理念、管理技术和组织形式，凭借网络和品牌优势，实现跨越式发展，在细分市场的基础上，重点开拓了纸品物流、汽车物流、家电物流、快速消费品物流、化工物流、冷藏冷冻物流，为客户提供高附加值服务。

纸品物流：负责国际知名造纸企业泛亚龙腾供应链管理服务，具体包括：美欧原料进口、一关三检、港口至生产工厂的运输、原料的装卸入库、原料仓库管理、厂方堆厂管理、成品入库、成品库管理及配送、废渣处理和废品回收物流等；负责晨鸣纸业天津进口清关及至山东地区的集装箱运输；UPM 武汉地区的仓储配送业务。

汽车物流：负责国内知名汽车生产企业陕汽集团供应商物流管理库存（VMI）；提供其零配件配套、轮胎加压充气及变速箱总成等增值服务；一汽大众 CKD 欧洲至长春生产厂的全程集装箱运输供应链运输管理。

家电物流：承担国内家电知名品牌海信、TCL、熊猫，华东、山东、东北区域内的仓储配送业务及生产基地至配送中心的干线转仓运输；永乐家电、灿坤家电连锁超市的区域仓储配送服务。

快速消费品物流：承担国内知名品牌饮料如乐百氏在全国范围内的所有运输、仓储等物流运作；提供光明乳业上海市内、上海至华东地区的冷藏配送业务；提供百安居福州、南京地区的仓储配送业务及指定生产厂家（供应商）至全国沿海各地的干线运输业务。

化工物流：提供雪佛龙化工有限公司聚苯乙烯产品张家港至华南的海运及华东、华南地区仓储服务；为世界500强罗地亚提供以广州和上海为中转库的仓储、配送服务；为赛科化工提供从上海到华南、华北等地区的集装箱全程运输。

冷藏冷冻物流：主要为蒙牛提供冷饮运输与物流配送，其他客户还包括光明乳业和伊利等。

（资料来源：http://www.56885.net/news/2007315/14727.html，原文经过节选）

2．运输市场细分的目的

运输市场细分有三个主要目的。

（1）进行市场细分有助于运输企业发掘市场机会，进而开拓新的运输市场。通过运输市场细分，企业可以把握各个不同的客户群体的需求及满足程度，了解哪些细分市场中的运输服务的需求已经得到满足，哪些细分市场中的运输服务未得到满足或未得到完全满足，从而可以发现市场机会。同时，在分析运输市场上的竞争状态的基础上，根据运输企业自身的资源条件及竞争能力，形成适于自身发展的较为有利的目标市场。

（2）进行市场细分有利于运输企业充分利用现有资源，获得竞争优势。在现代运输业进入买方市场的条件下，运输企业的生产取决于市场的需求，如果市场需求量大，就会吸引更多的运输生产者进入，运输行业的竞争就会逐渐加剧。因此，企业只有借助于市场细分，整合自身的各种资源，专注于某一个或几个细分市场，获得竞争优势，从而在市场中求生存、求发展。对于中小型运输企业，其资金实力薄弱，研发力量不强，其他资源与大型运输企业相比也处于劣势，通过市场细分，选择进入一些大型企业不能顾及或不愿顾及的细分市场，可以避免激烈的竞争，减少竞争压力，拓展生存空间，增加发展机会。对于大型运输企业而言，虽然其资源约束条件较小，但由于市场需求的不断增长及大型企业间同样存在激烈的竞争，使得大型运输企业的这种资源优势也仅是相对的。因此，市场细分更应该是大型运输企业为谋求竞争优势而充分运用的工具。

（3）进行市场细分有利于运输企业了解各细分市场的特点，制定并调整营销组合策略。细分后的运输市场相对较小而具体，从而有助于运输企业把握不同细分市场的需求特点及变化情况，提高运输企业的市场适应程度。在此基础上，运用产品（服务）、价格、分销及促销策略，形成一套市场营销组合。同时根据细分市场不同变化，对这种组合进行调整，以适应市场需求特点。

3．运输市场细分的基本方法

运输市场细分的方法主要是按照市场细分标准的多少划分的，常用的方法主要有以下几种。

（1）单因素细分法，即细分运输市场只按照一个因素进行。例如，按照地理区域这一因素去细分，运输市场可分为区域内运输、跨区域运输和国际运输等。

（2）综合因素法，即以影响运输市场需求的两种或两种以上因素进行综合划分。因为客户的需求差别常常极为复杂，只有从多方面去分析、认识才能更准确地把它们区分为不同特点的群体。例如，同时按照物品属性和地理区域两个因素来细分运输市场就是按照综合因素法进行细分的，如表7-1所示。

表 7-1　综合因素法

内　　容		地 理 区 域		
		区 域 运 输	跨区域运输	国 际 运 输
物品属性	生产资料	细分市场 1	细分市场 2	细分市场 3
	生活资料	细分市场 4	细分市场 5	细分市场 6

（3）系列因素法。这种方法也运用两个或两个以上的因素，但它是依据一定的顺序逐次细分市场的。细分的过程是一个比较、选择分市场的过程。下一阶段的细分，是在上一阶段选定的分市场中进行，如图 7-1 所示。

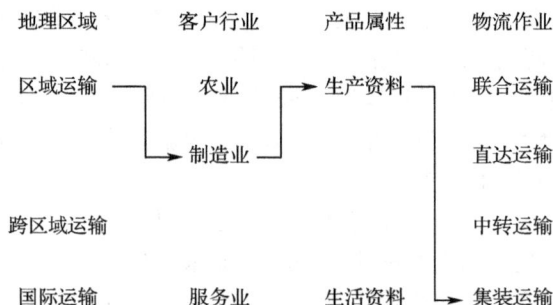

图 7-1　系列因素法示意图

（4）产品—市场方格表法。此方法即按产品（顾客需要）和市场（顾客群）两个因素的不同组合来细分市场。例如，物流企业针对市场需要提供五种不同的解决方案，即供应物流解决方案、生产物流解决方案、销售物流解决方案、回收物流解决方案、废弃物流解决方案，同时有两个不同的顾客群，即国内市场需求者和国际市场需求者，这样就形成十个细分市场，如表 7-2 所示。

表 7-2　产品—市场方格表

解决方案 顾客群	供应物流解决方案	生产物流解决方案	销售物流解决方案	回收物流解决方案	废弃物流解决方案
国际市场需求者	A11	A12	A13	A14	A15
国内市场需求者	A21	A22	A23	A24	A25

4．运输市场细分的标准

运输市场是以客户特征作为基础的，其出发点是客户对商品和服务的不同需求。运输市场的标准，对于客运市场和货运市场存在一定的差异。

1）客运市场细分的标准

由于旅客需求的差异性是由多种因素造成的，这些因素也就成为客运市场细分的标准。

（1）旅客行程。对于不同旅行距离的旅客来说，可将客运市场细分为长途客运子市场、中途客运子市场和短途客运子市场。

（2）旅客出行目的。旅客出行目的的差异性较大，主要有出差、探亲、打工、求学、旅游等，相应地，客运市场可以分为出差子市场、探亲子市场、通勤子市场、打工子市场、求学子市场和旅游子市场等。

（3）地理位置。按照旅客的地理位置来进行市场细分，这是大多数运输企业进行市场细分的主要标准，因为地理位置相对稳定，也较易于分析。我国是个幅员辽阔的国家，不同地区的人口密度、经济发展水平、工业化程度等具有很大差异性，因此不同地区的旅客消费水平、消费需求和目的也有相当的差异。依据地理区域范围细分，客运市场可以分为东北、东南、中部、西北和西南等子市场；根据行政区细分，客运市场可以分为各省、市（自治区）子市场。

（4）旅客收入水平。在客运市场上，旅客的收入具有明显的差异，它将对旅客出行方式及交通工具的选择产生较大影响。根据这个标准可将客运市场细分为高收入、中高收入、中等收入、中低收入和低收入子市场。

（5）旅客对舒适度的要求。随着人民生活水平的提高，旅客对运输的要求呈现出多样性及高层次的需求，希望在旅行过程中享受一定程度的舒适性。根据此项标准可将客运市场细分为舒适度高、舒适度较高、舒适度一般及舒适度较低子市场。

（6）旅客旅行路径。按照旅客旅行路径，可将客运市场细分为干线子市场、支线子市场及客运专线子市场等。

2）货运市场细分的标准

货运市场细分是指运输企业根据货主运输需求、行为的差异性及货物性质、运输条件要求的差异，将货物运输整体市场分为若干个货主群体的过程。货运市场之所以可以细分，是因为货主的运输需求及货物的运输条件具有差异性，而这种差异性是由多种因素造成的，这些因素也成为货运市场细分的依据。货运市场可根据以下因素进行细分。

（1）根据货主生产规模大小细分。货主生产规模的大小是细分货运市场的重要依据。大货主虽然数量不多，但有大量的原材料运进及半成品运出业务，其货物发送量占总发送量的比例相对较大，且相对稳定。每个中小货主的货物发送量虽然较小，但发送总量并不小，且其生产和销售具有较强的灵活性和机动性，目前这类企业发展较快，数量很多。因此，根据货主生产规模可以将货运市场细分为大规模货主子市场、中等规模货主子市场及小规模货主子市场，或者相应地称为大宗货物运输子市场、中等批量货物运输子市场和零星货物运输子市场。

（2）根据货物运输距离细分。根据货物运输距离的不同可以将货运市场细分为长距离货运子市场、中距离货运子市场和短距离货运子市场。

（3）根据地理位置细分。我国是一个资源分布和生产力布局不均衡的国家，资源丰富的地区，生产力水平却相对较低；生产力水平较高的地区，资源却相对匮乏。因此，在不同的地区主要运输的货物品类也有较大的差异。根据地理区域范围细分，货运市场可以细分为东北、东南、中部、西北和西南等子市场；根据行政区域细分，货运市场可以细分为各省、市（自治区）子市场。

（4）根据货物运输条件细分。货物的品类不同，其运输条件也有所不同。按运输条件细分，可将货运市场细分为普通货物运输子市场和特种货物运输子市场。其中，普通货物运输子市场和特种货物运输子市场都可以继续细分，如特种货物运输子市场还可以细分为长大货物运输子市场、危险货物运输子市场和易腐货物运输子市场。

（5）根据货物运价率水平细分。不同品类的货物，其运价率水平也不相同。根据货物运价率水平的高低，可将货运市场细分为高运价率货物运输子市场和低运价率货物运输子市场。

（6）根据货物运输时效性要求细分。随着社会主义市场经济体制的建立和不断完善，部分货主对货物运输的时效性提出了更高的要求。根据此项因素可将货运市场细分为快速货物运输子市场和普通速度货物运输子市场。

（7）根据货物运输路径性质细分。其可将货运市场细分为干线子市场、支线子市场及专线子市场等。对货运市场还可以按照其他因素进行细分，如按运输组合方式等还可以划分出不同的子市场。

5. 运输市场细分的步骤

运输市场细分的步骤如图 7-2 所示。

```
选择运输市场范围  →  列出顾客（潜在顾客）  →  初步细分  →  筛选细分市场  →  为各细分市场命名
                      的所有运输需求
```

图 7-2　运输市场细分的步骤

1）选择运输市场范围

每一个运输企业都应该把自己的任务和所追求的目标作为制定发展战略的依据。各运输企业应在营销调研和市场预测等的基础上，结合本企业的实际能力及竞争实力，选择和确定营销目标，进而根据运输市场的需求选择市场范围。

2）列出顾客（潜在顾客）的所有运输需求

这是对运输市场进行细分的重要依据。运输企业应根据已经存在、刚刚出现或将要出现的旅客或货主的运输需求，进行全面、详细的分类，以便针对运输需求的差异性确定细分运输市场的因素和组合，从而为运输市场细分提供可靠的依据。

3）初步细分

根据细分市场的标准对运输市场进行初步细分。

运输企业通过分析评价不同的旅客或货主的运输需求特征，选出一些旅客或货主作为典型，研究他们需求的具体内容，然后根据具体的相应细分变量作为分析单位进行初步细分。

小·贴士

物流市场细分的参考变量——物流客户思考的五种模式

① 客户只能接受有限的信息——物流企业一定要建立起有效的与显在客户、潜在客户、竞争对手客户及一般公众的长期的、有效的、快速的、绿色信息联通通道，目的是经常对客户实施有效的信息刺激。

② 客户痛恨复杂，喜爱简单——推出物流一站式服务等项目。

③ 客户普遍缺乏安全感——对陌生的事物不会轻易相信，公司要让客户心动，可以开展如先试后买、物流企业旅游、利用民意调研数据、已经服务过客户的调研数据等资料打动他们。

④ 客户对于品牌的印象不会轻易改变——品牌建设很重要。

⑤ 客户的想法容易改变——不断地强化宣传和引导。

4）筛选细分市场

在对运输市场进行初步细分的基础上，分析评价旅客或货主的运输需求特征，并根据本企业的具体条件，去除那些引起各运输子市场具有同等重要性的因素。然后将各子市场进行比较，分析本企业在各细分市场上的营利可能性，放弃不适合企业进入的细分市场，筛选出最有利于本企业发展的细分市场。

5）为各细分市场命名

根据各细分市场上旅客或货主运输需求的主要特征，为筛选剩下的各细分市场命名。

7.2 目标市场的选择

运输企业进行市场细分后，接下来就要决定具体进入哪一个或哪几个细分市场并为之提供服务，这就是目标市场的选择。

1. 目标市场及选择的标准

运输市场细分的目的是选择目标市场。目标市场是指运输企业在市场细分后，对不同的细分市场进行评估，结合本企业的目标和资源确定一个或几个运输子市场作为服务对象，即为目标市场。一般而言，运输企业考虑进入的目标市场应该符合以下几个标准。

1）细分市场存在潜在需求，即市场有一定的规模和发展潜力

运输企业选择进入一个细分市场的目的是为这个市场提供服务的同时，获得一定的利润。具有一定规模的细分市场才能为企业提供可观的利润。一定规模是相对于企业的规模和实力的，较小的市场规模相对于大的运输企业而言，不值得进入；而较大的市场规模对于小的运输企业而言，既缺乏进入市场的资源，又无力与大企业竞争，也没有进入的必要。当然，细分市场的规模也并不是唯一的指标，如果市场具有较大的发展潜力，企业进入后有可能获得较大的市场份额，则可考虑进入。

2）细分市场具有吸引力

吸引力是指运输企业在细分市场上的长期获利的能力，某细分市场可能具有一定的规模和增长潜力，但从获取利润的观点来看不一定具有吸引力。

3）符合企业的目标和能力

市场机会在理论上是无限的。有些细分市场虽然有很大的吸引力，但是进入这个市场同运输企业的发展目标及竞争能力、资源条件可能并不匹配，则不宜进入。

📎 经典案例

顺丰的目标市场

这是一段记者与顺丰总裁王卫先生的采访对话。

记者："有人认为网购配送是一个低端市场，您怎么看？"

王卫："其实从 2006 年起，我们就开始和淘宝网商谈合作，也陆续投入，完成了一些技术对接项目。我知道一些快递公司电子商务的业务量非常大，市场前景很好，但我们来自淘宝的业务量还不理想。我们分析可能有两个原因：一是我们的目标客户群与网购一族有差异。目前网购派送价格很低，我们恰恰在价格竞争中不占优势，在淘宝上面点击采用我们的量有限。二是双方在合作条件、合作模式方面还需要进一步沟通，共同创建一种平等、互惠、共赢的发展环境。"

记者："有人说顺丰的中高端市场定位是嫌贫爱富，您怎么看？"

王卫："唔？有这种说法。我认为我们是专注。由于服务标准和管理水平不同，我们的成本居高，有些事情我们确实做不了。人要破自己的贪心，要专注去做自己认为对的事。我做快递，总是告诫自己不要三心二意，看人家做得好就转向，要一心一意把自己的领域做专。我相信市场不愿意看见、政府也不愿意看见顺丰把高中低端市场一揽子通吃。大家应该是同台吃饭，

各自修行，各施其法，各取所需，针对不同的客户群提供不同的服务。

"当然，随着公司的成熟，成本管控会越来越精细，最终我们会把管理成果转向市场，让客户受益。我觉得市场有不同的服务、不同的产品、不同的价格，客户有多种选择的机会，这是个好事。"

（资料来源：陶小恒. 物流营销实务. 武汉：武汉大学出版社，2016.）

问题：

1. 你是如何理解目标市场的？
2. 是不是企业能做的市场都是企业的目标市场？为什么？

2. 目标市场的选择形式

运输企业将整体运输市场划分为若干细分市场后，既可以从中选择一个运输子市场作为目标市场，也可以将几个运输子市场选作目标市场，这就涉及运输企业如何选择目标市场的问题。确定市场范围是目标市场选择的重要内容之一。目标市场的选择形式关系到运输企业营销活动的效果。通常，运输企业选择目标市场有五种形式，如图7-3所示。

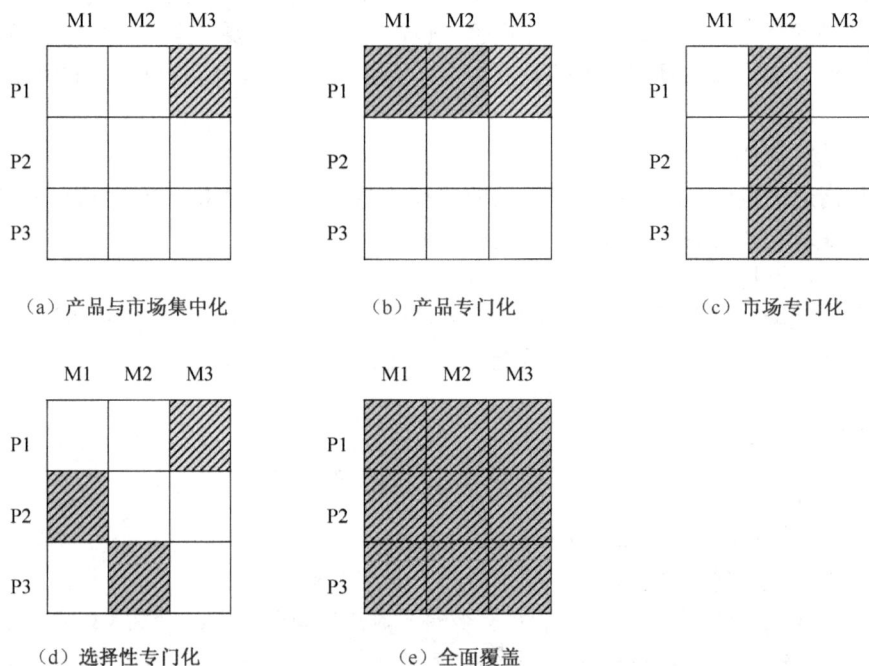

图7-3　五种目标市场的选择形式

1）产品与市场集中化

产品与市场集中化是指运输企业的目标市场无论从产品角度还是从市场（旅客或货主）角度，都集中于一个运输子市场。即运输企业只向市场提供一种运输产品，而且只供应给某一旅客群或货主群，如图7-3（a）所示。例如，某公路运输企业只向市场提供一种运输产品，而且仅为当地的中小型企业服务。这种战略比较适合于中小运输企业，它可以帮助企业实现专业化生产和经营，在取得成功后再逐步向其他细分市场扩展。

2）产品专门化

产品专门化是指运输企业只提供某种运输产品，满足不同的旅客群或货主群的需要，如图7-3

（b）所示。例如，某运输企业只办理快运货物运输，不仅为当地的中小型企业服务，而且也为当地的大型企业提供快速货物的运输服务。采用这种形式，运输企业的生产相对集中，有利于企业发挥优势，在某一产品方面树立较好的声誉和企业形象。

3）市场专门化

市场专门化是指运输企业面对同一旅客群或货主群，根据他们的不同运输需要，提供不同的运输产品，如图7-3（c）所示。例如，某公路运输企业只服务于当地的大型企业，但该公司不仅办理快速货物运输，同时还办理普通速度的货物运输等。采用这种形式，有利于发展和利用运输企业与旅客群或货主群的关系，降低交易成本，并在这一群体中树立良好的企业形象。但是，一旦这一群体的运输需求或购买力下降，运输企业的受益将受到较大的影响。

4）选择性专门化

选择性专门化是指运输企业有选择地进入几个运输子市场，为不同的旅客群或货主群提供不同的运输产品，满足不同运输子市场上的不同运输需求，如图7-3（d）所示。例如，某公路运输公司为当地的中小型企业提供快速货物运输服务，同时为当地的大型企业提供普通速度的货物运输服务。这是一种多角化的经营方式，可以较好地分散运输企业的经营风险。但采用这种策略时，必须以这几个运输子市场都具有相当的吸引力，即都能实现一定的利润为前提。

5）全面覆盖

全面覆盖是指运输企业决定全方位地进入各个运输子市场，为所有不同的细分市场提供各种不同的运输产品，分别满足各类旅客群或货主群的不同运输需求，力求覆盖整个运输市场，如图7-3（e）所示。显然，这种形式只能被实力非常雄厚的大型运输企业采用。

在这五种目标市场的选择形式中，运输企业一般总是首先进入最有利可图的运输子市场，在条件和机会成熟时，企业会逐步扩大目标市场范围，进入其他运输子市场。

3. 目标市场营销策略

运输企业选定目标市场后，能否在目标市场上取得预期的经营效果和效益，主要取决于是否制定并实施了正确的营销策略。一般地，企业所采用的目标市场营销策略主要有三种：无差异性营销策略、差异性营销策略和集中性营销策略。

1）无差异性营销策略

无差异性营销策略是指运输企业将整体运输市场看作一个大的目标市场，企业的营销活动只考虑旅客或货主运输需求的共性，而不考虑他们之间的差异性。因此，运输企业只向市场提供单一的运输产品，采用单一的营销组合去吸引和满足旅客或货主的需要，如图7-4所示。

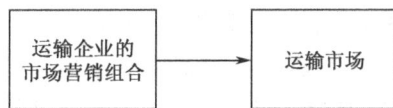

图 7-4 无差异性营销策略

无差异性营销策略最突出的优点在于它可以大大降低运输成本。由于面对整个目标市场只实施一套营销组合策略，因此，所经营产品的品种少而批量大，能够节省大量的营销成本，实现规模经济效益，从而大大提高利润率。

这种策略的局限性是难以满足旅客或货主多样化的需求，不能适应瞬息万变的运输市场形势，应变能力差。

采用这种策略的运输企业一般规模较大，拥有广泛的销售渠道，能进行大量的广告和统一的宣传，因而往往在旅客或货主心里形成"超级产品"的印象。一般来说，在运输产品供不应求，运输企业在市场上占据主导地位，运输市场的竞争程度较低，旅客或货主运输需求的差异性被运输能力不足所掩盖的情况下，运输企业采用无差异性营销策略往往是合理而且有效的。

2）差异性营销策略

差异性营销策略是指运输企业根据旅客或货主的不同运输需求，将整体运输市场细分为若干个子市场，从中选择两个或两个以上乃至全部运输子市场作为自己的目标市场，针对不同的子市场，运输企业分别设计不同的营销组合方案，以满足不同旅客或货主的需求，如图7-5所示。

差异性营销策略的优点：

（1）采用差异性营销策略的运输企业通过制定不同的市场营销组合，可以更好地满足不同旅客群或货主群的需要。

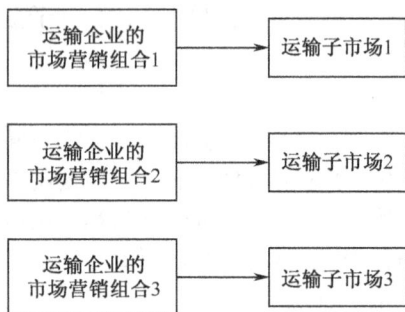

图 7-5　差异性营销策略

（2）如果某一运输企业同时在几个细分市场上都具有优势，就能够开拓新的运输市场，扩大销售，提高企业在运输市场上的占有率和经济效益。

（3）可以分散运输企业的市场经营风险，提高企业的应变能力。

差异性营销策略的缺点：

（1）采用差异性营销策略必然大大增加运输企业的经营成本。

（2）要求运输企业必须具备相当的实力，使小型运输企业无力采用这种策略。

这种策略适用于选择性较强，需求弹性大、规格等级复杂的商品营销。

经典案例

"DHL 高尔夫快递" 实现差异化营销

为了轻装简行，商务繁忙的"空中飞人"不得不一次次把沉重的球具留在家中，饱受"相思"之苦。人在旅途，如何在异乡与心爱的高尔夫轻松"约会"？作为中国航空快递业的领导者，中外运敦豪在上海地区率先推出了创新的"DHL 高尔夫快递"服务，快捷、稳妥地帮助用户递送高尔夫球具。同时，这一举措也再次凸显了中外运敦豪敏锐的市场触觉和对完美服务品质的不懈追求。

中外运敦豪董事总经理吴东明表示："DHL 高尔夫快递无疑可以帮助热衷高尔夫的商界人士们轻松享受高尔夫之旅。我们将凭借中外运敦豪发达的全球网络，以门对门的方式，为用户将高尔夫球具从上海递往国内及国外目的地。作为中国航空快递业的领导者，中外运敦豪将继续以对市场需求的敏锐把握及对创新的不断追求，保持产品及服务的差异化优势，为不同类型的客户提供贴心服务，从而巩固我们在快递和物流市场的领先地位。"

目前，中国已拥有 200 余处高尔夫球场，仅上海就建有 20 余处，其中部分高尔夫球场已具国际水平。随着高尔夫运动在中国的蓬勃发展，国际级的高尔夫赛事接踵而至，吸引了大批世界一流的高尔夫球手。在刚刚落幕的汇丰高尔夫冠军赛上，著名的"老虎"携世界顶尖高手云集上海，让众多中国高尔夫爱好者一饱眼福。

与此同时，国内的高尔夫爱好者正逐年增多。即使出差在外，爱好者们也希望能够尽情享受高尔夫运动带来的身心愉悦。然而，选择轻便的旅行，还是沉重的球具成了广大高尔夫爱好者的一个难题。针对这种情况，中外运敦豪特别为这一人群量身定做，推出了"鱼"和"熊掌"可以兼得的"DHL 高尔夫快递"。

用户只需在旅程结束后，将高尔夫装备交给 DHL 签约的高尔夫俱乐部或酒店的相关服务人员，即可轻松启程，与此同时，高尔夫装备也将"穿着"中外运敦豪特制的包装，平安返家。

自 1986 年成立以来，中外运敦豪面向中国市场推出了众多独具特色的领先快递服务产品和解决方案。其中，DHL 进口到付、DHL 定时特派、DHL 珍宝箱和小珍宝箱，以及 DHL 重宝箱等服务产品深受广大用户的喜爱。

（资料来源：http://biz.163.com/06/1122/10/30HANV0600021E6Q.html）

3）集中性营销策略

集中性营销策略是指运输企业在运输市场细分的基础上，选择其中一个或少数几个运输子市场（或对该运输子市场进一步细分后的几个更小的市场部分）作为目标市场，集中力量为其目标市场研制开发理想的运输产品，实行高度专业化的生产和经营，以求更好地满足目标市场上旅客或货主的需求，如图 7-6 所示。

集中性营销策略的优点：

（1）企业容易掌握旅客或货主的需求变化、对企业市场营销组合的反应及竞争对手的有关信息等市场动态，有利于运输企业及运输产品树立形象，提高知名度。

图 7-6　集中性营销策略

（2）由于运输企业在较小的运输子市场上实行营销专业化，因而可以减少成本支出和经营费用。

集中性营销策略的缺点：运输企业面临的风险较大。由于企业的目标市场较为单一和狭窄，当旅客或货主的运输需求发生突变、市场购买力下降或市场上出现了比本企业强大的竞争对手时，运输企业的应变能力与抗风险能力很差，使运输企业陷入困境，甚至倒闭。

集中性营销策略主要适用于那些资源有限的小型运输企业。采用这种策略的运输企业不是将力量分散在广大运输市场上，求得在较大的运输市场上获得较小的份额，而是集中力量争取在较小的运输子市场上占有较大的甚至是支配地位的市场占有率。

4．目标市场营销策略的选择依据

运输市场选定目标市场之后，能否取得预期的经营效果和效益，主要取决于是否制定并实施了正确的营销策略。

目标市场战略各有利弊，运输企业在选择目标市场营销策略时需综合考虑企业、产品市场和竞争对手等多方面的因素。

1）企业实力

企业的实力主要指人力、物力、财力及管理能力等。如果运输企业实力雄厚，在运力充沛、技术先进、管理科学和人才济济的情况下，可以考虑实行无差异性或差异性营销策略；如果实力有限，则最好实行集中性营销策略。

2）产品同质性

产品的同质性是指产品在性能、特点上的相似度大小。相似程度高，则同质性高；反之，则同质性低。对于同质性运输产品来说，这些产品的竞争主要体现在价格和服务上，一般适合实行无差异营销策略。对于差异性较大的运输产品，同质性较低，则应实行差异性或集中性营销策略。

3）市场同质性

市场同质性指各细分市场上顾客需求、购买行为等方面的相似程度。如果运输市场上顾客在

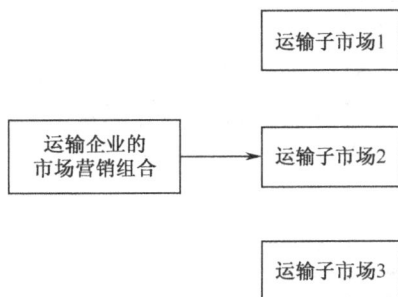

一定时期内需求和偏好比较接近，并且对市场营销刺激的反应相类似，则市场同质性较高，比较适用于实行无差异性营销策略；反之，如果运输市场需求和偏好的差异较大，则市场同质性较低，宜采用差异性或集中性营销策略。

4）产品所处生命周期阶段

处在导入期的运输产品，同类竞争不多，竞争不激烈，最好实行无差异性营销策略；进入成长期后，竞争者增多，为了树立竞争优势，可以采取差异性营销策略；当产品进入成熟期后，市场竞争激烈，消费者需求日益多样化，可以采用差异性营销策略以确立和维持竞争优势，同时开拓新市场，满足新需求；产品步入衰退期后，实行集中性营销策略有助于维持市场地位，延长产品生命周期。

5）竞争者的目标市场营销策略

运输企业选择目标市场营销策略时，一定要充分考虑竞争者特别是主要竞争对手的营销策略。一般来说，企业的目标市场营销策略应与竞争者有所区别。

技能训练

技能训练 7-1

以"行业"为运输市场细分变量进行运输市场细分

市场细分中的变量选择关系到细分效果和成效。以消费者需求的差异性为变量的细分标准是物流市场细分的主要依据。请以"行业"为细分标量，上网检索下载"国家标准行业划分明细表"，根据表中的数据资料，运用市场细分知识，对货运市场进行细分，并分析其中的商机和效益。

要求：完成货运市场细分表及细分报告，要求详细阐述细分依据及分析步骤。

训练建议

此能力训练主要考查学生对运输市场细分标准的理解和掌握情况，建议以小组为单位，在明确运输市场细分标准理论知识的基础上，通过对"国家标准行业划分明细表"进行分析，对货运市场进行细分，并以 PPT 汇报的形式与同学和指导教师交流。

评价标准（见表 7-3）

表 7-3　实践教学考核评价标准

序　号	考核内容	等　级	分　值
1	参与的积极性、主动性，是否有团队合作精神（20分）	优良	16~20
		一般	8~15
		差	0~7
2	实践教学过程中表现出的计划、组织、领导、控制、协调等管理能力（20分）	优良	16~20
		一般	8~15
		差	0~7
3	成果展示（20分）	优良	16~20
		一般	8~15
		差	0~7

续表

序　号	考核内容	等　级	分　值
4	语言表达流畅、规范、准确（20分）	优良	16~20
		一般	8~15
		差	0~7
5	书面、电子版总结报告设计（20分）	优良	16~20
		一般	8~15
		差	0~7
合　计	100分		

技能训练 7-2

物流企业创业适合从细分市场做起

就像成功属于有头脑的人，物流市场也总会为那些定位准确的小企业预留生存空间，至于怎么成长，就要看各自的本领了。第三方物流的概念席卷而来，连搬家公司都会抢着凑个热闹，为自己的卡车刷上"物流"的标志。杭州富日和大连盛川是两家规模不大，成立时间也不长的物流公司，但它们在创业之后都获得了良性增长的动力，因为它们发现做第三方物流用不着"大而全"，只要能为一类客户提供满意的服务就可以顺利成长。

一、富日成功瞄准商业流通领域

在杭州，富日物流公司为多家超市、便利店和卖场提供配送服务，永乐、苏宁、国美家电连锁及华润万佳超市等大型零售商在杭州的物流配送都交由它来完成。

作为一家规模不大的物流公司，富日的竞争力就在于，生产厂家和大型的批发商只要将订单指令发送到其调度中心，富日即可根据客户指令将相关物品直接送到零售店或消费者手里。

富日虽然成立没有几年，但客户已经从最初的几家发展到了现在的 150 多家，2002 年一年内完成仓储物流吞吐量 26 万吨。快速发展的原因，就是它从一开始就把业务目标瞄准了商业流通领域。

富日物流成立之初，相关人员曾对杭州的物流市场做过一个调查，包括杭州的地理位置、基础建设、市场区域等。调研显示：地处流通经济异常活跃的长江三角洲，杭州这几年零售业超市大型化和连锁店经营发展迅猛，仅市区就有 1 600 个门店，而这些连锁店所面临的共同问题就是店内自行配送投资太大而且管理困难，急需一个独立的平台来提供物流配送服务。

如此诱人的市场空缺，富日没有错过。

富日在杭州东部下沙路建了一个 20 万平方米的配送中心，可以同时储存食品、电器、化妆品、药品、生活用品等 8 000 多个品项，很好地解决了当地商业流通行业因为商品多样化带来的仓储难题。零售行业单件商品配送较多，为了提高车辆的满载率，富日物流通过信息化系统的准确调度，将不同客户送往同一区域、同一线路的货品合理配车作业，大大降低了运作成本。

退货和换货作业是物流企业对客户的后续服务，富日所服务的客户类型使它比别的物流公司更多地要面对这个难题。富日借鉴了国外的一些先进经验，专门设立退换货管理区域，将不同的货户、不同的货品退货集中起来，组织人员进行管理、分类，把能够继续使用、无质量问题的重新打包成箱，无法继续使用的则挑拣出来，进行回收处理。

"货品质押"是富日物流又一特色服务。富日与中国银行、招商银行等几家银行签约，供应商可将存放于富日配送中心的货品作为抵押获得银行贷款，同时，富日为银行免费保管这些被抵押的货品。通过这种运营模式，供应商的资产得到了盘活，库存压占的成本降低很多。这也使作为第三方物流商的富日获得了更多的客户资源。

下一步富日物流将全面提升物流资讯系统及网络传输能力，真正达到与货主联网、信息共享，实现物流系统网上操作及互联网在线查询。富日还在积极拓展电子商务网上订单业务，因为它看到宅配送物流需求正在不断增长。

此外，一些跨国企业将其制造中心设在杭州后，同样需要本土的第三方物流企业为其提供全方位的物流服务。除了为杭州市区内的零售做配送外，富日同时也获得了许多大型快速消费品生产商在华东地区的物流份额，如康师傅、伊莱克斯、摩托罗拉等。富日为他们提供仓储、配送、装卸、加工、代收款、信息咨询等物流配套服务。

未来富日则计划建设 600 亩物流园区的二期工程，总投资 2.9 亿元，建筑面积 20 万平方米，其中设有低温物流中心、中转库房和其他一些配套设施；另外，富日还将开辟 15 万平方米的大型停车场，以构建浙江东部地区最大的空车配货中心（即配载中心）。

二、大连盛川专注服务大型制造商企业

2003 年 9 月 4 日，在上海召开的第二届中国物流市场研讨交流会上，大连盛川物流有限公司总经理陈志学神情专注。这其实是一次物流服务的供需见面会，陈志学此行的目的，除了要借机推销盛川外，还有一个更重要的原因，就是想通过这次机会与二汽有更加实质性的接触。

"如果不出意外，二汽在东北地区的物流服务商非盛川莫属。"陈志学成竹在胸。他的砝码，是盛川跟一汽大连柴油机厂（简称"大柴"）历时 3 年的成功合作史。

3 年前，陈志学创建了盛川，第一个客户就是大柴。大柴是大连市的大型国有企业，企业的高层领导人很早就发现，大柴从原材料和协作配套件的采购直到生产出合格产品并送到用户为止，产品在工厂中的加工时间仅占 5%，其他 95% 的时间均在搬运和储存之中，因此如果想降低产品的成本，首先要降低产品的物流成本。另外，面对激烈的市场竞争，大柴也意识到，自己的核心竞争力应该定位新产品开发、设计和组装生产及市场开拓上，物流应该委托给专业第三方物流公司去做。盛川很幸运地获得了这个机会。

在大柴整个供应链流程中，盛川称自己扮演了"供应商组长"的角色。大柴的 100 多家、千余种柴油机零配件外协配套供应厂商都由盛川来管理，供应商们在盛川的统一协调下按照大柴的用料计划及时发货。盛川全程"包办"大柴的原材料采购、收发货、库存和配送。

为了当好这个"供应商组长"，盛川想了不少办法来加强服务。通常，大柴在调用各配套厂家的零配件产品之前，有一个很重要的工序就是由大柴质保处负责质量检查。这项工作在采用第三方物流之初，需要质检人员每天到库房抽取当天到货的产品进行检查，对于需要用专业检测工具才能检验的产品，如喷油泵等则需要带回厂内的检测室检验，这使得一些产品不能在到货当时就得到检验，降低了物流效率。为了解决这个问题，盛川与大柴质保处经过协商，由盛川出资，为大柴质保处在自己的物流基地内建立外协件质量检测分中心，供大柴质保处有偿使用，使到货的零部件都能够及时检测质量，提高物流效率。

盛川还针对大柴这种供应商众多的情况设计开发了一套物流软件以改善原来混乱的物料管理，让大柴及其供应商都可以随时掌握货物的收发及库存状况，并进行科学管理和全程跟踪。经过一年多的实施和运作，这套软件为大柴及其 100 多家供应商提供了前所未有的便捷。

3 年来，盛川为大柴提供的短途配送，使大柴每年节省了 40.5 万元的运力资金；分拨出来的配件打包业务，使大柴每年节省了 19.2 万元的人工及设备费用支出；特别是在外协采购储备资金上，如今已经趋近于零，企业资金得到了盘活。

大柴将物流外包后，日产量由 1999 年的每天生产 220 台，提高到现在每天生产 480 台；库存周转量过去需 10～12 天，现在仅需要半天时间。

"组长"当得不错后,"组员"也被吸引成为盛川的客户。大连创新零部件制造有限公司是大柴的一个供应商,如今,它将自己的 30 多家供应商的物流服务也交给了盛川,这种树根状的发展方式使得盛川将物流服务逐步延伸至了大柴的整条供应链上。

目前,盛川的 EDI、POT 系统及高架货位已全面启动,成为能够为多家国有大中型企业承担生产端物流业务的专业物流基地。

东北地区作为国家的老工业基地,大型国企密集,很多物流商也和盛川一样看见了机会。这两年,大连市第三方物流企业增加到了 60 多家,而且纷纷盯上企业生产物流这块蛋糕,盛川因此有了紧迫感,他正将触角逐步向外延伸,二汽就是这样进入他的视野的。

以上两个案例虽然分属不同行业、不同物流子系统,一个是商业领域,一个是制造业,一个是配送、一个是原材料物流管理,但相同的是,两家小规模物流公司通过市场细分下的明确定位,获得了成长的巨大空间。

(资料来源:陶小恒. 物流营销实务. 武汉:武汉大学出版社, 2016.)

请回答:

1. 该案例对物流企业的市场细分和市场营销策略的开发有什么借鉴意义?
2. 案例中,两个物流企业是如何进行市场细分和市场定位的?

训练建议

此能力训练主要考查学生对运输市场细分及目标市场选择的理解和掌握情况,建议以小组为单位,在掌握运输市场细分的标准和目标市场选择理论知识的基础上,结合所给案例资料进行分析,并与同学和指导教师交流。

评价标准(见表 7-4)

表 7-4 实践教学考核评价标准

序 号	考 核 内 容	等 级	分 值
1	参与的积极性、主动性,是否有团队合作精神(20 分)	优良	16~20
		一般	8~15
		差	0~7
2	实践教学过程中表现出的计划、组织、领导、控制、协调等管理能力(20 分)	优良	16~20
		一般	8~15
		差	0~7
3	成果展示(20 分)	优良	16~20
		一般	8~15
		差	0~7
4	语言表达流畅、规范、准确(20 分)	优良	16~20
		一般	8~15
		差	0~7
5	书面、电子版总结报告设计(20 分)	优良	16~20
		一般	8~15
		差	0~7
合 计	100 分		

复习思考题

一、单项选择题

1. 下列选项不属于运输市场细分原则的是（　　　）。
   A. 可度量性　　　　　　　　　B. 可营利性
   C. 可进入性　　　　　　　　　D. 可细分性

2. 下列不属于客运市场细分标准的是（　　　）。
   A. 旅客行程　　　　　　　　　B. 地理位置
   C. 旅客支出水平　　　　　　　D. 旅客旅行路径

3. 下列不属于货运市场细分标准的是（　　　）。
   A. 货物运输距离　　　　　　　B. 货物运价率水平
   C. 货物运输成本　　　　　　　D. 货物运输路径性质

4. 下面不是运输市场细分的目的的是（　　　）。
   A. 发掘市场机会　　　　　　　B. 充分利用现有资源获得竞争优势
   C. 改进产品　　　　　　　　　D. 制定并调整营销组合策略

5. 下列不属于目标市场营销策略选择的影响因素的是（　　　）。
   A. 企业实力　　　　　　　　　B. 市场同质性
   C. 产品所处生命周期阶段　　　D. 产品异质性

二、填空题

1. 市场细分是把整个市场分割成为具有较强相似性的、可以识别的_____的过程。

2. 市场细分的假定前提是需求在不同的细分市场是_____，而在同一细分市场内部是_____。

3. 运输市场细分的方法有单因素细分法、_____、系列因素法、_____。

4. 根据货物运输距离的不同可以将货运市场细分为_____子市场、_____子市场和短距离货运子市场。

5. 根据货物运输路径性质不同，可将货运市场细分为干线子市场、_____和专线子市场。

三、简答题

1. 简述影响目标市场选择的因素。
2. 简述运输市场细分的步骤。
3. 简述运输市场细分的标准。
4. 简述目标市场选择的标准。
5. 简述运输市场细分的目的。

快递派送环节的市场细分　　　　　　　　　　铁路货运市场细分

项目 **8**

运输市场定位

➡ 知识目标

- 了解运输市场定位的依据和方式
- 掌握客、货运产品市场定位
- 熟悉市场定位的步骤

➡ 能力目标

- 能够根据市场细分情况有针对性地对运输市场进行定位和企业形象设计

✏ 引导案例

顺丰为什么要开办航空公司？

在顺丰管理层，王卫的"经营五要素"理念是人尽皆知的。质量是五要素的起点，质量生品牌，品牌生市场占有率，市场占有率生利润，利润支持抗风险，抗风险再保证质量。那么，顺丰对自己的市场定位是什么？顺丰为什么要开办航空公司？

这是一段记者与顺丰总裁王卫先生的采访对话。

记者："现在顺丰的整个市场定位已经倾向高端客户了吗？"

王卫："不是，是中高端。中国快递完全高端的市场还很小，而且它分为两块：一是国际业务，需要信息联网性支撑的，这不是顺丰的优势，因为我们没有国际网络；另一个就是国内完全高端的市场，现在看来还不大成熟，毕竟中国的制造业在产业结构中占比重很大，而目前制造业的产品层次偏低。"

"另外，我认为，中国目前的快递企业还没有人能真正满足高端市场的需求，缺乏在中端的基础上再为客户量身定做个性化服务的能力。最后高端市场只能委屈自己，降低需求变成中端。因此，顺丰下一步要针对不同市场客户的特征，去制定网点布局规划、分配人员投入，区分、细化服务标准。"

记者："从率先包机到自己开办航空公司，这一大战略投入是不是也与市场中高端定位有关？"

王卫："这只是顺丰对战略风险的一项控制措施。要想可持续发展，行业内的一些稀缺资源最好在自己控制的范围之内。我说四点理由，一是飞机拿在人家手里，对方没有义务为你的战略发展服务。二是飞机是快递企业离不了的运输工具，而航空公司的运营计划不可能由快递公司主导，除非公司是你的。三是我们营运公司的总裁和航空公司总裁一同去拜访某些部门，往往职级低的航空公司总裁更受重视，会谈效果都不一样。四是现在地方政府一些发展奖励，都只给航空公司而不给快递公司。"

（资料来源：陶小恒. 物流市场营销. 武汉：武汉大学出版社，2016.）

问题：

1. 结合案例，说明什么是市场定位？
2. 顺丰为什么要开办航空公司？这一行为与市场定位有什么关系？

8.1 运输市场定位的含义及意义

市场定位是 20 世纪 70 年代由美国学者阿尔·赖斯提出的一个重要的营销学概念。市场定位是指设计一定的营销组合，以影响现在顾客对一个品牌、产品或一个组织的全面认识和感知。运输市场定位，是运输企业设计出自己的产品和形象，从而在目标顾客中确定与众不同的有价值的地位。

顾客面对的是众多的运输企业及过于复杂的产品或服务信息，因此，当他们做出一项购买决策时，往往没有时间、精力或有效的办法重新评估欲购买的产品或服务。于是，他们为了简化购买过程，提高购买效率，往往有意或无意识地对产品或企业分类，即对产品、服务或企业进行定位，而这种市场定位在很大程度上影响消费者的购买决策。

不难看出，市场定位可以给企业的营销效果带来不可估量的影响。在营销过程中，运输产品的市场定位是通过为本企业的运输产品创立鲜明的个性，从而塑造出独特的市场形象来实现的。许多同类运输产品在市场上品牌繁多，各具特色，广大旅客或货主都有着自己的价值取向和认同标准，运输企业要想在目标市场上取得竞争优势和更大的效益，就必须在了解旅客或货主运输需求、竞争企业及竞争产品的基础上，为企业树立形象，为产品赋予特色，以独到之处取胜。这种形象和特色可以是实物方面的，也可以是心理方面的，或是二者兼而有之，如质优、价廉、豪华、服务周到等，都可作为定位观念。

例如，某运输企业 T 决定进入中长途货运市场。通过进行运输市场调研，该企业了解到货主最关注的是货物送达速度和运输价格；同时还了解到这一市场上已经有 A、B、C、D 四家运输企业提供了同类服务，他们在运输市场上所处的位置各不相同，如图 8-1 所示。

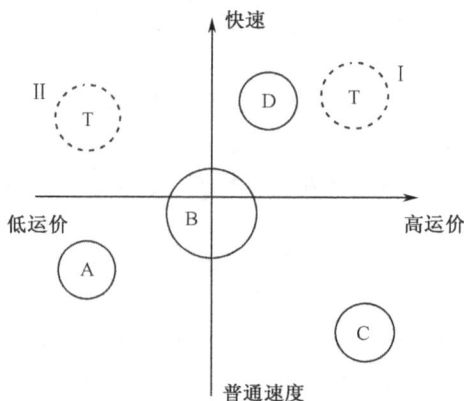

图 8-1 运输市场定位示意图

在图 8-1 所示的情况下，T 企业的运输产品如何定位呢？有如下两种方案可供选择。

方案一是 T 企业在 D 企业附近定位，与它争夺货主。但如此定位需考虑以下条件：① 高运价、快速货物运输市场的容量足以容纳 D 和 T 两家运输企业的产品；② 本企业能为运输市场提供比 D 企业更好的产品，如时间安排更为合理，或能为货主提供特殊的效用；③ 这样的市场定位与本企业的资源、特长和声望等是相称的。

方案二是 T 企业在左上角空白处定位。这是一个期望低运价的快速中长途货物运输子市场，且目前还没有运输企业涉足。由于 T 企业选择的是低运价的快速运输市场，因此应具备以下条件：① 本企业具有为市场提供快速货物运输产品的实力和条件；② 从长远看，虽然货物运价较低，但仍然能保证 T 企业实现其利润目标；③ 通过宣传等手段，能够有效地使货主相信本企业为货主提供的货物运送速度远比 A 企业快而与 D 企业相当，以保证货运量及货运周转量的增加，提高市场占有率。

如宅急送快运有限公司的市场定位为：做社会零散货物的全国门到门快运。宅急送的快运产品则定位为 5～50 千克的高附加值小件产品，如手机、计算机等消费类电子产品。根据这个定位，宅急送放弃了康师傅、正大集团、科龙空调和已经合作五年的雀巢等客户。

▷ 8.2 运输市场定位的依据和方式

1. 运输市场定位的依据

每个运输企业的产品都具有差异性，面向的旅客或货主也有所不同，所处的竞争环境也不相同，因此市场定位的依据也是不相同的。

1）根据运输产品的属性和效用定位

运输产品本身的"属性"及由此获得的"效用"能使旅客或货主感受到它的定位。例如，公路货物运输具有"机动灵活"的特点，铁路货物运输则强调"大宗货物运输"及"安全"等特征。在有些情况下，新的运输产品应强调一种属性，这种属性是其他竞争者所不具备或无暇顾及的，同时是旅客或货主能够认可和接受的，这种定位往往容易成功。

2）根据运输价格和服务质量定位

"运输价格"和"服务质量"都可以为运输企业及产品创立不同的市场位置，给旅客或货主留下不同的印象，这两项因素也是许多旅客或货主所注重的。例如，航空公司的飞机票价格虽然较贵，但强调服务质量好且旅行时间短；公路旅客运输在服务质量和旅行时间上不如航空运输，但强调票价便宜且较为舒适。

3）根据旅客或货主的类型定位

运输企业常常试图将他们的产品指向某一类特定的旅客或货主即某个运输子市场，以便根据该运输子市场的看法塑造合适的形象。例如，某公路货运公司可以将自己的产品定位于专门为中小型企业（中小货主）提供货物运输服务，或者专门为大企业（即大货主）提供货物运输服务。

4）根据产品档次定位

可以根据为旅客或货主提供的运输产品（包含服务）的档次为运输企业及产品确定市场位置。例如，铁路运输企业为旅客提供不同档次的产品（含服务），有软卧、硬卧、软座、硬座等，他们分别为旅客提供不同的舒适程度、服务等。

5）根据竞争定位

运输企业及产品还可以定位于同竞争直接有关的不同属性或利益。例如，铁路运输企业的某些客运产品强调，为旅客提供的服务质量及水平要向航空公司看齐。

实际上，许多运输企业及产品在进行市场定位时，其依据往往不止一个，而是多个结合使用。因为作为市场定位体现的运输企业及产品的形象，应当是多维的。

2. 运输市场定位的方式

运输企业必须充分考虑自身条件、竞争者状况及市场外部环境等因素，科学合理地进行市场定位，在激烈的市场竞争中突出本企业及产品的优势。根据运输企业自身与竞争者的关系，可以把市场定位为以下几种类型。

1）对抗定位

这是一种把运输企业及产品定位在市场上占据主导地位的，即最强有力的竞争对手附近的方式，争取同一个子市场上的旅客或货主的方法。如在上面的例子中，如果 D 企业是中长途货物运输市场上实力最强大的企业，那么 T 企业实施的定位方式方案一就是对抗定位。显然，对抗定位有时是一种比较危险的商业战术，但也有不少运输企业认为这是一种更能激发本企业奋发向上的定位尝试，一旦成功就会获得巨大的竞争优势。采用对抗定位方式，运输企业必须做到知己知彼，应了解市场上是否可以容纳两个或两个以上的竞争企业，尤其应认真分析本企业的资源和实力，分析是否能比竞争企业做得更好。

2）避强定位

这是一种运输企业为避开强有力的竞争对手，而采取的市场定位方式。运输企业不与对手直接对抗，而是将自己置于运输市场的"空隙"，发展目前运输市场上没有的特色产品，开拓新的运输市场领域。如在上面的例子中，T 企业实施的方案二就是避强定位的情况。其优点是：能够迅速地在运输市场上求得生存，获得发展的契机，并在旅客或货主心目中尽快树立一定的形象。这种定位方式的市场风险较小，成功率较高，常常为多数企业所采用。但也应注意到，避强定位有两种情况：一种情况是该潜在运输市场还没有被其他运输企业发现，此时如果本企业定位于这一市场，不需花费太大的努力，就可以获得较大的成功；另一种情况是许多运输企业发现了这部分潜在市场，但没有能力和资源去占领，此时本企业如果定位于这一市场，就需要足够的实力才能获得成功。

3）重新定位

这通常是指对于销路较少、市场反应较差的运输产品进行二次定位。初次定位后，随着时间的推移，新的运输企业进入市场，选择与本企业相近的运输市场位置，致使本企业的市场份额下降；或者由于旅客或货主的运输需求发生改变或转移，使得他们对本企业的运输需求下降；或者初次定位的位置或方案不合适，转而采用另一个定位方式。在上面例子中，如果 T 企业的定位方式在一段时间内实施方案一未获成功，转而实施方案二，就属于重新定位。

经典案例

美国西南航空公司市场定位

美国西南航空公司（Southwest Airlines）在中型城市和大都市的次要机场之间提供短程、低价和"点对点"的服务。西南航空避开了大机场及长距离的飞行，其顾客包括商务旅客、家庭、学生等群体。西南航空以频繁的班次与低价来吸引那些对价格敏感的顾客，如果价格没有足够的吸引力，这些顾客就会以巴士或汽车代步。

那些提供全套服务的航空公司的构想是：尽可能让乘客舒舒服服地从一地抵达另一地，要到达目的地并满足旅客的转机需求，提供全套服务的航空公司就必须以大机场为中心来建立轮辐状营运系统。为吸引追求舒适的乘客，这类航空公司还必须提供头等舱和商务舱的服务。对于讲究便利而必须转机的旅客，航空公司还必须为他们协调班机和行李转运的时间。对于长途飞行的旅客，航空公司还要为他们供应餐点。

西南航空正好相反，它的所有活动都朝特定航线、低成本、便捷服务的方向设计：西南航空的登机时间通常不超过 15 分钟，以更少的飞机执行更频繁的班次。西南航空并不供应餐点，也不受理指定座位、跨航线行李转运或高级舱位的服务。它在登机门前设置自动售票机，让旅客可以不必通过旅行社来购买机票，也为西南航空缔约了中介费。其标准化的波音 737 机队也使其维修效率很高。西南航空以精简的活动发展出了一套独特而又有价值的战略定位。在西南航空所经营的航线上，其他提供全套服务的航空公司根本无法提供如此便利或低成本的服务。

（资料来源：陶小恒. 物流营销实务. 武汉：武汉大学出版社，2016.）

8.3　市场定位的步骤

市场定位是一个认识比较的过程，其步骤如下：以产品的特征为变量勾画出目标市场的结构图；明确潜在的竞争优势，并选择相对的竞争优势；显示独特的竞争优势；进行市场定位。

1）以产品的特征为变量勾画出目标市场的结构图

分析目标市场顾客所重视的服务特征，对所进入目标市场有一个大致的认识。

运输服务产品的特征有：价格（高与低）、质量（优与劣）、功能（多与少）等。运用这些变量，两两不同的变量指标组合便可以画出多个平面图。假定有四个竞争者（A、B、C、D），按照价格与质量进行组合就可以形成一个结构图，如图 8-2 所示。

2）明确潜在的竞争优势，并选择相对的竞争优势

在上述结构分析的基础之上，运输企业要明确潜在的竞争优势。为此要弄清楚以下三个方面的问题。

（1）目标市场上竞争对手的产品定位如何？包括对竞争者的成本和经营情况分析。

（2）目标市场上足够数量的顾客确实需要什么，他们的欲望满足程度如何？必须认定目标顾客认为能够满足其需要的最重要的特征。

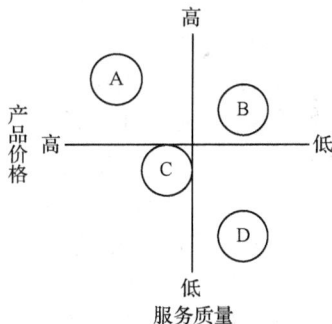

图 8-2　目标市场定位图

（3）本企业能够为此做些什么？

相对的竞争优势，是一个企业能够胜过竞争对手的能力。这种能力既可以是现有的，也可以是潜在的。准确地选择相对竞争优势是一个企业各方面实力与竞争对手的实力相比较的过程，通常从经营管理、技术开发、设施、服务功能、人力资源及财务指标等方面进行衡量比较。

3）显示独特的竞争优势

选定的竞争优势不会自动地在市场上显示出来，运输企业要进行一系列的宣传促销活动，将其独特的竞争优势准确地传播给潜在顾客，并在顾客心目中留下深刻印象。要避免因传播不当在顾客中造成误解，如传递的定位过低，不能显示运输企业的服务特色；传递的定位过高，不符合企业的能力状况，造成顾客的期望值过高；传递的定位过于模糊，则难以在顾客的心目中留下明

晰的印象。

（1）建立与市场走位相一致的形象。

① 让目标顾客知道、了解和熟悉本企业的市场定位。

② 使目标顾客对本企业的市场定位产生认同、喜欢和偏爱。

（2）巩固与市场定位相一致的形象。

① 强化目标顾客的印象。

② 保持目标顾客的了解。

③ 稳定目标顾客的态度。

④ 加深目标顾客的感情。

（3）矫正与市场定位不一致的形象。许多时候，目标顾客对运输企业及其市场定位的理解会出现偏差，如定位过低或过高，定位模糊与混乱，易造成误会。运输企业在显示其独特的竞争优势过程中，必须及时纠正与市场定位不一致的形象。

4）进行市场定位

市场定位分初步定位和正式定位两个过程。初步定位是经过详细论证后，由最高领导层决定；而正式定位是经过调研、试销、校正偏差之后的最终工作。需要强调的是，随着目标市场供求状况的不断变化，企业在目标市场上的定位将不断得到修正。

▷ 8.4 客、货运产品的市场定位

各运输企业可根据旅客或货主对客运产品或货运产品属性的重视程度、需求的满足程度及自身的实力和条件对不同的客运产品或货运产品进行市场定位。

通过调研和分析可知，旅客主要对旅行时间（或旅行速度）、旅行时段、舒适程度、客票价格、服务质量、方便性（包括购票、乘车）等因素较为关注。而且不同的旅客群体，即不同的旅客运输子市场对以上因素的重视程度也不相同。例如，经商子市场（商务流），即商务客流较重视旅行时间、时段及服务质量，票价则是相对次要关注的因素；而打工子市场（打工流）则较重视票价，对于其他因素的重视程度一般；求学子市场（学生流）具有较强的集中性，寒、暑假期间流量很大，较重视票价、旅行时间、方便性，对其他因素的重视程度一般。各运输公司可根据本产品的目标市场组成，针对旅客的需求和对产品特性的重视情况，为本企业和运输产品塑造出特殊的形象，如价格低廉、速度快、车上旅馆、服务热情周到、舒适、高档、物美价廉等，并传递给旅客，即市场定位。

货主主要对货物送达时间（速度）、时效性、方便性（如能否实现门到门运输）、运输价格、货物的安全、服务质量等方面较为重视。但是对于不同的货主在托运不同的货物时，其运输需求并不相同，对以上各因素的重视程度也不相同，即使是同种货物（如销往国外和国内的同种类货物），重视程度也可能不一样。例如，有的货主在托运货物时十分重视货物的安全和完整及运输价格，其送达时间和服务质量则为次要重视的因素；有的货主较为关注运输的时效性，如托运季节性较强的货物、严格按照销售合同托运的货物、销往国外的货物等；有的货主较为重视运输的方便性，能否提供门到门运输服务。各运输企业要根据本产品的目标市场的具体情况和特点，为本企业和运输产品塑造出与众不同的、有特色的形象，如十分安全、运价较低、快速运输、准时运到、服务热情周到、门到门等，并将其准确地传递给货主，即实现市场定位。

技能训练

技能训练 8-1

香港邮政"特快专递"市场细分、目标市场选择和市场定位

邮政服务虽在总体上具有不可替代性，但在某些业务品种上也存在着竞争，如速递业务。在香港，香港邮政署本是国际速递服务的首创者，早在 1973 年，市场上私营国际速递业务尚未形成气候，香港邮政就已推出了"特快专递"业务。但由于香港邮政是依靠行政拨款的政府部门，一直未能对"特快专递"进行产业化的市场推广，结果其速递业务的发展反不及后来的私营机构，人们也普遍认为香港邮政"特快专递"在速度与可靠性方面都不如私营公司。1995 年 8 月，香港邮政经营体制发生变化，从行政模式转为以运营基金模式运作，拥有了财政自主权。以此转轨为契机，香港邮政大力推行市场化，改善服务，改进技术，灵活调动资源应对市场竞争。1997 年，香港邮政重新推广特快专递服务，欲以改良的服务形象提高市场占有率，增加营业额。

1. 发掘机会巧定位

"特快专递"在香港人心中一直是个不太成功的品牌，要扭转这一品牌形象，离不开缜密的分析和筹划。香港邮政进行了顾客分析、行业分析和竞争对手分析。通过客户调研，他们了解到，顾客选择速递服务时首先考虑的因素是速度与可靠性，其次是价格。同时顾客也希望能够追踪邮件，随时了解运送情况。综合其对市场竞争状况、竞争对手服务情况的掌握，香港邮政进行了 SWOT 分析。

（1）公司优势。特快专递服务推出较早，技术支持较强（如电子追踪服务）；以邮局为服务终端，服务网络覆盖面广，优势无可比拟；公司寻求改变的决心巨大，员工士气高昂，急欲参与。

（2）公司劣势。"特快专递"过去的形象不太好，认知率不高，可靠性与速度不及私营速递公司。

（3）市场机会。私营速递公司多以大公司为主要客户，而占绝大多数的中小商业机构享受不到价格优惠，个别客户更被作为最后处理的对象；中小商业机构的需求得不到满足，是个被忽视的市场。

（4）市场威胁。近年来香港经济不太景气；外部环境不利；速递业竞争对手林立，正面冲突可能招致报复。

通过 SWOT 分析，香港邮政明确了"特快专递"的市场地位，也找到了其可努力的方向，即抓住机会、发挥优势（S-O 策略）。由此，香港邮政将广大中小商业机构和个别客户定位为其"特快专递"的目标顾客，向他们提供价格适宜的邮政服务；即以"补缺者"的身份填补市场空隙，避免了和竞争对手的正面冲突。同时，香港邮政将此次推广活动的目标设为：树立品牌形象；提高"特快专递"的认知率；扩大顾客基础；提高市场占有率。

2. 超值服务显优势

香港邮政对其速递服务采取低价策略，并不意味着质量水准的降低；相反，香港邮政重新推广"特快专递"业务，正是为了扭转其在顾客心目中的形象，所以他们在服务质量上毫不放松，要给顾客以"超值"的感觉，而且尽量照顾到顾客的需要。做法如下：

（1）提供电子追踪服务，让顾客随时掌握邮件运送的情况；

（2）提供大小不同的特快专递箱，满足顾客不同的需要，且收费低廉；

（3）消除一切可能造成延误的因素，保证邮件准时发送；

（4）在推广初期特设营业小组，应对业务查询，替顾客开立账户并兼做宣传；

（5）整肃作风，一线人员礼貌热情，服务细致耐心，富有效率。

香港邮政以崭新的形象提供着高质量、高效率的服务，让顾客有更多时间处理需要寄运的物件，甚至可在"最后一分钟"将邮件寄出，节约客户的分分秒秒尽显优势。

3. 整合传播显奇力

香港邮政于 1997 年 10 月开始了题为"分秒显优势"的整合营销传播计划。多种营销工具同时使用，无孔不入的接触大大提高了"特快专递"的认知率，整合营销传播强劲有力的攻势成功改变了人们心目中对"特快专递"原有形象的认识。

（1）视觉形象。香港邮政设计了全新的机构形象与特快专递服务形象。选择以速度见长的"蜂鸟"代表公司形象，选用绿色、紫色两种颜色表现香港邮政积极进取、寻求改变的精神面貌。对于"特快专递"服务，香港邮政力图将其塑造成一个强有力的品牌，选用"雨燕"（以速度和耐力著称）作为标志，传达"特快专递"快捷、可靠的服务承诺。

（2）传播沟通。香港邮政以"分秒显优势"为主题的宣传活动规模宏大，采用了多种传播手段。电视广告、报纸广告、直接邮件、传单（DM）、海报无不在传达"特快专递"的信息；街道、地铁、邮局各处无不成为香港邮政与顾客的接触点，传播与反馈同时进行。

香港邮政的电视广告极富感染力，突出了"分秒显优势"的承诺。一个勤勉、质朴的年轻邮递员，充满自信地走在人群之中，他不断前行的身影、真诚的笑容与身后人潮、车流、喧闹的城市组成的画面形成了强烈的对比。这一广告形象给人以踏实、可信赖的感觉，充分代表了香港邮政崭新的形象。此外，广告中地点的选择也很有特色，分别以北京和巴黎为寄送目的地，显示了香港邮政在中国本土和国际市场的服务能力和优势，有力传达了内在信息。

地铁月台、各大邮局均展示有大型海报，通过大众传媒和服务终站介绍"特快专递"服务信息，让广大顾客充分认识这一全新包装的服务品牌。

公司的直邮服务更有针对性，在做宣传的同时也可了解客户的要求，并回复顾客的询问。对已有账户的客户则与客户保持联系，定期介绍"特快专递"的发展状况和服务改善的信息，培养客户的品牌忠诚。

在服务终端——各大邮局均放有有关资料、表格，介绍开立账户的程序帮助顾客了解"特快专递"。推广之初更有专职人员提供咨询，替客户开立账户，鼓励客户更多地使用"特快专递"服务。

4. 内部营销示决心

香港邮政对这项活动予以高度重视，公司管理高层特别成立了"特快专递"倡导委员会，并设立了许多工作促进小组，对公司所有职员（包括不直接处理"特快专递"业务的职员）介绍有关产品，强调加强服务的重要性。领导的重视与亲临指导给员工以极大的鼓舞，每个员工都愿熟悉"特快专递"业务，为推广活动的成功效力。公司上下一心，人人都为他们努力取得的成绩感到骄傲。

5. 市场表现传佳绩

香港邮政"特快专递"推广活动取得了显著的成效。

（1）业务量。尽管香港经济不景气，"特快专递"处理的邮件总量仍有所上升。

（2）客户数。实施推广计划的头 5 个月内，新开立账户的客户人数上升了 60%。

（3）认知率。对于"特快专递是国际速递服务"的理念，在未开立账户的顾客群体中的认知率从 11% 上涨到 30%，在已设账户的客户群体中从 36% 上升到了 50%。"特快专递"在香港已成功建立起品牌。

（4）满意度。对顾客满意程度的独立研究显示，客户对特快专递服务各程序的满意程度均有所上升。

此外，在公司内部，员工工作的热情、顾客导向的认识均有所提高，员工努力争取客户的心态促进了香港邮政更加商业化地运作。由于速递业务服务水平的提高，1997年第4季度，香港邮政署获得了全球邮政联盟的嘉奖。这一市场推广活动成功地入围1998年度香港杰出营销奖，其电视广告也被评为该年度的杰出广告作品。

请回答：

1. 香港邮政署对邮政市场进行细分的标准是什么？
2. 目标市场选择在哪里？
3. 如何进行市场定位？
4. 给我国其他地区的邮政服务带来了哪些有益启示？

训练建议

此技能训练主要考查学生对运输市场细分、目标市场选择、市场定位等相关知识点的理解和掌握程度。建议学生在掌握以上理论知识的基础上，反复阅读所给案例，借助互联网查找相关资料，进行分析，并将结果与同学和指导教师分享。

评价标准（见表 8-1）

表 8-1　实践教学考核评价标准

序　号	考 核 内 容	等　级	分　值
1	参与的积极性、主动性，是否有团队合作精神（20分）	优良	16～20
		一般	8～15
		差	0～7
2	实践教学过程中表现出的计划、组织、领导、控制、协调等管理能力（20分）	优良	16～20
		一般	8～15
		差	0～7
3	成果展示（20分）	优良	16～20
		一般	8～15
		差	0～7
4	语言表达流畅、规范、准确（20分）	优良	16～20
		一般	8～15
		差	0～7
5	书面、电子版总结报告设计（20分）	优良	16～20
		一般	8～15
		差	0～7
合　　计	100分		

技能训练 8-2

主打三公里配送的"众包物流"

一、O2O 时代的快递需求

电商时代的顺丰和"四通一达"显然满足不了 O2O 时代下的快速响应需求，围绕"同城"和

"三公里"的需求，O2O时代的新物流快递平台风生水起。

"我快到"是试图用众包物流方式解决"最后三公里"配送的新兴快递平台之一，成立于2015年3月，由同样在众包领域耕耘多年的e代驾投资。

具体做法上，"我快到"类似Uber模式，招募审核快递员进入平台，一旦有快递送单需求产生，通过就近匹配的方式安排快递员接单并完成配送。

与打车需求不同，"我快到"的上游为B端商户，并且每一家都是通过合作签约的方式达成合作，截至目前，已与1000多家商户完成签约合作。

下游为C端用户，但"我快到"方面并不希望与C端用户发生配送之外的联系，甚至明确表示将始终不参与交易。在整个商业闭环上，完整的链条应该为B2B2C，但"我快到"更愿意定位自己为：只提供B2B的快递配送服务的众包物流平台。

"我快到"刘丹：转型做流量平台是伪命题。

在"我快到"创始人刘丹看来，三公里同城配送已是一个足够大的市场，此外，作为物流平台参与到C端交易并不是明智之举。

刘丹认为，做交易是能最快赚到钱的，但是如果你作为服务商来讲，既做裁判员又当运动员，又当教练，这个事玩起来就比较辛苦。目前，"我快到"也有一些竞品公司，其实并不具备流量，如果转型做流量，转型做平台，可能就要死了。

"比如说像我们友商达达，号称几十万的交易，如果他们要做平台了，可能就要死了。原因是如果你是百度、美团等平台方，都跟达达合作。突然说我也要卖餐，你们两个会把业务交给我吗？因为你们所有的数据都在我的平台上，哪怕你只跑1‰，你的1‰的客户也在我的手里，很危险的。"

实际上，虽然刘丹认为物流平台获取数据转型做流量平台的模式并不可行，但类似京东到家、百度外卖、饿了么为代表的流量平台也有顾虑，即使明知自建物流平台成本不菲，也不愿将物流完全交于第三方。不论是近日开放配送平台的饿了么，还是号召广场舞大妈也来配送的京东到家，都将配送支配权牢牢抓在自己手中。

然而，巨头参与并不意味着众包物流毫无机会。"这个市场大得惊人，是一片全新的领域，目前情况甚至都称不上"冰山一角"，主要的原因是用户胃口都被养刁了，大家会越来越习惯送到家的服务，而且只会要求速度更快、服务更好。这会是一个容纳很多家的领域，更何况现在也没有谁完全跑出来。"刘丹告诉新浪科技。

二、众包物流的三大隐患

不过，大市场和新领域并不意味着会一帆风顺，隐患来自三方面。

首先，众包物流模式下，快递员的招募更加便捷。没有学历和技能方面的硬性门槛，只要成年并认路，都可以注册申请成为快递员。但人恰是最不确定的因素，审核机制变得格外重要。

据刘丹介绍，"我快到"方面除了基本的身份审核和服务培训，也会采取其他措施规避快递员方面的潜在风险。例如，这个群体圈子不大，基本相互认识，可以通过社交关系来降低管理成本，而且只要有案底，一律不用。此外，利益方面的诱惑也是风险规避的有效措施，刘丹表示，如果让快递员明白"多劳多得"，其实他自己会计算代价得失。

其次，标准化流程下的快递配送，具体服务中可能是非标准化的。一方面是配送品类方面的具体情况，另一方面是用户需求方面的临时变化。例如，用户的冰摩卡咖啡已在配送中，但他希望换成热摩卡。

对于具体的非标准化服务，刘丹认为确实是对整个行业的一个考验。"我们的做法是有一些应急的解决方案和客诉流程，把这些应急流程加到我们的标准流程里面去。"

最后，也是最大的风险，来自政策。按照我国《邮政法》规定，企业要从事快递业务，必须取得快递业务经营许可证。这是进入行业的必备条件。同时，个人要从事快递员职业，需要参加邮政部门组织的培训，并考取《快递员从业资格证书》才可以上岗。后者正是众包物流一帆风顺的最大风险，如果扩大范围，众包模式的典型代表 Uber，至今游走在政策风险的钢丝绳上。

当然，作为蓝海领域，激烈的行业竞争必然无法避免。目前赛道上，除了京东到家旗下的京东众包、饿了么、亚马逊和悄悄布局的百度外卖等巨头，"我快到"还将与人人快递、达达、闪送、您说我办和 51 送等进行市场争夺，而看似风平浪静的市场，实则残酷而真实，之前主打 C 端同城配送的 E 快送已于 7 月 31 日宣布破产。

"我们的投资方 e 代驾在众包管理和控制上有很独到的经验，我们也相信通过服务和为上下游提供价值是能赢得市场的，毕竟这是一个大趋势，顺势而为肯定没错。到年底，我们就能扩展到60 个城市了。"刘丹告诉新浪科技。

（资料来源：http://www.chinawuliu.com.cn/information/201509/11/305108.shtml）

请回答：

1. 三公里配送的"众包物流"定位的依据是什么？
2. 三公里配送的"众包物流"是如何定位的？

训练建议

此能力训练主要考查学生对运输市场定位的理解和掌握情况，建议以小组为单位，在掌握运输市场细分和运输市场定位等理论知识的基础上，结合所给案例资料进行分析，并与同学和指导教师交流。

评价标准（见表 8-2）

表 8-2 实践教学考核评价标准

序　号	考 核 内 容	等　级	分　值
1	参与的积极性、主动性，是否有团队合作精神（20 分）	优良	16～20
		一般	8～15
		差	0～7
2	实践教学过程中表现出的计划、组织、领导、控制、协调等管理能力（20 分）	优良	16～20
		一般	8～15
		差	0～7
3	成果展示（20 分）	优良	16～20
		一般	8～15
		差	0～7
4	语言表达流畅、规范、准确（20 分）	优良	16～20
		一般	8～15
		差	0～7
5	书面、电子版总结报告设计（20 分）	优良	16～20
		一般	8～15
		差	0～7
合　　计	100 分		

技能训练8-3

网购奢侈品遇尴尬：快递不愿接单

时下网上买房买车已不是新鲜事，网购奢侈品也成了不少消费者的热门选择。但不少消费者则抱怨称，价值数万元的名表名包快递公司不愿接单，而未保价的物品连连出现破损延误的情况，丢失数万元的奢侈品仅获赔几百元，频频吃到哑巴亏。

对此不少快递公司则表示"很无奈"，不少消费者还不习惯进行保价，而出于成本和风险因素考虑，公司也不得不对保价的快件进行最高限价。

另外，与快递物流相关的保险业务目前仍在起步阶段，就广州市场而言，只有屈指可数的几家财产公司有相关业务。

昨日一位从事三年专业奢侈品代购的淘宝卖家告诉记者，自己做淘宝以来，时不时会碰到买家问他，"我的爱马仕发快递安全吗？""快递员会不会调包，万一丢了怎么办？"甚至有买家为了安全起见会选择跟他同城当面交易。

对于快递奢侈品的安全问题，虽然不少快递公司推出保价保障安全，但有卖家则表示，不怕没买家，最怕买家付款了收不到货，但很少有客户会选择保价，因为各家物流都需要缴纳一部分的保价费用，以十万元的包包为例，1%的保价费就是1000元，成本不低，所以很少人会保价。

而记者登录多家奢侈品电商网站则发现，有电商网站为了确保客户的奢侈品安全，则是邀请用户上门取货，并承担用户来回的路费和住宿费用。此前也有报道称，"住最好的酒店，来回打飞的价格也就在5000元左右，与快递公司的承保费用相比甚至更便宜，用户体验还好。"某奢侈品网站负责人表示。

这些未保价的奢侈品面临的风险也是不言而喻，近期频繁爆出"iPhone变砖头"等快递人员调包、丢件问题，而十多万的商品最终可能只能获赔几百元。

据了解，为了防止快递公司出现调包、磕碰等问题，保证安全和配送速度，一些奢侈品电商不仅购买了保险，而且在商品入库时就逐一贴上防伪标签。而为了做好最后一公里的服务，电子商务企业则是纷纷开始自建物流渠道。

昨日记者采访了多位业内人士，目前行业普遍面临的问题是，贵重的物品快递公司不愿接单，便宜的物品消费者则不愿保价。一位淘宝卖家对记者表示，一般消费者网购的商品价格都在几百元之内，很少有卖家会对此进行保价，而对于总价较高的一些货品，快递公司则是建议卖家分开邮寄。

（资料来源：https://www.aliyun.com/zixun/content/2_6_167963.html）

请回答：

结合本案例的情况，如果你是快递公司的负责人，你将如何面对这一情况？

训练建议

此能力训练主要考查学生对运输市场定位的理解和掌握情况，建议以小组为单位，在掌握运输市场细分和运输市场定位等理论知识的基础上，结合所给案例资料进行分析，并与同学和指导教师交流。

评价标准（见表 8-3）

表 8-3　实践教学考核评价标准

序　号	考　核　内　容	等　级	分　值
1	参与的积极性、主动性，是否有团队合作精神（20 分）	优良	16～20
		一般	8～15
		差	0～7
2	实践教学过程中表现出的计划、组织、领导、控制、协调等管理能力（20 分）	优良	16～20
		一般	8～15
		差	0～7
3	成果展示（20 分）	优良	16～20
		一般	8～15
		差	0～7
4	语言表达流畅、规范、准确（20 分）	优良	16～20
		一般	8～15
		差	0～7
5	书面、电子版总结报告设计（20 分）	优良	16～20
		一般	8～15
		差	0～7
合　　计	100 分		

复习思考题

一、单项选择题

1. 运输市场定位的依据不包括（　　）。
   A. 运输产品的属性和效用　　　　B. 运输价格和服务质量
   C. 旅客或货主的类型　　　　　　D. 运输产品类型

2. 下列不属于运输市场定位方式的是（　　）。
   A. 对抗定位　　　　　　　　　　B. 迎头定位
   C. 避强定位　　　　　　　　　　D. 重新定位

3. 在进行运输市场定位时，可以以（　　）为变量勾画出目标市场的结构图。
   A. 产品的特征　　　　　　　　　B. 价格的高低
   C. 质量的优劣　　　　　　　　　D. 功能的多少

4. 下列不属于货主比较关注的因素是（　　）。
   A. 货物送达时间（速度）　　　　B. 运输价格
   C. 时效性　　　　　　　　　　　D. 塑造消费者形象

5. 下列不属于旅客比较关注的因素是（　　）。
   A. 方便性　　　　　　　　　　　B. 客票价格
   C. 客车品牌　　　　　　　　　　D. 服务质量

二、填空题

1. 运输市场定位类型包括对抗定位、_____和_____。
2. _____是 20 世纪 70 年代美国学者阿尔·赖斯提出的重要营销学概念。
3. _____是一种把运输企业及产品定位在市场上占据主导地位的定位方式。
4. _____是一种运输企业为避开强有力的竞争对手而采取的定位方式。
5. 运输产品本身的"属性"及由此获得的_____能使旅客或货主感受到它的定位。

三、简答题

1. 简述运输市场定位的方式。
2. 简述企业定位的策略。
3. 简述市场定位的依据。
4. 简述企业市场定位的步骤。
5. 简述市场定位对运输企业的意义。

公铁联运物流园区市场定位   铁路货运市场定位

项目 ⑨

运输市场产品策略

📥 **知识目标**

- 熟悉产品的整体概念和运输产品的特性
- 理解产品生命周期的概念
- 掌握运输产品生命周期各阶段特点及营销策略
- 掌握运输产品组合中的关键概念
- 明晰运输产品品牌与商标的区别和联系
- 熟悉常用的几种运输产品品牌策略
- 熟悉运输新产品开发的步骤

📥 **能力目标**

- 具备辨别运输产品中核心产品和附加产品的能力，并恰当运用产品策略
- 学会对流通、运输相关企业进行产品组合分析
- 能够正确地分析、合理地选择适合企业的品牌策略

✒ **引导案例**

富士通的美国货运策略案例分析

1. 物流流程

从美国接受订单 → 在日本加工和装配 → 与UPS合作，由UPS进行货物运输 → 到达客户或企业手中

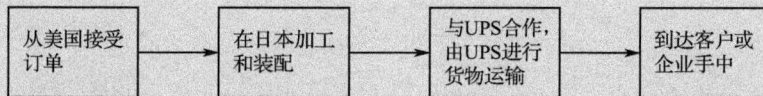

（1）第一阶段的运作主体是网站订单管理引擎，特点是客户通过电子数据系统下订单，然后订单管理引擎就会反馈给工厂，进行加工生产。

（2）第二阶段的运作主体是工厂，工厂应客户的需要对产品进行加工和装配。

（3）第三阶段的运作主体是UPS物流运输，工厂加工、装配完成后把货物运输到日本机场，然后由UPS接手货物的运输，直至将货物运送到客户手中。

2. 合作关系

计算机装配好后从工厂运往5分钟路程之外的富士通物流中心。在那里，工人们给包装盒贴上标签，把货物装上卡车，准备运往6小时路程以外的大阪国际机场。该公司使用下属公司富士通物流的车队来运送货物。货物运输到机场后，由 UPS 公司开始接手货物的运输。UPS会给每一件包裹贴上他们自己的标签，以便对其进行跟踪。经过拼箱之后，这些货物就被放到

由中国台湾起飞，途径大阪飞往美国的飞机上。飞机到达美国阿拉斯加州的安克雷奇后，UPS负责为富士通公司的货物进行清关。清关结束后，依据最终到达目的地的不同，货物又被拆分成不同的小包装，分别由 UPS 的货机送往位于加州的安大略市和肯塔基州的路易斯威尔市的分拨中心。之后这些货物再由分拨中心送往 UPS 位于全美各地的分中心，以便送往最终客户或企业的手中。从下订单到交货，通常最多需要 7 天的时间，大部分订单的完成只需 5 天的时间。因此，如果星期一订货，星期五就会交货，最迟也不会超过下个星期一。在根据订单加工的情况下，快速运货之所以成为可能，原因之一就是每天都有很多航班来往于日美之间。但富士通公司也利用了时差的优势，由于跨太平洋的航班穿越了国际日期变更线，因此从日本起飞的货物在同一天即可到达美国。

（资料来源：https://wenku.baidu.com/view/c9314a353069a45177232f60ddccda38376be1dc.html）

问题：

根据上面的案例你认为 UPS 这样做的好处是什么？

9.1 运输产品的概念和特征

1. 产品的整体概念

产品是指提供给市场的能够满足人们需要和欲望的任何有形和无形的物品，包括实体商品、服务、思想、信息及创意等。

现代营销理念认为，企业销售给消费者的不仅仅是产品本身，而是一个产品体系，它是由核心产品、形式产品、期望产品、附加产品、潜在产品五个层次构成的（见图 9-1），这是现代市场营销学中产品的整体概念。

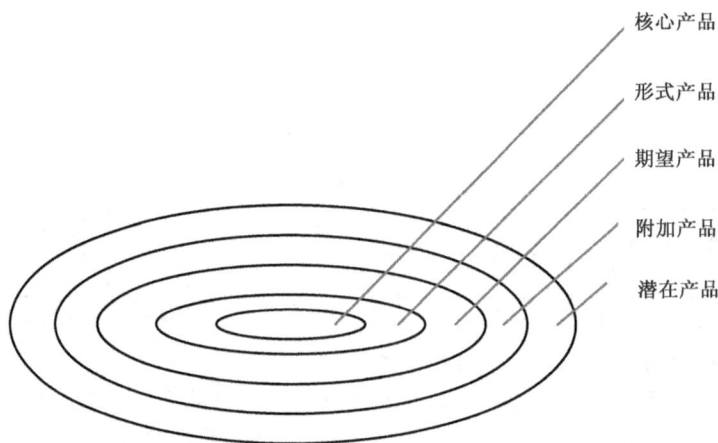

图 9-1　产品整体概念图

1）核心产品

核心产品是指消费者购买某种产品所追求的最基本的效用和利益,是消费者真正要买的东西,因此在产品整体概念中也是最基本、最主要的部分。消费者购买某种产品，并不是为了占有或获得某种产品本身，而是为了获得满足某种需要的效用或利益。例如，消费者购买车票并不是为了获得车票本身，而是为了获得能够到达目的地的乘车服务。因此，只有了解消费者购买产品所追求的实际利益，才能有效地挖掘市场机会。

2）形式产品

形式产品是指满足消费者需求或欲望的具体形式，一般包括特征、品质、品牌等。形式产品是传递核心利益的载体，是核心产品借以实现的形式，是连接生产者和消费者的纽带。例如，消费者可以通过乘坐汽车、火车、轮船等交通工具实现位移的改变。

3）期望产品

期望产品是指消费者在购买产品时期望得到的一系列属性和条件，一般包括产品质量、使用的方便程度等的期望、服务周到等。例如，乘坐长途客车的旅客期望车内提供卫生间、舒适的座椅、杂志等。在期望产品相近的情况下，便利性和价格可能会左右消费者的选择。

4）附加产品

附加产品也称为延伸产品，是指消费者购买产品时得到的各种附加利益，如品牌利益、包装利益、优先享用利益等。例如，快递公司提供免费上门取件服务。

小·贴士

附加利益会增加经营成本，因此，要清楚消费者是否愿意为享有附加利益而额外支付附加费用。当企业为附加产品提高价格时，其他竞争者可能会反其道而行之，用很低的价格为消费者提供期望产品。例如，一些小快递公司以低价格吸引了只需要基本产品的消费者。

5）潜在产品

潜在产品是指由企业提供的能够满足消费者潜在需求的产品，主要指增值服务，指示可能发展的前景，如无轨电车对有轨电车的替换。

经典案例

上海百大配送创新项目

上海百大物流以独特的信息交换处理中心为技术支持，以整合社会资源后设立的投递站为系统的网点支持，以 ISO 9002 体系为管理支持而形成第三方物流末段服务模式，在中国的第三方物流领域中独树一帜。

上海百大物流服务创新项目先组织具有实战经验的专家队伍进行市场策划和开发；在全国主要大中城市设点布局并通过现代通信和计算机技术组成网络；在市区建立一系列配送点，用网络连接。消费者通过电话、互联网、传真等形式提出服务请求时，由调度中心调度配送点送货（服务）上门。企业由传统的坐商变为行商，缩短了厂商与最终消费者的时空距离，提高了顾客满意度。

（资料来源：董千里，陈树公，朱长征. 物流市场营销学. 北京：电子工业出版社，2015.）

2．运输产品的概念

所谓运输产品，是指由运输企业通过特定的运输手段、方法提供给运输市场，满足旅客和货物空间位移改变需求的服务。运输产品与其他实体产品相比，具有突出的特征。

1）无形性

实体产品是具体的，有一定质量、外观和形体；运输产品则是无形的，以服务的形式体现，其使用价值就是改变客、货的空间位置。正因为运输产品是无形的，所以在服务的数量和质量方面，运输产品不同于有形的实体产品。在数量上，运输产品产量由复合的计量单位计量，即旅客运输产量用"人次/公里"、货物运输产量用"吨/公里"等计量。运输产品产量的多少，不仅要看一定时间内被运送的服务对象的数量，还要看被运输的距离长短。在质量上，实体产品质量好坏一般体现在产品当中，如性能、使用寿命、外观、用途等，都可通过一定的方法测定和评价；而运输产品的质量好坏完全体现在运输服务过程中，从托运、装卸、作业、运输、保管、交付全过程中，每个环节都体现着服务质量的内容。因此，运输产品质量的评价具有较大的间接性，只能通过实际资料的汇总、统计做出总体性结论。评价的内容也比较特殊，一般包括安全性、及时性、经济性、方便性，旅客运输服务质量还包括舒适性等。

2）非储存性

由于运输产品不具有实体形态，因而运输产品具有非储存性这一特点。运输产品不能储存意味着它不像实体产品那样具有生产、流通和消费之分，而是生产、消费在空间和时间上同时进行，生产即消费。当运输需求得不到满足时，无法通过产品流通或调剂来解决。运输产品不像实体产品那样，在预期市场供给短缺时，可以进行囤积，相反，在市场供给短缺时，受运输能力限制，只能失掉一部分市场。在市场供给过剩时，将面临运输能力的闲置。运输产品的非储存性，使运输企业在生产、经营方面具有较大的被动性和较大的风险性。

3）效用的一次性

由于运输产品生产和消费的同时性，使其效用对消费者来说只能满足一次性的消费。在每次运输服务活动结束时，运输产品对消费者而言已经消费完毕，而不像大多数实体产品那样可以反复使用。从一般意义上看，一种产品的市场容量大小、市场寿命长短在某种程度上取决于该产品的耐用性大小。越是耐用的消费品，由于其使用上的反复性，也就越容易达到市场饱和；一次性产品由于其用途上的一次性，其市场不容易饱和。另外，具有较长期效用的产品，消费者在选择、购买时更谨慎、挑剔，任何选择失误都会带来损失。

4）核心产品的同一性

从基本功能上看，运输产品具有稳定的市场，但同时也具有比其他产品市场更激烈的竞争。因此无论哪种运输方式、哪个运输企业或按哪一种服务形式等提供的运输产品，其基本功能都表现为旅客和货物的空间位移，这种基本功能上的同一性，必然引起运输方式之间、运输企业之间的替代性，进而形成运输市场激烈竞争的局面。当然运输产品这种同一性只是相对而言的，从运输需求的各个细小方面也可将运输产品区别开来。但是，这种差异的形成，相对来说具有较大的难度。例如，同样是空调，制造厂家可通过规格、外观、辅助功能等方面改变，很容易地将自己的产品和别的厂家的产品相区分，但运输企业，特别是同种运输方式内部的不同运输企业，想要做到这一点就不容易了。

△ 9.2 运输产品的生命周期及营销策略

1. 运输产品生命周期的概念

产品的生命周期，或称产品的寿命周期，是产品从引入市场（引入期）开始，经过成长期（又称发展期）、成熟期（又称竞争期）直至衰退期（又称衰败期）而被市场所淘汰，企业不再生产为止的全部延续时间。产品生命周期图如图 9-2 所示。

任何一种产品在市场上都有一个发生、发展直到最后由于不被消费者所采用而被淘汰的过程。

产品生命周期各阶段的划分是相对的，很难硬性规定出具体的数量界限，通常是以产品销售量和利润额的显著变化为依据来划分的。

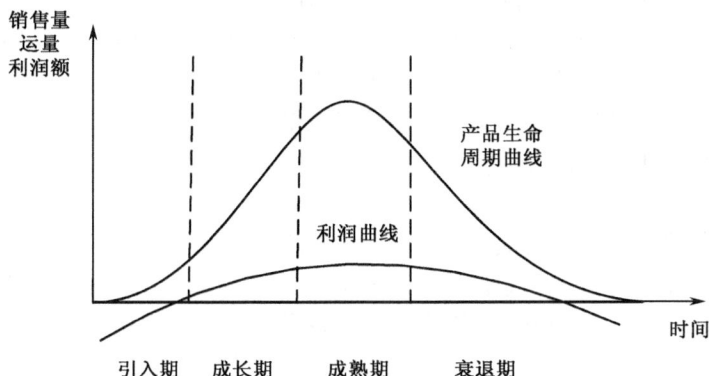

图 9-2　产品生命周期图

图 9-2 所示是产品的销售量、利润额与时间相互关系变化的生命周期。该图所表示的产品生命周期是一种典型变化模式，是一条理想曲线，实际上大多数产品的生命周期并非完全如此理想化。具体每种产品的生命周期的变化是多种多样的。例如，有的产品开始投入市场需求量增加很快，但此后趋于平稳状态，销售量没有大的增加；有的产品从一开始销售量就比较平稳，变化幅度不大；有的产品一开始销售得很快，后来销售量下降得也很快等。

理解运输产品生命周期概念时，只能从相对意义上来理解，即它始终与特定产品的定义相联系。例如，在满足人们生活需要的各种大类产品中，运输产品作为一大类产品来看与粮食这类产品一样，其寿命是持久的，而不像其他工业品那样，产品生命周期现象十分明显。但是，如果结合对运输产品所做的划分来看，不同种类的运输产品却有一定意义上的市场寿命问题。例如，不同运输方式的地位变化这一现象，其实是不同运输方式提供的特定运输产品生命周期变化所引起的。比如，我国某些地区的水路客运航线由于需求下降，或者受到其他运输产品（如航空、铁路、高速公路）的竞争影响，使其进入衰退期，并最终退出市场。一般来说，每个运输企业经营的产品并不繁多，更新变化也比较缓慢，不少产品还是"多年一贯制"，其产品生命周期相对来说也比较长。虽然运输产品在生命周期的各个阶段其销售量经常受季节、气候、假日等因素影响而出现周期性波动，但总的发展趋势仍符合一般产品生命周期的规律。

2. 运输产品生命周期各阶段特点及营销策略

根据运输产品生命周期的发展规律，运输产品也要经历从无到有，从小规律发展到大量普及，再到饱和，以致走向衰落的变化过程。运输产品种类繁多，不同的产品种类，生命周期经历的阶段不同，每一时期经历的时间长短也不同。但与其他工业产品相比，所有运输产品的周期阶段都较长。

1）引入期特点和营销策略

这个时期产品处于初期发展阶段，对于它在用途上的优势、价格、服务质量、服务方式等，消费者还缺乏足够的了解，产品还不能被消费者所普遍接受和使用。因此，销售量水平比较低，成本较高，加之必须支付高额的促销费用，定价需要高些。即使如此，一般仍处于亏损状态。这个阶段营销策略要突出一个"准"字，即市场定位和营销组合要准确无误，符合企业和市场客观实际。

如果把价格和促销两个营销因素结合起来考虑，根据不同的市场环境，可以有四种不同的策略方案可供选择。

（1）高价快速推销策略。采用高价格，花费大量的广告宣传费用，迅速扩大销量。适合采用此策略的市场环境是：大部分潜在消费者不了解新产品；已知新产品的顾客求购心切，愿意出高价购买；企业面临潜在竞争者的威胁，急需在市场中树立品牌。

（2）高价低促销费用策略。采用高价格，花费少量广告宣传费用。适合采用此策略的市场环境是：市场容量相对有限；大部分消费者已知晓这种新产品；急需购买者愿意出高价购买；潜在竞争的威胁不大。

（3）低价快速推销策略。采用低价格，花费大量广告宣传费用。目的在于先发制人，迅速打入市场，取得较大的市场占有率。适合采用此策略的市场环境是：市场容量相当大；消费者对新产品不了解；消费者对价格十分敏感；潜在竞争比较激烈；新产品的单位成本可以因大批量生产而降低，产品单价有条件下调。

（4）逐步打入市场策略。采用低价格，但花少量广告宣传费用。低价的目的是为了吸引消费者采用新产品，少量促销费用在于对企业有利可图。适合采用此策略的市场环境是：市场容量大；顾客对产品已有了解；消费者对价格十分敏感；有相当的潜在竞争者。

2）成长期特点和营销策略

这个时期产品的优势通过消费的体验和传播得以充分发挥，已形成相当大的市场需求，因此销售量增加。同时，卖方也具备了大批量生产的条件，生产成本大幅下降，利润迅速增长。其他企业也纷纷进入市场提供同类产品，竞争加剧，市场开始细分。这个阶段营销策略的重点应放在一个"好"字上，即保持良好的产品质量和服务质量，切勿因为产品畅销而急功近利，粗制滥造，片面追求产量和利润。为了促进市场的成长，可采取如下策略。

（1）努力提高产品质量，增加新的特色和服务。

（2）广告宣传要从介绍产品转向树立产品形象，争取创立品牌。

（3）积极寻找新的细分市场，并进入有利的新市场。

（4）在大量生产的基础上选择适当时机，采取适当降价来吸引消费者，抑制竞争。

3）成熟期特点和营销策略

进入成熟期的标志是产品销售量虽然还有所增加，但增长的速度逐渐缓慢，市场趋于稳定。由于销售增长率降低将使产品生产能力过剩，市场供过于求，竞争日益加剧，产品价格下跌，利润下降。这个阶段持续时间较长。此时营销策略应突出一个"争"字，即争取稳定的市场份额，延长产品市场寿命，可采用以下三种营销策略。

（1）改变市场策略。此策略不要求改变产品本身，而只是改变销售方法来扩大销售对象，如寻找新的细分市场和营销机会，特别是发掘那些没有用过本产品的新市场；设法促使消费者增加使用量和使用频率；重新树立产品形象，设法争夺竞争者的顾客。

（2）改变产品策略。这种策略在于提高产品质量，增加产品功能或改进产品的特色，向顾客提供新的利益。

（3）改变营销组合。通过改变营销组合中的一个或几个因素来扩大产品的销售，如以低价来吸引竞争者的顾客和新的买主，采取更有效的广告宣传，开展多样化的推销活动，还可以采取改变分销渠道，扩大附加利益和增加服务项目等。

4）衰退期特点和营销策略

这个时期的主要特点是产品的需求量和销售量迅速下降，开始被新产品逐步代替，市场需求发生了转移，更多的竞争者退出市场。企业维持处于衰退阶段的产品，往往需要经常调低售价，处理积货，很少有赢利，有时甚至出现亏损现象。因此，对大多数企业来说，应当机立断，弃旧出新，及时实现产品的更新换代。当然，应首先准确地判定该种产品是否已进入衰退阶段。

总的来说，在衰退期营销策略要突出一个"转"字，即有计划、有步骤地转移，切忌仓皇失措、贸然撤退，同时为了有效处理"超龄"产品可采取如下策略。

（1）连续策略。继续沿用过去的策略不变，仍然保持原有的细分市场、销售渠道、定价的促销方法等，前提是大多数同行已退出市场竞争。

（2）集中策略。企业把人力、物力集中到最有利的细分市场和销售渠道上，缩短了经营战线，从有利的市场和渠道中获取利润。

（3）榨取策略。大力降低销售费用，削减推销人员，增加眼前利润，虽然会导致销售量迅速下降，但企业可以保持一定的利润。

9.3　运输产品组合策略

1. 产品组合的概念

现代企业为了满足目标市场的需求和增加利润、分散风险，需要经营多种产品。企业根据市场需要和自身能力确定生产和经营哪些产品，并明确他们之间的配合关系，在营销学中称为产品组合。

运输产品组合是指运输企业为了满足不同运输服务需求者的要求而开发的运输服务种类及服务产品的组合。运输产品组合不但能反应运输企业的经营范围，而且能反应运输企业市场开发的深度。

产品组合，一般是由若干产品线（或称产品系列）组成，而每个产品线又包含若干产品项目。一个产品项目一般具有一个特定的名称、型号或编号。

1）产品项目

企业生产或经营的不同功能、不同品质、不同尺寸、不同商标、不同包装形态、不同价格的各项产品，都可称为一个产品项目。运输企业的产品项目主要有集装箱运输、干散货运输、化工品运输、油品运输、冷藏品运输等。

2）产品线

产品线是指一组相似或相近的产品项目。一个产品线内往往包括多个产品项目。产品线的划分，依据产品功能的相似性，消费上具有连带性，供给相同的顾客群，有相同的分销渠道，或属于同一价格范围。运输产品线是指具有相关服务功能但运输类别不同的一组产品项目。运输企业多按运营路线来划分产品线。

3）产品组合

产品组合具有一定的宽度、长度、深度和关联度。产品组合的宽度是指一个企业生产和经营的产品大类的多少，即产品线数目；产品组合的长度是指一个企业的产品组合中包含在各条产品线中的所有产品项目的总数；产品组合的深度是指产品组合中平均每条产品线所包含的产品项目的数目；产品组合的关联度是指各条产品线在生产条件、分销渠道、最终用户等方面的相互关联程度。图 9-3 显示了某运输企业产品组合中深度和宽度的关系。

在图 9-3 中，产品组合有 4 条产品线，即产品组合宽度为 4；产品线 a 有 2 个产品项目，产品线 b 有 3 个产品项目，产品线 c、d 各有 4 个产品项目。产品项目总数为 13，即产品组合长度为 13；产品线 a 的深度为 2，产品线 b 的深度为 3，产品线 c、d 的深度为 4，产品组合的深度（产品组合长度/产品组合宽度）为 3.25。

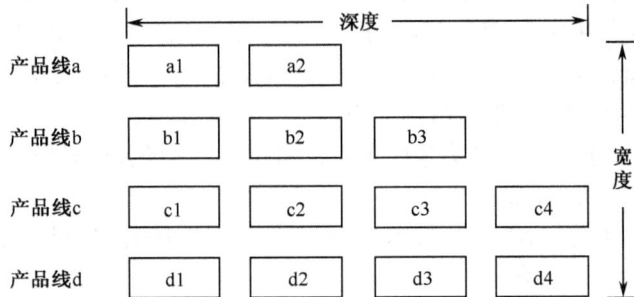

图 9-3　某运输企业产品组合中深度和宽度的关系

2. 运输产品组合策略

经典案例

中远物流的产品组合

中国远洋物流公司是中国远洋运输集团（COSCO）下属的、规模和实力位于国内行业前列的公共物流企业。中远物流为国内外广大货主和船东提供现代物流、国际船舶代理、国际多式联运、公共货运代理、空运代理、集装箱场站管理、仓储、拼箱服务；铁路、公路和驳船运输、项目开发与管理及租船经纪等服务。

中远物流总部在北京，下设大连、北京、青岛、上海、宁波、厦门、广州、武汉八个区域公司，在韩国、日本、新加坡、希腊和中国香港设有代表处，并与国外 40 多家货运代理企业签订了长期合作协议；在国内 29 个省、市、自治区建立了 300 多个业务网点，形成了功能齐全的物流网络系统。中远物流凭借国际化的网络优势，在细分市场的基础上，重点开拓了汽车物流、家电物流、项目物流、展品物流，为客户提供高附加值服务。

（资料来源：刘婧，徐辉增. 物流服务营销实务. 北京：中国财富出版社，2014.）

产品组合的宽度、深度及关联度的不同集合，构成了不同的产品组合。产品组合策略是企业根据企业目标，结合各方面的因素对产品组合的宽度、深度和关联度进行组合决策。运输企业产品组合策略有以下几种。

1）全线全面型组合策略

全线全面型组合策略是指运输企业面向所有顾客提供他所需要的一切产品的策略。采用此种策略的条件是运输企业有能力满足整个市场的需要。这里所说整个市场可以理解为不同行业的产品市场的总体，也可以理解为某个行业、某个领域的多个不同市场的总体。全线全面型组合策略应尽可能地增加产品线的宽度和深度，不受产品线之间关联程度的约束。

国内外一些大型铁路运输企业，在其发展过程中，往往以其拥有的实力，面向不同行业或某个行业的市场总体，尽可能增加产品线的宽度和深度，除了经营旅客运输和货物运输主业外，还经营了餐饮旅馆、旅游及房地产等多元经济，而且在主业运输中尽可能推出众多覆盖面广的产品项目，如开行不同速度、不同等级、不同品牌的旅客列车，办理整车、零担、集装箱、快运等各种货运业务并且取得或曾经取得较好的业绩。

2）市场专业化组合策略

市场专业化组合策略是指运输企业向某个专业运输市场或特定运输用户提供所需的各种运输产品的策略。这种策略不考虑产品线之间的关联程度，而考虑的是消费者为达到一定目的使用产品的关联程度。例如，一些运输企业开发休闲旅游消费市场，面向高档休闲旅游消费者，将客运主业和旅游、饮食、旅馆等多元经济的产品组合在一起，开行名胜景点豪华度假客车，集运输、导游、饮食、住宿等多种服务于一身，以扩大日益增长的休闲旅游市场份额。

3）产品线专业化策略

产品线专业化策略是指运输企业集中某类运输产品的生产，并将其产品推向各类用户的策略。这种策略有利于实行高度专业化，进一步提高服务质量，降低运输成本，开展节约化经营。例如，中波轮船公司经营欧亚及亚洲至地中海航线采用多用途船舶运输，发挥该公司在杂货特别是重、大、长、不规则件货物运输上的独特优势，集 40 多年的丰富经验，建立专营件杂货运航线，满足国际市场对这方面的需求，取得了较好的经济效益。

4）特殊产品专业化策略

特殊产品专业化策略是指运输企业凭借其特殊技术和专长来满足某些特殊运输用户的特殊需要。例如，三峡工程需要大量从国外进口机械设备和货品，某航运企业与其协作，开辟江海联运航线，投入不同的江海直达船型为其运货。

3. 运输企业产品组合的调整策略

产品组合调整是指运输企业根据变化的市场条件，在对原有产品组合进行分析评价的基础上增加或减少一些大类产品或细分产品，使企业的产品组合不断处于最佳组合状态。调整企业产品组合的方法有以下四种。

1）扩大产品组合策略

扩大产品组合策略是指开拓产品组合的宽度和加强产品组合的深度。开拓产品组合的宽度是指增添一条或几条产品线，扩展产品经营范围；加强产品组合深度是指在原有的产品线内增加新的产品项目。对于制造业而言，扩大产品组合的方式有：在维持原有产品品质和价格的前提下，增加同一产品的规格、型号或款式；增加不同品质和不同价格的同一种产品；增加与原产品相类似的产品；增加与原产品毫不相关的产品。对运输企业而言，如增加一条或若干条与原产品线相似的营运线路，经营码头、仓储、堆场；在同一营运线内增加更多的停靠点等。

扩大产品组合策略的优点是：满足不同消费者的各种偏好，提高产品的市场占有率；充分利用企业信誉和商标知名度，完善产品线，扩大经营规模；充分利用企业资源和剩余生产力，提高经济效益；减小市场需求变动性的影响，分散市场风险，降低损失。

2）缩减产品组合策略

缩减产品组合策略即削减产品线或产品项目，是指要取消那些获利小的产品，以便集中力量经营获利最大的产品线或产品项目。对制造业而言，缩减产品组合的方式有：减少产品线数量，实现专业化经营；保留原产品线，削减产品项目；停止经营某类产品。对运输企业而言，如将两条或若干条营运线路合并，减少亏损的营运线路、码头、仓储、堆场；在同一营运线内减少停靠点等。

缩减产品组合策略的优点是：集中资源和技术力量改进保留产品的品质，提高产品商标的知名度；生产经营专业化，提高生产效率，降低生产成本；减少资金占用，加速资金周转；有利于企业向市场的纵深发展，寻求合适的目标市场。

3）高档产品策略

高档产品策略是指在原有的产品线内增加高档次、高价格的产品项目。采用这一策略的企业也要承担一定程度的风险。因为，企业惯以经营廉价产品的形象在顾客心目中不可能立即改变，使得高档产品不容易打开销路，从而影响新产品项目开发费用的迅速收回。

高档产品策略的优点是：可以提高企业现有产品的声望，提高企业的市场地位；高档产品的生产经营容易为企业带来丰厚的利润；有利于带动企业生产技术水平和管理水平的提高。

4）低档产品策略

低档产品策略是指在原有的产品线中增加低档次、低价格的产品项目。实行这种产品策略的优点是：借高档名牌产品的声誉，吸引消费水平较低的顾客慕名购买该产品线中的低档廉价产品；增加销售总额，扩大市场占有率；充分利用企业现有生产能力，补充产品项目空白，形成产品系列。

与高档产品策略一样，低档产品策略的实行能够为企业寻求新的市场机会，同时也会带来一定的风险。如果处理不当，可能会影响企业原有产品的市场声誉和名牌产品的市场形象。此外，这一策略的实施需要有一套相应的营销系统和促销手段与之配合，这些必然会加大企业营销费用的支出。

9.4 运输产品的品牌策略

1．品牌的概念和作用

品牌是产品整体的一个主要组成部分，是用来识别产品或服务的名称及标志。它通常由文字符号、图形图案、标记颜色等要素或这些要素的组合构成。品牌是一个集合概念，它包括品牌名称、品牌标志等概念在内。通常所谓品牌策略，就是关于上述各项的策略。

品牌名称（又称品名），是指品牌中可用语言发音表达的部分。例如，UPS、德邦、顺风速运等，其主要产生听觉效果。品牌标志（又称品标），是指品牌中不能用语言表达的部分，但可以通过视觉被识别。例如，虎跃快客的卡通老虎图案、德邦物流的弓箭图案等，其主要产生视觉效果，如图9-4所示。

图9-4 几家运输、物流企业的品牌标志

按照国际惯例，商标是指按照法定程序向商标注册机构提出申请，经审查，予以核准，并授予商标专用权的品牌或品牌的一部分。商标受法律保护，任何人未经商标注册人许可，皆不得仿效或使用。因此，可以说商标一定是品牌，但品牌不一定是商标。只有经过注册的品牌才是商标。在西方国家商标是一个专门的法律术语。在我国，习惯上对商标和品牌不做区分，而是把商标分为注册商标和非注册商标两大类，注册商标在其右上角一般标有 TM 或®符号，或者标有"注册商标"字样。

品牌在运输企业营销活动中的作用和在其他所有企业一样，主要表现在以下几方面。

（1）品牌具有显著性。品牌是商品进行广告和陈列的基础，也是消费者区别和选择产品的重要依据。运输企业所提供的各种产品，通过其品牌的广告和陈列，消费者就很容易对不同运输企业产品的品质、特色等进行区分、识别，最后做出购买选择。

（2）品牌具有价值。品牌体现了企业产品的品质和信誉，可以使消费者产生心理价值。消费者通常认为名牌产品比其他同品种非名牌产品的价值要高。所以不同的品牌的运输产品，在旅客和货主的心理上产生了不同的价值观念。

（3）品牌具有竞争性。品牌是企业控制市场的有力武器。消费者购买运输产品，往往是按品牌、商标选购，使得运输商品之间的竞争往往体现为品牌之间的竞争。某一运输产品的品牌有声誉，就能对该类产品的市场有效地加以控制和影响。

（4）品牌具有独占性。经过注册的品牌具有专用性、独占权，未经所有人许可，其他人不得擅自使用。

2．运输产品的品牌策略

企业的品牌策略是指企业合理地使用品牌，发挥其积极作用，以达到一定的营销目的。

1）统一品牌策略

统一品牌策略是指运输企业生产的一切产品均使用同一种品牌，或者以某一运输品牌的一部分为基础，与各种文字与图形结合起来，用于同一运输企业的各类产品上。例如，中国邮政的物流配送服务使用的品牌策略就是统一的品牌名称，而不给物流配送服务公司启用新的商标。采用统一品牌策略的优点是：推出新产品时可省去命名的麻烦，可节省大量的广告费用；如果该品牌已有良好声誉，还可以借用原有品牌之力比较容易地推出新产品。但是，任何一种产品的失败都会使整个企业产品蒙受损失。因此使用单一品牌的企业必须对所有产品的质量严加把控。

2）个别品牌策略

个别品牌策略是指运输企业按照产品的种类、用途不同，分别采用不同的品牌。采取个别品牌名称策略的优点是：可以把个别产品的成败同企业整个形象分开，不会因个别产品的失败而败坏整个企业形象；可以充分地面向不同的客户，吸引不同消费者购买；但这要为每个品牌分别做广告宣传，费用较大且较难树立企业形象。

3）分类品牌策略

分类品牌策略是指运输企业所经营的各大类产品分别使用不同品牌，即一大类产品使用一个品牌。采取这种决策的主要原因是：企业生产或经营许多不同种类的产品，发展一些截然不同的产品，需要分别使用不同的品牌名称，以免互相混淆。有些企业虽然生产或经营同一种类产品，但为了区别不同质量水平的产品，往往也分别使用不同的品牌名称。

4）企业名称与个别品牌并用策略

企业名称与个别品牌并用策略是指企业对其不同种类的产品分别使用不同的品牌，但在各类产品品牌名称前面还冠以企业名称。这种策略的优点是：可以使新产品享受这家企业的声誉，容易被顾客接受，而且各种不同产品分别使用不同的品牌名称，又可以使各种不同品牌的新产品保持自己相对的独立性。

5）品牌命名策略

品牌的名称和品牌标志对运输企业的经营效果具有重要的影响，国内外许多知名企业不惜高价征求品牌名称。品牌命名既要符合国家法律规范，又能够在反映运输企业的特色基础上使用简洁明了的图案和朗朗上口的名称进行设计。品牌命名策略主要包括以下几种。

（1）以企业理念命名。即把运输企业的服务理念浓缩在企业的品牌中。例如，青岛交通运输集团注册的服务品牌"交的是朋友，运的是真情"。

（2）以寓意命名。例如，八达物流，"八达"的含义是四通八达，象征着其物流网络遍及各个地区。

（3）以数字命名。例如，"56"代表"物流"。

（4）以动物命名。即以动物名称或标志进行命名。例如，"虎跃"、联合物流有限公司用一只奔跑的袋鼠作为品牌标志。

（5）以业务性质命名。即从企业的品牌中反映企业的经营范围和重点。例如，中外运、中海、中邮等。

（6）以英文命名。即使用英文单词的缩写来命名。例如，UPS、EMS。

（7）以翻译名命名。例如，将英文"Fast"翻译过来作为企业的品牌名称"发S腾"，其中，S代表企业5S管理理念。

📎 经典案例

DHL 的品牌之路

为了充分利用其覆盖全球的服务网络，DHL 选择了品牌整合之路，全球统一启用红黄两色的全新标识，争雄一体化快递物流市场。

此次 DHL 品牌整合，汇集了德国邮政全球网络旗下的三大知名快递和物流公司：德国邮政欧洲快递，有欧洲第一包裹快递之称；敦豪环球快递公司，在国际航空快递业发展迅猛；丹沙，全球空运老大和知名的海运公司，同时承运欧洲的陆路运输。新的 DHL 将整合这三大公司的资源发展物流，其综合性配送服务将涵盖物流的所有关键环节；凭借领先的"一站式"综合服务能力，DHL 将成为全球最大的快递与物流公司。

DHL 新整合下的品牌拥有四大服务支柱：DHL 快递，DHL 货运，DHL 丹沙空运、海运及 DHL 解决方案。DHL 快递负责所有包裹、文件和一般性货物的派送，DHL 丹沙海运及空运致力于海空运输及特定行业的货物运输，DHL 解决方案为客户提供综合物流与供应链方案，DHL 货运负责欧洲地区拼柜和整柜运输。此次整合的中心在于使客户可通过统一渠道使用该公司所有的快递和物流服务，为全球的客户带来更大便利，优化客户服务。

（资料来源：刘婧，徐辉增. 物流服务营销实务. 北京：中国财富出版社，2014.）

◢ 9.5 运输新产品开发策略

1. 运输新产品的概念

运输企业如果想在激烈的市场竞争中获得成功，就必须不断地引入新产品，以适应不断变化的消费者需求。运输新产品是一个很广泛的概念，是与老产品相比较而言的。在市场营销学中，运输企业的"新产品"要比科技开发中的"新产品"含义广泛。

　　所谓运输新产品就是指比过去的或现有的运输产品在特定用途、服务形式、服务手段等方面较新的运输产品。由于运输产品的基本用途比较单一，服务过程涉及面较广，因而运输新产品和老产品的区别只能从一些较小的方面来体现，但新旧产品的区别却是客观存在的，而且对企业的影响是比较大的。运输新产品包括完全创新产品、进入新市场的产品、产品线扩展的产品、革新产品和形式变化产品。

　　（1）完全创新产品。完全创新产品是指采用全新的方法来满足消费者的现有需求，给他们更多的选择。例如，全集装箱运输航线营运最初投入航运是属于完全创新产品。

　　（2）进入新市场的产品。进入新市场的产品是指一些已有的运输产品进入新的市场。例如，一些城市公交的运行模式被短途客运业所采用。

　　（3）产品线扩展的产品。产品线扩展的产品是指增加现有产品线的宽度，从而增加产品线上的产品项目，以便满足同一细分市场上消费者的不同需求。

　　（4）革新产品。革新产品是指对现有物流产品的某一功能予以改进和提高而形成的产品。

　　（5）形式变化产品。形式变化产品是指通过改善现有形式而形成的新产品。

2．运输新产品开发的原则

　　运输新产品开发具有以下原则。

　　（1）市场需求原则。新产品开发必须根据市场现在的需求和未来可能的需求作为开发的依据。市场需求即消费者需求。消费者对同一种商品的需求是千差万别的，而且经常变化，这就要求企业不断改进自己的产品以满足消费者需求。

　　（2）效益原则。运输企业无论是开发全新的服务项目，还是对现有产品加以改造、升级换代，都要考虑投资少、效益高，要进行成本控制。只有这样新产品开发才有经济意义。

　　（3）发挥技术优势原则。产品性能和质量的差距取决于产品设计、制造技术或劳务诀窍的差距，技术、诀窍是决定性因素之一。因此，企业要重视提高和发挥自己的技术优势，造成技术差距，使自己的产品受到用户欢迎。

　　（4）时效性原则。对企业来说，新产品从构思开始，直到设计、研制、试销的整个过程，不仅要重视质量，而且要讲究速度，这是很重要的一点。往往由于开发的速度缓慢，延时过长，以致新产品在开始研制时可能是先进的，但到投入市场时已成为落后的产品，从而造成企业经营上的被动局面。

3．运输新产品开发策略

　　新产品开发是一项艰巨的任务，既要有相应的技术水平，又要有足够的投资和较高的组织管理水平，还要预测所承担的各种风险，这就要求企业必须重视研究新产品开发的策略。新产品开发策略通常有以下几种。

　　（1）独立开发策略。这种策略是指企业依靠自身力量开发主导产品。采取这一策略开发新产品，要求企业在技术力量和投资能力上有较雄厚的实力，一般风险性较大，但一旦开发成功，企业可以建立自己的信誉，并能抢先占领市场，带来巨大经济效益。

　　（2）仿制策略。这种策略是指在市场上出现新产品以后，着手收集消费者的意见和建议，从而获得有价值的开发和进一步完善产品的信息和资料，争取在短时间内开发出更能满足消费者需求的新产品。

　　（3）改进现有产品策略。这种策略是对现有产品进行功能上的增减、结构上的调整，使产品更能适应市场需求。采用这一策略开发新产品，企业可依靠现有设备和技术力量，做到开发费用低、速度快。

（4）借船出海策略。这种策略是通过购买其他运输企业的现有优质资源实现运输产品的快速开发和扩张。通过与优势的运输资本融资，把别人的产品项目变为自己的产品项目，扩大自身的产品线。

（5）委托加工策略。这种策略包含两种情况，一种情况是委托加工，即利用别人的运输资源进行产品的拓展；另一种情况是贴牌生产，即运输企业利用自身的品牌优势，将自己没有能力从事或自己不愿意从事的运输项目采用"定向定牌"的方式，经过严格的筛选和考核让愿意及有能力的运输企业承担。

技能训练

技能训练9-1

产品组合计算

中国远洋运输集团有多条营运航线，包括美洲航线、欧洲航线、大西洋航线、澳大利亚航线、南非航线、南美航线、新西兰航线、东南亚航线、波斯湾航线、韩国航线、日本航线。其中，美洲航线产品项目数为3，欧洲航线产品项目数为2，大西洋航线产品项目数为2，澳大利亚航线产新项目数为1，南非航线产品项目数为1，南美航线产品项目数为2，新西兰航线产品项目数为4，东南亚航线产品项目数为3，波斯湾航线产品项目数为2，韩国航线产品项目数为6，日本航线产品项目数为10，请计算中远集团产品组合的长度、宽度和平均深度。

训练建议

此能力训练主要考查学生对产品组合相关概念的理解和掌握情况，建议以个人为单位，在明确产品线、产品项目及产品组合的长度、宽度、深度含义后进行计算。可考虑选择两名或两名以上学生进行计算演示。

评价标准（见表9-1）

表9-1　实践教学考核评价标准

序　号	考 核 内 容	等　级	分　值
1	参与的积极性、主动性（30分）	优良	21～30
		一般	11～20
		差	0～10
2	语言表达流畅、规范、准确（30分）	优良	21～30
		一般	11～20
		差	0～10
3	计算过程、结果的准确性（40分）	优良	26～40
		一般	11～25
		差	0～10
合　计	100分		

技能训练 9-2

德邦产品策略

德邦是国家"AAAAA"级物流企业,主营国内公路零担运输业务,创始于 1996 年。近年来,德邦以 60%的速度稳健发展,截至 2012 年 6 月,德邦已在全国 31 个省级行政区开设直营网点 2 200 余家,服务网络遍及国内 550 多个城市和地区,自有营运车辆 4 700 余台,全国转运中心总面积超过 75 万平方米。

德邦始终以客户为中心随时候命、持续创新,始终坚持自建营业网点、自购进口车辆、搭建最优线路,优化运力成本,为客户提供快速高效、便捷及时、安全可靠的服务体验,助力客户创造最大的价值。

德邦秉承"承载信任、助力成功"的服务理念,保持锐意进取、注重品质的态度,强化人才战略,通过不断的技术创新和信息化系统的搭建,提升运输网络和标准化体系,创造最优化的运载模式,为广大客户提供安全、快速、专业、满意的物流服务。一直以来,德邦都致力于与员工共同发展和成长,打造人企双赢。在推动经济发展,提升行业水平的同时,努力创造更多的社会效益,为国民经济的持续发展、和谐社会的创建做出积极贡献,努力将德邦打造成为中国人首选的国内物流运营商,实现"为中国提速"的使命。

请登录德邦官方网站(www.deppon.com),了解德邦的主营业务,并分析它的核心产品、附加产品有哪些?各自的特点是什么?你对其产品策略是否有更好的建议?

训练建议

此能力训练主要考查学生对整体产品概念的理解和掌握情况,建议以小组为单位,在明确产品整体概念的基础上,通过德邦官方网站对德邦的产品策略进行分析,给出合理化建议,以 PPT 汇报的形式与同学和指导教师交流。

评价标准(见表 9-2)

表 9-2 实践教学考核评价标准

序 号	考 核 内 容	等 级	分 值
1	参与的积极性、主动性,是否有团队合作精神(20 分)	优良	16～20
		一般	8～15
		差	0～7
2	实践教学过程中表现出的计划、组织、领导、控制、协调等管理能力(20 分)	优良	16～20
		一般	8～15
		差	0～7
3	成果展示(20 分)	优良	16～20
		一般	8～15
		差	0～7
4	语言表达流畅、规范、准确(20 分)	优良	16～20
		一般	8～15
		差	0～7

续表

序　号	考核内容	等　级	分　值
5	书面、电子版总结报告设计（20分）	优良	16～20
		一般	8～15
		差	0～7
合　计		100分	

复习思考题

一、单项选择题

1. 下列不属于运输产品成熟期策略的是（　　　）。

    A. 改变市场策略　　　　　　　　　B. 集中策略

    C. 改变营销组合　　　　　　　　　D. 改变产品策略

2. 下列不属于运输产品组合策略的是（　　　）。

    A. 全线全面型组合策略　　　　　　B. 产品线专业化策略

    C. 特殊产品专业化策略　　　　　　D. 高档产品策略

3. 下列不属于扩大产品组合策略的优点的是（　　　）。

    A. 满足不同消费者的各种偏好，提高产品的市场占有率

    B. 减少资金占用，加速资金周转的定价策略

    C. 充分利用企业资源和剩余生产力，提高经济效益

    D. 减小市场需求变动性的影响，分散市场风险，降低损失

4. 下列不属于高档产品策略的优点的是（　　　）。

    A. 可以提高企业现有产品的声望，提高企业的市场地位

    B. 高档产品的生产经营容易为企业带来丰厚的利润

    C. 有利于带动企业生产技术水平和管理水平的提高

    D. 增加销售总额，扩大市场占有率

二、填空题

1. 产品体系是由_____、形式产品、期望产品、_____和潜在产品五个层次构成的。

2. 运输产品引入期的营销策略包括_____、高价低促销费用策略、_____、_____。

3. 运输产品是指由运输企业通过特定的运输手段、方法提供给_____，满足旅客和货物_____改变需求的服务。

4. 运输产品的_____，使运输企业在生产、经营方面具有较大的_____和_____。

5. 商标_____是品牌，品牌_____是商标。

三、简答题

1. 简述运输企业产品的组合策略。

2. 简述调整企业产品组合的方法。

3. 简述运输产品的品牌策略。

4. 简述运输新产品开发的原则。

比亚迪品牌策略分析

通航运输产品市场营销策略

项目 10

运输市场定价策略

知识目标

- 明晰运输产品定价原理
- 掌握运输企业定价方法
- 熟悉运输企业定价流程
- 掌握运输企业定价策略

能力目标

- 能够正确使用各种定价方法制定运输产品价格
- 能够合理分析、制定运输企业的定价策略

引导案例

顺丰速运公司定价策略的探讨

一、顺丰的定价策略

超值的低价快递。顺丰快递区内快递价格是很有杀伤力的。珠三角内，顺丰的首重 1kg 是 12 元，虽然不是很低的价格，但是相对于他的直接竞争对手华宇、EMS、德邦物流等，顺丰的文件价格优势太明显了。同时，顺丰推出的区内当日达的业务更是一枚重磅炸弹，而且价格并没有上浮。这种高性价比的服务在长三角一推出，立刻支撑顺丰的票数上升了 20% 点以上。

当日达产品的定价攻守兼备。顺丰现在最有特色的产品是当日达，即今收今至（上午收件下午派送；中午收件当晚派送），晚上派送的快件需要客户配合收件，同时运单上需留有客户的手机号码。这种 10 元一票的业务的推出，极大地提高了顺丰在市场上文件份额的占有率。在华东地区，大量的文件流往上海，其中有相当一部分的报关件对时限的要求极高。顺丰敏锐地捕捉到这一部分市场，并投以重兵，在当天件市场上独领风骚。顺丰不断创造了新产品，并保持了较有竞争力的价格，这是顺丰在竞争中取胜的关键，也是顺丰快递快速发展的保证。

二、竞争对手分析

目前，在中国的快递市场上不断地涌现出很多快递公司，每一个快递公司之间都相互竞争，争取占据最大的市场份额，这样就会在定价方面进行不同的博弈。下面简要分析一下顺丰的竞争对手的定价策略。

EMS：行业领袖，价格较高，在价格制定上基本不考虑竞争和成本的因素，不同重量等级

的续价也无任何变化；是国内快递行业领袖，其网络发达、实力强大，是顺丰快递重点侵蚀的对象，但是目前 EMS 管理的灵活度比以前增加很多。

因为业绩指标的压力，现在 EMS 的价格打折变得非常混乱，一些城市给客户的最低折扣竟然达到 6.5 折。另外，从服务方面，EMS 也做了较多改善，所以成了其他快递公司的最大对手。

宅急送：价格低，在中端市场非常有竞争力；由于可选择的承诺时限多元化，所以相应价格也有多种选择；价格灵活，从主要城市间的定价来看，几乎每两地间单独采用一套价格，并且跟运输方式和成本有密切关系。

另外，小红马、天天快递等区间内的快递和顺丰快递竞争激烈，并抢夺顺丰这一部分市场份额。从 2006 年起，顺丰最大的竞争对手变成了 Fedex、UPS 等世界快递巨头，市场份额的争夺难度加大。

（资料来源：http://www.docin.com/p-1503702122.html）

问题：

顺丰的定价策略的优势是什么？

△ 10.1　运输产品定价原理

1. 运价的构成

运价是运输企业为提供运输服务所收取的价格，它是指货运产品和客运产品的销售价格，是运输产品价值的货币表现。运输价格的确定是一个十分复杂的问题，他直接关系到吸引运量的大小和运输企业利润的高低。一般情况下，运输产品价格的构成应当包括物质消耗、劳动者报酬、盈利三个组成部分。

物质消耗和劳动者报酬构成运输成本。运输成本反映运输过程中实际发生的支出，通过产品销售获得补偿。运输成本是制定运价的主要依据。因此，首先要正确核算运输成本，严格界定成本开支范围。

盈利通常包括利润和税金两种形式。从经济体制改革的价格体制改革方向看，应当以社会平均资金盈利率为标准，这是价值规律在社会化大生产条件下的要求。税金也是影响价格形成的重要因素，运价中税金的比重应当满足运输企业依法纳税的需要。

2. 运输产品价格的特征

由于运输产品不具有实物形态，只是对运输对象的位移改变，并且运输产品的生产过程即消费过程，这些都决定了运输产品价格具有与其他工农业产品价格不同的特征。

（1）运输产品价格只有销售价格一种形式。由于运输产品的生产过程与消费过程同时发生，因此表现在运价上只有销售价格一种形式，不同于工农业产品因流通环节的不同，形成多种价格形式，如出厂价、收购价、批发价、零售价等。

（2）运输产品价格与距离有密切的关系。运输的核心产品是位移的改变，其计量单位为"吨/公里"或"人次/公里"，运输的成本是随着距离的变化而变化的，因此决定了运价因运输距离的不同而有差别，如短途、长途，每个里程段的运价各有不同。

（3）运输产品价格的种类繁多。由于运输业服务于社会生产的全过程，运输对象既包括货物又包括旅客，运输需求千差万别，需要提供的运输条件也多种多样。例如，运输货物的种类、批量、使用车型、运输距离、道路条件和运输形式不同，使得同量的运输在其运输过程中的劳务消耗也不尽相同，从而形成种类繁多的运输价格结构。

（4）运输产品价格是社会产品价格的组成部分。运输需求是社会生产的派生需求，运输生产是社会生产过程在流通领域内的继续，它参与了社会产品价值的创造，其在运输过程中创造的价值最终转移到产品的价值之中，因此运输产品价格的变动直接影响社会产品的价格。

（5）运输产品价格的变动与运输方式的运量、成本变动有密切关系。受价值规律的影响，运价的变动会影响运量的变动，而运量的变动又会影响单位运输成本的变动。因此，运输产品价格与运输成本有着密切的关系。

（6）运输产品价格受政府管制政策限制。由于交通运输产业所提供的服务的必要性和产业具有一定的自然垄断性，受政府的宏观控制性强，企业的经营自主权受到一定的限制。目前，我国铁路运输产品的价格是由政府制定的，其他大部分交通运输部门的运输产品价格也必须得到政府的认可。

10.2　运输产品价格的种类及结构

1．运输产品价格的种类

（1）按运输对象不同，运输产品价格可划分为客运运价和货运运价。

（2）按运输方式不同，运输产品价格可划分为铁路运价、公路运价、水运运价（包括长江运价、内河运价、沿海海运运价和远洋运价）、航空运价、管道运价和由多种运输方式联合完成运输的联运运价。

（3）按运输产品价格适用的地区不同，运输产品价格可划分为适用于国际运输线路的国际运价、适用于国内旅客和货物运输的国内运价和适用于某一地区的地方运价。

（4）按运输产品价格适用的范围不同，运输产品价格可分为普通运价、特定运价和优待运价等。普通运价是运价的基本形式；特定运价是普通运价的补充形式，适用于一定货物、一定车型、一定地区、一定线路和航线等；优待运价属于优待减价性质，如客票中的学生票、季节性的优惠票，货运优待运价适用于某些部门、某些货物或满去空回的容器等。

（5）按货物发送方式不同，运输产品价格可划分为整车、零担和集装箱运价。

（6）按运价费率的计算方法不同，运输产品价格可划分为计时运价、计程运价、包车（包机）运价等。

（7）其他。为了更多地吸引运量、更好地满足货主需求，还有一些基于特定成本或服务的运价形式，如限制责任运价、合同运价等。限制责任运价是指托运人为了交纳较低的运费，有时和运输企业达成协议，同意当货物丢失或损坏时，仅按商定的限额赔偿部分损失；合同运价是指运输企业和托运人根据运输性质、使用的车辆与服务的时间、质量需求等自主商定合同的内容，运价水平与各自相应的责任义务具有较大的灵活性。

2．运输产品价格的结构

目前，世界各国运输产品价格结构一般有如下几种形式。

（1）邮票式运价结构。在一定的区域内，不论运输距离长短和运输对象的性质如何，只收取同样的价格，就像邮票那样。邮件及某些货物的运输、市内客运中的公共汽车、电车、地铁、市郊列车，常采用这种运价结构。

（2）里程式运价结构。根据运输里程而制定的运价结构体系，其主要依据是运输平均成本定价理论。运输成本可分解为到发作业成本、中转作业成本和运行成本。单位里程的线路运行成本大致是不变的，但随着运距的增加，由货物承运、装卸、交付及车辆取送、编解等构成的到发作业成本分解到单位里程上就递减，所以里程运价的费率一般是递远递减的。运价递远递减并非随每一公里而变动，而是随计费区段递减。

（3）基点式运价结构。它是里程式运价结构的变形，是不同运输方式或运输线路之间竞争的结果。例如，某铁路公司经营的铁路 A 至 C 段间有一点 B 处受到其他运输企业（如水运公司）的竞争，为了争取货源，战胜竞争对手，该铁路公司不得不在 B 点降低运价。为了弥补亏损，则在无竞争威胁的 A 点和 C 点提高运价，但是提高的幅度不能超过分段运价之和。这里的 B 点即称为基点。由于这种运价结构有歧视性倾向，所以受到不少非议。

（4）区域共同运价结构，也称地毯式运价结构。它是将一系列发运站和到达站划分为不同的地理区域，某一货物从同一发运站到某一指定的地理区域内的所有各到达站均使用同一运价。即在每一个区域内部均采用邮票式运价结构，但对不同的区域之间，仍考虑运距的远近，采用里程式运价结构。

10.3　影响运输企业定价的因素

运输价格的制定要受到一系列运输企业内部和外部因素的影响和制约，包括运输成本、运输市场供求关系、市场结构、物价总水平、运输服务购买力、国家相关政策、市场竞争状况、经济形势、季节性波动等。

1. 运输成本

运输成本是制定运价的重要基础，因为运输成本是运输企业在进行运输生产过程中发生的各种耗费的总和，运输业通过运价取得的收入只有补偿了运输成本，才能保证运输生产的持续进行。

按照财政部颁布的《运输企业财务制度》规定，运输成本由营运成本、管理费用、财务费用三部分组成。

（1）营运成本。营运成本指与营运生产直接有关的各项支出，包括实际消耗的各种燃料、物料、润料、用具、索具等；固定资产折旧费、修理费、租赁费、保险费、货物费、代理费、工资福利费及事故净损失等。

（2）管理费用。管理费用指运输企业行政管理部门为管理和组织营运生产活动的各项费用，包括公司经费、工会经费、劳动保险费、财产、土地使用税、技术转让费及技术开发费等。

（3）财务费用。财务费用指运输企业为筹集资金而发生的各项费用，包括企业营运期间发生的利息支出、汇兑损失、调剂外汇手续费、金融机构手续费及筹资发生的其他财务费用等。

2. 运输市场供求关系

运输市场的供求关系是影响定价的重要因素。通常情况下，运输需求增加，运价相应提高；

运输需求减少，运价相应降低。在市场经济不断发展，运输市场逐渐完善的情况下，根据市场供求关系变化确定和调整运价，是运价形成的一个重要特征。

3．市场结构

根据市场的竞争程度，运输市场结构可大体分为四种类型，即完全竞争运输市场、完全垄断运输市场、垄断竞争运输市场和寡头垄断运输市场。不同类型的市场有不同的运行机制和特点，对运输价格的形成会产生重大影响。

4．物价总水平

建立运价与物价联动机制，是运输业持续稳定发展的必要保证。交通运输要保持与国民经济的相互适应，体现在交通价格应当与物价总水平保持一致，这是运输价格变动的基本规律。

5．运输服务购买力

运输价格要制定在社会可接受的水平之上，换言之要与运输服务的购买力保持一致。如果价格水平低于购买力，会导致运输需求大量增加，从而出现交通拥挤的社会问题；如果运输价格超出了购买力，又会降低交通设施的利用率。

6．国家相关政策

运输业是国民经济的基础产业，运输价格一般是受政府管制的公共价格，尤其在城市公共交通上表现得更突出。这说明运输价格的决定不仅是经济性的、市场性的，还带有一定的行政性、政策性。在一定时期，国家对运价的管制可能较为严格，而在另一时期对运价的管制可能相对宽松。

国家对运输业实行的税收政策、信贷政策、投资政策等均会直接或间接地影响运输价格水平。

7．市场竞争状况

运输市场上的价格会受到可替代运输服务及其竞争程度的影响，企业定价时需确定和关注竞争对手，综合考虑自身与竞争对手的服务品质与营销组合差别，如运输速度、货物完好程度、是否实现门到门运输、相关信息服务、企业品牌与广告促销等，确定所提供的运输及其相关服务价格。

8．经济形势

运输需求是派生需求，是由于其他经济活动的需要而产生的，因而受宏观经济形势影响较大，市场经济形势处于上升阶段时，运输需求旺盛；宏观经济形势不景气时，运输需求减小。

9．季节性波动

季节性农副产品、工业品销售、旅客假日出行等带来的运输需求的季节性波动，也是运输企业在制定运输产品价格时应考虑的因素。

▷ 10.4 运输企业定价的基本方法

一般情况下，运输成本规定了可行运价的下限，顾客的承受能力规定了可行运价的上限。鉴于成本、需求和竞争是影响价格行为的三个主要因素，而企业在具体定价时又往往侧重其中一个因素，这样就形成了成本导向、需求导向和竞争导向三大类定价方法。

1. 成本导向定价法

成本导向定价法是以运输企业成本作为基础的定价方法。具体分为：成本加成定价法、目标利润定价法、收支平衡定价法和边际贡献定价法。

1）成本加成定价法

成本加成定价法是以单位运输成本为基础，加上一个固定百分率的单位利润，构成运输产品价格。其中，固定百分率的单位利润称作加成，固定百分率称作加成率。其计算公式为：

$$运输产品价格=单位运输成本×（1+加成率）$$

用 P 代表运输产品或服务的单项价格，C 代表单位运输成本，r 代表加成率，则上式可写成：

$$P=C（1+r）$$

采用成本加成定价法，能够保证企业达到目标利润，计算方便；但忽视了市场需求与竞争，同时，在许多情况下难以将总成本精确地分摊到各种运输劳务上，因而真实性有限。

2）目标利润定价法

目标利润定价法也称投资收益定价法，是根据企业的总成本和计划的总销售量，加上按投资收益率确定的目标利润额作为定价基础的一种方法。其计算公式为：

$$运输产品价格=企业总成本×（1+企业期望利润率）÷企业预计运输业务量$$

用 P 代表运输产品或服务的单项价格，C 代表企业总成本，r 代表企业期望利润率，Q 代表企业预计运输业务量，则上式可写成：

$$P=C（1+r）/Q$$

这种方法的优点是：有利于加强企业管理的计划性，可较好地实现投资回收计划。但这种方法要求较高，企业必须有较强的计划能力，必须测算好销售价格与期望销售量之间的关系，避免出现已确定了价格而销售量达不到预期目标的被动情况。

3）收支平衡定价法

收支平衡定价法也称盈亏临界点定价法，是指企业按照生产某种产品的总成本和销售收入维持平衡的原则来制定产品的保本价格的一种方法。这种方法在市场不景气的情况下比较适用。其计算公式为：

$$单位产品的保本价格=（企业某一时期的总固定成本+企业某一时期的总变动成本）÷$$
$$企业预期的运输业务量$$

用 P 代表单位产品的保本价格，F 代表企业一定时期的总固定成本，Cv 代表企业一定时期的总变动成本，Q 代表企业预期的运输业务量，则上式可写成：

$$P=（F+Cv）/Q$$

此方法应用简便，可求出企业可接受的最低价格，即高于盈亏平衡点的价格，但采用时也存在测定销售量的准确性问题。

4）边际贡献定价法

边际贡献定价法也称变动成本定价法。边际贡献是指销售收入超过变动成本的部分，这部分余额可首先用来弥补固定成本，完全弥补后有剩余，就是企业利润；如不能完全弥补，其未能弥补的部分就是企业亏损。这种方法适用于运输生产能力有余和回程货运等情况。其计算公式为：

$$运输产品价格=（企业某一时期的总变动成本+边际贡献）÷企业预期的运输业务量$$

用 P 代表运输产品或服务的单项价格，Cv 代表企业某一时期的总变动成本，m 代表边际贡献，

Q代表企业预期的运输业务量，则上式可写成：

$$P=(Cv+m)/Q$$

如果用S代表企业预计的运输销售收入，则$m=S-Cv$

当$m=F$时，企业保本；当$m>F$时，企业有赢利。

采用边际贡献定价法制定的价格，必然低于用全部成本定价的价格，但在市场供过于求的情况下，采用成本加成定价法会使产品由于滞销而使企业蒙受更大损失。在运力过剩，运输市场不景气的情况下，用此方法定价可以减少运力的闲置或浪费，为企业创造边际贡献以增加收益。

2. 需求导向定价法

需求导向定价法是根据消费者的感觉和需求程度来定价。这类定价方法主要有需求差异定价法和承受能力定价法。

1）需求差异定价法

需求差异定价法是根据销售对象、销售地点、销售时间等条件变化所产生的需求差异，而不是根据成本的差异作为定价的基本依据，针对每种差异决定在基础价格上是加价还是减价的一种方法。例如，同一运输服务产品对不同需求量规模的不同客户价格不同；即使同一运输产品对同一运输客户在不同的季节、产品所处市场生命周期的不同阶段等的价格也可以不同。不同式样的运输产品并不根据成本差异而按需求规定不同售价；不同销售地点价格不同；不同销售时间价格不同等。

2）承受能力定价法

承受能力定价法是依据顾客对运输需求的价格弹性理论来定价的。对于货运而言，如果其自身价值很高，运价只占其销售价格的一个很小的比例，适当提高这类货物的运价，货主不会很在乎的，因为这对货物的最终需求不会有多大影响。但对于自身价值很低的货物来说，情况则相反。其计算公式为：

$$运价=货物价值×承受能力系数$$

这里的货物价值指的是货物的市场价格。承受能力系数指运价占货物价格的比率，通常根据市场调研或以往经验来确定。根据联合国贸易发展委员会会议的统计资料，航运中班轮运价占货物价格的比率为1.2%～28.4%，廉价的大宗货物的承受能力系数为30%～50%。

3. 竞争导向定价法

竞争导向定价法主要依据竞争者的产品价格制定本企业产品的价格，即按照行业的平均价格水平来确定本企业的价格。但竞争导向定价不是说把本公司的价格定得与竞争者的价格完全一样，可以略高或略低于竞争者的价格。竞争导向定价法主要有随行就市定价法、投标定价法和垄断定价法。

1）随行就市定价法

随行就市定价法是根据行业平均定价水平作为企业定价标准的一种定价方法。以下几种情况适宜采用竞争导向定价：① 难以估算成本；② 本公司打算与同行业者和平共处；③ 如果另行定价，很难预测购买者和竞争者对本公司价格的反应。

2）投标定价法

投标定价法是指由投标竞争的方式确定产品价格的方法。其具体操作程序是在产品或劳务的交易中，由招标人发出招标公告，投标人竞争投标，密封递价，招标人择优选定价格。这种方法通过预期竞争者的价格而不是自己的成本或市场需求定价。通常用于流通、运输企业招区域代理商等。

3）垄断定价法

少数垄断企业控制了某项运输产品的生产和流通时，结成垄断联盟或达成垄断协议，使产品定价大大超过其价值。如我国的铁路运输产品价格就是采用这类定价法。

📎 **经典案例**

顺丰速运的低价策略

2014 年 5 月，顺丰速运公司针对电商市场推出航空标准的"电商速配""电商首特惠""商盟惠"等服务。其中，"电商速配"是专为时效要求高的中高端电商市场而设计的快递服务，在时效要求一样的情况下，价格相比标准快递低 10%~20%；"电商特惠"是专为时效要求不高的电商市场所设计的，价格大幅降低，以重庆市场为例，同城价格首重从 11 元降低到 8 元，续重由 2 元/千克降低到 1 元/千克，但时效上从"隔日送达"放缓到 2~4 天到达，与此同时，享受"电商特惠"服务的门槛也由 2000 单/天下调为 1000 单/天；如果单一的电商客户难以达到此门槛，顺丰推出的"商盟惠"鼓励商家联合 500 米内的友商，以"商盟惠"的形式达到票件量要求，享受"电商速配"和"电商特惠"的优惠待遇。顺丰速运公司这一系列举措在业内引起了高度的关注，被认为是抢占电商物流市场、增加利润的一剂猛药。这一引例说明，低价策略虽然是许多企业进入和占领市场的营销策略，但也需了解需求、细分市场、区别对待，有效发挥低价策略的作用。

（资料来源：董千里，陈树公，朱长征. 物流市场营销学. 北京：电子工业出版社，2015.）

△ 10.5　运输企业定价策略

定价策略是指在制定价格和调整价格的过程中，为了达到企业的经营目标而采取的定价艺术和定价方法。它是定价目标和定价方法的具体化，是具有灵活性、技巧性、竞争性和操作性的营销手段。

1. 运输新产品定价策略

（1）撇脂定价策略。撇脂定价策略又称高价策略，是指在运输新产品进入市场时，对于需求价格弹性小、竞争对手少的产品，运输企业可以将其价格定得很高，以便在较短的时间就获得最大利润，然后根据市场供求情况，逐步降低价格，犹如从牛奶中撇取奶油一样。

采用这种定价策略的优点是：①可使企业在短期内收回成本，并获得较大利润；②为运输企业利用价格进行市场细分留有足够的空间和余地，企业对于购买力强的顾客和地区的价格可以定得高一点，而对于购买力低的地区可以定得低一点；③为弥补因预测失误而导致的定价缺陷留有足够的修正空间；④可以抑制过快的需求增长而导致企业服务质量的下降。通过高价，一方面使企业获得较高的利润回报，为扩大生产、开辟航线、提供更多的运输供应能力做充分的准备；另一方面，还会在新产品上市时加强质量控制，在顾客中形成良好的口碑。缺点是：价格高于价值会损害顾客的利益，引起他们的不满；同时高价还蕴涵了高额利润，必然招致更多的外来资本的参与和竞争。

（2）渗透定价策略。渗透定价策略又称低价策略，是指在新产品投入市场时价格定得较低，使用户很容易接受，以利于快速打开市场。采用这种定价策略的产品，其特点是潜在市场很大，企业生产能力较大，同时竞争者容易加入。这种定价策略适用于以下几种情况：①某种运输服务的需求弹性大，低价可以促进销售；②营销费用、运输成本与运输量关系较大，即运输量越大，单位运输量和成本费用越低；③潜在市场大，竞争者容易进入，采用低价策略，利润微薄，别的企业不愿参加竞争，有利于扩大市场占有率；④运输不发达、购买力弱的地区，以利于逐步培育市场。国外通常把这种定价策略称为"侵入策略"或"渗透策略"。

（3）温和定价策略。温和定价策略又称满意定价策略，是指企业将行业或社会平均利润率作为确定企业目标利润的主要参考标准，比照市场价格定价，避免不必要的价格竞争，通过其他促销手段扩大销售，推广新产品。采用这种策略，容易使运输企业与货主或旅客双方面都满意。这种定价策略既可避免高价策略因高价而带来的市场风险，又可使企业避免因价低而带来的产品进入市场初期收入低微、投资回收期长等经营困难。

2. 折扣定价策略

企业为了鼓励顾客大量购买、淡季购买等，酌情降低其基本价格。这种价格调整叫作价格折扣或折让，主要有以下几种策略。

（1）数量折扣策略。运输企业根据用户请求的运输服务项目（托运货物购买客票）的数量所给予的折扣优惠。数量折扣又分为累计数量折扣和一次数量折扣，前者是规定在一定时期内，购买量达到一定数量即给予的折扣。这一策略鼓励用户大量或集中向本企业购买。

（2）现金折扣策略。运输企业对以现金付款或提前付款的用户给予一定比例的价格折扣。现金折扣可以改善企业的现金周转，减少赊欠和坏账损失，提高企业利润率。例如，"1.5/10，全价30"，表示用户如果10日内现金付款可享受1.5%的折扣，如果不能则不享受折扣，必须在30日内付清全款。

（3）季节折扣策略。运输企业在运输淡季时给予一定的价格折扣，有利于刺激消费者均衡需求，便于企业均衡运输组织作业。

（4）代理折扣策略。运输企业给运输中间商（如货运代理商、票务代理）提供的价格折扣，以便发挥中间商的组货、组客功能，提高企业的市场占有率。

（5）回程和方向折扣策略。运输企业在回程或运力供应富裕的运输线路与方向上给予价格折扣，以提高运输工具的使用效率，减少运能浪费。

（6）推广期折扣策略。运输企业在新产品上市的推广期内，在产品还不被人们认识的情况下，为了招揽更多的代理商和顾客的加入而采用较高折扣的方式。

📎 经典案例

西服店的低价折扣策略

日本东京银座"美佳"西服店为了销售商品采用了一种折扣销售方法，颇获成功。具体方法是先发一个公告，介绍某商品品质性能等一般情况，再宣布打折的销售天数及具体日期，最后说明打折方法：第一天打九折，第二天打八折，第三、第四天打七折，第五、第六天打六折，以此类推，到第十五、第十六天打一折，这个销售方法的实践结果是，第一、第二天顾客不多，来者多半是来探听虚实和看热闹的。第三、第四天人渐渐多起来，第五、第六天打六折时，顾客像洪水般地拥向柜台争购。以后连日爆满，没到一折售货日期，商品早已售缺。这是一则成功的折扣定价策略。妙在准确地抓住顾客购买心理，有效地运用折扣售货方法销售。人们当然希望买质量好又便宜的货，最好能买到以二折、一折价格出售的货，但是有谁能保证到时还有货呢？于是出现了头几天顾客犹豫，中间几天抢购，最后几天买不着者惋惜的情景。

（资料来源：刘婧，徐辉增.物流服务营销实务.北京：中国财富出版社，2014.）

3. 心理定价策略

这是运用心理学原理，根据不同类型的用户在购买运输服务时的不同消费心理来制定价格以诱导用户增加购买的定价策略。其主要策略有尾数定价策略、分级定价策略和声誉定价策略。

（1）尾数定价策略。心理学家的研究表明：当价格低于 5 元时其尾数应该是 9，即 2.9 元、3.9 元、4.9 元等；当价格大于 5 元而小于 100 元时，其尾数应该为 95，即 9.5 元、19.5 元、59.5 元等；当价格大于 100 元时，其尾数应该为 98、99，即 599 元、698 元等。

尾数定价策略又称非整数定价策略，即企业给商品定一个接近整数，以零头尾数结尾的价格。例如，某商品的价格为 0.97 元，接近 1 元，就是利用了顾客的求廉心理和要求定价准确的心理。保留了尾数，一方面可给顾客以不到整数的心理信息；另一方面使顾客从心里感到定价认真、准确、合理，从而对价格产生一种信任感。

（2）分级定价策略。分级定价策略即在定价时把同种运输分为几个等级，不同等级采用不同的运输价格。这种定价策略能使顾客产生货真价实、按质论价的感觉，因而较易为顾客所接受。采用这种定价策略时，等级划分不能过多，级差也不能太大或太小，否则会使顾客感到烦琐或显不出差距而起不到应有的效果。

（3）声誉定价策略。这是根据顾客对某些运输企业的信任心理而使用的价格策略。有些运输企业因为长期的市场经营在顾客心中树立了声望，如服务态度好、运输质量高、送达速度快等，因此这些企业可以采用比其他企业稍高的价格。当然，这种价格策略要以高质量作保证，否则就会丧失企业的声望。

4. 关系定价策略

（1）长期合同。运输企业为了吸引顾客与自己建立长期业务关系、签订长期业务合作合同而制定的具有竞争力的价格。

（2）多购优惠。运输企业为了促销，对顾客承诺一次请求两个或两个以上的运输服务项目时所给予的优惠政策。例如，顾客只请求铁路整车运输时：

$$运费=铁路计费重量×适用的运价率$$

如果顾客一次请求两种运输服务项目，则：

$$运费=[（铁路计费重量×适用的运价率）+（公路计费重量×适用的运价率）]×85\%$$

5. 差别定价策略

差别定价策略是指企业根据不同顾客群、不同的时间和地点对同一产品或劳务采用不同的销售价格。这种差别不反映生产和经营成本的变化，有利于满足顾客不同需求和企业组织管理的要求。例如，美国航空公司将形式上一致的座位人为地加以区分，以满足不同层次旅客的需求。他们将不同的消费者群体细分为质量敏感型、价格敏感型和中间型乘客，考虑其分别希望享受到什么样的服务，然后设计和提供相应的运输产品（包括不同的价格体系、购买限制等特征的组合）供消费者选择，在满足不同市场需求的情况下实现利润最大化。

6. 大客户定价策略

大客户定价策略是在 80/20 原则的背景下产生的，对企业非常重要的客户给予一定的价格优惠。例如，某船公司给重要的货运代理商和大货主提供的运价要低于给普通代理商和货主的运价，以维持与客户良好的关系，保证稳定的货源。一个典型的例子是班轮公会的双重运价制，运价由班轮公会制定，供参加班轮公会的班轮公司使用。其具体做法是：对于与班轮公会缔结合同将货物全部交由班轮公会运输的货主，按合同费率计收运费。对于未与班轮公会缔结合同的货主，则按非合同费率计收运费。

7. 运价调整策略

（1）主动调整策略。主动调整策略指企业因市场供求、成本变动等需要降低或提高自己的运价。降低运价策略适用于运力供过于求，运输市场竞争激烈，或是本企业成本降低，有较强成本优势，企业欲利用该策略扩大市场占有率等情况。提高运价策略适用于运力供不应求、企业因非经营因素所导致的成本上涨等情况。

无论是采用降低运价策略还是提高运价策略，企业在运价调整之前，须对竞争者、顾客及企业自身情况进行认真分析，包括竞争产品的成本结构，竞争对手的运价、竞争行为和习惯，竞争者生产能力的利用情况，该产品的市场需求量大小，顾客对该产品运价的敏感程度，企业的经济实力和优势、劣势等。在此基础上做好调价的计划：调价的时间、调价的幅度、是一次调整还是分多次调整及调价后整个市场营销策略的变动等。调价后还要注意分析顾客和竞争者对调价的反应及企业市场占有率和收入利润的变化。

（2）被动调整策略。被动调整策略是指在竞争对手率先调价后，本企业据此做出的反应。企业同样须对竞争者、顾客及本企业情况进行分析研究进而做出决策。一般来说，企业对调高价格的反应较容易。竞争对手具备某些差别优势，没有把握不会提价。若本公司也有相似优势，正好跟进；若本公司不具备类似优势，则不宜紧随，待大部分公司提价后，本公司再跟进较为稳妥。

对于竞争者率先降价，企业一般反应较慎重，通常有三种处理方式：①置之不理，这在竞争者降价幅度较小时采用；②价格不变，但增加服务内容或加大销售折扣；③跟随降价，一般在竞争者降价幅度较大时采用。调整运价对企业是有风险的，实际操作较妥当的方法则是企业稳定价格策略。同时，价格策略是市场营销组合的有机组成部分，须与产品策略、渠道策略、促销策略配合使用，才能有效达成企业营销目标。

技能训练

技能训练 10-1

运价的制定

1. 某货运企业预期运量 2 000 吨，总固定成本 600 万元，运输每吨货物的变动成本为 1 000 元，如果预计获得 25%的加成率，则每吨运价为多少？

2. 某客运企业预期年载客量为 100 000 人，每年消耗的燃油费为 50 万元，业务人员工资及业务支出约为 100 万元，总固定成本约为 200 万元，如果预计获得 10%利润，并当年收回成本，则每张票价应定在多少元？

3. 某客运企业全年固定成本为 100 万元，其中经营短途客运应摊的固定成本为 2 万元，每运输一位乘客消耗的成本为 20 元，税金为 10 元，若预期运量为 100 万人，则票价定为多少时才能保本？

4. 某货运企业全年固定成本为 200 万元，其中经营短途货运应摊的固定成本为 20 万元，每运输一吨货物消耗的成本为 50 元，税金为 20 元，若预期运量为 200 万吨，如果企业希望达到预期利润为 50 万元，则运价为多少时企业能实现利润？

5. 某运输企业年运力为 2 000 吨，固定成本为 100 万元，单位变动成本为 2 000 元，每吨运价为 3 000 元，目前订货量只有 1 200 吨，而另一家企业需要订购 400 吨运量，如果出价 2 400 元，这笔订单能否接受？如果出价 1 800 元，这笔订单能否接受？

6. 某运输企业运输设施和运输工具投入约 100 万元，企业管理费用每年约 20 万元，工作人员工资及福利每年支出约 80 万元。经营长途货运应摊的设备费用为 50 万元，工作人员工资及福利等企业管理费用约 50 万元。每运输一吨货物消耗的燃料费为 450 元，税金为 50 元。年运力为 1 000 吨，每吨运价为 2 000 元，目前订货量只有 600 吨。而另一家企业需要订购 300 吨运量，如果出价 1 600 元，这笔订单能否接受？如果出价 1 400 元，这笔订单能否接受？

训练建议

此能力训练主要考查学生对运输企业定价方法的理解和掌握情况，建议以个人为单位，在掌握各种定价方法的基础上针对所给条件进行分析和计算。可考虑选择两名或两名以上学生进行计算演示。

评价标准（见表 10-1）

表 10-1　实践教学考核评价标准

序　号	考 核 内 容	等　级	分　值
1	参与的积极性、主动性（30 分）	优良	21~30
		一般	11~20
		差	0~10
2	语言表达流畅、规范、准确（30 分）	优良	21~30
		一般	11~20
		差	0~10
3	计算过程、结果的准确性（40 分）	优良	26~40
		一般	11~25
		差	0~10
合　计		100 分	

技能训练 10-2

中远集团集装箱运输公司的价格策略

集装箱运输产品的需求是一种派生需求，而且是有弹性的。由于目前市场竞争激烈，加上运输成本构成项目多，难以准确计算，以及整个行业有工会组织、战略联盟的合作基础，中远集装箱运输公司实行的是随行就市的定价方法。对于不同的市场，实行不同的运价定位，采取不同的价格策略。一般而言，客户不同，运价不同，对已签约的大客户实行优惠运价；季节不同，运价不同，对于未签约的客户，实行淡季低运价，旺季高运价。

（资料来源：袁炎清，范爱理. 物流市场营销. 北京：机械工业出版社，2009.）

请回答：

1. 中远集装箱运输公司为什么要实行随行就市的定价方法？
2. 其价格策略对其他运输企业有什么启示？

训练建议

此能力训练主要考查学生对竞争导向定价法的理解和掌握情况，建议以小组为单位，在明确竞争导向定价法的适用条件的基础上，通过互联网查找中远集团集装箱公司的相关资料，并结合所给案例资料进行分析，与同学和指导教师交流。

评价标准（见表 10-2）

表 10-2 实践教学考核评价标准

序　号	考核内容	等　级	分　值
1	参与的积极性、主动性，是否有团队合作精神（20 分）	优良	16～20
		一般	8～15
		差	0～7
2	实践教学过程中表现出的计划、组织、领导、控制、协调等管理能力（20 分）	优良	16～20
		一般	8～15
		差	0～7
3	成果展示（20 分）	优良	16～20
		一般	8～15
		差	0～7
4	语言表达流畅、规范、准确（20 分）	优良	16～20
		一般	8～15
		差	0～7
5	书面、电子版总结报告设计（20 分）	优良	16～20
		一般	8～15
		差	0～7
合　计	100 分		

复习思考题

一、单项选择题

1. 下面对运输产品价格的特征描述错误的是（　　　）。

　　A. 运输产品价格与距离有密切的关系

B. 运输产品价格只有销售价格一种形式

C. 运输产品价格的种类稀少

D. 运输产品价格受政府管制政策限制

2. 下列不属于运输市场结构模式的是（　　　）。

　　A. 不完全竞争运输市场　　　　　　　　B. 完全竞争运输市场

　　C. 完全垄断运输市场　　　　　　　　　D. 寡头垄断运输市场

3. 下列不属于影响运输企业定价的因素的是（　　　）。

　　A. 运输成本　　　　　　　　　　　　　B. 物价总水平

　　C. 国家相关政策　　　　　　　　　　　D. 运输人员

4. 下列不属于运输企业的心理定价策略的是（　　　）。

　　A. 尾数定价策略　　　　　　　　　　　B. 分级定价策略

　　C. 温和定价策略　　　　　　　　　　　D. 声誉定价策略

5. 下列不属于竞争导向定价法的是（　　　）。

　　A. 随行就市定价法　　　　　　　　　　B. 承受能力定价法

　　C. 投标定价法　　　　　　　　　　　　D. 垄断定价法

二、填空题

1. 运输成本包括_____、管理费用、_____。

2. 运输企业对运价成本加成定价法的计算公式是：运输产品价格=_____×（1+加成率）。

3. 运输产品价格结构包括邮票式运价结构、里程式运价结构、_____和_____。

4. 差别定价策略是指企业根据_____、_____和地点对同一产品或劳务采用不同的销售价格。

5. 运价的调整策略有_____和_____两种。

三、简答题

1. 试分析运输产品的价格特征。

2. 简述运输企业定价的基本方法。

国际集装箱班列运输定价策略　　　　　　　　　完整旅客运输产品定价策略研究

项目 11

运输市场分销渠道策略

知识目标

- 理解运输产品分销渠道的定义
- 掌握运输产品分销渠道的类型
- 明晰影响运输企业分销渠道策略的主要因素
- 掌握运输企业分销渠道策略
- 了解运输企业分销渠道控制与管理的具体内容

能力目标

- 能够辨别运输企业分销渠道的类型
- 能够根据企业实际情况设计分销渠道模式、选择渠道中间商的类型

引导案例

顺丰中兴强强联合，揭开大闸蟹直供餐桌新篇章

2015 年 10 月 12 日上午，顺丰速运集团鄂西区与中兴六合水产洪湖浪大闸蟹项目战略合作签约仪式在中兴能源（湖北）有限公司举行，合作内容包括六合水产将在顺丰特别开通大闸蟹专机，六合水产出产的大闸蟹将享受顺丰速运专机物流服务。

洪湖市六合水产开发有限公司是中兴集团在华中地区投资最大的水产养殖区，公司集苗种研发、河蟹种苗培育及特种养殖、销售为一体，是洪湖市水产业的领头羊，其自有品牌"洪湖浪"大闸蟹养殖基地已获得国家级无公害绿色产地认证，洪湖浪大闸蟹以其膘肥鲜嫩、膏黄饱满、肉质清甜等特点深受广大消费者的喜爱。

顺丰集团是国内速递行业及生鲜垂直电商的领导者，拥有丰富的生鲜运输经验，2015 年，顺丰首次投入大闸蟹专机资源，配合散航资源，全力保障大闸蟹的发运时效。据悉，顺丰集团鄂西区此次与中兴水产合作，将增加大闸蟹定点快递员，对外包装设有独立识别标签，保障优先中转航运及派件。同时，顺丰集团将增加 30% 的专项客服，进行理赔事宜专项处理，确保第一时间发现问题、沟通问题、解决问题，以最好的服务回馈客户。

签约仪式上，六合水产和顺丰速运分别对大闸蟹项目进行了介绍，结合客户在湖区起捕现场参观，洪湖浪源头好蟹如何直达客户餐桌的流程再现，让在场客户真实地感受到顺丰速运对大闸蟹寄递全流程的严格把控。在洪湖浪大闸蟹实物和礼券拍卖、预售、实物销售环节，现场

气氛进入高潮，拍卖、预售、现售火爆，客户响应积极踊跃！

　　顺丰集团自踏足电商以来，致力于利用自身强大的物流网进行产品原产地采购，线上线下多渠道销售，依托强大物流带动产品经营，因此，顺丰与中兴的合作不仅体现在大闸蟹寄递上，更着力于大闸蟹销售。

　　通过此次签约仪式的进一步沟通，顺丰集团与中兴六合水产公司领导均表示将继续深入合作，在双方已有的产品合作的基础上进一步拓宽合作领域，提升双方共赢新层面。

（资料来源：荆州新闻网）

问题：

中兴的营销渠道策略是什么？

11.1　运输产品分销渠道概述

1．运输产品分销渠道的定义

　　分销渠道，也称为分配渠道或交易渠道，是指产品从生产者传递至消费者或用户的过程中，所经过的一切取得所有权或协助所有权转移的商业组织和个人连接起来形成的通道。因此，分销渠道的起点是生产者，中间环节包括参与交易活动的各种批发商、零售商、经纪人、代理商等中间机构，终点是消费者。这些渠道成员相互联系，各自承担不同的营销职能，起到促进交换和确保渠道畅通的作用。

　　运输产品分销渠道是将运输产品从运输企业转向运输用户所经过的由企业和个人连接形成的通道，取决于运输企业的运力和销售活动，不存在产品所有权的转移。它的独特之处在于运输服务的组织系统，是由向货主、旅客提供运输服务、具有共同目标、相关联的部分组成的系统，包括运输企业、旅客和货主、运输中间商和代理商及客、货场站等环节，起点是运输企业，终点是对运输有需求的旅客、货主，中间环节是为达成运输活动而进行客源、货源组织的各种中间商，具体包括：场站组织——车站、码头、机场等；代理商——货运代理、航空代理、船务代理、客运代理及受运输企业委托建立的售票点、揽货点；联运公司——办理多种运输方式联合运输业务的运输公司；委托商——由运输企业或代理商委托而成立为运输企业组织客货源的组货点、代办处等。

经典案例

跨国公司以现代物流信息技术为基础的渠道控制策略

　　充分利用现代信息技术打造的仓储物流和订单管理系统，使跨国公司得以将全球价值链中附加值较高的重要环节牢牢掌控在自己手中，并进一步增强了对生产制造环节的控制力。例如，沃尔玛从 1981 年开始试验利用商品条形码和电子扫描器实现存货自动控制，使商品的整个处理过程节省了约 60% 的人工。从 1983 年开始投资 7 亿多美元建成完善的计算机和卫星系统，使沃尔玛总部可在 1 小时内，对遍布全球的 5 300 多家门店的每种商品的库存上架及销量全部盘点一遍。到 2010 年，沃尔玛已经与它的 5 000 余家供应商中的 1 800 家实现了电子数据交换，大大提高了配送的高效性和准确性。以现代信息技术为基础的仓储物流和订单处理系统不仅提高了沃尔玛采购订单的计划性、时效性，而且也对处于生产制造环节的企业形成更强的议价能力，从而增强对整个全球价值链利润的控制。

（资料来源：董千里，陈树公，朱长征. 物流市场营销学. 北京：电子工业出版社，2015.）

2. 运输产品分销渠道的特点

1）前置性

运输产品的前提是运输企业或运输中间商通过各种形式组织客流、货源，根据客流、货源的组织情况或事先约定好的服务方式组织运输，实现运输产品位移。运输企业应根据客流、货源的分布情况和自身特点，在网点布局、组织方式等方面采取不同的策略，确保运输生产的顺利进行。与有形产品分销渠道不同的是，运输企业分销渠道是在运输产品形成之前而不是形成之后。

2）稳定性

运输企业采取使用中间商的分销渠道，往往会通过签订合同的形式确定与中间商的长期合作关系，这种稳定的合作关系能使双方在合作的基础上互惠互利，共同管理分销渠道，即使市场情形发生变化，分销渠道也不会轻易改变。因此，运输企业在设计和选择分销渠道时要考虑与企业的长期发展目标相适应，确保渠道的稳定性。

3）多样性

消费者对运输有多种需求，决定了运输产品分销渠道的多样性。长期稳定的大宗客流、货源要求运输企业以固定的运输方式完成位移活动，而零星客流、货源大都通过中间商进行组织，并采用灵活的运输方式完成位移活动，从渠道的构成看，消费品的运输渠道往往比工业用品的运输渠道长。这种有形产品的特点决定了运输产品分销渠道的不同形式。

4）关联性

运输产品的分销渠道不仅与所涉及的渠道成员有关，而且与产品的其他营销策略及竞争对手所采取的策略相关。例如，针对公路运输企业灵活多样的营销策略，铁路货物运输也开始试行使用中间商揽货和全程承包运输等形式的分销渠道。

3. 运输产品分销渠道的类型

一般来说，运输产品分销渠道的分类有以下五种。

1）直接渠道和间接渠道

分销渠道按照是否经过中间商这一环节可以分为直接渠道和间接渠道。

直接渠道是指运输企业直接为运输需求者提供运输服务，没有中间商的参与。采用这种方式，运输企业在同等条件下可以直接让利于运输需求者，便于控制运价，也可以使运输企业和运输需求者之间的关系更密切，及时了解运输市场需求动态，为运输企业根据情况提供各种服务创造条件。但由于受运输企业人员、资金等因素的限制，客货源组织面窄、点少，效率不高，往往仅限于大宗稳定货物或有特种运输需求的货物。

间接渠道是指运输企业通过运输中间商为运输需求者提供运输服务。采用这种方式，可以利用运输中间商的丰富组织经验和广泛关系网，组织客货源量大，有利于扩大运输规模，便于运输企业组织均衡运输，提高运输效率，有利于运输需求双方简化手续；但是容易使运输企业无法了解运输市场需求信息，有一定的市场风险，而且由于运输企业对中间商大多实行折扣价格、优惠政策等原因，使运输企业每次运输的利润减少。

经典案例

UPS 通过与中国物流企业合作开拓国际物流分销渠道

作为世界上最大的快递承运商与包裹递送公司的美国联合包裹速递公司（UPS）通过与中国物流企业合作，2013 年和 2014 年分别开通了两条中国至欧洲铁路货运班列线路：一条是从郑州到德国汉堡市，另一条是从成都到波兰罗兹市。铁路货运与 UPS 现有的货运及公路运输服务网络相结合之后，速度比海运快 50%，成本比空运低 70%。开通铁路货运业务是 UPS 拓展全球货运代理业务的最新举措。2012 年，UPS 已开通了首条郑州经停仁川至美国安克雷奇货运航线。该航线的开通使郑州至美国安克雷奇的货运时间从过去的 50 多小时缩短至 14 小时，也使郑州成为 UPS 在中国继上海、深圳、成都、青岛之后的第 5 个航空口岸。

（资料来源：董千里，陈树公，朱长征. 物流市场营销学. 北京：电子工业出版社，2015.）

2）固定渠道和流动渠道

分销渠道按照是否有固定场所可以划分为固定渠道和流动渠道。

固定渠道是指运输企业通过某些固定场所，满足消费者对运输的需求，实现运输销售过程。一般运输企业都有固定的服务场所，如车站、机场、托运站点等，运输需求者到这些场所来办理各种乘坐或托运手续，这些场所往往是客、货位移的开始，适于旅客运输、零担货物运输等方式。

流动渠道是指运输企业根据消费者的需要随时随地提供运输服务，不需要固定的服务场所。这种方式对公路运输十分适用，可以随时根据客、货主的需求提供运输服务。如城市出租汽车服务、客货运包车、租车服务、货运即时服务等都适用于此类分销渠道。

3）长渠道与短渠道

分销渠道按照销售所经过的流通环节或层次的多少，又可分为长渠道与短渠道。层次多、环节多为长渠道，反之则是短渠道。一般来说，中间环节越多，渠道就越长。

长渠道由于有中间商参与，点多面广，能有效地覆盖市场，扩大销售，运输企业可减少许多人力、物力、财力。但当渠道过长时，环节增多，增加了费用，信息反馈慢、失真率高，不利于准确地把握运输市场行情。

短渠道由于渠道短、环节少，可以减少不必要的环节造成的失误及流通费用，但由于直接面对客货用户，市场覆盖面较小，也有一定的局限性。

在各种运输方式的联合运输中需要长渠道销售方式，而在某一运输方式的运输中尽可能采用短渠道方式，减少不必要的中间环节，提高销售效果。

运输企业应根据不同地区的差异、产品因素、中间商特点和竞争者情况综合确定渠道长短，而不局限于现有的确定结构。表 11-1 列出了货运分销渠道长短决定因素。

表 11-1 货运分销渠道长短决定因素

长 渠 道	短 渠 道	长 渠 道	短 渠 道
产品单位价格低	产品单位价格高	货源零星、流向分散	货源集中
产品单位利润低	产品单位利润高	对时效性要求不高	对时效性要求高
不需要特殊服务	需要特殊服务	普通货物	特殊货物

4）宽渠道与窄渠道

按照分销系统中同层次环节的多少，又可分为宽渠道和窄渠道。分销渠道的宽度是指运输产品渠道的每个层次中使用同种类型中间商数目的多少，横向环节越多、渠道越宽，反之则越窄，独家分销是最窄的渠道。

宽渠道具有一定优点，由于其选用中间商多、能迅速推销运输产品，同时可以对中间商的工作效率进行综合评估、优胜劣汰，有利于中间商之间展开竞争，但如果选用过多，一旦外部环境变化，双方关系的基础不牢固，会导致合作关系破裂，影响运输企业的销售。一般而言在宽渠道中，运输企业所选用的中间商是可以变化的。窄渠道的优点是运输企业与中间商的关系非常密切，但由于对中间商依赖性太强，会在一定时期内失掉灵活选择的自由。一般来说，运输企业对一些生产资料和少部分专业性较强或较贵重的消费品提供运输服务时，可采用窄渠道。

5）单渠道与多渠道

按照运输企业采用的渠道类型的多少，可以将其分为单渠道和多渠道，这体现的是分销渠道的广度。当运输企业的全部运输产品都由自己直接设立门市进行销售或全部交给代理商经销时，称为单渠道。当运输企业使用两种或两种以上分销渠道时，称为多渠道。随着市场竞争和发展的需要，单渠道缺乏灵活性而很难使企业具有较高的营销效率，目前大多数企业都实行多种分销渠道，运输企业也不例外。

以上几种渠道只是划分标准不同，可以相互交叉。例如，短渠道中的零层渠道就是直接渠道，一层渠道就是间接渠道，长渠道都属于间接渠道。渠道的长短和宽窄只是分别从纵向和横向来看的结果，从整个渠道结构看，则可分为单渠道和多渠道。

4．运输市场中间商

中间商是指专门从事商品经营活动的企业和个人，在生产和消费之间起到调节供求矛盾和沟通信息的作用，在商品从生产者流向消费者的过程中，参与商品流通业务、促进交易行为实现。

1）运输市场中间商的类型

运输市场中间商是市场中间商的一种特殊类型，是指专门为运输生产者组织客流、货源，或者为运输生产供需双方提供中介服务，促进运输交易行为实现的运输经营者。按其发挥功能的形式和性质不同分为以下三类。

（1）经营型场站组织。经营型场站组织包括客运站、机场、港口、码头和各种类型的货运站，如货物托运站、集装箱货运站等。这些场站组织面向全社会的运输需求者，根据其对运输需求的特点为其提供各种运输服务。

（2）代理公司。代理公司是指代理运输生产者负责整个客流、货源业务的组织工作，为运输需求者提供咨询业务及运输方式和服务项目的选择。代理公司不拥有商品的所有权，是运输生产者的经营代理，运输生产者选择代理商主要依据代理商的实力、信誉和所拥有的组货网络。

代理公司主要包括货运代理公司、船运代理公司、航空公司代理处、联运公司等，我国目前代理公司大多是大型运输企业自己设立或有针对性地选择具有一定实力和信誉良好的其他代理公司。代理公司的最大优势在于熟悉运输市场行情，有专业知识并且和运输的供求双方保持密切合作关系。

（3）运输经纪人。运输经纪人是指为交易双方提供价格、市场信息、牵线搭桥、协助谈判、促成交易起媒介作用，他们不控制运价及运输条件，通过交易成交额按比例收取佣金，这种委托关系多为一次性的，运输需求双方没有固定关系，也不承担风险。例如，航运市场中的船东经纪人、租船代理人等就属于这一类。

2）运输市场中间商的功能

一般来说，运输中间商主要有以下功能。

（1）客流、货源组织功能。由于运输市场客流、货源分布面广、流动性强等特点，任何一个运输企业在现代商品经济条件下都无法单独完成客流、货源的组织工作和运输生产，而运输中间商能利用其丰富的社会关系和广泛的网点布局，以经济的手段和有效的客流、货源组织方式为运输企业生产提供客流、货源，使运输企业能够充分利用其运输能力。

（2）运输服务功能。运输中间商能根据社会对运输的需求程度提供各种运输辅助服务。例如，货运代理服务，为运输需求者代办各种运输业务，包括代办托运手续、商检、报关等业务；技术咨询服务，为车主和货主提供车辆技术、运输线路及方式的选择等咨询服务；为运输需求者提供储存场所，并且提供装卸、搬运、取送服务等。

（3）运输信息咨询功能。运输中间商由于专业知识丰富，经营网点众多，能深入到车站、码头、工厂及社区，掌握运输市场供求信息，进一步沟通运输生产供求双方之间的关系，也可以为运输生产和需求双方提供市场供求预测、运输分析等方面的咨询服务。

11.2　运输企业分销渠道策略

1. 影响分销渠道策略的主要因素

运输企业分销渠道的实质是选择什么样的客流、货源组织方式满足消费者对运输的需求。影响分销渠道的因素有很多，主要有运输产品（运输服务解决方案）因素、市场因素、企业自身因素、经济形势及政策法规等。

1）运输产品因素

运输企业进行渠道选择，既要考虑企业本身的运输线路，又要考虑所运送物品的性质，以便制定运输服务解决方案。如对于一些特殊物品，对运输线路与运输工具有特殊的要求，就不宜使用中间商来承担服务。从所运物品来考虑，在选择分销渠道时要注意以下几点。

（1）物品的大小和质量。不同体积和质量的产品对分销渠道的选择有很大影响，体积大而重的产品如矿石、煤炭、机器设备等，应尽量缩短营销渠道，以减少搬运、装卸次数。

（2）物品的耐腐性。物品是否会迅速腐烂，容易损坏，是一个在实体运输和储存中非常关键的问题。易腐、易毁的物品，应尽量缩短分销途径，迅速把物品传递到顾客手中，一般要求渠道较短。对于鲜活、易腐、危险货物，由于对运输时效性要求很高，应尽量缩短分销途径，最好采用直接分销渠道，以保证货物按期到达，并且减少因代理公司等中间商存在而造成的时间损失。

（3）运输服务的标准化程度。一般来说，渠道的长度和宽度与物流服务的标准化程度成正比，标准化程度较高时，可以使用较长的渠道。

（4）服务解决方案的技术性。技术要求比较复杂、运作过程要求较高的物流服务产品，可以使用窄而短的分销渠道。

2）市场因素

（1）目标市场的分布。目标市场的分布是指市场规模的大小和潜在顾客的密度。如果顾客（货主）较为集中则应采用较短的渠道；若顾客较为分散，则应将直接渠道和间接渠道相结合，充分利用间接渠道。例如，某运输企业承担件杂货班轮运输，一船货可能高达几百甚至上千票，面对数量众多的货主，不利用中间商是很难做好工作的。又如，中远集团为三峡工程所做的一批大宗货物、特殊货物的运输，由于其品种较为单一、价值大、复杂而且要求高等特点，则适合于企业直接为顾客服务，不需要中间渠道的参与。

（2）顾客（货主）的习惯。货主往往根据自身托运物品的数量、地点等因素来选择运输企业。对于每次托运数量不大的一般杂货，货主希望很方便地订舱，那么运输企业必须采用广泛的分销网络方能满足。对此，运输企业应该利用更多的间接渠道，使用更多的代理网点；反之，就可采用直接渠道或较为固定的相对较少的代理网点。

（3）销售季节。由于被运物品存在季节性，导致了运输服务也存在淡、旺季之分。一般而言，当运输市场呈淡季时，运输企业宜尽量采用直接渠道，在旺季时往往业务量非常大，更适于采用间接渠道。

（4）市场竞争状况。由于运输企业之间在运输线路、运输工具等方面都具有一定的可替代性，因此，市场竞争必然造成运输企业对分销渠道的选择。

3）企业自身因素

（1）企业规模和信誉等因素。运输企业的自身情况如规模、信誉、财力、发展计划及营销策略等因素都会影响分销渠道的选择，而且分销渠道一旦确定往往很难改变，因此运输企业的规模、信誉等因素对选择中间商、扩大市场范围和争取更多客流、货源有很大影响，企业可以根据这些因素综合决定是否使用中间商和挑选合适的中间商。例如，企业的规模大、声誉好，可以建立自己的客流、货源组织网络或有固定的代理商，宜采取较易控制的"短而窄"的渠道，企业有很强的运输能力或能够提供较好的服务，也可以采用"短而窄"的渠道甚至直销渠道。

（2）对分销渠道控制的愿望。如果运输企业希望有效地控制分销渠道，就应该建立短而窄的分销渠道，基于这种愿望的实现，运输企业则需花费更高的成本，组建自己的货源组织网络等。若企业不希望控制渠道，那么就可选择较长的分销渠道。

（3）营销能力和促销策略。如果运输企业的现有的营销机构和人员配备强，营销能力雄厚，则可以使用较短的营销渠道，否则就需要更多的中间商帮助开拓市场，营销渠道可以长些。如果运输企业实行"推"的策略，就应该用短渠道；如果企业实行"拉"的策略，则宜采用间接分销渠道。企业为了形成自己的优势，并有很强的控制渠道愿望，不惜财力建立自己的客流、货源组织网络，可以采用短而固定的渠道。

4）经济形势及政策法规

社会经济形势好，运输需求量增加，渠道选择方式可以灵活一些；经济萧条时期，运输需求量降低，应尽量减少各中间环节，取消不必要的中间费用以降低运价，一般采用较短渠道甚至直销方式。

国家政策法规也会影响分销渠道的选择。如专卖制度、反垄断法规、综合运输体系的建设等对分销渠道的选择会产生一定的影响。企业应根据一定时期的政策要求，及时调整分销渠道。

2. 运输企业分销渠道设计策略

运输企业分销渠道设计策略是根据运输企业的目标市场和营销战略目标来进行的，其关键在于设计分销渠道模式、选择合适的中间商，以及明确分销渠道成员的权利和责任。

1）设计分销渠道模式

分销渠道模式主要是指选择中间商，确定分销渠道的长短、宽窄及具体渠道成员等。可以根据用户需求特点、渠道限制因素和企业目标等因素，决定采用哪种分销渠道模式。如前所述，分销渠道的类型多样，有直接渠道和间接渠道，有固定渠道和流动渠道，还有长渠道和短渠道、宽渠道和窄渠道之分，多种渠道模式各有优缺点，也各有适用范围和条件，企业要从自身实力、经营方式、市场状况和竞争战略，权衡各方面的利弊做出正确的选择。一般来讲，除公路运输方式外，其他运输方式往往采用两种方式相结合的渠道策略。

2）选择合适的中间商

中间商的选择包括两个方面：营销渠道中的每一层次中所使用中间商的数量及选择什么类型和规模的中间商。

选择中间商时应该考虑如下因素：①中间商的市场范围。中间商的经营范围应该与物流企业服务内容和服务面相一致或具有互补性。②中间商的资金实力、财务和信用状况。③中间商的营销能力、业务管理水平和专业程度等。④中间商对物流产品和市场的熟悉和驾驭程度。⑤中间商的促销政策和技术、中间商的地域优势及与其合作程度等。

运输企业决定在每一渠道层次使用中间商数量的多少，实质上是决定渠道的宽度，这主要取决于运输企业产品自身的特点、市场容量的大小和需求面的宽窄。一般有以下三种策略。

（1）密集分销策略。密集分销策略是一种宽渠道分销策略，是指运输企业在同一渠道环节层次上，尽可能多地通过中间商来完成运输服务活动。运输企业对于有经营条件的中间商一般都予以吸收，以便吸引更多客流和货源。采用这种策略的目标是以求尽快进入目标市场或扩大市场覆盖面，使消费者随时随地办理各种运输手续，满足其运输要求。这种策略能够与潜在顾客广泛接触，组织更多的客流、货源，但企业不易控制渠道，增加了各种支出费用，与中间商关系松散。

（2）选择分销策略。选择分销策略是指运输企业在某一地区有选择地确定几个具有一定规模、有丰富市场经验的中间商为本企业推销产品，组织客流、货源。这些中间商在顾客中有很高信誉，有利于吸引具有长期、稳定等特点的客流、货源。采用这一策略的目的是维护运输企业在该地区的信誉，巩固其市场覆盖范围，使企业在竞争中处于有利地位。这种策略由于减少了中间商数量，比密集分销策略更节省费用，有利于企业控制渠道，保持与中间商的良好合作关系，调动中间商的积极性，减少了中间商之间的盲目竞争，提高渠道转运效率，但在选择中间商时，中间商往往会对运输企业提出一定的条件和要求。

（3）独家分销策略。独家分销策略是一种窄渠道分销策略，是指在一定市场区域内只选用一家信誉好的、经验丰富的中间商为本企业推销产品和组织客流、货源，授权其独家代理、独家分销。运输企业在该地区市场上不再委托第二者经营，而中间商也不能经销该运输企业竞争者的产品。它常常是一种排他性专营，这一策略的中心是为了控制市场，但由于独家分销妨碍竞争，在某些国家被法律所禁止。这种策略大多是基于运输产品的特殊要求，如特种货物等，由于排除了竞争，利润较大，中间商最喜欢企业的独家分销策略。这种策略使运输企业与中间商关系非常密切，运输企业能够在价格、服务等方面有效控制渠道，但灵活性小，过分依赖某中间商，一旦中间商经营不好，会使运输企业遭受损失。一般不宜广泛采用。

中间商的选择是否得当，直接关系着运输企业的市场营销效果，需广泛收集有关中间商的业务经营、资信、市场范围、服务水平等方面的信息，确定审核、比较的标准并做出评估。选择中间商一般考察以下几个方面。

① 中间商的市场范围。这是选择中间商最关键的因素。中间商的经营范围所包括的地区应与运输企业产品销售地区一致。作为运输企业希望中间商能打入自己已确定的目标市场，并说服消费者购买其代理的运输企业产品。

② 中间商的产品政策。中间商承销的不同运输企业产品及其组合情况是中间商产品政策的具体体现。选择中间商时还要看中间商代理多少运输企业的产品，一般应避免选择已代理多家企业的中间商。

③ 中间商的财务状况及管理水平。中间商的财务状况包括其财力大小、资金融通情况和付款信誉是否良好等。企业所选择的代理商应是财务状况良好，有一定偿债能力的代理商，在一定情况下应具备垫付资金的能力。中间商的管理水平也关系着中间商营销成败，管理水平体现在内部行政管理及业务管理上，业务管理水平体现着中间商的综合服务能力。例如，作为经营国际航线的航运企业的代理商，需要具备一定的国际化的代理网络，能够为货主提供报关、检验、仓储包装、陆运等一系列综合物流服务功能。

④ 中间商的促销政策和技术。中间商的促销政策和技术体现其营销的能力和水平，直接关系运输企业产品销售的效果，也是运输企业选择中间商所考虑的重要因素之一。

📖·小·贴士

物流服务代理商的作用

物流代理的定义："物流渠道中的专业化物流中间人，以签订合同的方式，在一定期间内，为其他公司提供所有或某些方面的物流业务服务。"从广义的角度及物流运行的角度看，物流代理包括一切物流活动，以及发货人可以从专业物流服务代理商处得到的一些价值增值服务。提供这一服务是以发货人和物流服务代理商之间的正式合同为条件的。这一合同明确规定了服务费用、期限及相互责任等事项。

物流服务代理商对企业的作用主要表现在：

（1）集中于主业。企业能够将有限的人、财、物集中于核心业务，进行新产品和新技术的研究、开发，以提高自己的竞争力。

（2）节约投资。根据对工业用车的调查结果，企业解散自有车队而寻求公共运输服务的主要原因就是为了减少有关的固定费用，这不仅包括购买车辆的投资，还包括与车间、仓库、发货设施、包装机械及员工工资等有关的许多开支。

（3）减少库存。物流服务代理商借助精心策划的物流计划和适时的运送手段，使企业库存开支减少，并改善企业的现金流量。

（4）创新管理。物流代理服务可利用物流服务代理商的创新性物流管理技术和先进的渠道管理信息系统为自己开辟业务发展道路。一流的物流服务代理商一般在全球拥有广泛的网络，并拥有开展物流服务的经验和专业技术。当企业计划在自己不熟悉的地理环境中开展业务时，可充分利用物流服务代理商的专有技术和经验来进行有关运作。

（5）提升企业形象。物流服务代理商与顾客不是竞争者，而是战略伙伴，他们为顾客着想，通过全球性的信息网络使顾客的供应链管理得到优化；他们可利用完备的设施和训练有素的员工队伍对整个供应链实现完全控制；他们通过遍布全球的运送网络和服务提供者（分包方）大大缩短交货期，帮助顾客改进服务和树立品牌形象。物流服务代理商通过"量体裁衣"式的设计，制定出以顾客为导向、低成本高效率的物流方案，使顾客在同行业中脱颖而出，为其在竞争中取胜创造有利条件。

（资料来源：董千里，陈树公，朱长征. 物流市场营销学. 北京：电子工业出版社，2015.）

3）明确分销渠道成员的权利和责任

运输企业与中间商结成一定的关系，为了达到有效的配合，必须确定渠道成员的参与条件和应负的责任，分清各自的责、权、利。其中主要有以下几项。

（1）价格政策。运输企业根据指定的价目表和折扣明细表给予代理商各种佣金比例及优惠运价。例如，海运企业一般根据代理商的订舱数量给予一定比例的佣金。在双方交易关系组合中，价格政策是一项重要因素。为提高中间商的积极性，运输企业通常根据制定出的价目表和折扣明细表对不同类型的中间商及其任务完成情况按制定的标准给予一定的优惠运价及回扣佣金。在制定优惠运价及回扣佣金标准时，应确保条件的公平、合理，因为中间商对自己得到的回扣和优惠或其他中间商得到的回扣和优惠十分敏感，价格政策通常是引起渠道冲突的主要原因之一。

（2）销售条件。销售条件中重要的是"付款条件"和"生产者保证"。运输企业对代理商一般采取由其代收代付运费的形式来收取运费，代理协议中需规定代理商的付款期限。付款条件对于运输企业和中间商的利益实现非常重要。运输企业对于运输质量、服务水平等也要严格按要求给予保证，这种保证可以提高双方的信誉，增加中间商与运输企业合作的信心。同时，运输企业向中间商保证运输产品质量，可以吸引更多的中间商。

（3）中间商地区权利。运输企业对于中间商的地区权利要求相应明确，中间商不仅希望把所在地区的所有相关交易活动都由自己进行，同时也关心在同一地区或相邻地区，运输企业有多少中间商和运输企业给其他中间商的特许经营范围。这些因素不仅影响中间商的业绩，也影响中间商的工作积极性。

（4）双方权利和责任。运输企业和中间商双方应通过一定形式明确双方的权利和责任，包括广告宣传、业务范围、责任划分、人员培训等。合约规定的内容在不超出企业权限情况下尽量使中间商满意。对于独家分销和选择分销两种方式，由于双方关系密切，在相互服务项目和双方应承担责任方面应该尽量明确详尽。

11.3　运输企业分销渠道管理

运输企业分销渠道管理的中心任务是要解决渠道中可能存在的冲突，努力提高渠道各成员的营销积极性和满意程度，促进渠道的协调和发展。渠道管理的内容主要包括在了解渠道冲突原因的基础上，对渠道成员进行选择、激励、评估及必要的渠道调整。

1. 分销渠道的冲突

渠道成员之间利益的暂时性矛盾即为冲突。运输企业分销渠道是一个复杂的营销系统，这一系统中的各种运输商、代理商等成员由于在运输生产过程中所处的地位不同，往往从自身利益出发，对销售条件和方式各执己见、互不相让、各自为政、各行其是，这样就产生了冲突。

渠道冲突一般分为垂直渠道冲突和水平渠道冲突两种。

（1）垂直渠道冲突。这种冲突是指同一营销系统内不同渠道层次的各企业之间的利益冲突，又称为纵向冲突。它表现为中间商同时销售了竞争者的同类产品而引发的冲突。例如，同为某一个物流企业做代理的一级货代与二级货代之间的冲突。对于这类冲突，物流企业应强化系统内的职能管理，增加渠道成员间的信任，加强信息的传递、反馈和沟通。

（2）水平渠道冲突。这种冲突是指同一营销系统内同一层次的各企业之间的冲突，又称为横向冲突。如果同一层次上选择众多中间商分销则可能造成中间商之间相互抢生意的情况。例如，在同一个地区可能存在几个代理企业为了抢货源而出现恶性价格竞争的情况。对于这种冲突，运输企业一般通过各种条令、规则来消除。

2. 选择渠道成员

运输企业必须明确中间商的优劣特性，通常要评估中间商经营时间的长短及其成长记录、清偿能力、合作态度、服务能力及声望等。中间商是销售代理商时，还需评估其经销的其他产品大类的数量与性质、推销人员的素质与数量。选择中间商的条件一般如下。

（1）中间商的市场范围。这是选择中间商最关键的因素。中间商的经营范围应该与运输企业服务内容和服务面（如运输线路的覆盖面）基本一致，能够帮助运输企业在目标市场开展营销活动。

（2）中间商的资金力量、财务和信誉状况。资金力量雄厚、财务状况良好、信誉度高的中间商，有利于形成运输企业与中间商的联合。否则，中间商的财务状况不好，信誉度不高，不仅不利于物品的有效传递，甚至会给运输企业的经营带来风险。

（3）中间商的营销管理水平和营销能力。中间商经营管理好，工作效率高，则营销能力就强，就有利于提高对用户提货的服务能力。

（4）中间商对运输企业产品的熟悉程度。中间商对运输企业的产品越熟悉，就越容易把产品介绍给顾客，从而提高产品的市场占有率。

3. 激励渠道成员

运输企业通过合同规定与中间商合作的同时，还要进行日常的监督和激励，使之不断提高经营水平。激励中间商的方法是了解中间商的需求和愿望，并采取有效的激励手段。基本激励方式分为正负两种。正面的激励方式多采用奖励的方法，负面的激励方式则以惩罚为主，取消或暂停其代理资格、减少优惠条件、降低回扣比例、减少代理费用等。对经营效果较好的中间商，应争取长期合作关系，也可派专人协助推销并收集信息。

比较成熟的企业一般与中间商建立合伙关系，通过协议，明确彼此的责任，运输企业明确义务，中间商也应明确责任，根据协议执行情况支付报酬。运输企业对中间商应贯彻"利益共享、风险共担"的原则，使中间商与运输企业站在同一立场上，把他们作为营销渠道的一员来考虑，缓解矛盾，密切合作，这是激励工作的核心。

4. 评价渠道成员

运输企业必须定期按照一定的标准衡量渠道成员的表现。评价渠道成员的目的是为了及时发现存在的问题，以便有针对性地解决、提高渠道的效率。评价指标主要包括客货源完成情况、客户服务的水平、损坏商品的处理、存货及交货情况、与其他成员配合程度等。当发现某一成员的绩效低于既定标准时，渠道管理者应该找出问题的主要原因，及时开展各种补救工作；对于实在不能令人满意的渠道成员，还应该考虑更换或将其从营销渠道中剔除。

5. 调整分销渠道

为了适应运输市场环境的不断变化，必须对整个分销渠道或部分分销渠道系统随时加以修正和改进，特别在发现分销渠道发生很严重的问题或冲突时，这种调整则势在必行。运输企业分销渠道的调整可以从三个层次来考虑。第一，从经营层次上增减某些渠道成员；第二，从特定市场规划层次上，增减某些分销渠道；第三，从企业系统计划层次上，调整整个渠道。

（1）增减某些渠道成员。对渠道成员进行增减的目的是能为企业带来更大的效益。无论是增加还是减少，都必须进行正面及负面的影响分析。在决定增减中间商时，运输企业需要对其进行经济效益评估，分析增减数目对企业效益是否产生影响，是否会影响其他中间商的需求、士气、情绪等，并采取相应的措施，防止产生可能出现的矛盾。

（2）增减某些分销渠道。当发现某一渠道在运输市场中没有起到应有的作用时，从提高渠道效率、节约资源等角度出发，应考虑取消这一渠道。在增减渠道时，也要进行相应的经济分析，并采取相应的措施。例如，在国际航运市场上由于新联盟的出现，使得航运企业大大增加了其全球航线覆盖率，由于竞争激烈，应对增减某一分销渠道所带来的直接的、间接的反应及效益进行分析。若对航运企业不利，则应迅速放弃。

（3）调整整个渠道。在原有渠道冲突无法解决时，可以考虑从企业系统角度对整个营销渠道进行调整。例如，运输企业决定不再通过直接组织客货源的方式而改为充分依靠中间商的力量时，会给整个营销渠道带来彻底变化。

增减渠道成员属于结构性调整，其着眼点在于增加或减少某个中间商；增减分销渠道和调整整个渠道系统属于功能性调整，其目的在于将销售任务在一条或多条销售渠道的成员中重新分配。分销渠道是否需要调整，调整到什么程度，取决于企业分销渠道是否处于平衡状态，调整的目的是最终减少运输分销渠道冲突，增加获利机会。

技能训练

技能训练 11-1

运输企业渠道类型的划分

辽宁虎跃快速汽车客运股份有限公司是经辽宁省政府批准，由辽宁省交通运输服务中心及全省 13 个市的专业客运企业以资产为纽带共同发起设立的股份制企业、国有控股企业、国家道路旅客运输一级企业、交通部重点联系企业，全国道路运输百强诚信企业排名第 30 位。

请登录虎跃公司网站（www.huyue.com.cn），了解其分销渠道，并根据不同的划分标准来明确其渠道类型。

训练建议

此能力训练主要考查学生对运输产品分销渠道类型的理解和掌握情况，建议以个人为单位，在明确根据不同标准划分渠道类型的含义后进行分析，可选择学生代表进行汇报和补充。

评价标准（见表 11-2）

表 11-2　实践教学考核评价标准

序　号	考核内容	等　级	分　值
1	参与的积极性、主动性（30分）	优良	21～30
		一般	11～20
		差	0～10
2	语言表达流畅、规范、准确（30分）	优良	21～30
		一般	11～20
		差	0～10

续表

序　号	考 核 内 容	等　级	分　值
3	分析过程、结果的准确性（40分）	优良	26~40
		一般	11~25
		差	0~10
合　计		100分	

复习思考题

一、单项选择题

1. 下列不属于运输产品直接渠道策略的特点的是（　　）。
   A. 直接让利于运输需求者，便于控制运价　　B. 及时了解运输市场的需求动态
   C. 选择分销　　D. 客货源组织面窄、点少，效率不高

2. 下列不是长渠道特点的是（　　）。
   A. 能有效地覆盖市场，扩大销售　　B. 减少不必要的环节造成的失误及流通费用
   C. 环节增多，增加了费用　　D. 信息反馈慢，失真率高

3. 下列不属于运输市场中间商功能的是（　　）。
   A. 客流、货源组织功能　　B. 运输服务功能
   C. 控制运价功能　　D. 运输信息咨询功能

4. 下列不属于运输企业分销渠道策略的关键的是（　　）。
   A. 减少中间环节　　B. 设计分销渠道模式
   C. 选择合适的中间商　　D. 明确分销渠道成员的权利和责任

5. 下列不属于影响分销渠道策略的产品因素的是（　　）。
   A. 物品的大小和质量　　B. 运输服务的标准化程度
   C. 销售季节　　D. 服务解决方案的技术性

二、填空题

1. 分销渠道按照_____这一环节可以分为直接渠道和间接渠道。
2. 分销渠道模式主要是指_____、确定分销渠道的长短、宽窄及_____等。
3. 中间商的选择需要考察中间商的市场范围、_____、_____和_____。
4. 运输市场中间商的类型主要有_____、代理公司、_____。
5. 明确分销渠道成员的权利和责任包括_____、销售条件、_____、双方权利和责任。

三、简答题

1. 简述运输产品分销渠道的类型。
2. 简述影响运输分销渠道策略的企业自身因素包括哪些方面。

功能食品的分销渠道策略　　　　　　　　组织市场分销渠道选择分析及策略

项目 12

运输市场促销策略

知识目标

- 明晰运输市场促销的含义、作用和主要促销方式
- 领会运输市场促销组合的影响因素
- 理解运输市场人员推销的条件和分类
- 理解运输市场广告的分类和原则
- 明晰运输市场营业推广的特点和方式
- 熟悉运输市场公共关系的原则和常用策略
- 掌握运输市场促销策略中人员推销、广告、营业推广的决策过程

能力目标

- 能够辨别运输企业采用的促销手段和策略
- 能够根据运输企业实际情况正确地选择促销组合方式和策略
- 能够应用所学知识点对运输产品进行促销活动策划

引导案例

联邦快递的促销策略

联邦快递公司（FedEx 或 FDX），是全球快运业巨擘。它仅用 25 年时间，从零起步，在联合包裹服务公司（UPS）和美国运通公司等同行巨头的前后夹击下迅速成长壮大起来，发展为现有 130 多亿美元、在小件包裹速递、普通递送、非整车运输、集成化调运管理系统等领域占据大量市场份额的行业领袖，并跃入世界 500 强。公司现有全世界员工总数 14.5 万人，开展业务的国家和地区 211 个，全球业务航空港 366 座，备有各类型运输飞机达 624 架，日出车数近 4 万辆，处理超过 200 万磅的空运货物。

公司每月提供两次机会供人参观，一批批客人也愿付每人 250 美元的票价，来到其位于田纳西州孟菲斯的超级调运中心，亲身感受一下它的恢宏大气、繁忙而精确的作业现场，领略其非凡的竞争力。

同时 FedEx 还表明，在服务业中，先进的系统和技术仍须以充满亲情的人与人的面对面交往为基础。令人仰慕的企业形象是要花很多年建立的，具体体现在各员工与顾客接触的那几秒钟内。公司力求最大限度地调动员工积极性，让他们在举手投足之间将企业的好形象传递出去。

在 FedEx 主页上最引以为傲的服务案例，是其在母亲节这一天为成千上万的家庭送去充满人情的"FedEx 之盒"。因为这是全美餐馆最繁忙的一天，也是无数家庭表达其亲情与和睦的一天，但许多家庭却会因临时找不到餐馆空位而驻足久等，或在一家又一家的餐馆前徘徊。FedEx 与一家全美最大的餐馆调查公司联手，运用其智能系统，根据各餐馆订座、距离、家庭人数等情况编排出应去哪家餐馆使用哪个餐位的计划，将其连同公司祝贺词一起灌录在那个著名的绿色小盒中，递送到千家万户，真正体现了"礼轻情意重"的服务要旨。

公众现在已经把"交给联邦快递"这句话同遵守诺言等同起来。这一成果来之不易，诚如 FedEx 电子贸易营销经理布朗称："无论顾客是通过电话、亲自上门，还是通过国际互联网，我们的目标都是要确保百分之百的顾客满意。"

（资料来源：刘婧，徐辉增. 物流服务营销实务. 北京：中国财富出版社，2014.）

问题：

试分析，联邦快递采用了哪些促销方法？

运输市场促销策略是运输企业营销策略的一个重要组成部分。随着我国运输市场的发展，运输市场结构已经发生了很大的变化，供求关系也由原来的供不应求向供过于求转变。一种运输方式、一家运输企业一统天下的局面不复存在。面对激烈的市场竞争，运输企业不仅要及时设计、开发能满足旅客、货主需要的运输产品，制定具有吸引力的运输价格，通过顺畅的销售渠道使目标顾客能够比较容易地获得运输产品的使用权，而且还要能够控制其在市场上的形象，重视企业与消费者的沟通，灵活地运用各种促销策略和方法，设计并向目标顾客传播有关运输产品及服务方面的信息，从而影响目标顾客对本企业所提供的运输产品及运输服务的态度，保证营销活动的成功。美国 IBM 公司的创始人沃森这样评价促销："科技为企业提供动力，促销则为企业安上了翅膀。"可见促销在现代市场营销中的重要地位，运输企业自然也不例外。

12.1 运输市场促销基本理论

1. 运输企业促销的概念

运输企业促销是指运输企业把产品和提供服务的信息，通过各种方式传递给消费者或客户，促进其了解、信赖并购买本企业的产品，以扩大产品销售为目的的企业经营活动。其实质就是企业与消费者或客户之间的信息沟通。企业通过促销与目标顾客取得有效的信息沟通与联系。由于信息沟通具有双向性，因此，促销活动就是不同信息的双向传递运动。具体来说，一方面企业向市场及消费者传递有关企业生产、产品或劳务的性能、特性、价格等信息，使消费者充分了解、判断和选择；另一方面，消费者的需要、爱好、市场的实际情况又反馈给企业，促使企业根据市场需求调整生产。因此，促销活动的任务、手段、方法都反映了信息传递这一客观事实，信息传递是促销活动的基础。

运输企业促销就是运输企业运用各种促销工具，向目标顾客提供有关运输产品的信息或树立本企业的形象，说服目标顾客做出购买行为或影响目标顾客购买态度而进行的市场营销活动。

产品促销对运输企业来讲就是组织客货源，运用各种促销手段和方法，向目标顾客提供有关运输服务的价格、质量、运送速度等信息，帮助顾客认识运输劳务所能带来的利益，从而引起顾客对运输劳务的注意和兴趣，促进购买，以达到吸引客户、增加运输产量为目的的企业经营活动。

2．运输企业促销的作用

由于运输需求是一种派生需求，运输产品具有不可储存、不可调拨的特点，因此运输产品促销的作用与其他产品促销不同，主要表现在以下几个方面。

（1）建立对运输产品的认知和兴趣。随着运输市场的竞争加剧，运输需求呈现多样化的特征。为了在激烈的市场竞争中站稳脚跟，各类运输企业必须不断推出能够更好地满足旅客和货主的新产品。在运输新产品正式推出之前或推出之后，运输企业均需要及时向市场介绍该产品，增进市场对新产品的认知，并且尽可能地对本企业产品和服务提供详尽的解释，包括运价、时间、频率、服务质量及其他有关的咨询活动。对目标顾客而言，运输企业促销活动所提供的信息情报起着引起注意和激发购买欲望的作用；对中间商而言，则为其代理决策提供依据，调动其经营积极性。

（2）改变目标顾客的运输需求时间。运输产品的生产和消费同时发生，不可储存、不可调拨，企业只能储备一定的运输能力。所以从短期来看，运输产品的供给缺乏弹性，但是运输需求则因时间不同而具有很大的差异，呈现出周期性的波动。如何调节供给和需求，使其趋于平衡是运输企业提高经济效益的重要问题。

有效的促销活动可以改变顾客对运输产品需求的时间。例如，在运输高峰期，及时向目标顾客宣传高峰期之前或之后将进行的折价优惠，在高峰期间运价上浮措施都可以使需求弹性较大的那部分需求避开高峰期。同样，在运输需求的淡季，利用消费者的购买行为具有可诱导性，采取适当的促销方式刺激人们出行的欲望或诱导其改变出行的时间，可达到平衡需求的目的。

（3）提高企业的知名度。运输市场竞争激烈，各运输企业提供的运输产品在为旅客和货主提供的核心产品——位移上是完全一致的。而对于运输整体产品概念中的其他产品，只能在运输过程终结后才能评价。由于获得运输服务信息有限，同时又很难全面了解有关替代品的情况，顾客愿意选择知名度较高的企业提供的运输服务以减小服务中可能遇到的风险。通过公共关系等有效的促销活动，可以提高企业在顾客心目中的信誉和知名度，从而在激烈的市场竞争中占有一席之地。

3．运输企业促销方式

运输企业在促销中可以使用的促销方式很多，按照运输信息传递的载体是人力还是非人力，运输企业促销可以分为两种类型、四种方式，如图 12-1 所示。

1）人员推销

人员推销是指运输企业派出营销人员向顾客或潜在顾客面对面地介绍本企业的产品或服务，以揽取更多的客、货源。人员推销具有两个显著特点。

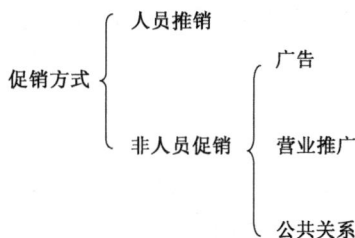

图 12-1　运输企业促销方式

（1）直接性。运输企业揽货（客）人员可以与顾客进行面对面的信息传递，通过观察顾客的态度、表情了解顾客的真实需求，以便及时调整营销策略。

（2）稳定性。通过人员推销，揽货（客）人员与顾客建立了良好的感情、增进友谊，有利于企业与顾客建立长期稳定的业务联系。人员推销是运输企业促销活动中最重要的一种促销方式。

经典案例

乔·吉拉德的销售秘诀

乔·吉拉德因售出 13 000 多辆汽车创造了商品销售最高纪录而被载入吉尼斯大全。他曾经连续 15 年成为世界上售出新汽车最多的人，其中 6 年平均年售出汽车 1 300 辆，被誉为"最伟大的推销员"。销售是需要智慧和策略的事业。乔·吉拉德的秘诀主要如下。

250 定律：不得罪一个顾客。在每位顾客的背后，都大约站着 250 个人，这是与他关系比较亲近的人——同事、邻居、亲戚、朋友。

乔·吉拉德说得好："你只要赶走一个顾客，就等于赶走了潜在的 250 个顾客。"

名片满天飞：向每一个人推销。每一个人都使用名片，但乔·吉拉德的做法与众不同。他到处递送名片，乔·吉拉德认为，每一位推销员都应设法让更多的人知道他是干什么的，销售的是什么商品。

建立顾客档案：更多地了解顾客。乔·吉拉德说："不论你推销的是什么东西，最有效的办法就是让顾客相信——真心相信——你喜欢他、关心他。"要使顾客相信你喜欢他，那你就必须了解顾客，搜集顾客的各种有关资料。

猎犬计划：让顾客帮助你寻找顾客。乔·吉拉德认为，干推销这一行，需要别人的帮助。乔·吉拉德的很多生意都是由"猎犬"（那些会让别人到他那里买东西的顾客）帮助的结果。乔·吉拉德的一句名言就是"买过我汽车的顾客都会帮我推销"。

推销产品的味道：让产品吸引顾客。每一种产品都有自己的味道，乔·吉拉德特别善于推销产品的味道，与"请勿触摸"的做法不同，乔·吉拉德在和顾客接触时总是想方设法让顾客先"闻一闻"新车的味道。他让顾客坐进驾驶室，握住方向盘，自己触摸操作一番。根据乔·吉拉德本人的经验，凡是坐进驾驶室把车开上一段距离的顾客，没有不买他的车的。即使当即不买，不久后也会来买。

诚实：推销的最佳策略，而且是唯一的策略。乔·吉拉德对此认识深刻。推销过程中有时需要说实话，一是一，二是二。说实话往往对推销员有好处，尤其是推销员所说的，顾客事后可以查证的事。乔·吉拉德还善于把握诚实与奉承的关系。少许几句赞美，可以使气氛变得更愉快，没有敌意，推销也就更容易成交。

每月一卡：真正的销售始于售后。

乔·吉拉德有一句名言："我相信推销活动真正的开始在成交之后，而不是之前。"推销员在成交之后继续关心顾客，将会既赢得老顾客，又能吸引新顾客，使生意越做越大，客户越来越多。乔·吉拉德每月要给他的 1 万多名顾客寄去一张贺卡。凡是在乔·吉拉德那里买了汽车的人，都收到了乔·吉拉德的贺卡，也就记住了乔·吉拉德。

（资料来源：连漪. 市场营销学——理论与实务. 北京：北京理工大学出版社，2016.）

2）广告

广告是指运输企业通过大众媒体，如杂志、报纸、广告牌、电视、网络等媒介，以付费的方式将运输信息传递给顾客的一种促销方式。广告具有三个显著特点。

（1）渗透性。广告可多次重复同一信息，使客户易于接受。

（2）表现性。广告可以通过文字、图案、声音和色彩的艺术化运用，使运输信息富有戏剧性和表现力。

（3）非人格化。广告不需要与顾客进行面对面的信息沟通，因而也不会对顾客产生心理压力。广告有利于建立企业的长期形象，促进顾客和公众对企业及其服务的认识，同时也能提高企业的知名度，促进销售。在运输产品的四种促销方式中，广告是仅次于人员推销的一种重要促销方式。

小·贴士

新《广告法》解读

2015年4月24日，全国人大常委会办公厅举行新闻发布会，通告《中华人民共和国广告法（修订草案）》（以下简称《广告法》）经第十二届全国人民代表大会常务委员会第十四次会议表决通过，自9月1日起正式施行。

全国人大常委会法工委有关负责人表示，此次《广告法》修改是在现行法的基础上，从以下三个方面进一步加强了对消费者权益的保护：

一是加大对虚假广告的打击力度。

二是针对实践中比较突出、群众反映强烈的问题，有针对性地做出规范。

三是强化公众参与，加强社会监督。

据了解，修订后的新《广告法》主要有十大亮点：

一是充实和细化广告内容准则。修订完善或新增保健食品、药品、医疗、医疗器械、教育培训、招商投资、房地产、农作物种子等广告的准则。

二是明确虚假广告的定义和典型形态。新《广告法》坚持问题导向，立足解决我国广告监管存在的主要问题，着重解决广大人民群众关注的虚假违法广告治理问题，明确规定广告内容虚假及内容引人误解均属于虚假广告，同时列明构成虚假广告的具体情形，加大对虚假违法广告的惩治力度。

三是新增广告代言人的法律义务和责任的规定，明确规定广告代言人不得为虚假广告代言，不得为未使用过的商品服务代言。

四是严控烟草广告发布。禁止烟草广告有利于遏制烟草消费，维护人民身体健康，根据我国履行《烟草控制框架公约》的需要，此次修法进一步规定禁止在大众传播媒介或公共场所、公共交通工具、户外发布，同时明确禁止利用其他商品广告变相发布烟草广告。

五是新增关于未成年人广告管理的规定。新《广告法》中新增规定，如不得利用十周岁以下未成年人作为广告代言人；不得在中小学校、幼儿园内开展广告活动，不得利用中小学生和幼儿的教材、教辅材料等发布或变相发布广告。

六是新增关于互联网广告的规定。针对广告扰民问题，新法规定未经当事人同意或请求，不得向其住宅、交通工具发送广告，也不得以电子信息方式发送广告。

七是强化了对大众传播媒介广告发布行为的监管力度。广播、电视、报刊等大众传播媒介是广告发布的重要渠道，新法对其广告发布活动进一步加强了管理，如新增规定电台、电视台发布广告应当遵守有关时长、方式。大众传播媒介不得以介绍健康、养生知识等形式变相发布医药类广告。

八是增加公益广告，扩大广告法调整范围。新《广告法》增加规定国家鼓励、支持开展公益广告宣传活动，大众传播媒介有义务发布公益广告。

九是明确和强化工商机关及有关部门对广告市场监管的职责职权，明确以工商机关为主、各部门分工配合的管理体制，提高行政执法效能。

十是提高法律责任的震慑力。按照过罚相当原则，新法区分违法行为的社会危害程度和具体情节，对严重的广告违法行为，如发布虚假广告、利用广告推销禁止生产销售的商品或提供的服务等，设定了较重的法律责任。增加了行政处罚种类，加大打击力度。

（资料来源：夏德森. 市场营销学. 北京：北京理工大学出版社，2016.）

3）营业推广

营业推广是指在短期内采用优惠运价、高回扣等促销方式刺激运输需求、吸引客户的促销方式。这种促销方式最显著的特点是产生短期效果。各种形式的营业推广，往往是为了迅速增加运量而采用的，而且持续时间往往较短，如果经常使用，反而会失去顾客的信任。

此外，营业推广可能受到有关法律和政策的限制。例如，我国政府对上海至欧洲基本港的运费实行限价和报备制度，航运企业即使短期推行优惠运费也不得低于规定的最低运价，否则就会受到政府的严厉制裁。

4）公共关系

公共关系是指企业在营销过程中为使自身与各界公众建立和保持良好关系所进行的有组织的活动过程。公共关系直接影响企业的信誉和顾客对企业的信任程度。精心策划的公共关系活动，有利于树立企业形象，吸引客户，因此它也是一种重要的营销策略。搞好公共关系的最终目标也是为了增加运量，提高运输企业的市场占有率。公共关系与人员推销、广告和营业推广相比较，最显著的特点是它是一种间接的促销手段。

4. 运输促销组合策略影响因素

运输促销组合策略是运输企业为了实现特定促销目标，对各种促销方式进行合理选择，有机搭配，使其综合地发挥作用，以取得优化促销的效果。影响促销组合的几个主要因素如下所述。

1）促销目标

运输企业促销的总目标包括增加运量、提高市场占有率两方面。具体目标根据企业促销的总目标来确定，通常具有以下三种类型。

（1）以介绍为目标。通过信息传递，使顾客对本企业的产品有所了解，以加深顾客对本企业的认识和印象。这种销售目标，一般应以广告为主，如在杂志、报纸上定期刊登本企业的运线分布、班次时刻表、船期表等，并配合使用人员推销和公共关系。

（2）以揭示和说服为目标。促销的目的是使顾客对本企业的运输服务形成特殊偏好，在选择承运人时，优先考虑本企业。因此，促销组合应以人员推销为主，同时配合使用广告等其他促销方式。例如，定期向客户提供运线资料、向客户提供最新运价、经常拜访客户等。

（3）以树立企业形象为目标。促销的目的是使顾客对企业提供的运输服务形成一种良好的印象，树立企业的形象。因此这类促销组合应以公共关系和良好的顾客服务为重点，并配合使用人员推销促销方式。

2）产品的性质

如果运输产品比较复杂，则较多采用人员推销的方式；如果运输产品比较简单，则多采用广告方式。

3）顾客和市场特点

不同的顾客类型和市场特点，促销组合策略是不同的。对于相对固定而且拥有较大运量的客户，在制定促销组合策略时，应优先考虑人员推销和营业推广促销方式，并辅以必要的运输广告；对于零散的客户，尤其是零散的新客户，应注重树立良好的企业形象和运输信息的宣传，加强广告和公共关系促销，并辅以人员推销，以吸引更多的顾客。

对于线路腹地较小，客户较集中的地区，应以人员推销方式为主并配合使用其他促销方式；反之，则应以广告宣传为主，加强人员推销活动，并辅以其他促销方式。对于不同性质的运输市场，促销组合策略也有所不同。对于货运市场，应以人员推销方式为主并配合使用其他促销方式；对于客运市场，则应以公共关系和广告宣传为主，并辅以其他促销方式。

4）销售策略类型

运输企业销售策略主要有"推动"策略和"拉引"策略两种。"推动"策略以各级中间商为主要促销对象，把运输产品通过分销渠道最终推上市场。"拉引"策略则是以直接客户为主要促销对象，使直接客户对本企业的运输服务有兴趣和信心，从而诱导客户使用本企业的产品。根据运输行业的特点，无论是"推动"策略，还是"拉引"策略，都应坚持以人员推销为主的促销组合。尤其是运输市场竞争日趋白热化的今天，人员推销促销方式往往是决定企业市场营销成败的关键所在，推销人员素质越高，与顾客的联系越密切，掌握的客、货源越多。当然，除人员推销以外，还应适当辅以广告、营业推广和公共关系等促销方式。

5）分销渠道

如果运输企业主要通过代理商来推广产品，则多采用公共关系和广告宣传的方式；如果主要以直销的方式来推广产品，则较多采用公共关系、人员推销和营业推广的方式。

小·贴士

提升物流服务促销策略的思路

物流服务促销要在客户、竞争和变化的 3C 因素中，进一步以需求、成本、便利和沟通的 4C 思路为指导，体现在满足差异化、功能化、附加价值和共鸣的 4V 方案的设计与运作中，这有利于关联、响应、关系和回报的 4R 营销理论的落实。随着市场的发展，物流企业需要从更高层次上，采用多种途径，以更有效的方式在企业与客户之间建立起主动、长期的合作关系。

（资料来源：董千里，陈树公，朱长征. 物流市场营销学. 北京：电子工业出版社，2015.）

6）促销费用

促销费用常常制约着促销组合策略的制定。任何一种促销方式都需要花费一定的费用，没有足够的促销费用，再好的促销组合策略也很难实施。同时各种促销方式所需费用不尽相同，不同促销组合所需费用往往相差很大。一般而言，促销费用是根据促销目标及企业本身因素来决定的。目前，大多数运输企业都是以销售收入或利润额的一定比例来确定其促销费用。

7）产品生命周期

产品生命周期是影响促销组合的重要因素之一。企业产品在生命周期的不同阶段，其促销方式是不同的，促销效果也相差很大。一般来说，运输企业产品在进入市场生命周期的导入阶段，其促销的目的是使顾客和潜在顾客尽快熟悉本企业及其服务范围、服务内容。因此这一阶段应以广告和人员推销为主要促销方式；当产品已进入当地的运输市场，其生命周期处于成长阶段时，企业的目标是如何吸引顾客和潜在的客、货源，力求与顾客建立稳定关系，因而此阶段的促销活动应以人员推销为主，辅以其他促销方式；当市场供过于求，企业竞争趋于白热化，产品生命周期处于成熟阶段时，企业的目标尽量维持与现有顾客的业务联系，保持企业的市场份额，因而此阶段应坚持以人员推销为主的促销方式并辅以使用营业推广、广告等促销方式。

12.2 人员推销策略

人员推销是指运输企业营销人员运用一定的营销手段，与一个或一个以上可能成为消费者的顾客交谈，通过口头陈述和沟通来推销产品或服务，达到促进和扩大销售的目的。

人员推销是运输生产经营活动的重要内容和主要环节。推销人员的基本任务主要有以下几点。

（1）与企业现有顾客保持联系，力求通过顾客拓展自己的销售网络。

（2）积极寻找和发现新顾客。

（3）根据企业的运价政策揽取更多的客、货源，争取完成既定的销售目标。

（4）搜集客户和竞争对手的信息情报。

（5）及时反馈营销信息。

（6）制订销售计划，定期访问客户。

（7）向客户提供咨询服务、解决技术难题、运转信息等服务。

1. 应用人员推销的条件

人员推销是一项昂贵的促销手段，据国外公司估计，人员推销的开支，是广告开支的 5～8 倍，因此不可滥用。此外，人员推销的传播面窄，影响力小，接触的顾客有限，因而人员推销只有在购买批量大、市场集中度高的范围内使用才能取得明显的效益。

运输产品根据运输对象可以分为货运产品和客运产品。客运产品的运输对象是旅客，覆盖面广，购买零星，运输需求多样化，市场分散。因此，对客运产品不易直接采用人员推销的方式直接向目标市场推销。在这种情况下，人员推销的重点是中间商。相比而言，货运产品易于采用人员推销的方式。货主数量相对较少，一次运输量较大。通过运输企业的组货人员深入企业，承揽大批货源，能充分发挥人员推销的优势。此外，对于运输手续复杂、环节较多、货物到达期限不确定的运输方式，可由组货人员为货主办理相关手续，提供多种服务，消除购买阻力，打消货主的疑虑。

2. 推销人员的分派

1）按地区分派

按地区分派是指由一名推销员负责某一地区的所有揽货或组客任务。通常这种方式适用于客户较集中的情况，其优点是：销售人员责任明确，对所辖地区销售业绩的好坏负有直接责任；有利于销售人员与当地的客户建立固定联系，提高揽货效率；由于每个销售人员所辖客户相对集中，可以适当节省差旅费用。

2）按货种类别分派

按货种类别分派是指按照被运货物种类分配销售人员。运输企业所承运的货物是多种多样的，不同货物，来源不同，操作方法和程序也悬殊，尤其是特种货物（如危险品，冷冻品，超长、超重、超宽、超高等货物），其操作方法和程序与普通货物相比各有不同特点和要求，而且这类货物的客户往往比较固定。因此，企业可以按照所承运货物的种类分配销售人员的任务。这种推销人员组织方式要求专职销售人员掌握所负责的货种货源、操作规范及出运规律知识、资料和信息。其优点是销售人员可以向客户提供技术咨询，便于向客户提供全面的、优质的服务；其不足之处是在同一市场上或同一客户里可能会同时出现本企业的几个销售人员，揽货费用相对较高。

3）按客户类型分派

按客户类型分派是指根据企业与客户的关系，在分配销售人员工作时，综合考虑客户的类型、客户的规模及企业与客户的关系等因素。运输企业客户可分为现行客户与潜在客户；依照贸易量的大小，航运企业客户还有大客户、一般客户和小客户之分。一般而言，企业资深的销售人员适宜负责与大客户、直接客户联络，以保持稳定的货（客）源；一般销售人员则适宜与各级中间商、小客户联络，以拓展企业的揽货（客）能力。这种方式的优点是销售人员可以更加熟悉和了解自己的客户，掌握自己客户的运输需求和规律；其缺点是往往每个销售人员所负责的客户较分散，差旅费用较高等。

4）按运线不同分派

按运线不同分派是指根据所经营的产品线路分配销售人员，每一个销售人员或几个销售人员主要负责对指定线路的揽货（客）任务。目前，许多船公司都采用这种或类似的方式。这种方式要求每一个销售人员都必须十分熟悉本线路和本线路客户的情况，因此，这种揽货结构有利于向客户提供更完善的服务。然而每个销售人员都是面向整个市场揽货（客）的，销售工作量较大，并容易造成揽货（客）工作的重复，不利于销售人员与客户保持密切关系，也不利于销售人员之间的相互合作。其优点是销售指标明确，有利于考核每一个销售人员的业绩水平。

以上四种人员分派方式既可以单独使用，也可以组合应用。运输企业在设计推销人员组织方式时，应全面比较各种方式的特点，结合运输市场与本企业的实际情况加以选择。

3. 人员推销的程序和方法

成功的人员推销需要遵循一定的程序和方法，并在实际工作中灵活运用，才能取得良好的促销效果。人员推销过程主要包括三个阶段。

1）事前准备阶段

在正式约见客户之前，营销人员需要做许多准备工作。通常，接触客户前的准备工作包括以下几方面内容。

（1）搜集客户资料并建立客户档案。

（2）搜集竞争对手的信息。一是了解竞争对手的服务内容和服务质量情况等，还要尽量发现对手的缺陷和不足；二是了解竞争对手的运价水平，便于销售人员有针对性地向客户报价和承诺其他服务。

（3）制订访问计划，确定访问客户的时间、地点等。

2）推销实施阶段

具体分为以下三个步骤。

（1）约见客户。销售人员与客户面谈前，一般都需要事先约见客户。约见客户可以采用电话预约和他人引荐的方法。约见的内容包括确定约见对象，约见对象应为对方有决策权的关键人物；明确访问目的，通常开始接触客户都是向对方介绍本企业服务；确定访问时间，与客户面谈应以方便客户为原则，销售人员可先提出某个时间，让对方选择确认，否则在客户很忙时拜访他，往往达不到访问的目的；选择访问地点，初始与客户见面，通常是销售人员登门造访客户，当然有时约见地点也会选在本企业会议室，一切以客户方便、自愿为原则。

（2）推销洽谈。推销洽谈是整个推销工作的核心内容，直接关系到营销的成败。每位营销人员都应高度重视洽谈的技巧和艺术性。在同客户进行面谈时，应让客户了解本企业的优势所在，尽量说服客户与本企业合作。通常要很快改变客户与现有承运人的合作关系并不是一件容易的事，初始洽谈就能达成交易的并不多见。这就要求销售人员要有足够的耐心，把握每一个面谈的机会，善于捕捉客户的真正意图与需求，在政策许可的范围内尽量满足客户的各种要求。此外，一般情况下，客户总是希望运价越低越好，但企业也有一个承受能力问题。因此销售人员应根据公司的运价政策，根据客户保证的货量大小，在允许的范围内给客户优惠运价。谈判成功与否，与营销人员本身的素质和谈判技巧有很大的关系。通常营销人员在与客户洽谈业务时，应充满自信，态度要热情、诚恳，欢迎客户提出异议，避免与客户争吵和冒犯客户，针对客户提出的各种要求要善于及时调整洽谈策略。同时销售人员平时应注意谈判技巧和经验的积累。

（3）缔结合约。通过与客户的反复接触、多次洽谈，在双方意见趋于一致的情况下，营销人员应及时把握机会，争取早日与客户签订合约。如果客户暂时不愿与本企业签约，可以先行给客户确认运费，待时机成熟后，再争取签订长期合同。销售人员在与客户缔结合约时，应本着互惠互利的原则，并适当留有余地。要适时诱导客户主动提出签约要求，让客户获得缔结合约的成就感，这样便于与客户保护良好的合作关系，最终从该客户处揽取更多的客、货源。

小·贴士

推销的八大要诀

D.G博登和A.P.巴斯都是美国当今著名的推销研究专家，在拜访过数千家企业和推销员后，总结出"推销的八大要诀"。

（1）不可以自己一个人讲，应让客人多讲。

（2）顾客在讲话时，千万不要随意打断顾客的话。

（3）要避免争辩的态度，应用策略来代替强制。

（4）要培养洗耳恭听的心态。

（5）应该抓住接洽生意的中心点。

（6）应该增加拜访的次数。

（7）在说明商品优点遇到顾客异议时，不要匆忙反驳。

（8）如果遇到态度冷淡或直接说"不"的顾客，不妨以恭敬的态度讨教他"为什么？"

（资料来源：连漪. 市场营销学——理论与实务. 北京：北京理工大学出版社，2016.）

3）售后服务阶段

售后服务是指从签订运输合约开始，直至客货运输服务完成为止，所有与运输有关的服务总称。售后服务是推销工作的最后一个环节，也是运输企业履行合约，为客户提供运输服务产品的最重要的内容之一。通常，与客户缔结合约只是客户与本企业合作的开始，客户对本企业运输服务是否满意还要看售后服务质量的高低。售后服务质量的高低，直接影响到客户与本企业的未来合作，直接关系到客户对本企业的支持程度。因此，营销人员应与客户保持密切联系，协调好各方面关系，使每一个运输环节的操作都能有条不紊地进行。运输企业在制定推销策略时，尤其要注意提高售后服务水平。

12.3 广告策略

美国市场营销协会认为：广告是由确定的广告主，在付费的原则下，对于构思、产品或劳务的非人员介绍及推广。我国1992年出版的《中国广告实务大全》认为：广告是一种大众传播手段，它以特定媒介传播商品或劳务信息，达到促进销售，树立形象的目的，为此，广告主应支付一定的费用。

　　根据广告的目的和是否付费，可以将广告分为经济广告与非经济广告两类。经济广告又称为商业广告，是由生产企业、中间商等各种营利性组织登载的有关促进商品或劳务销售的经济信息。非经济广告又称为非营利性广告，它是指由宗教团体、慈善机构、政府部门及个人等非营利性组织发布的公益广告、启事、声明、寻人广告、结婚启事等除商业广告以外的各种广告。

　　运输广告是指运输企业通过各种传播媒介，以付费的形式，将本企业产品或服务等信息传递给客户的一种以促进销售为目的的非人员促销方法。运输企业广告多是以赢利为目的的，属于商业广告范畴。

1．广告的特征

　　（1）广告必须有明确的广告主。广告是企业为实现一定的营销目标而向现实或潜在的购买者传递商业信息所进行的活动。所以产生广告行为的企业被称为广告主，任何广告均有明确的广告主。

　　（2）广告的内容是商品、劳务或观念等信息。

　　（3）广告的传播方式是非人员的大众传播方式。与人员推销的面对面传播不同，广告活动是通过大众传播媒介来进行信息沟通，不以个人而是以群体为传播对象。

　　（4）广告需要支付费用。广告主必须为使用媒介和制作付出一定的费用，从而获得广告的主动权和控制权，自行决定广告传播的内容、篇幅、事件及刊播的时机。

　　（5）广告是说服的艺术。广告的对象是消费者或目标顾客，其目的是刺激消费者的欲望，形成对企业的商品、劳务的需求或对企业有利的反应。因此，广告在传播信息时，与其他传播方式不同的一个突出特点是采取说服劝告的方式。这是因为广告传播的信息，若要引人注意，令人感兴趣，必须做到以理服人，以情动人。这种说服力来自广告信息的准确性、艺术感染力、独具匠心和喜闻乐见。

2．运输广告的分类

　　1）按照广告所使用的媒体划分

　　按照广告所使用的媒体划分，运输广告可以分为报纸广告、广播广告、电视广告、杂志广告、邮寄广告、户外广告、包装广告等。

　　2）按照广告的目的不同划分

　　按照广告的目的不同，运输广告可以分为产品广告和公关广告。

　　（1）产品广告。以介绍运输企业推出的运输产品为主，它主要有以下三个作用。

　　① 传播产品信息，提高消费者对运输产品的认知程度。

　　② 突出产品特点，引导消费，刺激需求。运输产品具有较大的可替代性，但在服务上却各具特点，因此运输产品竞争力主要表现在运输服务上。运输企业通过运输产品广告可以将自己独具特色运输服务传递给消费者，提高企业在市场上的竞争力。例如，英国伦敦市区与郊区间的地下铁道为了突出自己产品运输环境舒适的特点，采用这样一则广告："公共汽车没有这样的头等座位。"广告用比较法，利用地铁同拥挤的公共汽车相比，突出了伦敦地铁的优点，达到了良好的效果。

　　③ 有助于提高运输产品信息的主动性，使信息易被感知，增强说服力。运输产品的特性，如价格、速度、安全等，都较为抽象，适当利用广告视听的优越性，提高产品特性信息的生动性容易给旅客和货主留下深刻的印象。例如，日本大阪三井船舶公司在中国香港船务公报上所刊登的广告，其画面是一头鳄鱼，使人联想起鳄鱼的灵活、快速反应，反衬出本公司能提供及时的航运

服务，船舶速度快，货物转运速度快的特点。

（2）公关广告。以介绍运输企业的经营理念、技术水平、树立企业形象为主要目的，主要有以下两个作用。

① 树立企业形象。公关广告传播企业崇高的经营哲学、企业精神、企业文化，可以在公众中树立良好的形象，提高企业的知名度、信誉度和社会地位，从而有利于企业在激烈的市场竞争中吸引更多的顾客。

② 有利于提高企业的凝聚力，广泛吸引人才。通过公关广告对企业经营理念等的宣传，能使企业内部的工作人员关系密切，树立自尊心、自信心，加强内部凝聚力。

3）按广告内容划分

按广告内容划分，可以分为比较性广告、说服性广告、分类广告、提示性广告、介绍性广告。

（1）比较性广告。比较性广告通过不同流通、运输企业同类服务的比较，突出本企业服务产品的优点。

（2）说服性广告。说服性广告也称竞争性广告，目的是说服客户关注本企业服务产品优于其他企业服务产品的特色，或者纠正客户对本企业服务产品的不良看法，争取在竞争中取胜。

（3）分类广告。分类广告主要介绍运输产品或服务的特点和交易条件，言简意赅，特色鲜明。

（4）提示性广告。提示性广告是指在客户已知物流产品或服务的前提下，定期作提示宣传，提醒和督促客户购买本企业服务，延长产品生命周期。

（5）介绍性广告。介绍性广告主要介绍运输产品特色、相关服务和企业信息等。

🖉 经典案例

国际知名品牌广告语欣赏

1. Just do it. 只管去做。（耐克运动鞋）
2. The choice of a new generation. 新一代的选择。（百事可乐）
3. The taste is great. 味道好极了。（雀巢咖啡）
4. Take TOSHIBA, take the world. 拥有东芝，拥有世界。（东芝电子）
5. Let's make things better. 让我们做得更好。（飞利浦电子）
6. No business too small, no problem too big. 没有不做的小生意，没有解决不了的大问题。（IBM 公司）
7. Good to the last drop. 滴滴香浓，意犹未尽。（麦斯威尔咖啡）
8. Obey your thirst. 服从你的渴望。（雪碧）
9. To me, the past is black and white, but the future is always color. 对我而言，过去平淡无奇；而未来，却是绚烂缤纷。（轩尼诗酒）

（资料来源：逯游. 市场营销学——理论与实务. 北京：北京理工大学出版社，2016.）

3. 运输广告的原则

企业的广告活动应遵循广告的客观要求和原则，遵守广告的宏观管理与职业道德规范，主要包括以下几个方面。

1）真实性原则

广告主要内容必须与企业和产品（服务）的实际情况相符合，否则不仅会失去消费者的信任，影响企业和产品（或服务）的声誉，而且还会受到政府的谴责或惩处。例如，美国联邦政府管理广告的机构——联邦贸易委员会就明文禁止虚假广告；日本广告法也规定：发现言过其实、浮夸、虚假的药品、食品广告，要对广告主处以罚款或劳役。我国政府有关广告管理的法规也明确规定："广告的内容必须清晰明白、实事求是，不得以任何形式弄虚作假，蒙骗或误导用户和消费者。"运输过程是一个消费者高度参与的过程，消费者在运输终了之后才能对运输质量做出评价，并影响消费者的下一次选择，因此，运输企业的广告一定要做到"先是说得好听，后是做得好看"。

2）艺术性原则

广告的宣传效果，从某种意义上说在于它的艺术性。一幅色彩鲜艳、构图美观的广告画会引人注意，激发人的美感，从而使消费者从欣赏中自然接受广告信息。因此，广告设计要富有艺术性。语言要生动、有趣；形式要多种多样，不断更新；图案要美观、大方，具有吸引力；图案编排要醒目，色泽要鲜艳调和等。

3）独创性原则

广告设计要独具特色，不断更新，体现出自己的风格和特点。这样才能讨人喜欢，引人入胜，很自然地把消费者吸引到本企业的产品和服务上来。

4）针对性原则

不同国家或地区的消费者，其消费习惯和消费心理是不尽相同的。因此广告内容的设计不能千篇一律，而应根据不同国家或地区的经济环境、社会文化环境和法律环境，采用不同的广告内容和表现形式。

4. 运输广告决策过程

1）确定广告目标

广告的最终目标是提高运输产品或运输企业的知名度，影响消费者的购买行为，从而使企业赚得更多利润。但在不同时期，广告目标各不相同，一般可归纳为以下四类。

（1）创牌目标。在新的运输线路、班次或产品刚投入市场或将要投入市场之时，运输企业要向社会介绍新产品，开拓新市场。通过对运输产品到发时间、车型、价位及其他服务项目的宣传介绍，提高新产品的知名度及消费者对新产品的理解度和记忆度。

（2）保牌目标。在运输产品已投放市场一段时间后，为巩固已有的市场，并在此基础上深入开发潜在市场和刺激购买需求，对运行良好的运输产品主要通过连续广告的形式，加深消费者对已有运输产品的认识，保持消费者对该产品的好感、偏好、信心。对运行中反应不良的运输产品，在改进产品质量的基础上，通过广告消除对产品的偏见，改善社会对产品的评价，确立好感。

（3）竞争目标。为了提高产品的市场竞争能力，通过重点宣传本产品与其他可替代运输产品的优异之处，使消费者认知产品的好处，增强偏爱度。

（4）公共宣传目标。广告与公共宣传作为两种大众传播方式，虽然有各自不同的内涵，但两者又有联系。公共宣传可以利用广告扩大影响，增强说服力，及时强化宣传效果，广告也可以按照一定的宣传意图来选择、编排和发布。公共宣传目标是企业以广告的形式向社会发布信息，树立运输企业的良好形象。

2）确定广告预算

在现代广告活动中，广告预算是整个广告计划的有机组成部分，进行广告策划及编制广告策划书等都要建立在广告费用预算的基础之上，广告费用作为企业的生产成本费用，被企业所重视，因此要合理编制广告预算。

3）广告媒体的选择

广告媒体是广告信息和广告创意的物化形象的载体，广告媒体的使用直接关系到信息传播的影响范围和准确程度，也影响到策划创意的广告形象的渲染力、影响力。巧妙地运用媒体，周密地策划媒体策略，这是广告整体运作的一个重要组成部分。运输企业选择媒体主要考虑以下几个因素。

（1）广告涉及的范围、播出的时效。运输企业在选择媒体时，要充分结合自身的特点。由于运输产品有较强的地域性，因此，对于有特定的始发到达地点及运输方向的航空、铁路运输产品，可选择在运输产品沿线、停靠站点的大众传播媒体或其他媒体上发布广告，不宜选择覆盖面过广的媒体。为运输产品所做的广告，主要是传播有关运输产品时间、价格、去向等方面的信息，具有较强的时间性，因此应选择时间性强的媒体，如报纸、广播、电视等。

（2）媒体的种类。广告媒体可以分为大众传播媒体和其他媒体。大众传播媒体分为报纸、广播、电视、杂志、网络，其他媒体如户外广告等。各种媒体均有自己的传播优势和缺陷。

（3）产品特性。运输企业提供的产品形式多样，针对不同的产品应选择不同的媒体以达到最佳的传播效果。例如，对于普通的客运产品应选择大众传媒；对于针对某一特定目标市场开行的运输产品，如春运期间的民工专列、学生专列，就要采取目标顾客经常可接触到的传播媒体；对于零担、行包等普通货运产品，也应选择大众传媒；而对于特定货运产品则不需要过大的影响面。

（4）广告费用。各种媒体的收费标准不同，企业应根据自身的财力合理选择广告媒体。

（5）播出时间。安排广告商还必须决定如何在节目中安排广告播出。如运输产品销售的淡季和旺季，公司可以根据季节的变化制定播出安排。许多公司做一部分季节广告，有些公司只根据季节做广告。此外，还需选择广告形式，持续播出是指在一定的时期内安排广告均衡地播出；而脉冲式播出是指在特定阶段内轻重不同地安排广告，这种播放是为了在短时间内重点播放，并且花费较少。

4）广告评估

广告评估是对广告播出后的交流效果和销售效果进行评估。衡量广告的交流效果，即广告是否传播得好，可采用问卷调查的形式。问卷调查可以在广告前后进行。在广告推出前，广告商通过问卷，询问消费者的态度；广告播出后，广告商可以衡量广告如何影响消费者的反响和对产品的了解和偏好。销售效果比交流效果更难衡量。衡量广告销售效果的一种方式是将过去的销售量与过去的广告开支进行对比，另一种方法是通过实验来衡量。

▷ 12.4　营业推广策略

1. 营业推广的定义

营业推广又称为销售促进，是一种成熟的促销手段。营业推广作为与人员推销、广告、公共关系相并列的四大基本促销手段之一，是构成促销组合的一个重要元素。美国市场营销学会（AMA）将其定义为：是人员推销、广告和公共关系之外的，用以增进消费者购买和交易效益的促销活动，诸如陈列、展览会及规则的、非周期性发生的销售努力。国际营销大师米尔顿·科特勒对营业推广的定义是：营业推广是刺激消费者或中间商迅速或大量购买某一特定产品的促销手段，包含了各种短期的促销工具。本书采用以下定义，即营业推广是指"在给定的时间及预算内，在某一目标市场中所采用的能够迅速产生激励作用、刺激需求，并达成交易目的的促销措施"。

营业推广的基本特征包括以下几点。

（1）营业推广通常是短期的，是为立即反应而设计的，所以常常有限定的时间和空间。

（2）营业推广注重行动，要求消费者或经销商亲自参与，行动导向的目标是立即销售。

（3）营业推广的工具是多样的，由刺激和强化市场需求的花样繁多的各种促销工具组成。现今的营业推广活动已比过去的折扣、赠券、抽奖等方式有了更加丰富多彩的内容，出现了联合促销、服务促销、以顾客满意（CS）为目的和标准的满意促销等新的形式。

（4）营业推广是在某一特定时间给购买者提供一个激励，以诱使其购买某一特定产品。通常此激励或为金钱、或为商品、或为一项附加的服务，这成为购买者购买行为的直接诱因。

（5）营业推广见效快，销售效果立竿见影，增加了销售的实质价值。

2．营业推广的方式

在现实的销售活动中，营业推广是由刺激和强化市场需求的花样繁多的各种营业推广工具实现的。这些工具可以根据所采用的技术手段的激励性质分为免费类（Free）、优惠类（Save）、竞赛类（Wins）及组合类（Mix）四类，它们组成了一个营业推广整体。

1）免费类

免费类营业推广是指旅客或货主免费获得某种特定物品或利益。在营业推广领域里，免费赠送类营业推广的刺激和吸引强度最大，消费者也最乐于接受。运输企业使用的主要免费工具有赠品和赠品印花两类。

（1）赠品。赠品一般以消费者为对象，以免费为诱因，来缩短或拉近运输产品与消费者的距离。运输企业常用的赠品有车票、纪念品和其他旅行过程中的附加服务。如很多航空公司在航线开航的首航仪式中向重要公众、大众传媒公众赠送机票，向每位乘客赠送纪念品。冬季北方乘客去南方旅行，换装是一件麻烦事情，1999 年韩亚航空公司推出免费衣物寄存服务，受到飞往南太平洋岛国和东南亚国家乘客的广泛欢迎，尤其受到旅行归来需要立即上班工作的乘客欢迎。德邦物流在中秋节来临之际推出送月饼活动。凡是在此期间在德邦各收获门店邮寄货物的客户皆可免费获得由德邦提供的精美月饼一份。这些运输企业都是以赠品的形式开展营业推广。运输企业在选择赠品时需要注意以下两点：一是要尽可能选择与产品有关联的赠品，二是要紧密结合促销主题。

（2）赠品印花。赠品印花是一种古老而极具影响力的营业推广手段，但其受消费者喜爱的程度起伏不定。它是指在活动期间，消费者必须收集积分点券、标签等的证明（印花），达到某种数量时或是必须重复多次购买某项商品，才可兑换赠品。以航空公司为例，航空公司一般以机票作为印花，机票上有乘客姓名，不会被假冒。例如，上海航空公司不定期地更换机票封面的底色，在一定时期内，如果乘客拥有四种不同底色的机票封面，则可获得免费机票一张。又如，新加坡航空公司的乘客还可以获得新加坡航空公司提供的全球范围内的紧急医疗援助。

一般而言，在以下两种情况下采用赠品印花的促销形式效果较好。

（1）吸引反复不断购买及持续性购买。持续性的促销活动能够保证既有顾客，有助于培养消费者的品牌忠诚度并养成购买习惯。

（2）减少消费者购买竞争性产品的可能性。在需要反复购买特定运输企业的产品时，常可使顾客暂时停止非特定的购买，从而削弱竞争者。

2）优惠类

优惠类营业推广方式能让消费者或中间商用低于正常水平的价格获得某种特定的物品或利

益。其核心概念是推行者让利，接受者省钱。优惠营业推广重点是折扣的运用。在运输产品中，主要采用折价券和折扣优惠两种形式。

（1）折价券。折价券是最古老但至今仍盛行的最有效的营业推广工具之一。它采用邮寄、附于商品或广告中赠送的方式，向潜在顾客发送小面额有价证券，持券人可凭券在购买运输产品时享受优惠。折价券是在某种运输产品未能如期销售或获利时，为协助运输产品达到如期目标而特别策划的促销活动。

（2）折扣优惠。折扣优惠就是调低运输产品售价，即减低利润以优惠顾客。这种促销方式因其最能与竞争产品的价格相抗衡而深受大多数运输企业的喜爱。在运用折扣优惠上，航空公司是所有运输企业的先行者。在航空公司整个旅客运输收入中，始终占有较高收入比例的是一部分为数不多的经常乘坐航班的公务、商务旅客。这部分旅客被称为"常旅客"。海南航空公司在我国最早推出常客优惠办法。凡购得常客卡的旅客可享受一年内乘坐海航航班里程累积超过30 000公里，即可获得一张六折机票；累计里程超过50 000公里，可得一张免费机票。除常旅客计划外，海航还对在各地提前15天购买海航往返机票的乘客，团体票提供95%的优惠，对新婚夫妇蜜月旅行、三人以上家庭给予相应的折扣等一系列折扣优惠办法。

3）竞赛类

竞赛类营业推广是基于利用人们的好胜、竞争、侥幸和追求刺激等心理，通过举办竞赛、抽奖等富有趣味和游戏色彩的促销活动来吸引消费者、中间商的参与兴趣，推动和增加销售。运输企业常采用的方式是抽奖。抽奖是以高额的奖金或赠品，一人或数人独占形式的附奖销售。在海航海口—北京、海口—上海航线上，每个航班都要进行一次机上抽奖，旅客在欢快兴奋之余还有机会获得海南航空公司任意航班的一张免费机票。这张机票既可以自己享用，也可以赠送给亲朋好友。在海口—上海的航线上，海航还推出"泰国七日游幸运大抽奖"活动，每星期产生一名幸运旅客，享受航空公司免费提供的泰国七日游。

4）组合类

组合类营业推广是一种综合的手段，运输企业的组合营业推广一般包括联合促销、信用卡积分计划等形式。

（1）联合促销。联合促销（Joint Promotion）是指两个以上的企业（这些企业可以处于不同的行业）基于相互利益，共同进行广告及共同推广产品和服务。例如，运输企业与旅游业、宾馆、购物超市联合促销，顾客只要走进一家，便可在各个环节都享受优惠。例如，泛美航空公司和喜来登（Sheraton）宾馆推出的名为"高尚享受"（Experience with Style）的联合促销活动，凡乘坐泛美航空公司飞机头等舱的旅客，可在14个国家的41个喜来登宾馆住宿时享受折扣优惠，且每晚可获得价值10美元的小礼品兑换券一张。这些都是针对那些私人消费的旅客设立的特别优惠促销。再如，美国联合航空（UA）、达美航空（DL）、美国航空（US Air）与美国长途电话业巨头AT&T（美国电话电报）公司进行联合促销：AT&T公司长途电话的顾客可以享受这三家航空公司提供的优惠。因此，常乘坐这三家航空公司的旅客在打长途电话时多数会选择AT&T，而常使用AT&T长途电话的顾客外出时也多数会在这三家航空公司中选择其一。联合促销的费用是由参与者分摊的，所以它既可以降低他们各自的促销费用，又可以使不同的公司分享彼此的市场份额，提高品牌的知名度。

（2）信用卡积分计划。信用卡积分计划与传统的赠品印花本质上是相同的，但它改造了印花的方式，消费者不再有收集和保存印花的麻烦，而换成信用卡的自动积分或集点。这同样可以起到鼓励消费者重复购买的作用。航空公司与银行联合推出的飞行里程积分信用卡可能是加拿大人最普遍使用的一种积分卡。温哥华的帝国银行（C1BC）提供一种信用卡，可以积累加拿大航空公司的飞行里程。它有一种金卡，每年交一定年费，但一开户就送 5 000 个积分，然后每用它购买 1 元的东西，就可积累 1 飞行里程。加拿大 45% 的百万富翁拥有这种信用卡。如果他们一年平均购物 12 000 元，他们就积累了 12 000 飞行里程。加拿大航空公司再根据换算表告诉旅客多少积分可以飞到什么地方。例如，15 000 个积分可以免费从温哥华飞到邻省阿尔伯特。

3. 营业推广决策过程

在运用营业推广的过程中，需要进行一系列的策划活动，其中主要的企划包括：建立营业推广目标；选择营业推广工具；制定营业推广方案；实验、实施和控制营业推广方案；评估营业推广效果。

1）建立营业推广目标

一般来说，这一目标是从总的促销组合目标中引申出来的。总体上它是受企业市场营销总目标所制约的，表现为这一总目标在促销策略方面的具体化。

运输企业的促销目标与其他类型的营业推广目标相比，更侧重于缓和过剩或过低的市场需求。具体目标主要有：提高目标市场对运输产品的认知度和知名度；鼓励对新型运输产品的尝试性消费；鼓励非目标市场对已有的服务项目进行尝试；劝说现有的消费者继续购买该公司提供的运输服务，不转向其他公司；缓和顾客需求模式，在需求过旺时，降低顾客需求；介绍运输产品的某些显著利益；增强广告效果，引起更多的消费者注意；获得运输业的市场研究信息；针对一个或几个运输服务竞争者不定期地进行一些防御性或进攻性的促销活动，以保持或扩大自己的市场占有率。

运输企业促销部门要通过对多种因素的分析，确定一定时期内营业推广的具体目标并尽可能使其定量化。

2）选择营业推广工具

营业推广的工具是多种多样的，并各有其特点和适用范围。在选择营业推广工具时要考虑的主要因素如下。

（1）市场类型。不同类型的市场需要不同类型的营业推广工具，比如生产者市场和消费者市场的需求特点和购买行为就有很大差异，所选择的工具必须与企业所处市场类型的特点和对应的市场要求相适合。

（2）营业推广目标。特定的营业推广目标往往对工具的选择有着较为明确的条件要求和制约，从而规定着这种选择的可能范围。

（3）竞争条件和环境。竞争条件和环境包括企业本身在竞争中所具有的实力、条件、优势、劣势及企业外部环境中竞争者的数量、实力、竞争策略等因素的影响。

（4）促销预算分配及每种营业推广工具的预算水平。市场营销费用中有多少用于促销费用，促销费用中又有多大份额用于营业推广，这些往往对营业推广工具的选择形成一种硬性约束。此外，常常有这样的情况，同一特定的营业推广目标可以采用多种营业推广工具来实现，因此存在如何通过营业推广工具的比较选择和优化组合实现最优促销效益的问题。

3）制定营业推广方案

制定营业推广方案时，需要注意以下几点。

（1）比较和确定刺激程度。要使促销取得成功时一定程度的刺激是必要的。刺激程度越高，引起的销售反应也会越大，但这种效应也存在递减的规律，因此，要对以往的促销实践进行分析、总结，并结合新的环境条件确定适当的刺激程度和相应的开支水平。

（2）选择营业推广对象。这种刺激是面向目标市场的每一个人还是有选择的某类群体？群体范围控制在多少？哪类人是促销的主要目标？这种选择的正确与否都会直接影响到促销的最终效果。

（3）营业推广媒介的选择。比如我们选定折价券这种促销工具，那么还须进一步确定有多少用来邮寄，多少用来放在杂志、报纸等广告媒介中，而这些又涉及接受水平和开支水平等不同的问题。

（4）营业推广时机的选择。在什么时间开始发动这场促销战役、持续多长时间效果最好等也是值得研究的重要问题。推广时机选得好，能起到事半功倍的效果，时机选择不当，效果会适得其反。比如，在我国经常航空旅行的客商正在迅速增加，哪家公司先提出常客标准，推广实施常客优惠，就可能领先一步把航空旅行常客揽到本公司来。一旦成为某公司的常客，其他公司就难以吸引这批旅客了。营业推广若持续时间短，由于在短时间内无法实现重复购买，很多应获取的利益就不能实现，但若持续时间过长，又会引起开支过大而降低刺激购买的力量，并容易使企业产品在顾客心目中的身价降低。有关研究表明，每次持续的时间以平均购买周期的长度为宜。

（5）营业推广预算的分配。即营业推广预算在各种促销工具和各个产品之间的进一步分配。这就要考虑到各种促销工具的使用范围、频度以及各种产品所处生命周期的不同阶段等多种因素的平衡和确定。

4）实验、实施和控制营业推广方案

虽然营业推广方案是在经验的基础上确定的，但仍然需要进行必要的实验来确定营业推广工具的选择是否适当、刺激程度是否理想、现有的途径是否有效。实验可以采取询问消费者、填调查表、在有限的地区内试行方案等方式进行。当实验效果与预期相近时，便可进入实施阶段。在实施中要精心注意和监测市场反应，并及时进行必要的促销范围、强度、频度和重点的调整，保持对促销方案实施的良好控制，以顺利实现预期的方案和效果。

5）评估营业推广效果

评估营业推广效果是一项重要而困难的工作。应当明确，评估工作事实上在选择促销手段之前就已经开始了。在营业推广方案实施结束之后对其有效性要进行总的评估，最简单而普遍的方法是比较促销前、促销间和促销后的销售变化。比如，一个运输企业在营业推广之前占有 6%的市场份额，在营业推广期间激增至 10%，在促销刚刚结束之后，回落到 5%，过了一段时间又上升到 7%。这就表明，这次促销活动吸引了新的购买者并刺激了原有的购买者增加他们的购买数量。促销结束后销售的回落是部分消费者将其运输服务消费提前所引起的，最终的 7%格局说明公司赢得了一些新的用户。如果这一市场份额只是回到原有的水平，那么表明这次促销仅仅改变了需求的时间模式而没有改变需求总量。促销人员也可以采用消费者调查的方法来了解事后有多少人能回忆起这项营业推广活动、他们如何看待这次活动，有多少人从中得益、它如何影响他们后来的运输产品选择行为等，并可以进一步采用某些标准对消费者加以分类以便研究出更为具体的结果。营业推广效果的评估还可以通过变更刺激程度、促销时间和促销媒介来获得必要的经验数据进行比较、分析，最后得出结论。

▲ 12.5 公共关系策略

1. 公共关系的概念及特点

1）公共关系的概念

公共关系是指有计划地、持续不断地运用沟通手段，改善与社会公众的联系状况，增进公众对组织的认识、理解、协作与支持，树立和维护良好的组织形象而进行的一系列活动。

运输企业的公共关系是指运输企业为改善与社会公众的关系，促进公众对运输企业的认识、理解及支持，正确处理企业与社会公众的关系，达到树立良好组织形象、提高运输企业知名度和美誉度，促进运输产品销售目的的一系列促销活动。

企业形象是公共关系的核心。声誉高、形象好的企业能更多地取得货主与旅客的信赖，也就可以吸引更多的顾客。形象可以在货主及旅客心中产生心理价值，良好的形象会使企业在经营中容易得到合作，获得许多便利和主动性。反之，一旦企业在社会公众中造成恶劣印象，则有可能被市场淘汰。

2）公共关系的特点

（1）注重长期效应。运输企业公共关系追求的目标是与社会公众利益一致的，通过一系列有计划的活动，树立和保持运输企业的声誉和形象。这一目标的达成，不是一朝一夕能够实现的，需要运输企业长期积累，不断努力才能获得成功。

（2）注重双向沟通。运输企业公共关系的对象是公众。企业活动的涉及面广，公关对象主要有企业内部公众、媒介公众、客户公众、政府公众、社区公众及与其业务有关的其他公众等。运输企业进行公共关系活动的目的，一是将有关产品及组织的各种信息及时、准确、有效地传播给公众，争取公众对企业的认识和了解，提高企业的知名度和美誉度，为企业树立良好的形象；二是要从广大公众中收集有关市场需求信息、价格信息、产品及企业形象信息、竞争者信息及其他有关的信息，为协调企业与公众的关系打下基础。

（3）注重间接营销。运输企业公共关系活动是通过对各种传播手段的运用，拉近企业与公众的关系，树立良好的企业形象，进而促进销售。它不同于人员推销、广告和营业推广，对促销产品起到直接作用，而是间接地促进销售。

2. 公共关系的原则

1）公众利益原则

公众利益原则是指企业在公关促销策划时应注意在追求自身利益时，还要兼顾公众利益，维护社会整体效益。通过公共关系的宗旨来指导企业的经营，能减少企业与市场营销环境的摩擦。例如，汽车运输过程中汽车废气对大气的污染；坐火车的旅客在铁路沿线产生的白色垃圾；飞机起飞、降落时对机场附近居民的噪声危害，都将损害公众的利益。运输企业应该本着为公众利益着想的原则出发，开展公关促销活动，为自身的长足发展创造一个良好的整体环境。

2）平等互利原则

平等互利原则是指企业与公众平等相处，共同发展，利益兼顾。企业公共关系是为企业既定目标和任务服务的，但这种服务要以一定的道德责任为前提，以利他的方式"利己"。公共关系强调主体与客体的平等权利和义务，尊重双方的共同利益和各自的独立利益，信守企业与公众共同发展、平等互利的坚定信念。如果企业在相互交往中损人利己，为满足自身的眼前利益而损害公众利益，不顾信誉、不顾形象，就毫无公共关系可言。

3）诚实信用原则

诚实信用原则是指企业在公关促销时，要敢于面对自己的不足之处，不必遮遮掩掩，应以诚实的态度向社会公众介绍自身的客观情况，借以获得社会公众的信任。企业做出的各种承诺，必须真正兑现，言必信，行必果。如果宣传虚假，虽然有短时利益，但最终失去公众的信任与支持，被社会所抛弃。

4）全员公关原则

全员公关是指企业的公关工作不仅依靠专门机构和专职人员的努力，还要依靠企业各部门的密切配合和全体员工的共同关心和参与。这就必须强调全员公关原则，即要求企业全体成员都要树立公关意识，共同关注和参与公共关系工作，并做出贡献，推动企业公共关系目标的实现。树立企业形象是通过企业所有人员的集体行为表现出来的，是企业内个人形象的总和。每一位企业员工与外界交往时，都是企业形象的一个载体，他的活动体现了企业的整体形象和风貌。

5）创造性原则

企业在进行公关促销策划时，应具有创造性，力求新颖别致，不落俗套，不可人云亦云。要用既大众化又奇招迭出的方法吸引公众。有些企业虽也重视公关宣传，但由于公关促销活动单调沉闷，毫无新意，以致花了大量费用还是收效甚微，这是不可取的。

3. 公共关系策略

1）新闻媒介活动

新闻媒介具有传递信息迅速、广泛、真实和舆论制造力极强的特点。利用新闻媒介搞好公关主要从两个方面开展工作：一是将本企业有新闻价值的东西写成稿件，投寄给新闻媒介，或请记者到本企业采访，或在合适的地点举行记者招待会；二是制作公关广告。目前对广告的使用已十分广泛，有旨在塑形象的印象广告、用以维护名誉与尊严的驳斥广告，以及旨在介绍企业情况的企业广告等。这些广告的目的是树立企业形象和增进印象，所以被称为"观念广告"或"公众利益广告"，这些广告统称为"公共关系"广告。

企业要搞好这项工作，专职公关人员应该把握住新闻媒介的动态，对不同媒介的对象、发行范围、影响力、版面栏目安排都有透彻的了解，同时积极提供有价值的材料并使自己成为新闻媒介重要的信息来源。

2）公关专题活动

公关专题活动的主要形式有开幕式、开放参观、发放宣传小册子、举办展览和演出等。卓有成效的公关专题活动是既有趣味又有内容，而且方式得当的活动计划。通过开展这些活动，促进社会各界了解企业，增进企业与社会公众的联系和沟通，有利于塑造企业形象，消除误解和分歧。例如，日本的木下马戏团曾在珠海组织了一场马戏团小丑的游行活动，小丑们戴着面具招摇过市，惊动了港澳，结果在当时只有12万人的珠海却引来47万人观看演出。

（1）展览会。展览会是通过实物、文字、图表、图片等来展现企业成果、风貌、特征、推广产品、宣传企业形象的活动。运输企业，特别是大型运输企业通过办展览会，可以集中展示企业的成果和发展趋势，有利于双向沟通，并能利用这一机会制造新闻，扩大影响。

（2）赞助和支持公益活动。企业通过无偿地提供资金或物质，支持某一项公益事业的活动。通过赞助活动，可以树立企业关心社会公益事业的良好形象，培养企业与某类公众的良好感情，承担必要的社会责任，有效地体现企业的社会责任感。

（3）参观游览。组织参观游览，可以使参观者对运输企业的工作环境、工作过程等有一个真实、生动的了解，是解除人们对一些事件或某一机构产生怀疑的一剂良药。它能客观地反映企业的真实情况，以得到公众的理解和支持，使公众对企业产生兴趣和好感，增强企业的美誉度。

3）建设企业文化

企业形象的传播，一个重要方面是通过企业员工的行为举止来进行的。社会各界从与之交往的企业职工身上，同时可以感受到该企业的形象。整洁的制服，规范的服务举止，文明的语言会给旅客和货主留下深刻的印象。因此，企业应注重建设企业文化，提高职工素质，美化环境，活跃企业气氛，做好企业内部的公众关系工作。

4）危机公关

危机公关是指一个企业处于危机时期的公关工作。运输业是一个具有明显服务特征的行业，在服务过程中经常会碰到纠纷和摩擦，有些可能还会引起社会的广泛关注。此外，由于运输生产的特殊性，一些难以预料的天灾人祸往往引发交通事故，造成人员伤亡和财产的损失，使企业形象受到损害，甚至影响到企业生存。

危机公关对一个企业至关重要，如果处理不当，将会使企业从此一蹶不振，如果处理得当，企业就能顺利过关，甚至会因祸得福，更上一层楼。当事件发生后，新闻界、与事件有关的公众、同行等都会对事件密切关注。此时，企业应保持镇定，判明情况，找准问题，对症下药。要以诚取信，使用真实报道，争取公众的谅解和配合。如果避重就轻，甚至采取隐瞒事实和欺骗的做法，公众一旦发现被愚弄了，企业的形象也会一落千丈。在开展危机公关时，要秉公处事，不能有所偏向，必要时牺牲自己的利益来保护公众的利益，以维护企业形象，控制事态的发展，尽快消除不良影响，恢复企业的社会声誉。

技能训练

技能训练 12-1

京东商城的促销策略

京东——中国最大的自营式电商企业，由生于江苏省宿迁市的刘强东创建。公司以 3C 产品为主，涵盖家电、百货、图书、食品等产品。

京东运用的促销策略有：

（1）体育促销。2010 年 3 月，京东商城高调成为中超主赞助商，根据赞助获得主赞助商荣誉称号，中超唯一的官方零售网站，赛场广告牌、赛场大屏幕广告、赛后发布会看板广告、对同类企业的排他协议等权益，比赛期间京东商城可以通过现场大屏幕向球迷做广告营销，球迷可以通过手机短信获得商城优惠券。由于中超事件不断，大众对中超的关注度不断提高，而正处于低谷的中超，京东以较低价格获得赞助权。同时，中超目前的 16 支球队与京东主销城市契合，受众目标以男性为主导，热爱体育、热衷电子类产品的人群。通过赞助中超，京东的名称和品牌可以获得很高频次的曝光，对于已经是京东用户的人群来说，这一促销可以巩固京东在这部分人中的影响力，培养对京东的品牌信赖，使之成为具有较高忠诚度的顾客。而对于那些尚不熟悉网络购物、意欲开始网购的潜在消费者来说，可以打开市场，吸引新的消费群体。

（2）娱乐促销、电视剧植入广告、邀请娱乐明星做代言、投放电视广告。例如，热播的都市情感剧《男人帮》，京东聘请该剧男主角扮演者孙红雷担任形象代言人，由于该剧收视群体大多是都市白领和学生，正好与京东的主要消费群体重合。京东商城还在该剧播出期间，联合众多国际国内知名服饰品牌进行多场"男人帮"主题营销活动。同时抓住市场热度的时机配合 DM 宣传，印发男人帮专区的宣传彩页手册发放至大学校园，不仅有电视剧出现的搭配，还有商城宣传及促销信息，这种策略的好处是在大学生这一定向目标群体中实现大规模、高频率的宣传覆盖，利用大学生热爱时尚潮流、对该影视剧的关注、对促销信息的兴趣增加客户流量。在投放电视广告方面，京东商城在央视新一年的广告投标中花费总额 2.3 亿元取得了 2012 年伦敦奥运会两个节目的独家冠名权。通过选择央视这样一个受众群体多且广、权威官方信誉度高的媒介树立自身放心、可靠的形象，配合其他地方电视台优质栏目、公交车广告、户外广告等手段树立品牌形象。

（3）节日促销活动，2013 年"双十一"促销活动，从 11 月 10 日至 11 月 12 日，由京东商城提供的数据显示，促销期间，京东商城日订单量超过了 450 万单，交易额达 25 亿元。

（4）促销专区"夜黑风高"，针对上网人群都有"昼伏夜出"的习惯，京东商城专门打造了一个品牌栏目叫作"夜黑风高"，意思是：在每天的晚上七点到第二天的早上七点，京东会在每天的促销活动之外再给消费者打包出一个特色促销节目，这一时段会有很多超低价的商品展现在消费者面前，这是一个为年轻人量身定制的特色专区。

（资料来源：夏德森. 市场营销学. 北京：北京理工大学出版社，2016.）

请回答：

1. 京东运用了哪些促销方法进行促销？分别进行简述。

2. 京东是如何运用广告进行促销的？结合案例，简述广告的重要性。

训练建议

此能力训练主要考查学生对运输市场促销方式的理解和掌握情况，建议以个人为单位，在明确各种促销方式概念和特点的基础上，根据所给材料进行分析，并与同学和指导教师交流。

评价标准（见表 12-1）

表 12-1　实践教学考核评价标准

序　号	考　核　内　容	等　级	分　值
1	参与的积极性、主动性，是否有团队合作精神（20分）	优良	16～20
		一般	8～15
		差	0～7
2	实践教学过程中表现出的计划、组织、领导、控制、协调等管理能力（20分）	优良	16～20
		一般	8～15
		差	0～7
3	成果展示（20分）	优良	16～20
		一般	8～15
		差	0～7
4	语言表达流畅、规范、准确（20分）	优良	16～20
		一般	8～15
		差	0～7
5	书面、电子版总结报告设计（20分）	优良	16～20
		一般	8～15
		差	0～7
合　　计	100分		

技能训练 12-2

促销方案策划

选择一家你所熟悉的运输企业，最好有亲身购买经历，根据所学知识点以企业营销人员的身份策划一次促销活动，要求促销活动合情合理，并具有一定的应用价值。

训练建议

此能力训练主要考查学生掌握运输市场促销策略的综合情况，建议以小组为单位，在掌握各种促销策略理论知识的基础上，进行资料收集和方案策划，要注意促销成本和预期效果的可行性和合理性，以 PPT 汇报的形式与同学和指导教师交流。

评价标准（见表 12-2）

表 12-2　实践教学考核评价标准

序　号	考核内容	等　级	分　值
1	参与的积极性、主动性，是否有团队合作精神（20分）	优良	16~20
		一般	8~15
		差	0~7
2	实践教学过程中表现出的计划、组织、领导、控制、协调等管理能力（20分）	优良	16~20
		一般	8~15
		差	0~7
3	成果展示（20分）	优良	16~20
		一般	8~15
		差	0~7
4	语言表达流畅、规范、准确（20分）	优良	16~20
		一般	8~15
		差	0~7
5	书面、电子版总结报告设计（20分）	优良	16~20
		一般	8~15
		差	0~7
合　计	100分		

复习思考题

一、单项选择题

1. 下列不属于运输企业促销目标类型的是（　　　）。
　　A. 以介绍为目标　　　　　　　　B. 以揭示和说服为目标
　　C. 以客户为目标　　　　　　　　D. 以树立企业形象为目标

2. 下列不属于广告的最终目标的是（　　　）。
　　A. 创牌目标　　　　　　　　　　B. 营业目标
　　C. 保牌目标　　　　　　　　　　D. 竞争目标

3. 下列不属于广告特点的是（　　　）。

    A. 渗透性　　　　　　　　　　　　　B. 稳定性

    C. 表现性　　　　　　　　　　　　　D. 非人格化

4. 下列不属于运输广告原则的是（　　　）。

    A. 积极主动原则　　　　　　　　　　B. 艺术性原则

    C. 独创性原则　　　　　　　　　　　D. 针对性原则

5. 下列不属于产品广告作用的是（　　　）。

    A. 传播产品信息　　　　　　　　　　B. 突出产品特点

    C. 树立企业形象　　　　　　　　　　D. 提高运输产品信息的主动性

二、填空题

1. 运输企业的促销方式可以分为人员推销和_____两种类型。

2. 按广告内容划分可以分为比较性广告、_____、_____和_____。

3. 运输广告人员推销实施阶段的三个步骤包括_____、_____和缔结合约。

4. 运输广告的决策过程包括确定广告目标、_____、广告媒体的选择、_____。

5. 营业推广的方式包括免费类、_____、竞赛类及_____四类。

三、简答题

1. 简述运输企业促销的作用。

2. 简述运输促销组合的影响因素。

3. 简述运输广告的特征。

4. 简述公共关系的原则。

产品营销中广告策略偏离原因分析

市场促销活动中的问题与合理应对探索

项目 **13**

运输市场营销计划

📥 **知识目标**

- 了解制订运输市场营销计划的原则
- 明晰运输市场营销计划的类型
- 掌握运输市场营销计划的工作步骤及内容
- 了解运输市场营销计划预算编制的内容

📥 **能力目标**

- 能够根据运输企业实际情况编制营销计划

✒️ **引导案例**

中国企业营销计划的现状

1. 小公司营销计划的现状

现状一：80%的小公司没有营销计划。

现状二：即使有，也称不上营销计划。

2. 成长型公司营销计划的现状

现状一：70%的高速成长型公司的营销计划过于简单。

现状二：部分成长型公司的营销计划并不完整。在公司营销计划中，4P、4S、4R 这些品牌价值营销的概念并非全有。

3. 成熟型公司营销计划的现状

现状一：60%的成熟型公司的营销计划不符合实际。例如，公司的销售额本来可以达到比较高的水平，但营销计划却把销售额定得很低，营销计划过于保守。

现状二：本来制订好的营销计划，但是其中80%的计划到年底会变得面目全非。

（资料来源：陶小恒，陈英华. 物流营销实务. 武汉：武汉大学出版社，2016.）

问题：

1. 为什么大多数国内的企业的营销计划都或多或少存在缺陷？

2. 谈谈营销计划的重要性。

13.1　运输市场营销计划的含义

运输市场营销计划是指运输企业为实现营销活动目标而制定的一系列对未来营销活动的安排。运输市场营销计划是运输企业开展营销活动的基础，是营销活动实施和控制的标准和参照。因此，作为运输营销管理人员，应该能够明确运输营销计划的重要性，了解运输营销计划的内容，掌握制订运输营销计划的方法。

13.2　制订运输市场营销计划的原则

为避免运输市场营销计划在实际实施中出现各种各样的问题，在制订运输市场营销计划时要遵循以下几个原则。

1. 紧密联系实际的原则

运输市场营销计划通常由上层专业计划人员制订，由基层管理人员和销售人员实施。专业人员可能更多地考虑总体方案和原则性的要求，不了解实施中的具体问题，而基层人员可能因缺乏与专业计划人员的交流和沟通，不能正确理解计划的内涵，最终导致计划脱离实际。因此，在制订计划时，专业计划人员要与基层市场营销人员协作，共同制订计划，才能使营销计划更符合实际，也有利于计划的顺利实施。

2. 长期目标与短期目标相协调的原则

运输营销计划的制订多涉及运输企业的长期目标，而运输企业对计划具体实施人员的评估和奖励往往是根据其短期的工作效益，这容易使计划实施人员注重短期行为，忽视长期目标，不利于运输企业的发展。因此，制订计划时必须克服长期目标与短期目标之间的矛盾，设法求得两者之间的协调。

3. 具体、明确的原则

有些计划失败，往往是因为计划中没有规定明确、具体的行动方案，缺乏一个能使企业内部各有关部门、环节协调一致、共同努力的依据。因此，制订计划时，必须明确规定各部门的责任和具体的行动方案，使其相互协作，各尽其责。

13.3　运输市场营销计划的类型

常见的运输市场营销计划的类型主要有按时间跨度划分、按职能划分、按涉及对象和范围划分。

1. 按时间跨度划分

运输市场营销计划从时间跨度上划分，可以分为长期计划、中期计划和短期计划。

长期计划：时间多在 5 年以上，内容一般是概要性的，主要涉及组织扩大、产品升级、市场转移等重大事项。

中期计划：时间在 1～5 年，内容与企业的中期规划与中层管理人员的日常工作有更多的直接关系。中期计划较为稳定，受环境变化影响小，因此是大多数企业制订计划的重点。

短期计划：时间在 1 年以内，内容详细具体，对企业一线管理人员的日常工作有更大的影响作用，一般包括年度经营计划和各项适应性计划。

2．按职能划分

运输市场营销计划从职能上划分，可以分为市场调研计划、产品开发计划、包装计划、价格计划、广告计划、推销计划、营业推广计划、公关计划及顾客服务计划等。

3．按涉及对象和范围划分

运输市场营销计划从涉及的对象和范围上划分，可以分为企业营销总策略计划、各项营销组合要素计划及每项要素内部各具体项目的活动计划等，分别由企业营销总裁、各事业部（产品部、分销部、公关部）经理、产品线经理及品牌经理制订。

无论哪一种类型的运输市场营销计划，均应明确规定做什么、由谁做、如何做、何时做等问题。

📎 经典案例

短 信 营 销

节假日也是物流行业的旺季。经济的不景气，使原本忙碌的物流行业总显得并不是那么繁荣。此外，由于物流企业的增多，竞争的加剧，使得物流企业的营销推广越来越重要，怎样才能使公司业务更上一个台阶，成了物流企业必须面对的问题。此时，节假日正好为物流企业提供了一个绝佳的契机，但怎样把握好这个机会却成了一个难题。

随着越来越多的行业加入短信营销的行列，物流企业之间的竞争也迫使各个物流公司开始使用短信营销，这主要是因为短信群发广告营销有以下特点。

（1）灵活性。即广告主可以根据产品特点弹性地选择广告投放时间，甚至具体到某个时间段内发布。

（2）互动性。短信广告可以让机主与销售终端互动，与大众媒体互动，从而使短信用户参与到商业互动中，增加人们参与互动的机会。

（3）低成本。短信广告的发布费用非常低廉，因为与传统媒体动辄十万甚至上百万的广告费用相比，短信广告的成本几乎可以忽略不计。甚至通过短信平台提交短信广告，比直接用手机发短信更便宜，从而大大降低了广告主的广告发布成本。

（4）瞬时轰动效应强。它具有其他任何一个广告媒体所无法比拟的瞬时轰动效果。

（5）形式新颖。短信平台是基于现代移动通信的一种富于创意的全新直投式广告形式，它相对电话营销是一种非语音通信方式，且内容时尚。

利用节假日这个机会，物流企业不但可以用群发短信来推广自己的服务，还可以用来维护自己的客户。

（资料来源：牛艳莉，勾昱. 物流营销学. 北京：中央广播电视大学出版社，2014.）

13.4 制订运输市场营销计划的步骤

1. 现状分析

（1）企业营销现状分析。分析过去几年到现在的企业的销售、利润、成本和费用、市场占有率等重要指标的变动情况，通过这一分析反映企业营销的基本现状。

（2）环境分析。分析营销环境中的各项要素的变化情况，包括面临的机会和威胁。例如，环境因素中竞争情况分析，有多少竞争对手，采取了哪些策略。总体来说，环境分析的目的就是要对环境中存在的机会和威胁做到心中有数，以便提前计划，趋利避害。

（3）企业实力分析。分析本企业在目前的环境条件下有哪些优势和劣势，以便找出需要改善的方面，发挥企业优势。

（4）未来趋势分析。这是对正常情况下市场需求和企业销售等发展趋势的预测。这里的正常情况主要是指营销环境和企业自身情况没有大的、重要的变动的前提下而进行的预测分析。

2. 确定企业营销目标

确定在计划期内企业市场营销活动的目标。通常，宏观方面应包括企业的投资收益、销售总额（量）、利润额（率）、市场占有率和销售增长等。各部门计划和各专项计划均应以此目标体系为基础制定次级目标和阶段目标。在确定目标时应注意以下几点。

（1）目标要具体，尽量数量化，以便实施中进行衡量和控制。

（2）时间要明确，指出应完成或达到目标的具体时间。

（3）目标要细化，按时间、人员、区域等将目标分解，以便实行目标管理。

（4）目标要具有可达成性和挑战性。目标过高，营销人员在执行中感到无法实现，会出现抵触情绪，甚至放弃；目标过低，难以激发营销人员的潜力和斗志。

3. 制定营销策略

营销策略偏重于从总体上考虑采取何种方法达到规定的目标。例如，为要达到把市场占有率提高 10% 的目标，决定采取市场渗透和产品开发双重策略。一方面，在现有市场上通过采取改善推广活动来扩大销售；另一方面，通过开发新产品进入新的细分市场来提高市场占有率。

4. 确定行动方案

行动方案是指营销策略的具体行动计划，它包括实际行动的具体步骤和各阶段的具体任务。例如，产品开发策略的具体部署，如开发几个新产品、由哪一部门具体负责、分几个阶段完成、何时进入市场等。

5. 确定营销预算

在上述目标、策略和行动方案的基础上编制企业营销预算。预算应规定企业收入和支出总额，并应具体分配到各部门和各个行动阶段，以获得预期的经济效益。

6. 落实控制和检查的具体措施

任何好的计划如果没有控制和检查的具体措施，那么其最后效果是可想而知的。所以营销计划应制定控制和检查的指标、步骤、奖惩措施等，以便计划执行者有所依据。

13.5 运输营销计划实例

明确运输企业的战略任务、目标后，就要考虑如何将这些战略和目标付诸实施，这是运输营销计划的工作内容。运输企业按上述步骤进行计划编制时，营销计划的内容详略可能不同，但大多数营销计划都包括以下八方面内容，如图 13-1 所示。

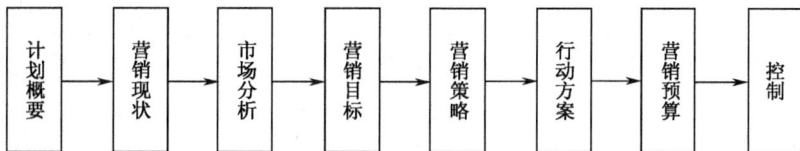

图 13-1 营销计划的内容

现以公路旅客运输营销计划为例，对某企业的计划概要、营销现状、市场分析、营销目标、营销策略和营销预算等方面加以说明。

1. 计划概要

本运输企业的营销目标是牢固占领中短途客运市场，积极争取长途市场，努力实现客运收入比上年度增长 10%。通过调整班车到发时间，优化班车开行方案，提供便捷的购票、上车渠道，改善车辆硬件条件，适度调整票价及增加广告宣传活动力争实现上述收入增长目标，并使长途客运市场的占有率上升 8%。所需要的市场营销费用预算为 56 万元。

2. 营销现状

1）运输市场情况

该公路运输企业的市场吸引范围（或吸引区）有多大，包括哪些细分市场；公路运输市场及各细分市场近几年的运输收入情况；公路客运的短途、中长途旅客市场份额占有情况；旅客的需求情况及影响旅客行为的各种环境因素等。

2）运输产品情况

如目前该企业旅客班车开行数量、运行区段、开行时间，对短途旅客、班车的到开时刻是否符合其出行规律，旅客实际购票渠道情况和旅客理想的购票渠道，旅客对票价的满意度情况及对旅行舒适度的要求情况，运输服务质量及社会评价，不同班次的客座利用率及盈利情况等。

3）竞争对手情况

如对该公路运输企业，由于铁路运输的快速发展和各大汽车运输公司相继投入运营，使得铁路运输企业成为其主要竞争者，特别是在短途客运市场上竞争已达"白热化"程度。通过对铁路的调查发现，铁路整体占有市场的份额在逐年提高。这除了与铁路运输采取了许多灵活多样的调度措施有很大关系以外，主要因为他们很好地协调和处理了长远利益与短期利益、整体利益与局部利益的关系。例如，在发车环节上，不论单车载客量多少，都准时发车。这样做的好处：第一，可为铁路运输长期占有短途客运市场奠定基础；第二，使铁路运输在旅客心目中建立起良好的信誉；第三，使运输公司和乘客之间达成默契，形成良性循环的条件和发展的基础；第四，竞争中有合作，异地各运输公司相互达成协议，两地班车每日对开、互返，开车时间由车站统一进行调度安排，并采取轮回方式，使各公司在营运中利益相互平衡，形成了更大的竞争力；第五，铁路宣传力度较大。

4）公路客运销售渠道情况

各主要销售渠道的近期销售额及发展趋势。例如，各公路客运站的客票销售情况，各代售点及电话订票、班车上补票、网上购票等统计分析情况。

3. 市场分析

我国公路 400 公里以内短途旅客的发送人次数高达 77%，这一客观现实说明长期以来，公路一直在从事着短途旅客运输，公路从自身生存的角度考虑，绝不能放弃短途竞争。虽然，铁路的竞争实力不断增强，给公路造成了一定威胁，但随着我国城市化进程的不断加快，城际间，尤其是大城市间短途客流具有强度大、密度高、时间集中、节奏快等特点，决定了公路旅客运输是解决这一问题的最有效途径。同时，我们也看到，在人口众多、旅客运输需求旺盛的大城市之间，短途客运市场竞争的焦点主要集中在时间、速度和方便程度上。因此，公路要想在短途客运市场中争取到应有的份额，就必须依靠高密度、高速度、高素质、高水准参与竞争，着眼于为旅客创造适宜的旅行环境。

本运输企业在短途客运市场中的优势如下。

（1）几个大的公路客运站具有得天独厚的地理位置，这对客流有强大吸引力。由于几个大站离市中心较近，市内交通通达便利，先天旅客资源丰富。而火车站主要在市区外围，自会降低吸引客流的能力。

（2）本运输企业辖区旅游资源丰富，每年吸引着成千上万的国内外观光游客。公路在这一市场上大有潜力可挖。

（3）随着高校扩大招生及国民经济的综合发展，在大城市间求学、经商、出差、开会的外地流动人口不断增加，也为公路客运带来了机会。

（4）随着公路营销意识、营销技能和车型的不断提高，一些曾被铁路挖走或被忽视的客流将逐渐、不断地被挖掘出来。

（5）随着本运输企业运能的调整，能力紧张状况有所缓和，有能力增开长途客运班车。

当然，公路的优势还表现在安全、价格合理上，而在出行舒适程度和快速方面，公路较铁路（长途）处于相对劣势。

4. 营销目标

营销目标是营销计划的核心部分。公路运输企业的营销目标需在分析公路运输营销现状并预测未来的威胁和机会的基础上制定。如该运输企业的营销目标为：旅客发送 1 000 万人次，客运收入 4 亿元，并有各季度的发送量及客运收入目标分配值和本运输企业下属各企业的旅客发送量及客运收入目标分配值。通过全员努力，力争在稳住中、短途客流基础上使长途客运市场的占有率上升 8%。

5. 营销策略

本运输企业的营销策略如下。

（1）根据该地区短途客流"朝出夕归"的出行规律，调整班车到发时刻，优化开行方案，开发适销对路的新服务项目。

按照一天的客流分布规律划分时间区段，制定相应间隔时间。在客流高峰期，可采取"短、频、快"的班车节拍式开行方案；在非高峰期，可利用长途旅客班车为短途少量预留座席的方式，做好长、短途票额合理分配使用。尽量使旅客随到随走，做到"早不过午，晚不摸黑""朝出夕归"。同时，针对该地区客流特点，在高峰期、旺季可增开班车，在低峰期、淡季可减开班车，在节假日开行特色、精品、度假休闲班车。

（2）提供便捷的购票、上车渠道。通过固定客流量大的城间旅客进站通道，并充分发挥车站绿色通道的作用，保证只要旅客在开车前能赶到车站，就能进站上车。增加市内联网售票点，逐步完善电话订票、网上购票及送票服务的范围以方便旅客。

（3）改善车辆硬件条件。选择适当时间段开行高等级、高质量、设施齐全的优质、精品车型。

（4）根据市场供给关系，在适当范围内适度调整运价。在客流高峰期可适当提高定价，在客流低谷期则降低定价。采取这种浮动运价对于引导客流有序流动、有效地利用运输设备及提高服务质量均有益处。

（5）增强员工营销意识，提高服务质量。重点抓旅客满意度调查中所反映出的突出问题，如途中饮水供应、厕所卫生、车站售票员态度、餐饮收费、车站候车环境、上下车秩序等。

（6）进行密集性广告宣传。突出宣传公路在方便、安全、速度、价格等方面的优势。大力宣传公路开展客运营销新举措；介绍公路班车所到之处的自然风光、旅游景点、风土人情及班车运行时刻。采取多种形式的广告，使公众重新认识公路，选择公路。该企业的行动方案、预算及控制等方面的内容可根据具体情况而定。

小·贴士

创造性思维常见方法

　　脑力激荡法：集体进行创造性思维的一种方法。该方法遵循"不能批评，只能补充""欢迎自由奔放的想法""努力争取尽可能多的想法"等原则。

　　互相启发法：也是集体思维的一种。每个人在一张（或几张）纸张、卡片上写出自己对议题的思路，然后由专人将分散的想法分类整理，归纳而发展成一种新颖而全面的想法。

　　特征分析法：将特定营销问题的特征和构成因素列成图表，然后逐一审查从而得到新思路。该方法可以集体进行也可以个人进行。

　　自由联想法：随意将想到的方法记录下来，在一大张纸上想想画画从而得到新的思路。

（资料来源：连游. 市场营销学——理论与实务. 北京：北京理工大学出版社，2016.）

6. 营销预算

1）营销预算的含义

营销预算是指企业投入市场营销活动中的资金使用计划，是运输企业综合预算的重要内容，它包括营销期内企业从事营销活动所需的经费总额、使用范围和使用方法，是企业营销方案顺利实施的有效保障。

2）营销预算的内容

在编制营销预算时，为了能够使计划更完善，重要的问题是预算内容的确定。营销预算的内容主要有固定费用和变动费用。

（1）固定费用。固定费用是指与营业额变化无直接联系的费用，主要包括劳务费、折旧费、其他费用。

① 劳务费：运输企业营销人员的工资和有关营销的其他劳务费用，可参考过去总额来确定。

② 折旧费：与营业有关的固定资产的折旧，视固定资产总值和折旧率而定。

③ 其他费用：直接用于营销服务过程的相对固定的费用，如差旅费等，可参照企业过去费用来确定。

（2）变动费用。变动费用是指随着营业额的变化而变动的费用，主要包括营业条件费、扩大销售费、材料费、促销费。

① 营业条件费：保证一定的营销服务条件所需要支付的费用，它与营业额的变化呈正比关系。

② 扩大销售费：因产品营销服务扩大（如增加运输线路、增加停靠地点等）而相应增加的销售费用。

③ 材料费：因营业额增加而多消耗的材料的费用。

④ 促销费：在运作具体的营销策略、推动运输产品销售过程中所产生的费用，其预算有自己的很多途径。

3）营销预算的方法

编制营销预算不仅要分析影响因素，还必须采用正确的方法。营销预算的方法有销售百分比法、竞争均势法、目标任务法，在"运输统计"等相关课程中会有详细介绍，这里不进行介绍。

技能训练

技能训练 13-1

运输企业营销计划的制订

选择一家你所熟悉的运输企业，以企业营销人员的身份做一个营销计划，计划应包括概要、当前市场营销状况、市场分析、营销目标、营销策略、营销预算等内容，要求编制的计划要合情合理，并将计划结果以报告形式提交。

训练建议

此能力训练主要考查学生对编制运输市场营销计划的步骤和内容的理解和掌握情况，建议以小组为单位，在明确运输市场营销计划的步骤和内容的基础上，编制营销计划，并以 PPT 汇报的形式与同学和指导教师交流。

评价标准（见表 13-1）

表 13-1　实践教学考核评价标准

序　号	考 核 内 容	等　级	分　值
1	参与的积极性、主动性，是否有团队合作精神（20 分）	优良	16～20
		一般	8～15
		差	0～7
2	实践教学过程中表现出的计划、组织、领导、控制、协调等管理能力（20 分）	优良	16～20
		一般	8～15
		差	0～7
3	成果展示（20 分）	优良	16～20
		一般	8～15
		差	0～7

续表

序　号	考 核 内 容	等　级	分　值
4	语言表达流畅、规范、准确（20分）	优良	16～20
		一般	8～15
		差	0～7
5	书面、电子版总结报告设计（20分）	优良	16～20
		一般	8～15
		差	0～7
合　计	100分		

复习思考题

一、单项选择题

1. 下列不属于运输市场营销计划按时间跨度划分的是（　　　）。
   A. 长期计划
   B. 中期计划
   C. 中长期计划
   D. 短期计划
2. 下列不属于运输市场营销计划按涉及对象和范围划分的是（　　　）。
   A. 市场调研计划
   B. 企业营销总策略计划
   C. 各项营销组合要素计划
   D. 每项要素内部各具体项目的活动计划
3. 下列不属于运输市场营销计划的内容的是（　　　）。
   A. 市场分析
   B. 营销策略
   C. 营销类型
   D. 行动方案
4. 下列不属于运输企业在短途市场中的优势的是（　　　）。
   A. 对客流有强大吸引力
   B. 宣传力度大
   C. 吸引成千上万的国内外观光旅客
   D. 有能力增开长途客运班车
5. 下列不属于营销预算方法的是（　　　）。
   A. 销售百分比法
   B. 销售估计法
   C. 竞争均势法
   D. 目标任务法

二、填空题

1. 运输市场营销计划通常由_____制订，由_____和_____实施。
2. 长期计划时间多在_____，内容一般是_____，主要涉及_____、_____、市场转移等重大事项。
3. 确定企业营销目标应注意_____、时间要明确、目标要细化、_____。
4. 市场营销计划的现状分析包括_____、环境分析、_____、未来趋势分析。

5. 制定运输市场营销计划的行动方案是营销策略的_____，它包括实际行动的_____和_____。

三、简答题

1. 简述制订运输市场营销计划的步骤。
2. 简述运输企业市场营销计划按职能可以划分为哪些类型。
3. 简述营销预算的方法。
4. 简述运输营销计划的营销策略的内容。

企业市场营销战略制定的步骤与对策研究　　　　浅析企业市场营销的策略分析

项目 14

运输市场营销组织

知识目标

● 明晰运输企业市场营销组织的任务
● 理解运输企业营销组织设立原则
● 掌握现代运输企业营销部门组织模式类型和特点
● 明晰选择运输营销部门组织模式应考虑的因素

能力目标

● 能够辨别运输企业营销部门组织模式类型
● 能够合理选择运输企业营销部门的组织模式

引导案例

A 的烦恼

A 在物流企业管理一个有 9 个人的物流客户服务团队，组织结构为扁平化（这种结构已经维持了 3 年多）。有约一半的人工龄达到或超过 3 年，其中有两个工龄超过 6 年，其余的工龄在一年左右或不足 1 年。随着业务发展的需求，为了将现有的组织结构搭建得更完善，同时提供给员工一定的发展空间，A 改变了现有的扁平化结构，分离出 3 个相对独立的功能组，有两个功能组设主管岗位，另一个功能组设专员，3 个岗位直接向上级汇报。经过详细的人力资源评估，一个工龄超过 6 年的颇有能力的员工升为主管，带领新招的成员；另外一个工龄超过 3 年的员工作为专员。其余的所有人都会向另外一个主管汇报。这个主管要管理六七个员工，对其素质要求较高，现在没有合适人员，于是公司打算从外面招一个。这样一来，原来直接向 A 汇报的六七个人就好像降级了（他们绝对会有这样的感受），而且其中有一个工龄超过 6 年，两个工龄超过 3 年的员工表现还算不错，可能原来有一定的期望，将来也会受到打击。这样的结构将在 3 个月内实施。

（资料来源：陶小恒，陈英华. 物流营销实务. 武汉：武汉大学出版社，2016. ）

问题：

A 的问题是，如何与这些员工沟通这种变化，有哪些可行的方法，在何种情况下去沟通，是应该提前沟通，还是等将主管招进来后再沟通？怎样做才能将负面影响降到最低？

14.1　运输市场营销组织的含义

运输市场营销组织是指运输企业营销部门的行政组织机构，它规定了运输企业营销部门的业务范围、权利、责任和义务，是达成营销目标的手段，是计划和控制各种营销活动的基础。企业营销的战略、战术，如果没有一个适合、有效的组织去执行或执行不利，都将是徒劳的。组织管理的实践证明，一个科学合理的组织机构，对提高组织绩效，获取最大的社会效益和经济效益起着重大的作用。所以要保证营销活动尽可能做到有效，建立适当的营销组织机构是十分重要的。

14.2　运输市场营销组织的任务

从根本上讲，运输营销就是了解并满足顾客需求，这是运输营销组织的总任务。但是对实际运作的营销管理人员来讲，可将总任务分解为下述几项具体的任务。

1. 运输市场研究

运输市场研究是通过系统地搜集、分析有关运输市场的信息，帮助运输企业高层管理人员进行决策。运输市场研究是运输企业营销组织的基础任务之一，通常应包括运输市场需求研究、目标市场研究、旅客货主行为研究、运输产品研究、广告研究、竞争研究及宏观环境研究等。

2. 运输产品管理

运输产品管理的主要任务是研究和开发满足旅客、货主需要的新产品和服务。新产品管理通常是营销部门、研究开发部门、生产部门共同的责任。在运输新产品和服务开发以后，营销部门要根据运输波动情况及客货运输的不同特点拟定产品策略，并对有关运输产品的各个要素进行决策。

3. 广告活动

广告活动的主要工作包括：确定广告形式；确定广告活动的费用预算；选择广告媒体，拟定广告方案；选择广告代理商；评价广告活动效果。

4. 分销渠道管理

运输营销部门为建立和保持有效的分销，应决策以下内容：确定是否采用分销渠道；确定分销渠道的宽/窄、长/短；选择分销商；制定对分销商的政策；制定分销商管理规定、办法；分析各分销渠道、各分销商的效果。

5. 价格管理

运输企业制定定价政策、新产品定价及确定价格是否需要改变及何时改变。

6. 形象识别

通过运输企业识别系统，给顾客和公众一个鲜明、独特的印象和感觉，以便识别。

◢ 14.3　设立运输市场营销组织的一般原则

1. 整体协调原则

建立的运输市场营销组织，要能够与企业内部的其他机构相协调，并能协调各个部门之间的关系。运输市场营销组织机构通过识别、确认和评估市场上存在的需要和欲望，选择和决定企业能够最好地为之服务的市场和顾客群体进行目标市场决策，重点解决营销费用与目标顾客相适应，产品顺利通过市场交换的问题，从而为整个企业明确努力方向。

现实中，由于各部门间的老框框和偏见，或者是各部门意见不统一、利益不均衡，部门之间往往存在冲突和误解。例如，研发部门与营销部门，研发部门的任务是负责进行产品、工艺和技术的开发、改造、更新和设计，成员多是科学技术人员，他们追求生产技术的奇特性和超前性，擅长解决技术问题；而市场营销部门的成员则是具有商业头脑的人，他们精于对市场领域的了解，喜欢那些对顾客有吸引作用的新产品，有一种注重成本的紧迫感。研发人员常把市场营销人员看成是花言巧语行骗、唯利是图的商人，只注重销售特色，不关心技术性能，双方在新产品开发上有时会存在分歧，部门之间不能协调合作。又如，财务部门，财务人员擅长专业的财务评估，往往对市场营销人员要求的大量预算经费产生怀疑，拒绝投资，致使许多市场机遇失之交臂，从而影响企业的全局工作。因此，明智的营销者应把消费者而不是营销部门放在企业的中心地位，强调消费者的实际满意情况要受到其他部门行为的影响，一切职能部门应通力合作，使消费者价值和满意程度最大化。而营销部门所起的作用就是帮助企业整合所有部门的活动，建立良好的质量保证体系，确保这些活动有利于提高消费者的满意度。

2. 有效原则

在运输企业内部，各个部门的效率表现在：能否在必要的时间里，完成规定的各项任务；能否以最少的工作量换取最大的成果；能否很好地吸取过去的经验教训，业务上不断有所创新；能否维持机构内部的协调，而且及时适应外部环境条件的变化。运输市场营销组织要达到有效性，实现高效率，必须要做到以下几点。

第一，要有与完成自身任务相一致的权利，包括人、财、物权及发言权、处理事务权等，只有责、权、利相结合，工作才有效率。

第二，要有畅通的内部沟通和外部信息渠道，没有信息沟通，营销管理难见真正的效率。

第三，善于用人，各司其职。营销管理任务繁杂，牵涉面广，对人员素质要求多样。

因此，各级营销管理人员，应该牢记责任，发挥自己的作用，同时善于发现别人的优点，尽量发挥每一个人的专长。另外，要制定规章制度，奖罚分明，充分调动员工的积极性。

3. 灵活原则

运输营销环境是不断发展、变化的，营销组织必须具有一定的机动灵活性，才能快速适应环境的变化。作为运输企业的市场营销组织，一方面要能迅速地捕捉和掌握市场变化的信息，如通过建立营销信息系统及时反馈市场信息等；另一方面要能够在判断准确的基础上，迅速做出反应和调整，这包括对有关运输营销策略或活动的调整，也包括在运输市场出现重大变化时对营销组织所做的一系列调整。

4. 精简原则

一个精简的机构，要做到因事设职、因职设人，人员精干，内部层次不宜太多。内部层次少，可以促使信息流通加快，减少阻碍，还能增强员工之间的关系，利于交流思想，沟通情感，提高工作积极性和效率。实践证明，建立市场营销机构时能否把握好市场营销工作的性质和职能范围，是能否真正做到精简的重要前提。

14.4 现代运输企业营销部门组织模式

现代运输企业营销部门的形式多种多样，但无论采取哪种组织形式，都要体现以消费者为中心的营销指导思想。其中主要有以下五种模式。

1. 运输职能型组织模式

运输职能型组织模式是运输营销组织最普遍的形式，一般是由一个主管营销的副总裁负责各类营销功能，并协调各营销功能部门之间的关系，如图 14-1 所示。

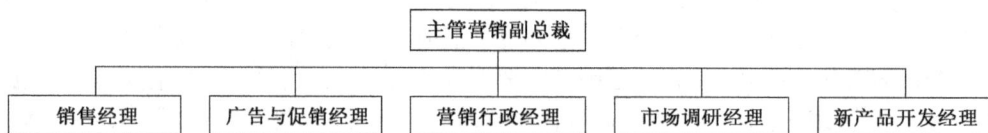

图 14-1　运输职能型组织模式

图 14-1 中所列的运输职能可随需要增减或合并。运输职能型营销组织的主要优点有：按照营销职能设置的营销机构易于管理、分工明确、管理集中度高，可以大大简化行政管理。但是随着公司产品品种的增多和市场的扩大，这种组织模式的缺点也会显现，暴露出效益低的问题。这是因为：第一，由于没有人对任何产品和市场担负完全责任，就会发生某些特定产品和特定市场的计划工作不完善的情况，那些不受各职能部门偏爱的产品就会被搁置一边；第二，各职能部门都会本着自身的利益，要求获得比其他部门更多的预算和更重要的地位，这样营销经理就必须仔细核对各部门的各种要求，并面临如何进行协调的难题。

2. 产品管理型组织模式

产品管理型组织模式是依据运输产品或产品系列划分企业的营销组织机构。对于生产多种产品和品牌的企业，常常需要建立一个产品（品牌）管理组织，以下简称产品管理组织。产品管理型组织模式一般由一名产品经理负责，下设几个产品大类经理，产品大类经理之下再设各个具体产品项目经理去负责各具体的产品、品牌，如图 14-2 所示。

运输产品经理的主要任务是制定运输产品的长期发展战略、制订产品年度销售计划、销售预测、管理计划实施等。对于发现的新问题和存在的不足，运用市场调研的方法和手段进行分析和解决，满足市场需求。

该组织结构通常适合生产的各产品差异很大的公司，或产品品种数量太多，或按功能设置的营销组织无法处理等情况。但它并没有取代职能型管理组织，只不过是增加一个管理层次而已。

运输产品管理型组织模式的优点是由于实行专人专管，有利于将产品组合的各要素较好地协调起来；而且产品经理能更快地就市场上出现的问题做出反应；对于一些小品牌产品，由产品经理专管，可以减轻被忽视的程度。缺点是由于产品经理权力有限，需要依靠其他部门的合作，不利于综合能力的提高，而且各部门之间可能会由于缺乏整体观念，造成部门冲突等不利局面。

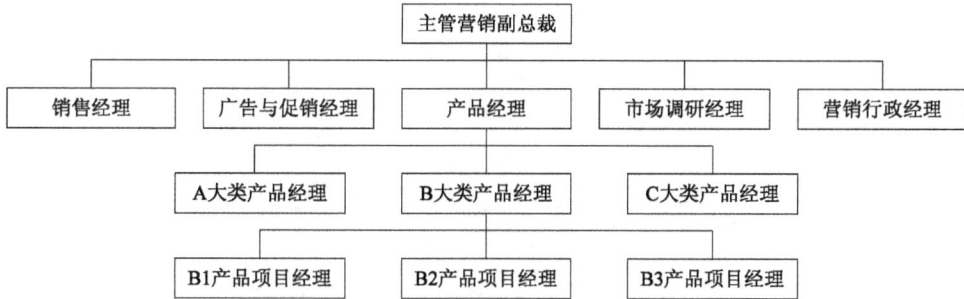

图 14-2　产品管理型组织模式

3. 运输区域型组织模式

对于从事业务范围较大的运输企业，通常按照地理区域安排其营销组织。即一个主管营销副总裁下设几个大区销售经理，区域销售经理下设多个地区销售经理，地区销售经理下设多个直接销售人员，如图 14-3 所示。

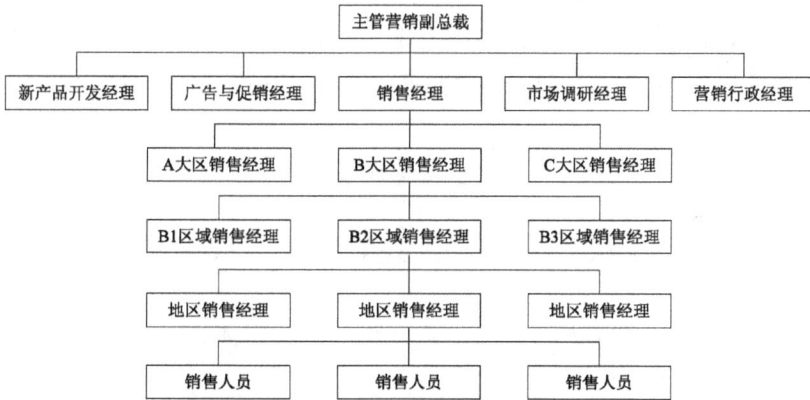

图 14-3　运输区域型组织模式

运输区域型组织模式一般适用于规模较大、市场分布区域广泛的企业，由于运输企业的网点一般比较分散，连接又比较紧密，需要一个自上而下的流畅机构，因此这种形式比较适合运输企业。

这种组织模式的优点是结构简单、分工明确，便于监督和考核营销人员的业绩；有利于因地制宜发展，地区管理部门有了更大范围的业务经营权，当地经理可以根据当地的实际情况，为每个子市场制定产品、广告、价格渠道等营销策略，从而有更多的战略自由度。缺点是费用高、机构分散、各布点之间不易协调。

4. 运输市场管理型组织模式

运输市场管理型组织模式又称为顾客型组织模式，是企业根据消费者不同购买习惯或偏好的细分市场建立的营销管理组织机构。当消费者可以按照购买行为或产品偏好划分类别时，就可以应用这种组织模式。其运输产品管理型组织机构，由一个市场经理管理若干子市场经理，各子市场经理负责自己所辖市场的营销活动，如图 14-4 所示。

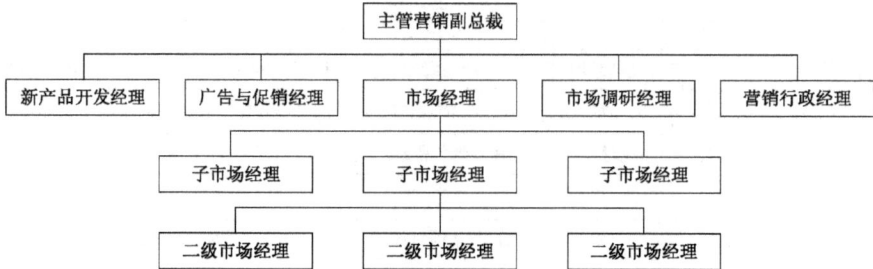

图 14-4　运输市场管理型组织模式

运输市场型组织模式的优点是便于全面了解客户需要，运输企业可围绕特定客户的需要开展一体化的营销活动，有利于培养新客户，扩大市场覆盖范围。目前，越来越多的运输企业组织都是按照运输市场型组织模式建立的。

5. 运输事业部型组织模式

运输事业部型组织模式是指运输企业的部门按照产品（或服务）的类别来设置市场营销组织机构。这种模式多用于规模大、部门多的企业。企业设立不同的事业部，各事业部再设置自己的职能部门和服务部门，可建立自成体系的事业部营销组织结构，其职能也分散到各事业部，如图 14-5 所示。

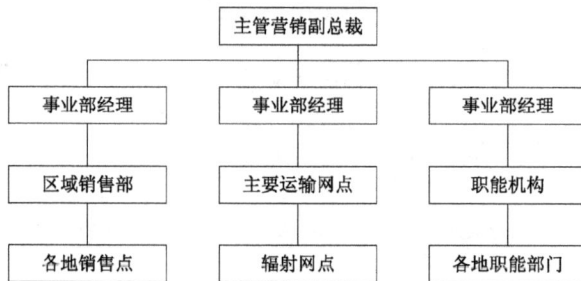

图 14-5　运输事业部型组织模式

采用这种组织模式，企业的成功主要取决于以下因素：

（1）最高决策者的管理水平。

（2）最高决策层使用市场营销导向作为经营思想的程度。

（3）总公司市场营销参与部门的人员组成及综合水平等。

14.5　选择运输营销组织模式应考虑的因素

选择运输营销组织模式要从多种因素综合作用的角度来考虑，其中有两类基本因素对运输营销组织模式的选择具有重要影响：一是运输企业内部因素，二是运输企业外部因素。

1. 运输企业内部因素

影响运输企业营销组织模式、形式选择的内部因素有很多，包括企业经营战略、经营规模、技术条件、产品和经营复杂程度等。不同的运输企业营销战略，要求不同的运输营销组织模式与其相适应。运输经营规模的大小对运输企业营销组织模式的选择有直接影响。营销规模大，用户多且复杂，就要求有强有力的营销组织，保证适应复杂业务环境的需要。技术条件差对运输营销组织要求更高。

2. 运输企业外部因素

（1）用户状况。用户状况直接影响运输企业营销组织模式的选择，如用户的购买批量、批次、用户采购方式等。

（2）运输市场状况。在现有买方市场情况下，运输营销组织必须从事大量的运输市场营销工作。

（3）竞争对手。竞争对手的产品状况、营销手段、营销重点及采用的营销组织模式都直接影响企业营销组织模式的选择。

（4）地理位置。地理位置直接影响企业的市场布局，同时，距离远、运费高，与用户相互沟通不便，运输受限制等因素也影响企业营销组织模式的选择。要保住市场，企业必须在其他方面下功夫，如提供技术支持、保证及时供货、与用户保持良好关系等。

技能训练

技能训练 14-1

营销组织结构扁平化

马士基航运组织结构分三个层次：总部、地区分部和地区办事处。总部负责制定重大的决策和策略，但不涉及日常的船舶营运、市场营销等具体事务；地区分部负责制定预算，为各办事处订立具体目标，如船舶营运、集装箱管理、运力控制、市场营销及日常管理等；各地办事处只是一个成本控制中心，负责日常的营销事务工作。市场营销组织结构的扁平化解决了多重利益的矛盾，有利于提高市场营销的成功率。

（资料来源：陶小恒，陈英华. 物流营销实务. 武汉：武汉大学出版社，2016. ）

问题：

1. 为什么说扁平化是企业组织结构的发展趋势？
2. 谈谈你对物流企业设立组织结构的看法。

训练建议

此能力训练主要考查学生对组织模式的理解和掌握情况，建议以小组为单位，在明确各种组织模式的基础上回答上述问题，并与同学和指导教师交流。

评价标准（见表14-2）

表14-1　实践教学考核评价标准

序　号	考　核　内　容	等　级	分　值
1	参与的积极性、主动性，是否有团队合作精神（20分）	优良	16～20
		一般	8～15
		差	0～7
2	实践教学过程中表现出的计划、组织、领导、控制、协调等管理能力（20分）	优良	16～20
		一般	8～15
		差	0～7
3	成果展示（20分）	优良	16～20
		一般	8～15
		差	0～7
4	语言表达流畅、规范、准确（20分）	优良	16～20
		一般	8～15
		差	0～7
5	书面、电子版总结报告设计（20分）	优良	16～20
		一般	8～15
		差	0～7
合　　计	100分		

技能训练 14-2

虎跃公司组织模式辨别

辽宁虎跃快速汽车客运股份有限公司是经辽宁省政府批准，由辽宁省交通运输服务中心及全省13个市的专业客运企业及资产为纽带共同发起设立的股份制企业、国有控股企业、国家道路旅客运输一级企业、交通部重点联系企业，全国道路运输百强诚信企业2011年度排名第30位。如图14-6所示是虎跃快速汽车客运股份有限公司的组织模式。

请回答：

1. 这种模式属于哪一种组织模式?

2. 这种模式是否适合该公司？它的优缺点有哪些?

训练建议

此能力训练主要考查学生对组织模式的理解和掌握情况，建议以小组为单位，在明确各种组织模式的基础上回答上述问题，并与同学和指导教师交流。

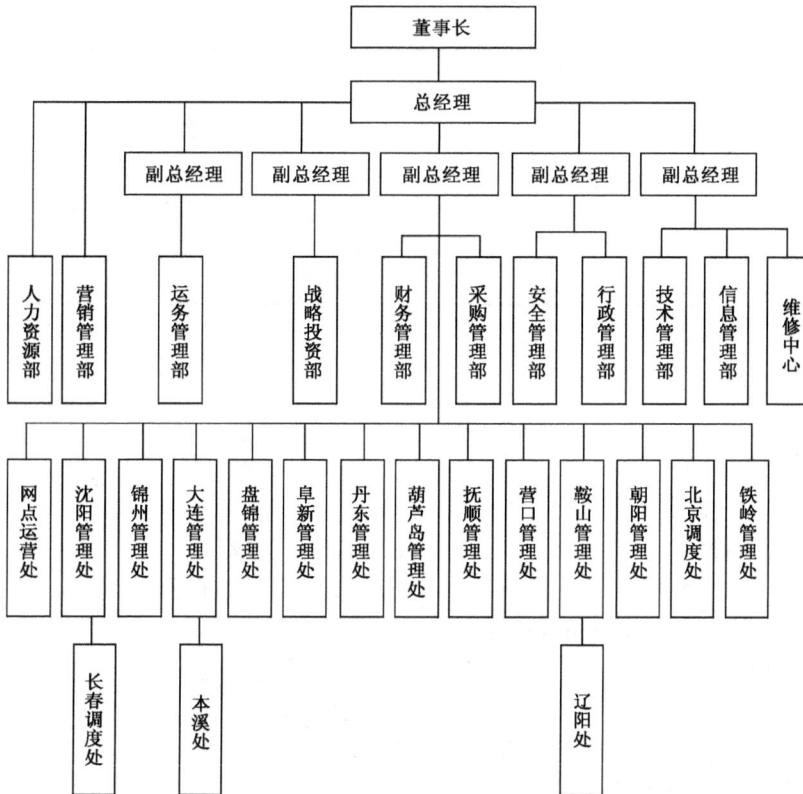

图 14-6　虎跃快速汽车客运股份有限公司的组织模式

评价标准（见表 14-2）

表 14-2　实践教学考核评价标准

序　号	考核内容	等　级	分　值
1	参与的积极性、主动性，是否有团队合作精神（20分）	优良	16～20
		一般	8～15
		差	0～7
2	实践教学过程中表现出的计划、组织、领导、控制、协调等管理能力（20分）	优良	16～20
		一般	8～15
		差	0～7
3	成果展示（20分）	优良	16～20
		一般	8～15
		差	0～7
4	语言表达流畅、规范、准确（20分）	优良	16～20
		一般	8～15
		差	0～7

续表

序　号	考核内容	等　级	分　值
5	书面、电子版总结报告设计（20分）	优良	16～20
		一般	8～15
		差	0～7
合　计		100分	

复习思考题

一、单项选择题

1. 下列不属于广告活动内容的是（　　　）。
   A. 确定广告形式　　　　　　　　B. 选择广告媒体
   C. 设计广告内容　　　　　　　　D. 选择广告代理商
2. 下列不属于运输市场研究的基础任务的是（　　　）。
   A. 微观环境研究　　　　　　　　B. 目标市场研究
   C. 运输产品研究　　　　　　　　D. 宏观环境研究
3. 下列不属于采用运输事业部型组织模式使企业成功的因素的是（　　　）。
   A. 最高决策者的管理水平
   B. 竞争对手的产品状况
   C. 最高决策层使用市场营销导向作为经营思想的程度
   D. 总公司市场营销参与部门的人员组成及综合水平
4. 下列不属于分销渠道管理的内容的是（　　　）。
   A. 确定是否采用分销渠道　　　　B. 选择分销商
   C. 制定定价策略　　　　　　　　D. 制定对分销商的政策
5. 下列不属于运输企业外部因素的是（　　　）。
   A. 用户状况　　　　　　　　　　B. 运输市场状况
   C. 经营规模　　　　　　　　　　D. 竞争对手

二、填空题

1. 运输产品管理的主要任务是_____满足旅客、货主需要的_____和_____。
2. 实践证明，建立市场营销机构时能否把握好_____和_____，是能否真正做到精简的重要前提。
3. 运输产品经理的主要任务是制定运输产品的长期发展战略、_____、销售预测、_____等。
4. 运输职能型组织模式一般是由一个_____负责各类营销功能，并协调各营销功能部门之间的关系。
5. 产品管理型组织模式是依据_____或_____划分企业的营销组织结构。

三、简答题

1. 简述运输企业市场营销组织的任务。
2. 简述设立运输市场营销组织的一般原则。
3. 简述现代运输企业营销部门的组织模式。
4. 简述选择运输营销组织模式应考虑的因素。

互联网思维下中远中海重组的航运服务营销组织构建　　　　中小企业市场营销的路径选择与创新

项目 15

运输市场营销控制

知识目标

- 明晰运输市场营销控制的含义和作用
- 了解运输市场营销控制的基本程序
- 掌握运输市场营销控制的方法
- 了解运输市场营销控制的类型

能力目标

- 能够应用运输市场营销控制的方法

引导案例

到底谁是最有价值的人

故事一：

李元为浙江某物流企业新上任的副总，分管国际货代业务营销工作。第一年，销售额从连续三年徘徊在 5 000 万元左右一跃上升到 2 亿元，总经理年底表扬了他；但李元认为总经理是在讥讽他，因为他曾经听说有人在总经理那里这样评价他"2 亿元的销售额都是业务员做的，李元连英语都不会说，怎么可能是他的功劳？"而总经理对此评价的态度不置可否。

故事二：

赵明是某物流集团公司下属华南地区子公司的总经理，有一次，遇到经济危机导致的销售策略问题，他觉得很迷茫，想了很久也不知该如何决策，只好请教他的上级——分管销售的集团副总裁。

副总裁跟他讲了一分钟的话，告诉赵明如果是他本人在这个位置上，他会如何做。赵明听了茅塞顿开，立即按照上级的意见调整销售策略。没多久，业绩开始上升。经过一年的努力，完成了年初既定目标，赵明负责的华南地区子公司也受到嘉奖。

这时，赵明的上级得到了晋升，成为该集团的总裁，有人对赵明说："这很不公平，他只会动动嘴皮子，而你才是实干家呀，他一分钟说的话怎抵得上你一年的实际行动，在经济危机的情况下你还能取得这么好的成绩，该晋升的应该是你啊。"如果你是赵明，你会如何看待这个问题？

（资料来源：陶小恒，陈英华. 物流营销实务. 武汉：武汉大学出版社，2016.）

问题：
1. 故事一的评价到底对不对？为什么？
2. 在故事二中，如果你是赵明，你会如何看待这个问题？

15.1　运输市场营销控制的含义

控制是确保企业按照管理目标或预期目标运行的过程，是物流企业管理的重要职能之一。运输市场营销控制是对运输企业营销活动的实际过程进行检查，通过考察实际情况与编定计划的偏差、分析原因，并采取措施，以保证营销目标实现。

运输企业营销部门的工作是计划、执行和控制运输营销活动。因为营销计划在实施过程中会发生许多意想不到的事件，所以营销部门必须对营销活动进行控制，以利于及早发现问题并采取相应的措施，避免不利情况的发生。

15.2　运输市场营销控制的作用

在管理过程中，控制的目的在于确保企业经营按照计划规定的预期目标运行，其重要意义如下所述。

1. 使管理工作成为一个闭回路系统

一般情况下，控制工作既是一个管理过程的终结，也是一个新的管理过程的开始。控制不仅限于衡量计划执行中出现的偏差，还要采取措施纠正，使管理系统稳步地实现预定目标。而纠正措施可能涉及需要重新拟定目标、修订计划、改变组织结构、调整人员配备、对指导方针做出巨大的改变等，这实际上是一个新的管理过程。可以说，控制工作不仅是实现计划的保证，而且可以积极地影响计划的实施。

2. 有助于企业及早发现问题，防患于未然

由于一些不确定因素的存在，计划在实施过程中可能会遇到诸多的问题，这时就需要通过控制及早发现问题，对计划或计划的实施方式做出必要的调整，避免可能的事故，寻找更好的管理方法，以及充分挖掘企业的潜力。例如，运输企业实行服务质量控制，可确保旅客、货主得到舒适、满意的运输服务。

3. 对营销人员起着监督和激励的作用

如果营销人员发现他们的主管非常关心其所承担任务的执行效果，而且他们的报酬及前途也取决于此，那么，他们定会更加努力地工作，并更认真地按计划要求去做。

随着市场经济的深入发展，企业机构的日益复杂，企业必须加强其控制工作，促使整体营销管理的成功。

◢ 15.3　运输市场营销控制的基本程序

运输市场营销控制是市场营销管理人员用于跟踪企业营销活动过程的每一个环节，以确保其按计划目标运行而实施的一套系统的工作程序，如图 15-1 所示。

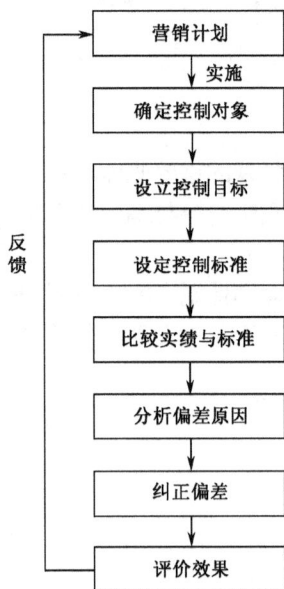

```
营销计划
   ↓ 实施
确定控制对象
   ↓
设立控制目标
   ↓
设定控制标准
   ↓
比较实绩与标准
   ↓
分析偏差原因
   ↓
纠正偏差
   ↓
评价效果
```
（反馈）

图 15-1　营销计划与控制循环

1．确定控制对象

即确定控制的内容。例如，运输企业需要对其货物运输收入、运输成本、利润额等营利性指标进行控制，也需要对其营销人员工作、运输服务质量、企业广告等营销活动进行控制。企业控制的内容很多，范围很广，但控制活动本身也要费用支出，因此在确定控制内容时，应注意使控制成本小于控制活动所能带来的效益。

2．设立控制目标

即为控制对象确立各种控制活动目标，一般与计划目标相一致。如果计划中已设立了控制目标，则此项可以省略。

3．设定控制标准

控制标准是以某种衡量尺度表示的控制对象的预期活动范围或可接受的活动范围。衡量尺度是衡量市场营销活动的优劣的"量"或"质"的尺度，如销售量、费用率、利润额等"量"尺度及工作人员的组织能力、工作能力等"质"的尺度。控制标准就是为这些尺度设立一个弹性的浮动范围，如销售量应该达到多少数量、利润额应该达到多少数额、市场占有率应该达到什么样的比例等。控制标准的设定要结合产品、地区、竞争等情况区别对待，尽量保持控制标准的稳定性和适用性。

4．比较实绩与标准

即运用建立的衡量尺度和控制标准对计划完成的结果进行检查和比较，同时用文字或图表记录检查比较结果。一般要规定检查比较的频率，即多长时间进行一次比较。

5．分析偏差原因

当实际与计划产生偏差时，就要分析原因。产生偏差的原因一般有两种：一是执行过程中的问题，这种偏差比较容易分析；二是计划本身的问题，分析这种偏差比较困难。而且现实中这两种情况往往交叉在一起，增加了分析偏差的难度。因此，企业必须对营销过程中的实施情况进行全面深入的了解，尽可能拥有较详细的资料，以便找出问题的症结，分析计划没有完成的真正原因。

6．纠正偏差

如果在制订计划时，同时也制订了应急计划，则改进可能会快些；如果没有这类预定措施，就必须根据实际情况迅速制定补救方案，或者适当调整某些营销计划目标。

7．评价效果

这是对前期工作的最后评定。即使本期工作结束，控制程序也不能结束，这是一个建立、评价不断往复循环的过程。

15.4　运输市场营销控制的类型

根据控制的目的、侧重点的不同，运输市场营销控制主要包括以下几种类型。

1．年度营销计划控制

年度营销计划控制是指为了确保企业达到年度计划规定的销售额、利润指标及其他指标而采取的措施，是一种短期的即时控制。实施年度计划控制的目的在于：促使年度计划产生连续不断的推动力；其控制的结果可以作为年终绩效评估的依据；通过控制进行检查，发现企业潜在的问题并及时予以妥善解决；同时高层管理人员可借此有效地监督各部门的工作。

2．赢利能力控制

赢利能力是衡量企业经营是否成功的重要指标，除了年度营销计划控制外，企业还需要测算它的各类产品在不同地区、不同市场、不同分销渠道出售的实际赢利能力，这就是赢利能力控制工作。赢利能力控制能帮助主管人员决策哪些产品或哪些市场应予以扩大，哪些应缩减，以致放弃。

3．效率控制

利润分析揭示了企业的若干产品在不同地区或市场的赢利情况，如果赢利情况不妙，要解决的问题就是是否存在更有效的方法来管理销售队伍、广告、促销和分销等绩效不佳的营销实体活动。

4．服务绩效控制

服务绩效控制主要是对企业在顾客（市场）中的反映效果的控制。服务质量已经成为企业检测顾客服务水平的重要手段，实行服务绩效控制，有助于企业提高服务质量，保证服务特色，增强服务的竞争能力。

5．战略控制

战略控制就是对运输企业整体营销效益进行严格评价与审查，以便重新评价其进入运输市场的总体方式。实行战略控制可以确保企业的目标、政策、战略和措施与市场营销环境相适应。

📝 经典案例

一个非常经典的经理面试题

一个风雪交加的晚上，一家特快专递公司要送一个非常重要的包裹给客户，送包裹的员工快到客户家时才发现，这位客户住在山顶上，大雪已经封死了上山的必经之路，而约定包裹送达的最后期限马上就要到了！于是这位员工当机立断，在没有请示公司的情况下自己做主雇了一架直升机，并且自费支付了所有费用，把包裹送了上去。客户感动万分，马上向当地媒体通报了这件事，于是这家公司声名大振。

（资料来源：陶小恒，陈英华. 物流营销实务. 武汉：武汉大学出版社，2016. ）

问题：

1. 请评价这位员工的行为。
2. 分析这个案例中折射出的该公司的管理文化与制度。
3. 如果你是经理，如何评价此事？

◢ 15.5　运输市场营销控制的方法

为了保证年度计划所规定的销售、利润和其他目标的实现，运输营销经理可以采取以下几种方法对年度运输营销计划进行控制。

1. 年度计划控制方法

1）运输收入分析

即衡量实际运输收入与计划运输收入之间的差距，具体有以下两种方法。

（1）总量差额分析。这种方法主要用来衡量造成销售差距的不同因素的影响程度。例如，在一定时期（如第一季度）客货运输收入总额目标值与实际收入出现偏差（特别是实际收入额减少）时，要具体分析是由于客、货运量减少了，或是运距变化了，还是由于下浮价格等造成的影响。

（2）个别销售分析。这种方法用来衡量导致销售差距的具体产品和地区。也就是说着眼于个别运输产品或地区运输收入额未能达到预期份额的分析，必须考虑是营销工作有疏忽，还是因有强大的竞争对手进入了市场，或是原来的预期目标定得不妥。

2）运输市场占有率分析

运输收入分析不能反映一个运输企业在市场竞争中的地位。例如，有时某一运输企业运输收入上升并不说明它的经营就成功，因为这有可能是一个正在迅速成长的运输市场，该企业的运输收入额虽然上升，其市场占有份额却很可能在下降。除此之外，还要分析企业的市场占有率，揭示企业同竞争者之间的相对关系。只有当企业的市场占有率上升时，才说明它比竞争者跑得快，在市场竞争中处于优势。

在对市场占有率进行控制时，首先要选择和确定衡量市场占有率的标准。衡量市场占有率的标准如下所述。

（1）全市场占有率。企业销售额在行业总销售额中所占的比例。

（2）可达市场占有率。企业的销售额占其所服务的市场的总销售额的比例。

（3）相对市场占有率。企业销售额占同行业前三名最大竞争者的总销售额的比例。一般的可达市场占有率大于全市场占有率，是企业首先要达到的目标，相对市场占有率可反映企业与主要竞争者之间的力量对比关系。

3）运输营销费用率分析

运输年度营销计划控制不仅要保证运输企业的销售和运输市场占有率实现计划目标，还要保证运输营销费用不超过预算标准，这就需要控制运输营销费用率。运输营销费用率即指营销费用与销售额的比率，对运输企业来讲可理解为营销费用与运输收入额的比率。营销费用率可细分为五项内容：人员推销费用率，即推销员费用与运输收入之比；广告费用率，即广告费用与运输收入之比；促销费用率，即促销费用与运输收入之比；营销调研费用率，即营销调研费用与运输收入之比；销售管理费用率，即销售管理费用与运输收入之比。

营销管理人员应对这些营销开支比率在各个时期的波动情况进行监控，并尽可能地把这些营销开支控制在一定范围内。如果费用率变化不大，处于控制范围内，则不必采取措施；如果费用率的变化过大，超出控制范围，就需要查明原因，采取纠正措施。

2. 赢利能力控制方法

赢利是每个企业追求的最重要目标之一，赢利能力控制在市场营销管理中占有十分重要的地位。赢利能力控制就是通过对财务报表和数据的一系列处理，把所获利润分摊到如产品、地区、顾客群、分销渠道等各因素上，从而衡量每一个因素对企业最终赢利的贡献大小，获利水平如何。其目的在于找出妨碍获利的因素，以便采取相应措施，排除或削弱不利因素的影响。

评估和控制赢利能力的指标和方法主要有销售利润率、资产收益率和资产周转率。

1）销售利润率

这是衡量企业获利能力的主要指标之一，它是指利润与运输收入之间的比率。为了消除由于企业举债经营而支付的利息对利润水平产生的影响，在评估企业获利能力时通常采用税后利润加利息支出，即

$$销售利润率＝税后息前利润÷运输收入总额×100\%$$

2）资产收益率

它是指企业所创造的总利润与企业全部资产的比率。为了增强其在同行业间的可比性，与销售利润率一样，其公式可采用：

$$资产收益率＝税后息前利润÷平均资产总额×100\%$$

这里采用平均资产总额，是为了消除年初和年末余额相差太大造成的影响。

3）资产周转率

它是指企业以平均资产总额去除产品销售收入净额而得出的全部资产周转率，其公式如下：

$$资产周转率＝运输收入净额÷平均资产占用额×100\%$$

资产周转率指标可以衡量企业全部投资的利用效率，资产周转率越高则投资利用效率越高，其获利能力也相应越高。

3. 效率控制方法

通过赢利能力分析可能揭示企业的某产品、某地区或某市场的赢利情况很差，那么接下来要解决的问题就是，是否存在更有效的方法来管理销售队伍、广告、促销和分销等营销实体活动。

1）销售队伍效率的控制

对于销售队伍效率的控制，要求营销经理要记录本地区销售人员的几项关键指标，包括每个销售人员平均每天对顾客、货主等访问的次数；销售人员每次访问平均所需要的时间；销售人员每次访问对象的平均收入；销售人员每次访问的平均成本；每一期新的顾客数目；每一期丧失的顾客数目；销售队伍成本占总成本的百分比等。企业可以通过以上分析发现一系列可改进的地方。例如，一家大型航空公司发现它的销售员既搞销售，又搞服务，工作效率不高，于是公司就将服务工作转交给工资较低的职员去干，使销售人员集中了精力，提高了工作效率。

2）广告效率控制

企业进行广告效率的控制，必须掌握以下统计资料：每一种媒体类型；每一个媒介工具触及每千人的广告成本；顾客对每一种媒体注意、联想和阅读的百分比；消费者对于广告内容的有效性的意见；对于运输质量态度的事前事后衡量；由广告所激发的询问次数；每次调查的成本等。如果发现问题，企业管理者可以采取一系列措施来改进广告效率，包括做好产品定位、明确广告目标、预试广告信息、利用计算机指导选择广告媒体、购买较好的媒体及广告事后测验等工作。

3）促销效率控制

促销的手段、方法有很多种，为了提高促销效率，营销管理者应该坚持记录每一次促销活动的成本及其对销售的影响，做好下述资料的统计：优惠销售所占的百分比、每单位运输收入中所包含的陈列成本等。通过对这些统计资料的分析评估，企业可以观察不同促销活动的结果，然后选择最有效的促销手段。

4. 服务绩效控制方法

上述控制方法侧重于企业的财务数据，单纯依靠企业的财务数据（如销售额、市场份额、利润等）不能准确地反映一个企业的市场营销效果，企业要想健康、长期地发展下去，必须保证企业在顾客即市场中始终有一个良好的反应效果。因此，还要对市场营销导向的主要属性，即顾客满意度进行评价控制。顾客满意度即顾客对运输企业提供的整体服务效果的满意程度，其控制方法有顾客态度追踪和投诉措施。

1）顾客态度追踪

对运输企业来说，顾客态度追踪即追踪旅客、货主、运输代理商及与市场营销有关的人员态度。其具体方法有：运输企业或运输企业委托专业的商业研究代理机构，选择一些有代表性的客户组成固定样本调查小组，采用电话或邮寄调查表的方式，定期征询这些小组成员的意见；或者采用随机抽样调查的方法，定期向被抽取的旅客、货主寄发调查表，了解他们对运输产品形式及员工的服务质量水平等的评价。营销管理人员将这些口头和书面的意见进行汇集、分析，寻找原因，及时解决，尽量为旅客、货主提供最大方便。有关部门及主管可将这些评价与上期进行对比，与其他运输企业的评价进行对比，以便采取改进措施。

2）投诉措施

投诉措施是提供关于最新的发展趋势和当前顾客关注领域的信息，并使经营者能够对问题做出反应。投诉是一个警告信号，常常是最先表明顾客不满意并在考虑转移其业务的信号。投诉得到解决的顾客往往会表示出极高的满意度，并能影响其他的潜在顾客。实行投诉措施，帮助员工了解顾客何时投诉、如何投诉及如何解决投诉，有利于企业了解投诉的根本原因，并采取相应的改进措施。

5. 战略控制方法

市场营销环境是复杂多变的，企业在营销计划中所确定的目标、政策和战略有可能由于市场环境的变化而过时，因此，每个企业必须经常对其整体营销效益进行严格评价与审查，以便重新评价其进入市场的总体方式。市场营销审计就是一种有效的工具，它是指对一个公司或一个业务单位的营销环境、目标、战略和活动所进行的全面的、系统的、独立的和定期的检查，其目的在于确定问题所在，发现机会，提出行动计划，以提高公司的营销业绩。

15.6 运输市场营销审计

1. 运输市场营销审计的原则

1）全面性原则

运输市场营销审计应该涉及一个运输企业全部主要的营销活动，如果仅仅涉及销售队伍、定价或某些其他的营销活动，那么只能是一种功能性审计。尽管功能性审计也十分有用，但是有时他们可能会使管理者迷失方向，以致看不到问题的真实原因。所以在确定了市场营销问题的真正原因时，一个全面的市场营销审计是十分有效的。

2）系统性原则

运输营销审计包括一系列有秩序的诊断步骤，如诊断组织的营销环境、内部营销制度和各种具体营销活动。在诊断基础上制订调整行动计划，包括短期计划和长期计划，以提高组织的整体营销效益。

3）独立性原则

运输营销审计可以通过六种途径来进行：自我审计、交叉审计、上级审计、公司审计处审计、公司任务小组审计和局外人审计。管理人员可以采用不同的审计途径进行审计，但为了客观准确地进行审计，最好的途径是局外人审计。这些人大多是外界经验丰富的顾问，他们通常具有必要的客观性和独立性，有许多行业的广泛的经验，对本行业颇为熟悉，同时可以集中时间和注意力从事审计活动。

4）定期性原则

典型的运输营销审计都是在销售量下降、推销人员士气低落或其他公司问题发生之后才开始进行的。但是很多企业之所以陷入困境，部分原因正是因为他们没有在顺利的时候检查营销活动。所以，定期营销审计既有利于那些业务发展正常的公司，也有利于那些处境不佳的公司。

2．运输市场营销审计的步骤

1）拟定协议

运输企业领导和运输营销审计人员共同商定有关审计目标、涉及面、深度、资料来源、报告形式及时间安排的协议。

2）制订计划

协议定好后，应该准备一份详尽的计划，包括会见何人、询问什么问题、接触的时间和地点等，这样能使审计所花的时间和成本最小化。

3）进行访问

进行访问，收集资料。营销审计不仅要靠营销人员的收集资料情况和意见，还必须访问顾客、经销商和其他外界人士。许多公司正是因为没有真正了解顾客和经销商对本公司的看法，也没有充分理解顾客的各种需要和价值判断力，所以造成营销失误。

4）选择适当的评审方法

选择适当的评审方法进行评审，提交终审报告、揭示实质性问题并提出建设性意见或改进措施。

3．运输市场营销审计的内容

运输市场营销审计的基本内容包括运输市场营销环境审计、运输市场营销战略审计、运输市场营销组织审计、运输市场营销系统审计、运输市场营销赢利能力审计和运输市场营销功能审计。

1）运输市场营销环境审计

企业的营销活动是在营销环境的基础上开展的，因此必须对市场营销环境进行分析，在分析人口、经济、生态、技术、政治、文化等环境的基础上制定企业的市场营销战略。例如，人口经济收入的提高，改善人们的生活质量，这对运输质量提出了高要求，企业应该适应这种趋势，改善运输效率、服务质量等。又如，随着人类对生态环境的重视，防污染和环保的呼声迫使运输企业不得不改革运输工具。如果企业不对这些环境进行定期审计，很难制定出符合市场需求，具有竞争优势的营销战略。

2）运输市场营销战略审计

企业任务、目标的确定是否遵循市场导向原则；企业的市场定位、产品定位是否科学；形象设计、公共关系等方面的战略是否有效等问题，都需要经过市场营销战略审计的检验。

3）运输市场营销组织审计

其主要是评价企业的市场营销组织在执行营销战略方面的组织保证程度和对环境的应变能力。其内容包括：企业是否具备有能力的市场营销管理人员及明确的职责、权利；是否有一支训练有素的销售队伍；是否按照客户、地区等有效地组织各项市场营销活动；对营销人员是否有健全的激励、监督机制和评价体系；营销部门与其他部门的沟通情况及合作关系等。

4）运输市场营销系统审计

运输市场营销系统包括营销信息系统、营销计划系统和营销控制系统。对于市场营销信息系统，主要是审计企业是否有足够的关于市场发展变化的信息来源；是否有畅通的信息渠道；是否进行了充分的市场营销研究等。对市场营销计划系统的审计，主要是审计企业是否有周密的市场营销计划，计划的可行性、有效性及执行情况等。对营销控制系统的审计，主要是对年度计划目标、赢利能力、市场营销成本等是否有准确的考核和有效的控制。

5）运输市场营销赢利能力审计

运输市场营销赢利能力审计是在企业赢利能力分析和成本效益分析的基础上，审核企业不同市场、不同地区及不同分销渠道的赢利能力；审核进入或退出、扩大或缩小某一具体业务对赢利能力的影响；审核营销费用支出情况及效益；进行市场营销费用效益分析等。

6）运输市场营销功能审计

运输市场营销功能审计是对运输企业的市场营销组合因素效率的审计。对于运输企业来说，主要是审计运输的质量、顾客的欢迎程度；运输市场覆盖率；运输企业、旅客和货主、运输中间商、代理商等渠道成员的效率；广告预算、媒体选择及广告效果等。

技能训练

技能训练 15-1

运输市场营销控制的方法分析

选择一家你比较熟悉的运输企业，通过网络等资源了解企业所采用的的营销控制的方法，分析其采用的营销控制的方法是否恰当。

训练建议

此能力训练主要考查学生对运输营销控制方法的理解和掌握情况，建议以小组为单位，在明确各种营销控制方法的基础上回答上述问题，并于同学和指导教师交流。

评价标准（见表 15-1）

表 15-1　实践教学考核评价标准

序　号	考核内容	等　级	分　值
1	参与的积极性、主动性（30分）	优良	21～30
		一般	11～20
		差	0～10
2	语言表达的流畅、规范、准确（30分）	优良	21～30
		一般	11～20
		差	0～10
3	计算过程、结果的准确性（40分）	优良	26～40
		一般	11～25
		差	0～10
合　计	100分		

复习思考题

一、单项选择题

1. 下列不属于运输市场营销审计的原则的是（　　）。
   - A. 定期性原则
   - B. 独立性原则
   - C. 战略性原则
   - D. 系统性原则

2. 下列不属于运输市场营销功能审计的内容的是（　　）。
   - A. 顾客的欢迎程度
   - B. 广告预算
   - C. 产品价格
   - D. 运输中间商

3. 下列不属于年度计划控制方法的是（　　）。
   - A. 运输收入分析
   - B. 运输市场占有率分析
   - C. 运输营销费用率分析
   - D. 运输产品分析

4. 下列不属于运输市场占有率的是（　　）。
   - A. 全市场占有率
   - B. 可达市场占有率
   - C. 部分市场占有率
   - D. 相对市场占有率

5. 下列不属于效率控制方法的是（　　）。
   - A. 销售队伍效率的控制
   - B. 广告效率控制
   - C. 系统效率控制
   - D. 促销效率控制

二、填空题

1. 运输营销费用率即指_____与_____的比率。
2. 产生偏差的原因一般有两种：一是_____，二是_____。
3. 资产收益率的公式为_____。
4. 评估和控制赢利能力的指标和方法主要有销售利润率、_____和_____。
5. 运输市场营销审计的步骤包括_____、制订计划、_____、_____。

三、简答题

1. 简述运输市场营销控制的作用。
2. 简述运输市场营销控制的基本程序。
3. 简述运输市场营销控制的类型。
4. 简述运输市场营销控制的方法。

浅析市场营销组合及影响因素　　　　　　水运工程设计市场营销风险及其控制

参考文献

[1] 刘徐方，梁旭，王凯，叶靖. 物流市场营销 [M]. 北京：清华大学出版社，2018.

[2] 周兴建，蔡立华. 物流案例分析与方案设计[M]. 电子工业出版社，2018.

[3] 郭伟业. 物流服务营销[M]. 北京：北京师范大学出版社，2018.

[4] 蒂姆·史密斯. 定价策略[M]. 北京：中国人民大学出版社，2018.

[5] 许晖. 服务营销[M]. 北京：中国人民大学出版社，2018.

[6] 袁旦. 物流客户服务[M]. 北京：电子工业出版社，2018.

[7] 杭文. 运输经济学[M]. 南京：东南大学出版社，2018.

[8] 宋海波. 基于电子商务条件下市场营销理念的创新要点[J]. 经济与社会科学研究，2018.

[9] 许朝辉. 新时期市场营销理念的创新与发展[J]. 现代经济信息，2018.

[10] 张鸥. 企业应对市场营销环境变化的实践途径分析与研究[J]. 现代营销，2018.

[11] 强丽霞. 基于客票数据的高速铁路旅客出行选择行为研究[J]. 旅客运输，2018.

[12] 刘晓雷，等. 国际集装箱运输市场需求与预测[J]. 中国港口，2018

[13] 叶玉玲，刘小亚. 基于市场细分的铁路货运产品设计策略 [J]. 铁道货运，2018.

[14] 马文祥. 市场经济下快递细分环节的探索[J]. 现代营销，2018.

[15] 朱孟高，谭冬冬. 公铁联运物流园区需求调研与市场定位探讨[J]. 铁道运输与经济，2018.

[16] 王腾龙. 基于层次分析法的国际集装箱班列运输定价策略[J]. 集装箱运输，2018.

[17] 张博川. 组织市场分销渠道选择分析及策略[J]. 市场营销，2018.

[18] 刘育希. 产品营销中广告策略偏离原因分析[J]. 广告创意，2018.

[19] 杨静. 水运工程设计市场营销风险及其控制[J]. 水运经济，2018.

[20] 陶欣，张海霞，卢琳. 物流营销与客户服务[M]. 北京：中国人民大学出版社，2017.

[21] 袁炎青，范爱理. 物流市场营销（第3版）[M]. 北京：机械工业出版社，2017.

[22] 冯蛟，张淑萍，王仲梅. 市场营销理论与实务[M]. 北京：清华大学出版社，2017.

[23] 曲建科. 物流市场营销（第3版）[M]. 北京：电子工业出版社，2017.

[24] 李曌颖. 新时期企业应对市场营销环境变化中采取的策略[J]. 经贸实践，2017.

[25] 陈渊. 比亚迪品牌策略分析[J]. 专栏，2017.

[26] 杨红萍. 市场促销活动中的问题与合理应对探索[J]. 营销策略，2017.

[27] 孙增兵. 中小企业市场营销的路径选择与创新[J]. 经营谋略，2017.

[28] 陈玮. 浅析市场营销组合及影响因素[J]. 营销控制，2017.

[29] 涟漪. 市场营销学——理论与实务[M]. 北京：北京理工大学出版社，2016.

[30] 殷延海，张大成. 商贸物流创新案例分析[M]. 上海：立信会计出版社，2016.

[31] 郑锐洪，王振馨，陈凯. 营销渠道管理[M]. 北京：机械工业出版社，2016.

[32] 陶小恒，陈英华. 物流营销实务[M]. 武汉：武汉大学出版社，2016.

[33] 夏德森. 市场营销学[M]. 北京：北京理工大学出版社，2016.

[34] 旷健玲. 物流市场营销[M]. 北京：电子工业出版社，2016.

[35] 崔爱平. 物流服务营销[M]. 上海：复旦大学出版社，2016.

[36] 李洪奎. 物流市场营销[M]. 北京：科学出版社，2016.

[37] 赵倩，王苛宁，刘永忠. 功能食品的分销渠道策略——以江中猴姑饼干为例[J]. 营销策略，2016.

[38] 潘海阳，谢蓉蓉. 企业市场营销战略制定的步骤与对策研究[J]. 营销策略，2016.

[39] 朱令娴. 浅析企业市场营销的策略分析[J]. 市场营销，2016.

[40] 华逢林. 互联网思维下中远中海重组的航运服务营销组织构建[J]. 航运，2016.

[41] 丁雨恬. 中国沿海散货运输市场需求分析[J]. 市场需求分析，2016.

[42] 王晓峰. 通航运输产品市场营销策略探析[J]. 交通企业管理，2016.

[43] 曹波，等. 配送式军事运输服务采购市场潜力调查与分析[J]. 物流技术，2016.

[44] 孙泽仁，谢旭申. 铁路运输企业货运营销市场调查方法应用的探讨[J]. 铁道货运，2016.

[45] 董千里，陈树公，朱长征. 物流市场营销学[M]. 北京：电子工业出版社，2015.

[46] 刘杨，孙明贺. 物流市场营销实训指导书[M]. 北京：中国财富出版社，2015.

[47] 张卫东. 市场营销理论与实训（第3版）[M]. 北京：电子工业出版社，2015.

[48] 张晋光，黄国辉. 市场营销（第3版）[M]. 北京：机械工业出版社，2015.

[49] 姬杨，张学建. 物流管理案例分析 [M]. 知识产权出版社，2015.

[50] 万强，苏朝霞，陈彧. 物流市场营销[M]. 重庆：重庆大学出版社，2015.

[51] 王秋林，邓平. 物流市场营销[M]. 长沙：湖南大学出版社，2015.

[52] 沈默. 现代物流案例分析 [M]. 南京：东南大学出版社，2015.

[53] 陆成云. 公路货运市场结构演变规律及发展趋势：以中美公路货运市场为例 [J]. 综合运输，2015.

[54] 李玲. 市场营销理论在铁路客货运输中的有效运用[J]. 企业改革与管理，2015.

[55] 柴金艳. 国内航空客运市场旅客消费行为研究——基于新郑国际机场的调查[J]. 现代经济信息，2015.

[56] 肖赟，魏朗. 完整旅客运输产品定价策略研究——基于综合运输服务商定价主体视角的分析 [J]. 市场篇_企业定价，2015.

[57] 刘婧，徐辉增. 物流服务营销实务[M]. 北京：中国财富出版社，2014.

[58] 牛艳莉，勾昱. 物流营销学[M]. 北京：中央广播电视大学出版社，2014.

[59] 刘厚钧. 市场营销实务（第2版）[M]. 北京：电子工业出版社，2014.

[60] 黄本新，王胜利，蔡松林. 物流市场营销[M]. 武汉：华中科技大学出版社，2013.

[61] 李晓红，马跃月. 物流市场营销实务[M]. 北京：清华大学出版社，2013.

[62] 张勤. 物流市场营销 [M]. 北京：北京大学出版社，2012.

[63] 孙金霞. 市场营销（第2版）[M]. 北京：电子工业出版社，2011.

[64] 刘作义，赵瑜. 运输市场营销学（第3版）[M]. 北京：中国铁道出版社，2010.

[65] 何娟. 物流市场营销理论与实务[M]. 北京：西南交通大学出版社，2010.

[66] 马文祥. 物流服务营销[M]. 上海：上海交通大学出版社，2010.

[67] 熊梅，李严锋. 物流营销[M]. 北京：工学工业出版社，2009.

[68] 叶青，谢舸霞. 物流营销[M]. 北京：化学工业出版社，2009.

[69] 王桂姣. 物流营销[M]. 重庆：重庆大学出版社，2009.

[70] 谭蓓. 市场营销[M]. 北京：中国经济出版社，2008.

[71] 谢妍. 中外运集装箱运输有限公司厦门分公司市场营销分析[D]. 厦门：厦门大学，2008.

[72] 柴莹辉. 宅急送转型：大转身还是大手术? [N]. 中国经营报，2008.

[73] 王骏. 物流服务营销[M]. 武汉：华中科技大学出版社，2007.

[74] 陈向红. 物流市场营销[M]. 重庆：重庆大学出版社，2007.

[75] 王进. 物流服务营销[M]. 北京：人民交通出版社，2007.

[76] 唐怡. 基于客户需求的第三方物流市场细分策略研究[D]. 成都：西南交通大学，2007.

[77] 唐新颖. 我国第三方物流企业客户关系管理研究[D]. 长安大学硕士学位论文，2007.

[78] 叶刚. UPS 中国第三方物流市场的发展战略与实施方案[D]. 上海海事大学硕士学位论文，2006.

[79] 纪鹏程. 高端物流服务提供商的核心竞争能力的比较研究[D]. 上海：上海海事大学，2006.

[80] 陈晓林. 邮政物流成本定价和经济型分析[N]. 中国邮政报，2006.

[81] 蒋惠园. 运输市场营销学[M]. 北京：人民交通出版社，2004.

[82] 菲利普·科特勒. 营销管理——分析、计划、执行和控制[M]. 上海：上海人民出版社，1999.

[83] 陈贻龙，等. 运输经济学[M]. 北京：人民交通出版社，1999.

[84] 2017 年公路水路交通行业发展统计公报. 交通部综合规划司.

[85] 公路、水路货运量统计数据. 中华人民共和国交通部网站.

[86] 统计年鉴统计数据. 国家统计局网站.

[87] 荆州新闻网.

[88] https://wenku.baidu.com/view/c9314a353069a45177232f60ddccda38376be1dc.html

[89] http://www.docin.com/p-1503702122.html

反侵权盗版声明

　　电子工业出版社依法对本作品享有专有出版权。任何未经权利人书面许可，复制、销售或通过信息网络传播本作品的行为，歪曲、篡改、剽窃本作品的行为，均违反《中华人民共和国著作权法》，其行为人应承担相应的民事责任和行政责任，构成犯罪的，将被依法追究刑事责任。

　　为了维护市场秩序，保护权利人的合法权益，我社将依法查处和打击侵权盗版的单位和个人。欢迎社会各界人士积极举报侵权盗版行为，本社将奖励举报有功人员，并保证举报人的信息不被泄露。

举报电话：（010）88254396；（010）88258888
传　　真：（010）88254397
E-mail：　　dbqq@phei.com.cn
通信地址：北京市海淀区万寿路 173 信箱
　　　　　电子工业出版社总编办公室
邮　　编：100036